武汉大学文学院资助出版

文言

第二辑

主编

高文强

武汉大学出版社

WUHAN UNIVERSITY PRESS

图书在版编目(CIP)数据

文言.第二辑/高文强主编.—武汉:武汉大学出版社,2023.12
ISBN 978-7-307-24103-9

Ⅰ.文…　Ⅱ.高…　Ⅲ.①汉语—语言学—文集　②中国文学—文
学研究—文集　Ⅳ.①H1-53　②I206-53

中国国家版本馆 CIP 数据核字(2023)第 202677 号

责任编辑:蒋培卓　　　责任校对:汪欣怡　　　版式设计:马　佳

出版发行: **武汉大学出版社** 　(430072　武昌　珞珈山)
　　　　　(电子邮箱:cbs22@ whu.edu.cn　网址:www.wdp.com.cn)
印刷:湖北云景数字印刷有限公司
开本:720×1000　1/16　印张:29.5　字数:423 千字　插页:2
版次:2023 年 12 月第 1 版　　2023 年 12 月第 1 次印刷
ISBN 978-7-307-24103-9　　定价:129.00 元

编委会

目　录

文艺理论研究

中国古代文学研究

中国现当代文学研究

比较文学与世界文学研究

语言与文献研究

会 议 综 述

文艺理论研究

中国嘻哈乐面临的三个本真性难题

萧涵耀*

摘　要：近年来中国嘻哈乐"抄袭""侵权"等违法现象与"套词""Diss"等圈内怪状层出不穷，并在互联网激起热烈讨论。丛生的乱象背后潜藏着当前中国嘻哈乐所面临的本真性难题：国际范与中国风的冲突；独创与采样的对立；作品与模件的拮抗。究其根本，就在于亚文化区分逻辑与跨国文化斗争需要、嘻哈圈内部共识与现行版权制度、嘻哈乐生产模式与现代艺术观念之间存在着无法调和的矛盾。

关键词：嘻哈乐；本真性；跨文化；版权共识；音乐生产

在中国嘻哈乐（Hip-hop Music）①圈内怪象丛生、圈外争议不绝的现状下，存在三项本质性的深层冲突，它们涉及嘻哈乐文化逻辑、制作语法、跨国传播等方面。这些疑难都与本真性（Authenticity）有关，故需对此概念作简要说明。

"本真性"源于希腊语的"authentes"，意为"权威者"或"某人亲手制

＊　萧涵耀，武汉大学文学院 2020 级文艺学专业硕士研究生。本文系武汉大学文学院第三届研究生学术论坛主会场发言论文。

①　因早期嘻哈文化（Hip-hop Culture）中并无说唱歌手（Rapper）这一角色，故本文均使用"嘻哈乐"而非"饶舌乐""说唱乐（Rap Music）"对译"Hip-hop Music"；并以嘻哈乐者与嘻哈乐迷泛指嘻哈乐的生产者与消费者。其中，第一部分的嘻哈乐者主要指集作曲、编曲、填词、演唱于一身的说唱歌手（Rapper）；第二部分依据生产环节将嘻哈乐者区分为伴奏制作者（Beatmaker，Producer）与作曲填词的说唱歌手；第三部分的嘻哈乐者则回归嘻哈文化的早期定义——唱片骑师（Disc Jockey）与派对主持（Master of Ceremonies）。

作"，突出其纯正、原生、自然、永恒等内涵，是文学、民俗学、艺术学、社会学等研究领域中的重要概念。① 随着经典化（canon formation）范式的推行及相关研究的深入，"本真性"的研究视角正从强调同情理解、真实再现的本质论嬗变为揭露殖民建构、发明传统的建构论。② 故本真性概念并非铁板一块，反而常因语境迁移发生语义的偏移、置换与增殖。

首先，本文并非机械挪用本真性概念强行解释中国嘻哈乐，理由如下：其一，避免语境迁移中的学术表达束缚。的确，少有嘻哈乐者使用本真性这一词汇，也鲜见学者运用本真性这一概念分析嘻哈文化，但却不难发现嘻哈乐文化中的"保持真实""忠于自我""Real""Fake"等话语的深层意涵与本真性均属同一概念域。其二，聚焦文化情境的具体运作机制。本真性既是研究角度，更是研究对象，若止于以本真性概念言之有理地阐释嘻哈乐特征，便如黑格尔所言是将"逻辑的事物"视作"事物的逻辑"，论述即便合理也未必是真实情况，而应探明嘻哈乐者如何通过本真性的文化逻辑、身份意识与艺术语法去创作作品、呈现自己与联结成员。其三，论述思路是"应用的应用本体论分析"③而非本体论分析。本文并非通过本真性概念考察嘻哈乐特征的形式本体论分析，也不是利用本真性概念来阐明嘻哈乐精神的应用本体论阐释，而是探索本真性的存在方式——即本真性在嘻哈乐中"是其所是的方式"，嘻哈乐者与嘻哈乐迷究竟如何借助嘻哈文化"工具箱"中的本真性话语去思考、谈论嘻哈文化，本真性不仅作为塑造他们行动目标的理念，更为他们灵活的行动策略提供了随取随用的文化工具箱（tool kit）。④

① 见［德］瑞吉娜·本迪克丝：《本真性（Authenticity）》，李扬译，《民间文化论坛》2006年第4期，第102页。

② 见刘晓春：《文化本真性：从本质论到建构论——"遗产主义"时代的观念启蒙》，《民俗研究》2013年第4期，第34~50页。

③ 关于形式本体论、应用本体论与应用的应用本体论的详细分析，见［法］罗杰·普伊维：《摇滚哲学：人工制品与录音作品的本体论》，方丽平、张弛译，中国社会科学出版社2018年版，第7~9页。

④ 见 Ann Swidler. "Culture in Action：Symbols and Strategies." *American Sociological Review*, 1986, 51, 2：273-286.

其次，透过嘻哈乐可以发现本真性的当代内涵远比其经典定义丰富得多。本雅明曾指出尽管"一件作品总是可复制的"，但复制品缺少"它的时间和空间的在场，它在它碰巧出现的地方的独一无二的存在"，即复制品相同的物质性形式特征无法弥补原作出场显现的事件意义。① 而嘻哈乐强调作品连续体、身份共同体、文化集合体的理念，恰恰是通过剪贴/复制等机械技术、采样/混录等创作语法、重复/摹仿等符号操纵塑就其本真性品格的。

一、国际范与中国风：跨文化层面的认同困境

国外嘻哈乐传入国内时，嘻哈乐者首先面临的是跨文化层面的主体认同困境，即应该追随国际范还是另立中国风？追随国际范就是主张通过积极吸纳、融入他者的手段，达到文化转译、传播与接受的准确性及纯粹性。换言之，就是要将美国嘻哈乐变成可仿袭的音乐风格、可挪用的生活方式与可托庇的文化传统，从而确保中国嘻哈乐的纯正品格。而另立中国风，则是中国嘻哈乐在接受国外嘻哈乐的过程中的另一维度：通常存在伴奏上更多采样中国乐器、尽量使用中文演唱、在歌词中书写大量本地经验、不将受众预设为亚文化乐迷、积极挪用本土文化资源重释嘻哈乐等特征，其深层逻辑是认为"忠于自我"比"忠于本源"更真实也更重要。

通过追随国际范进行身份认同，其内在逻辑就是借助"亚文化资本"②的生产、积累与流通来发挥聚集功能(吸引成员以建立亚文化圈子)与分隔

---

① ［德］瓦尔特·本雅明著，汉娜·阿伦特编：《启迪：本雅明文选》，张旭东、王斑译，生活·读书·新知三联书店出版社2008年版，第233~234页。

② "亚文化资本(Subcultural Capital)"是 Sarah Thornton 在分析俱乐部青年文化时创构的理论术语，较布尔迪厄的"文化资本(Cultural Capital)"而言，Thornton 更强调青年群体无阶级、跨国界、纯艺术的价值认同；较伯明翰学派的"青年亚文化(Youth Sub-culture)"而言，Thornton 更注重政治身份、政治表达与政治想象的区别。见 Thornton, Sarah. *Club cultures: music, media and subcultural capital.* Cambridge: Polity, 2003: 26-27, 154-164.

功能(向外强调亚文化圈子的优越性、向内确立亚文化圈子的等级制度)。作为亚文化资本的外国嘻哈乐流入国内后,亚文化资本的流动与生产推动了中国嘻哈乐"地下时期"亚文化社区的形成,亚文化资本的积累塑就社区成员的本真性,亚文化资本的多寡则确定社区的成员等级,追随国际范这一文化策略就在"真实优于伪冒、时髦胜过主流、地下高于大众"的区分链条中完成其原初性诉求与本真性论述。薛谋玄认为,嘻哈乐者通过学习嘻哈历史、掌握嘻哈文化等方式积累亚文化资本时,不但通过与嘻哈乐传统建立联系来建构自身的本真性,更以此为标准寻求群体认同并评判、区隔其他嘻哈乐者。① 具体说来,追随国际范表现为以下几个方面。

首先,突出掌握嘻哈乐知识与技巧的必要性。可以说,掌握必要的嘻哈乐知识与技巧是进入嘻哈圈的门槛。亚文化资本按其重要性与稀缺性从低到高可分为三种——客观形式(objective form)、身体形式(embodied form)与制度形式(institutional form)②。第一类如摹仿国外嘻哈乐手的头巾与大号 T 恤等服饰、脏辫与文身等造型、手势与术语等知识,2017 年火遍全网的流行语"你有 freestyle 吗?"③便是绝佳案例。freestyle 这一术语既成为老嘻哈乐迷彰显资历的区分标志,也成为新嘻哈乐迷踏入嘻哈世界的入场券,在嘻哈乐走向主流时再次发挥亚文化资本的聚集作用与分隔作用。第二类是指 freestyle、wordplay、layback 等演奏、创作技巧,它需要长期训练,难以速成,但这种亲自学习的劳动过程,在排斥纯乐迷的同时,也更能确保嘻哈乐手或嘻哈爱好者在嘻哈圈的优势占位。嘻哈乐手 Bridge 在纪

---

① 薛谋玄:《从群体建构到资本收编——对中国嘻哈文化本真性的分析》,《大众文艺》2022 年第 6 期, 第 182~184 页。

② 见 Bourdieu, P.. "The Forms of Capital." *The Sociology of Economic Life* (3rd ed.). Granovetter, M. (ed.). New York:Routledge, 2018:78-92.

③ Freestyle 指跟随伴奏鼓点的即兴说唱表演。关于"你有 freestyle 吗?"相关热议见孙琳:《〈中国有嘻哈〉:你有你的 freestyle,我有我的魔鬼剪辑——专访千秋岁文化传播有限公司副总裁兼后期总经理高翔》,《影视制作》2017 年第 10 期, 第 28~31 页。《中国日报》双语新闻《你有 freestyle 吗? 别问了! 你要哪种 freestyle? 我这里全有》,https://mp.weixin.qq.com/s/ymsXTeVml_MrsAUHnUwCJw. 2023-05-13。

录片《川渝陷阱》中就认为，"如果说唱是一种行走江湖的话，那 freestyle 就是你的兵器"，而且，从"不会 freestyle 能否算作 rapper"等热议话题就可看出这类文化资本的重要程度与双重作用。① 第三类通常是嘻哈圈内的名望资本，如小众比赛奖项等，但因为地下时期嘻哈圈的非正式性质，这类资本常以具身化的"自我技术"②形态出现，即以传记方式对说唱乐者的音乐生涯与中国嘻哈乐的发展历史进行同构转喻，主要集中于嘻哈圈"名利双收"的"老炮（OG）"，如 MC Hotdog、欧阳靖与 GAI 等，嘻哈乐迷还会将他们"圈内成名→圈外得利"的艺术人生比拟为中国嘻哈乐本真性一步一步被资本收编的悲剧故事。

其次，强调国外嘻哈乐传统的先在性与重要性。其一，将国外嘻哈乐手、嘻哈圣地视作榜样，并以称号、地名进行比拟。如将成都称为"成（阿）姆斯特丹"，将重庆称为"重（亚）特兰大"，将国内部分嘻哈乐手视作中国的 Tupac 与 Eminem 等，甚至，许多歌手会在歌词中直接书写并致敬国外的传奇嘻哈乐手。其二，强调文化的完整性，指出国内嘻哈乐已被提纯为说唱乐这一事实与对嘻哈乐认识不足、吸收不够的原因。呼吁应当更彻底、全面地引进嘻哈文化，从而建立可以产生"初始实践"和培育"原初习性"的"场域"，而非在中国嘻哈文化立足未稳之际便进行浮皮潦草的"次等实践"，因为"实践掌握"的深层"习得"虽比"符号掌握"的浅表"学得"更困难，但却更重要、更真实、更可靠。如 Double C 在《Hip-Hop Utopia》中如此唱道："记住我们不是说唱（单一的音乐风格）是 HipHop（多元的文化生态）。"其三，将国外嘻哈乐潮流视作中国嘻哈乐发展方向。无论是 2016

---

① "不会 freestyle 能否算作 rapper"的争议，见说唱 HIPHOP：《不会 Freestyle 的还能叫 Rapper 吗？》，https：//mp. weixin. qq. com/s/jVWQG4ReHCgvl_90Zjq1eA.（2021-11-04）［2023-05-13］。小强蜀熟：《不会 freestyle battle，还能叫 rapper?》，https：//mp. weixin. qq. com/s/gem7Wu9nQr1DjE2AfHPyLw.（2018-04-08）［2023-05-13］。

② "音乐作为自我技术（Music as a technology of the self）"是 Tia DeNora 基于福柯"自我技术"理论创构的新概念，DeNora 认为音乐既是审美反映的激发物，也是调节情感水平、回忆历史瞬间与进行身份认同的文化资源，更是一种构建传记式主体性的"自我技术"。见 DeNora, Tia. "Music as a technology of the self". *Poetics*, 1999, 27, 1: 31-56.

年、2017 年关于 Trap 音乐风格的争议还是 2019 年、2020 年对 Auto-tune 人声修饰技术的讨论，都集中于中国嘻哈乐者能否运用得当、是否同国际潮流协调合拍等问题，均将国外嘻哈乐视作全然可信的追随对象而鲜有反思。

最后，重视与国外嘻哈乐的交流与合作。可以说，追随国际范的最初目的与完美结局，便是能与国外的嘻哈乐者进行交流，自己的作品还得到对方的认可，甚至与他们一同合作创作音乐。如综艺《中国新说唱》设置海外赛区，音乐公司在宣传时将国外听众对中国嘻哈乐的认可作为卖点与爆点。不光如此，中国嘻哈圈对海外中国嘻哈乐手的异国成就非常关注，得到国外嘻哈界的认可并与国外大牌嘻哈乐手合作均被视作中国嘻哈乐的里程碑并被大书特书。如欧阳靖 19 岁时在美国电视节目《106 & Park》的"Freestyle Friday"环节中连续七周夺得冠军，马思唯的《Flava In Ya Ear Remix》进入美国说唱乐榜单"Underground Heat"，谢帝与美国嘻哈乐传奇 Snoop Dogg 合作创作《All Or Nothing》，盛宇 Damnshine 与 Snoop Dogg 同台表演……

在中国嘻哈乐走出地下进入主流文化后，长期对美国嘻哈乐亦步亦趋的后果逐步暴露，刻画香车美女的拜金表达、描绘毒品枪战的帮派生活等不合理、不真实的内容遭到大量圈外乐迷指责。更重要的是，中国嘻哈乐的本真性品格受到了损害，部分嘻哈乐者与嘻哈乐迷在生搬硬套的风格与歌词中看到了追随国际范策略中"伪冒（fake）"的一面——中国嘻哈乐忠于本源一味模仿的做法其实已经背离了美国嘻哈乐忠于自我的精神。因此，就催生了另立中国风这一抵抗策略——在自身文化传统中寻找与嘻哈乐精神所契合的文化要素再加以融合创造，更积极地与建立本土联系、书写自我经验，创造并推扬"中文嘻哈""中国的嘻哈"。具体说来，表现在编曲采样、语言选择、歌词内容、文化资源等方面。

其一，在编曲中融入笛、箫、古琴、琵琶等中国乐器。如董宝石 Gem 的《剑客 刀客 侠客》中空灵的笛声，Fox 胡天渝融入戏腔的《庆功酒》。其二，积极挪用、改造其他具有中国元素的艺术样式。如 Jar Stick 的《霍元甲》借用霍元甲的历史意涵并通过打斗的"嘿""哈"声效制造音乐的律动感，C-BLOCK 的《大闹天宫》重新混录 1986 年版《西游记》主题曲，董宝石 Gem 的《龙门客栈》采样电影《龙门客栈》中的对白。其三，借助传统文化、地方知识与方言重新阐释嘻哈乐。如 C-BLOCK 的《江湖流》《投名状》以码头文化、江湖义气比拟美国说唱乐中的街区生活与匪帮文化，Gosh 厂牌的《2017 重庆茶馆 Cypher》中表达重庆的茶馆文化、火锅美食与城市气质。在另立中国风这一层面，GAI 可以说是最成功的嘻哈乐者，他的《天干物燥》将"天干物燥，小心火烛"比附为黑人社会的俚语，《空城计》以诸葛亮运筹帷幄的智者形象比照不可一世的嘻哈乐者，《重庆魂》采样电影《古惑仔 3 之只手遮天》的对白将美国嘻哈乐的匪帮生活比拟为香港的古惑仔江湖。

可以说，另立中国风就是要尽量淡化嘻哈乐的舶来品属性。其贡献主要表现以下几点。首先，中国嘻哈乐从"他者话语"过渡到"抵抗话语"并最终成为"独立话语"。早期中国嘻哈乐存在全英文摹写的情况，英语与嘻哈文化虽能帮助中国嘻哈乐者抵制国内主流文化的规范和价值观、坚持亚文化身份、创造新的意义之网、并最终挑战其权威地位，但也会使他们自绝于自身文化传统，以至于成为美国嘻哈乐赝品，于是中英文夹杂的"抵抗话语"出现了。如满人在《十年》里的歌词：

> 93 年我来到 Westcoast，开始听到 Hiphop
> 从 Radio 和 Tv、News 里我看到 Tupac
> ……
> 留下来的是你的 Fan，Hiphop 是你的 Name
> Hiphop 所到过的地方，全部都是你的 Land
> Rap 是你的 Man，Heaven 是你的 End
> 如果没有你的 Strength，Hiphop 不可能 Change

这一话语空间内部的混杂语言正体现了中国嘻哈乐者矛盾的主体认同。而蛋堡在《十年》中的歌词几乎不使用英语，故意淡化嘻哈乐的起源，转而强调嘻哈乐如何在中国落地生根，虽仍以嘻哈乐为本体，却暗藏以自身经验、地域特性、中文嘻哈乐为本位的深层逻辑，从"（嘻哈乐）他用韵脚走来，我希望他用中文飞"便可窥其用心。随后大量纯中文说唱音乐的出现，更是证明中国嘻哈乐正在逐渐走向"独立话语"这一阶段。其次，丰富了中国嘻哈乐的文化内涵，如小老虎在《说唱艺术》用评书方式进行嘻哈乐演奏，其歌名"说唱艺术"既明指嘻哈乐，也暗喻中国传统的说唱文学。最后，中国嘻哈乐初步成熟，出现了更多、更优质的本土书写与真实表达。如反映学校霸凌社会病症的《凶手不止一个》，为虐待学生社会事件发声的《豫盖弥章》等。

国际范与中国风在编曲采样、语言选择、歌词内容、受众预设等封面的差异，最终塑就了迥异的文化品格，二者都采用嘻哈文化信条"Keep it Real"（保持真实）为各自的本真性进行辩护，但其冲突迄今未绝。国际范拥趸担心过早中国化、过分风格化、过度商品化会迅速肢解中国嘻哈文化，认为用中文说唱就像用英语唱京剧一样不伦不类，而英语不仅适合说唱，也更方便中国嘻哈乐走向世界。而中国风粉丝则认为大量英文、浮夸歌词与跟风仿袭无异于"黄皮肤黑面具"，既然如此，何不索性直接听美国嘻哈乐？而国际范这种盲目追随，看似复制了美国底层工人阶级黑人社区的习性，吸收了他们的批判精神，实则中国城市青年的自我陶醉……

学术研究并不断言中国嘻哈乐的品性如何，也不评判两种文化策略的优劣，而是依照"凡是现实的东西都是合乎理性的"[1]去寻找冲突的深层原因并进行解释。国际范与中国风冲突的实质是跨语言、跨民族、跨文化层面的主体认同难题：追随国际范的亚文化圈子以聚集与区分为基本原则，既需不断吸纳美国嘻哈乐的文化资本，更要保证美国嘻哈乐的优势占位，

---

[1] ［德］黑格尔：《法哲学原理：或自然法和国家学纲要》，范扬、张金泰译，商务印书馆 1979 年版，第 11 页。

才能进行"忠于本源"式的本真性论述；另立中国风则是在流行文化场域内与美国嘻哈乐进行象征层面的跨国文化竞争，从而对其存在的必要性、合法性与优越性进行"忠于自我"式的本真性论述。一为强调血统纯正的亲父逻辑，一为突出青出于蓝的弑父逻辑，冲突便在所难免。这种因异国优势文化传播而造成的主体认同难题是普遍的，[1] 这些冲突可以部分解释相关现象：既能圈内成名又能圈外得利的嘻哈乐者为何大多是 20 世纪 90 年代早期出生的"中生代"、大多出现在成都、重庆与西安等"中间地带"。原因其一，进入嘻哈圈稍迟，甚至错过嘻哈乐地下时期的年轻人，会因亚文化资本积累不足会被视作资历不足的初级摹仿者，而进入嘻哈圈较早的老一辈虽能积攒大量亚文化资本，但也会滋养难于扭转的亚文化习性，导致他们无法与中国嘻哈乐一道从地下进入主流。其二，对从北京、上海、广州、香港等大都市到西藏、新疆、云南等内陆地区进行国际潮流-文化惰性的程度图绘，中间地带既能沉淀部分潮流内容，又能在相对宽容的氛围中对地域文化进行改造挪用。

二、独创与采样：文化逻辑与流行观念的版权纠纷

中国嘻哈乐面临的另一本真性难题则体现为层出不穷的"偷韵脚""撞flow""盗 beat"等乱象。如黄硕与派克特被嘲讽长期偷扒 Kendrick Lamar 的

---

[1] 见 Song, MS. "Made in Korea：Authenticity in Hanguk Hip Hop. " *Hanguk Hip Hop：Global Rap in South Korea.* Cham, Switzerland：Palgrave Macmillan, 2019：29-62. Alim, H. S. , Ibrahim, A. , & Pennycook, A. (Eds.). *Global linguistic flows：Hip hop cultures, youth identities, and the politics of language.* London：Routledge, 2009. Benson, P. . "English and identity in East Asian popular music. " *Popular Music*, 2013, 32, 1：23-33. Osumare, H. . "Beat streets in the global hood：Connective marginalities of the hip hop globe. " *Journal of American & Comparative Cultures*, 2009, 24, 1-2：171-181. Fischer, D. -E. (2013), "Blackness, Race, and Language Politics in Japanese Hiphop. " *Transform Anthropol 21*：135-152. 苏勇、李智娜：《异国文化认同感对消费者购买行为的影响及启示——以韩流风潮为例》，《市场营销导刊》2008 年第 2 期，第 39~42 页。

Flow，邓典果则被质疑盗用伴奏。① 这类乱象存在三个显著特征：首先，无法借助现行版权法规与流行音乐概念进行全面规范与深刻解释。如相同韵脚能否算作抄袭？许多即兴表演虽能确定抄袭事实却无法得到版权保护等。其次，这种"抄袭"常常只有资深嘻哈乐迷乃至业内人士才能识别，而且许多"抄袭"直至最终也无法断定。最后，这些乱象都与嘻哈乐者的本真性形象有关，乐迷看似指责"抄袭"实则质疑乐者不够"真实"，即违背嘻哈文化的信条"Keep it Real"，诚如 Lauger 与 Densley 所言，嘻哈是一种"身份艺术"，保持高纯度的本真性比创作高标准的作品更重要。②

这些抄袭风波中讨论最热烈、影响最广泛的无疑当属"董宝石 Gem 的《野狼 disco》版权风波"。本文不拟从产业规划发展与版权法律规范等角度对《野狼 disco》版权风波进行分析，学界相关研究已相当充分，他们主要将症结归为如下几点：编曲与作曲的名实差异、国内版权保护机制欠完善、部分音乐人版权意识不足、相关法律对编曲者权益缺乏重视，并提供了完善版权法规等专业建议。③ 但这种分析存在以下不足：首先，树立版权意识与完善法律法规周期过长，远水不解近渴，无法解决现阶段"抄袭"乱象。其次，没有意识到作为身份艺术的嘻哈乐对"抄袭"的苛责实则是对本真性的反向强调，因此便无法解释一起平常的商业纠纷何以发酵至此。最后，对嘻哈乐的具体制作过程认识不足，与流行乐生产不同，其中充满了

---

① 相关乱象见中文说唱全记录：《抄袭 PG One？杨晓川的 beef 大战被指 diss 是借鉴〈湮灭辉飞〉》，https：//mp. weixin. qq. com/s/OLwmfpWdCVhaU7m1E84h2Q . (2021-11-17)［2023-05-13］。中文说唱全记录：《Kendrick Lamar 发专辑后，黄旭和派克特被讽刺抄袭！回应来了》，https：//mp. weixin. qq. com/s/gaHbkO6wlhyoCg263-OFYg. (2022-05-13)［2023-5-13］。中文说唱全记录：《邓典果新歌被指抄袭？真相过于离谱了！》，https：//mp. weixin. qq. com/s/PGO9l3GlBZp_4YnrplY3Yg. (2022-02-16)［2023-05-13］。

② 见 Lauger, T. R. & Densley, J. A. (2018). "Broadcasting badness: Violence, identity, and performance in the online gang rap scene." *Justice Quarterly*, 35(5): 819-820.

③ 见刘也愚：《试论流行音乐改编中版权保护的边界及启示——从〈野狼 Disco〉伴奏版权纠纷谈起》，《艺术评论》2020 年第 7 期，第 98～106 页。高亚楠：《编曲著作权的侵权与保护——以〈野狼 Disco〉编曲纠纷为例》，《西部学刊》2021 年第 4 期，第 66～69 页。

采样、混录等"非法"技术手段。故本文着重于从身份建构与音乐制作的角度，透视版权制度、社会观念、嘻哈文化与商业逻辑的共享前提与冲突原因。

学界此前研究忽视了嘻哈乐的常规生产步骤，故其分析尚未深入嘻哈圈的特殊共识这一层面。首先，嘻哈乐伴奏的制作、推销、传播与交易均不同于以往常规的流行乐体系，通常伴奏制作者（Beatmaker、Producer）在创作原曲（beat）后，会将"水印版"①上传至"Beat Stars"等交易平台与"YouTube"等网站个人主页，并鼓励游客收听、购买与展开合作。其次，说唱歌手（Rapper）通常会在伴奏交易平台上浏览、试听与挑选，然后免费下载相关伴奏后进行练习，在尝试创作配套词曲后，再根据效果决定购买何种等级版权（租赁、无限制与买断）与下载"无水印版"的音轨工程文件，最终混录（mix）后才将作品上传至流媒体音乐平台。最后，不少说唱歌手在混录作品时会选择保留水印，有的伴奏制作者在作品发布后会开放版权并公开征集重新混录（remix）。前者如 Higher Brothers 通常会保留其长期合作的伴奏制作人 Harikiri 的水印；后者如满舒克的《陪你过冬天》存在十几个重新混录版本。嘻哈乐当前生态的确尚未完全符合现行版权制度规范，许多中国嘻哈乐者在从地下走向主流后会下架部分作品或补购版权。因此便出现了"版权猎人"——寻找嘻哈乐者的疑似侵权作品后在交易平台买断其伴奏版权并提出诉讼、要求赔偿。但是，版权猎人关心的"版权纠纷"与普通乐迷推扬的"原创价值"、嘻哈乐迷强调的"本真性"不可混为一谈，这与嘻哈圈中的特殊共识有关，具体体现为以下方面。

首先，在作品中保留伴奏水印通常被视作向伴奏制作者致意（respect，shout out to），而非版权猎人所认为的未购买版权、未拥有去水印版伴奏的明证。一些嘻哈乐者在混录时会尽量使伴奏制作者的水印也能服务于作品整体效果，如功夫胖的《淘金日记》；部分作品会在标题中醒目地标明伴奏

---

① 在开放下载的版本中，伴奏制作人通常会在原曲某处添加一段声音签名（tag，slogan），故称水印版。

制作者，如 Higher Brothers 的《Cosplay(Prod. Simon Marcus)》；有些作品甚至会将伴奏制作者编排到歌词中，如 Bridge 在《买个包包》中介绍制作者 K11，"手举高高，K11 操刀"。

其次，重新混录(remix)经典嘻哈乐曲既被视作初级嘻哈乐者的无奈之举(无钱购买伴奏版权)，也被视作嘻哈乐者的进阶之路(与嘻哈传奇隔空切磋)，但都建立在对原嘻哈乐者的尊敬之上。虽然这些作品的确存在版权纠纷，① 但应该受到包容与肯定，而非普通乐迷般仅对其原创性与艺术价值对其进行评判。重新混录存在许多分类，按类别可分为说唱歌手式(重新填词、甚至重新作曲)与制作人式(保留人声与旋律，进行重新编曲)；按版权有无可分为无版权重新混录(bootleg)与重新混录(remix)；按再制作程度可分为不添改音色的音轨拼合(mashup)与深度工程改编(remix)。

最后，剪辑、抽取并拼贴其他艺术样式与艺术作品片段的"采样"(Sampling)技术是嘻哈文化的核心。嘻哈圈虽视若平常，学界、法规与商业公司已对此类"非法"创作已有大量相关规定与探讨论述。② 在前一章分析的追随国际范与另立中国风两种文化策略中，都存在大量直接采样进行再创作的嘻哈乐曲——或与嘻哈传奇隔空共说齐唱、或引用电影对白迅速建构场景氛围感，采样常因其短促轻微而免受责难，又常因其效果突出大受赞美，但其合法性论述的核心并非"忠于本源"或"忠于自我"的本真性，而是"忠于共同体"。

---

① 关于混音的批判式解读、文化式解读与版权法分析，见[法]贾克·阿达利：《噪音：音乐的政治经济学》，宋素凤、翁桂堂译，上海人民出版社 2000 年版。Navas, Eduardo. *Remix Theory: the aesthetics of sampling*. Berlin, Boston: Ambra Verlag, 2012. Lessig. Lawrence. *Free Culture*. New York: The Penguin Press, 2004. [美]劳伦斯·莱斯格：《思想的未来》，李旭译，中信出版社 2004 年版。

② 见 Ponte, Lucille. (2006). "The Emperor Has No Clothes: How Digital Sampling Infringement Cases Are Exposing Weaknesses in Traditional Copyright Law and the Need for Statutory Reform." *American Business Law Journal*, 43(3): 515-560. 中对"Bridgeport 案"和"Newton 案"相似案例迥异判决的比较分析。

在这种语境下，大部分的嘻哈乐曲都可视为"致敬式"作品，即通过重复、改编与重混其他作品从而对街区生活、个人身份、嘻哈文化、音乐前辈致以敬意，进而指涉嘻哈乐曲背后更深刻与广泛的互文结构。反之，如果将自己视作独立、纯粹的创作者，则会被视作不真诚、不真实的"白眼狼"（biter）。① 这类"致敬"与流行文化中的"致敬"相当不同，一旦嘻哈乐者正大光明地表明其灵感来源与文化传承，便可在嘻哈圈内部免受绝大部分版权攻讦，如邪恶少年 eb 的《Life is still a struggle》、VAVA 的《Life's a struggle》对宋岳庭《Life's a struggle》的直接致敬不但不被视作原创性欠缺的赝品，还被认为是跨越时空延续了中国嘻哈传奇宋岳庭的本真性。但溢出嘻哈圈后便会出现大量有关原创性与艺术价值的讨论与诘难，如 Mac Ova Seas 对周杰伦《七里香》进行重新混录的《七里香 Remix》在短视频平台走红后所引发的巨大争议。②

嘻哈乐以建构象征层面音乐—文化—身份共同体的方式进行本真性论述。可以说，逃离"独创"的艺术精神、"非法"采样的创作语法与推扬"重复"的文化共识影响了嘻哈乐从具体制作、传播扩散、经典形成到本真论述诸方面，其具体表现体现为以下几点。

首先，采样技术宣告世界正从机械复制（mechanical reproduction）时代过渡到重复混录（remix）时代，嘻哈乐在其中发挥着无可替代的重要作用。19 世纪 30 年代发明的早期摄影与 19 世纪 70 年代、90 年代发明的留声机意味着可对世界进行画面复制与声音复制，随后多年间积累的大量素材与发展的惯例甚至范例，为 20 世纪 20 年代的哈特菲尔德、杜尚等艺术家的照片拼贴、蒙太奇与现成品挪用提供了契机；20 年代 70 年代纽约南布朗克斯的唱片骑师（Disc Jockey）的将牙买加唱片骑师以剪切（cut）、混响

---

① 见 Vernon, J. *Sampling, Biting, and the Postmodern Subversion of Hip Hop.* Cham, Switzerland：Palgrave Macmillan, 2021. 17.

② 见押韵诗人：《Mac Ova Seas 的〈七里香 Remix〉被周杰伦转发再上热搜，追星成功的他却还是在挨骂？》，https：//mp. weixin. qq. com/s/4Wzwg-QZoCI3pELIEg5Ibw.（2022-03-24）［2023-5-13］。

(beatmixing)为核心的唱盘技术发展为节拍杂耍(beat juggling)，极大地发展了采样技术；20世纪80年代采样机的出现与普及后，采样作为音乐生产模式、更作为音乐聆听方式，随嘻哈乐的流行被迅速商品化并销往世界各地；20世纪90年代后又因数字化、压缩技术与互联网媒介的发展，采样作为一种嘻哈文化商品、一套非法生产模式、一个混搭文化逻辑得到了前所未有的全球化。①

其次，嘻哈乐的诞生、传播与全球化，虽然并非纯粹的机械复制，而是穿插着变化、灵感与创造的重复混录，但始终存在着版权隐患。其一，截取他人成果并加以再创造是嘻哈的原初精神。嘻哈乐的诞生以 DJ Kool Herc 发明碎拍(breakbeat)为主要标志，即利用两台唱盘与调音台交替重复播放唱片中的鼓点间奏(Drum Beat)部分，这种切割原曲部分乐段并进行重复得到了极大倡扬，并逐渐出现唱片骑师们海淘唱片只为寻找鼓点间奏部分的现象。其二，新的审美秩序、新的原创定义与新的知识系统开始逐渐形成，唱片骑师们积累了相当多的鼓点间奏部分，并以此为标准评价音乐价值，而且唱片骑师以自己唱片储备招徕生意，其大忌是使用那些人尽皆知的唱片，为防止同行剽窃，他们甚至会把唱片上的所有纸质标签都销毁。其三，嘻哈乐的第一首正式歌曲就惹上了版权官司，糖山帮(the Sugarhill gang)《说唱爽翻天》(Rapper's Delight)的发行象征着嘻哈乐正式从"派对""活动"的样态开始嬗变为可进入现代音乐分销系统的"唱片"，但也正是这首歌，既被圈内乐者指责摹仿冷碎兄弟(Cold Crush Brothers)，又被业内人士控诉侵权尼尔·罗杰斯(Nile Rodgers)。②

最后，嘻哈乐通过直接的重复、改编与致敬前人来进行自我正典化，而非如现代艺术般借助抹去传统、隔辈认亲、独异化等手段。嘻哈这种身份艺术的突出表现便是"代表"(Represent)，通过代表来强调自己的社区文

---

① 见 Navas Eduardo, *Remix Theory：the aesthetics of sampling*. Berlin, Boston：Ambra Verlag, 2012：9-32.

② 见［日］长谷川町藏、大和田俊之：《别再问我什么是嘻哈》，耳田译，上海社会科学院出版社2020年版，第32~33页。

化与集体身份。如 Tizzy T 的个人口头禅(slogan)"从768到广州,从货运站到码头"便说明了他从潮州(768是潮州区号)到广州的生活历程与身份归属,还有刘聪极具辨识度的声音签名(tag)"来自0734混迹0731",而且大部分嘻哈乐者会依据城市、地区为归属集体创作歌曲,甚至组建厂牌,如"成都集团""丹镇北京"等。另一种方式是"致敬"(Respect),前文介绍已较详尽,故不赘述。还有一种方式是"攻击"(Diss,Disrespect 的缩写),是指双方通过发布嘻哈乐录音 demo 进行互相攻讦。恰如其全称,攻击常是一种扭曲、变形的致敬,如 Machine Gun Kelly 对其偶像嘻哈传奇 Eminem 间的攻击;那些有来有往、精彩的互相攻击甚至会传为美谈,如美国东、西海岸两大嘻哈传奇 The Notorious B. I. G. 与 Tupac Shakur 间的恩怨情仇,这种有话直说的"攻击"无疑是嘻哈文化中本真性形象的有力体现。

从机械复制时代进入重复混录时代后,嘻哈乐通过采样、混录与改编建构作品连续体、身份共同体与文化集合体、排除"无关者"与"白眼狼",并借助海量数据、合成器技术与互联网媒介放大采样对象、生产规模与影响范围,最终完成"本真性"论述,其生产逻辑是"建立在差异上的重复"①。而推扬灵感、天才与独创精神的现代艺术观念看似与文化品格低劣的文化工业格格不入,但精神创造上强调天才独创的观念在资本运作、市场流通时被引据为维护版权专有的隐含前提,从而保证并维持了艺术生产、市场流通等环节的利益增殖②,其"本真性"论述必然是绝缘于他者的自卫式限定——强调原作此时此地的在场性,从而保证其灵晕(aura)不因摹仿而消散,更不因复制而转移。由此看来,关于中国嘻哈乐"侵权"纠纷与"抄袭"乱象不断的深层根由便不难解释了:嘻哈圈的特殊共

① "建立在差异上的重复"见[法]吉尔·德勒兹:《差异与重复》,安靖、张子岳译,华东师范大学出版社2019年版。相关书目见米勒的长注,载[美]希利斯·米勒:《小说与重复:七部英国小说》,王宏图译,天津人民出版社2007年版,第6页。

② 本文关于艺术非法生产与版权制度的部分分析受到储卉娟、伊斯曼启发,二人对"棋盘街"与"叮砰巷"的相关研究见储卉娟:《说书人与梦工厂:技术、法律与网络文学生产》,社会科学文献出版社2019年版。[美]大卫·伊斯曼:《贩卖音乐:美国音乐的商业进化》,左丽萍、周文慧译,世界图书出版公司北京公司2016年版。

识为"开源"式的知识结社，版权法的隐含前提则是"专有"式的知识垄断，故嘻哈乐其逃离"独创"的艺术精神、"非法"采样的创作语法与推扬"重复"的文化共识在新兴媒介的放大效应下必然会与版权规范产生无法调和的矛盾。

三、作品与模件：情境迁移中的意义危机

在中国嘻哈乐发展的过程中，除了国际范与中国风的认同困境、独创与采样的版权纠纷之外，还存在着作品与"模件"①的意义危机这一本真性难题。也就是说，曾经以采样、混录为核心语法盗猎唱片选段、拆解音乐秩序、表达政治诉求的嘻哈乐，能否应对大众媒介全球化、资本化与中产阶级化的"二次采样"②。这种"二次采样"是会间接将嘻哈乐拆解为一堆符号与拟象的废墟？还是传承并发扬嘻哈乐的精神？嘻哈圈内是否容许嘻哈乐者的自我复制？嘻哈乐能否经受流行文化的摹仿、挪用与改造？

中国嘻哈乐走出地下进入主流文化后，不但遭遇了普通乐迷的不解，更经受着嘻哈乐迷的不满：一些曾在地下时期摸爬滚打的资深嘻哈乐者参与选秀、综艺与晚会时，会提前准备韵脚、歌词，这些普通乐迷视作体现敬业精神的行为，却被嘻哈乐迷讥为"伪冒""套词""背词"。当然，令不

①　"模件（module）"是指可以令原创物件得以大规模复制、大范围传播的重要因素，如印刷模板、电脑程序、建筑设计图等。关于艺术类模件的模式化创作与规模化生产的专门研究，可参考阿达利对现代噪音重复、创新、终结的政治经济学分析与雷德侯对中国文化模件、构件、模件体系的艺术社会学考察。见［法］贾克·阿达利：《噪音：音乐的政治经济学》，宋素风、翁桂堂译，上海人民出版社2000年版。［德］雷德侯：《万物：中国艺术中的模件化和规模化生产》，张总等译，生活·读书·新知三联书店2005年版。

②　综艺节目、短视频平台在介绍、传播任何文化时都存在媒介过滤、片面传播的现象，这就是一种"采样"，也是大众文化的运作模式。但当大众媒介对"采样"文化进行采样时，就会形成"二次采样"乃至"多次采样"的状况，会导致人们忽略、遗忘制模者的存在及其劳动成果，因而抹杀"采样"文化的创造力与独特性。

少嘻哈乐者更怒不可遏的是韩国男团式偶像(Idol)试图学习、融入嘻哈文化①，如 GAI 在《中国有嘻哈》中甚至说"假的永远都是假的……别来沾边，死得很快"②。要解释这些现象的深层原因需要对嘻哈乐的历史流变、技术变革与跨国传播进行必要说明。

首先，由于技能专业化、劳动分工化与乐者专门化，嘻哈诸要素间的知识壁垒愈筑愈高。其一，技能专业化。嘻哈文化诞生初期，竞争氛围相当激烈，街舞舞者(break boy)需要每天高强度训练，嘻哈奠基人 Kool Herc 与 Afrika Bambaataa 当时每天都在努力提高唱盘技术、升级音响设备并四处搜集唱片，以便在派对上压对手一头，因此涂鸦、街舞、唱盘与说唱这四项嘻哈要素迅速积累了大量技能知识。其二，劳动分工化。过量的技能知识导致劳动分工化，因此就出现了主要从事某一项的嘻哈乐者，后来像 Bambaataa 那样兼街舞、涂鸦、唱盘与说唱于一身的嘻哈乐者就越来越少。其三，乐者专门化。劳动的细致分工必然会衍生出潜心某一专业的嘻哈乐者，如 20 世纪的派对主持(MC)到 90 年代擅长作词、作曲与即兴说唱的说唱歌手(Rapper)，最终分化演变为部分仅能演唱的歌手(Singer)。

其次，由于采样设备、复制技术与互联网媒介的逐渐发展，曾经只能当时当地体验的嘻哈场景被肢解成可供随时查阅的嘻哈碎片。③虽然技能专业化、劳动分工化与乐者专门化导致了嘻哈知识与知识壁垒的迅速增长，但采样设备与复制技术却可对其成果进行固定、复制与传播。于是，

---

① 见 Song, MS. "Idol Rapper: K-Pop and the Production of Authenticity." *Hanguk Hip Hop.* Cham, Switzerland: Palgrave Macmillan, 2019: 121-144.

② 见押韵诗人:《GAI 与 TT 套词，多位知名 Battle MC 发挥失常，PG One 与 HipHop Man 贡献全场最佳》，https://mp. weixin. qq. com/s/BU9SurP50l01B4N1s5BFdg. (2021-05-15)[2023-05-13]。押韵诗人:《曾经鄙视 Idol 的 Gai 爷联手徐盛恩出演电影《爆裂说唱》，或许他才是个好演员》，https://mp. weixin. qq. com/s/4FqOsd5QKn1w8 Y4uSnFCig. (2018-10-04)[2023-05-13]。

③ 关于复制技术导致艺术的在场性被破坏的相关分析可参考《诗经》文本所造成的诗、乐、舞分离，见王靖献:《钟与鼓——诗经的套语及其创作方式》，谢濂译，四川人民出版社 1990 年版。

整个嘻哈世界的知识便被组织为一套模件体系，"模件化"技术既帮助嘻哈乐者运用各色海量的嘻哈知识，也使得嘻哈活动开始分离，而互联网媒介则使得全球都可取用这套模件体系。如今，街舞舞者再也不需专门赶派对蹭音响，其中，AR 刘夫阳的专辑《Phone Project》便是绝佳案例，他仅用一部手机便创作出了整张专辑(包括编曲、混录与拍摄 MV 等)，但如果没有采样设备、复制技术与互联网媒介，这是无法想象的。

最后，由于种族因素、文化语境与传播范围的异国差异，美国嘻哈乐进入中国后被提纯、吸收为青年亚文化与特定音乐风格。Mcleod 分析美国嘻哈乐者的本真性宣言(Keep it Real)后，发现这些宣言无非是从六个语义维度强调：黑人强于白人、地下优于商业、强硬胜过软弱、街道高过郊区、老派超越主流、忠于自我好过追随大众。① 但中国并不存在美国极端对立的种族问题、城市—乡村的阶层图景也不相同，而且，嘻哈乐传入时，其大部分接受者是城市中产阶层青年，不少情况正与美国本土相反。

由此看来，嘻哈乐的模件体系至少达到了四个积极效果。其一，易获得。可随时通过互联网进行搜索、下载与储存，如寻找特定风格的伴奏(type beat)。其二，易上手。模件很好地消除了因劳动分工化与乐者专门化导致的知识壁垒，即插即用。其三，促进规模化生产与风格更新。用模件组构代替传统的组合创造可以快速提高生产速率，而且模件化可促进新模件的诞生，新模件又能激活旧模件。其四，可随着场景迁移完成意义增殖。同样一个唱段(Verse)在无伴奏说唱(Acappella)、对战(Battle)、接力(Cypher)与独立作品中的意义是不同的。但当嘻哈文化进入传播系统、经济网络与流行文化中时，其模件却常常遭到拆解、固定与孤立。

首先，在传播路线中将嘻哈文化碎片化，并对模件进行拆解。王嘉军在分析《中国有嘻哈》时指出节目组在营造异质文化的新鲜感时总是借用许

---

① 见 McLeod, K. "Authenticity within hip-hop and other cultures threatened with assimilation." *Journal of Communication*, 1999, 49: 134-150.

多术语黑话来哺育听众。① 在进入传播链后，嘻哈文化常被碎片化为新奇装扮、古怪性格与浮夸音乐等要素的堆砌罗列，从而掩盖其深层联系，其深层逻辑便是在"正常"社会的逻辑中识别、命名与定义"反常"的嘻哈，最终瓦解其意义生成。②

其次，在经济循环中突出其商品形态，将嘻哈文化平面化，并对模件进行固定。正如 Mcleod 所言，"一旦某种音乐变得有利可图，那么它便会迅速变成一个流派"③，不光如此，这些文化商品会迅速将亚文化的抵抗话语转换为利益增殖的手段，从而使得普通乐迷可以通过消费文化符号完成象征层面的矛盾解决、自我认同与阶级抵抗。④ 聆听某一风格的音乐、消费特定的文化符号、重复固定的自我话语等贩卖本真的情况非常常见，但应意识到这是模件化的另一面，即假如嘻哈活动没有发生分离，其在场性并未肢解的话，便不会遭遇流行音乐对嘻哈乐的长期询唤——"无止境的创新；用未经尝试的永远新颖的快感来挑逗消费者；不仅生产商品也生产欲望，承诺消费是通向个人满足的捷径"⑤。正因如此，许多资深嘻哈乐迷认为老派的派对主持远胜新潮的说唱歌手，舞厅中的嘻哈场景是 CD 工业永远无法提供的。⑥

最后，流行文化在吸纳嘻哈乐时强调其专业品格，对嘻哈文化进行去政治化呈现，通过将模件视作作品式的完成物，从而将模件与其他模件、

① 王嘉军：《〈中国有嘻哈〉与嘻哈的文化政治》，《文艺研究》2018 年第 6 期，第 119 页。

② 关于通过意识形态整合对亚文化进行收编的详细分析，见［美］迪克・赫伯迪格：《亚文化：风格的意义》，陆道夫、胡疆锋译，北京大学出版社 2009 年版。

③ McLeod, K. "Authenticity within hip-hop and other cultures threatened with assimilation." *Journal of Communication*, 1999, 49：147.

④ 张宁、唐嘉仪：《商业逻辑与青年亚文化生产：网综节目的批判话语分析》，《现代传播》《中国传媒大学学报》2019 年第 2 期，第 138~142 页。

⑤ ［美］大卫・伊斯曼：《贩卖音乐：美国音乐的商业进化》，第 10~11 页。

⑥ 见 Morris, Rebecca, Note. "When Is A CD Factory Not Like A Dance Hall?：The Difficulty Of Establishing Third-Party Liability For Infringing Digital Music Samples." 18 *Cardozo Arts & Ent. L. J.* 2000：257.

模件体系孤立开来。如《中国有嘻哈》中利用彩色标注歌词中的韵脚、单押、双押等，从而将受众注意力由歌词内容转移到专业技巧上。此类情况在追随国际范的嘻哈乐者那里普遍存在，正如 Cutler 所分析：通过聆听唱片、领会黑话，就可为那些并非城市、底层、黑人的听众远离自己的社会定位，从而借助音乐打造自己的本真形象。① 但实际仍是将其视作可仿袭的音乐风格、可挪用的生活方式与可托庇的文化传统，故导致嘻哈乐有符号对抗而无现实反抗的困境。

可以看出，大众传播网络、音乐分销系统与流行文化场域是将嘻哈乐视作专门知识、风格音乐与独立作品，其深层逻辑是在情境迁移时进行解码—再编码，通过对嘻哈乐中的模件进行拆解、固定与孤立——模件被拆解而无法生成意义、被固定而沦为符号消费、被孤立而难以继续增殖，进而消除嘻哈乐的原初场景、实际生产与社会抵抗等语境，最终将嘻哈乐提纯为"本真性符号"——头顶脏辫、身覆文身、满口脏话、一身时尚打扮的年轻人。而嘻哈乐的模件体系则试图放大嘻哈乐易获得、易上手、规模化生产、激发新风格等积极作用，从而肯定嘻哈乐者的知识积累、模件化努力与模件式创作，其内涵是将模件作为一个连接嘻哈知识、独立个体、集体身份与创造能力的枢纽，重新将嘻哈乐已经分离的原初场景再次召唤回来，其逻辑是"万物生生"式的模件化。一者以去模件化的方式保证其传播效应、商业利益，一者则以模件化的手段保持其生产活力与抵抗动力，因此，在嘻哈乐的实际传播与专门生产中，在中国嘻哈乐走出地下进入主流时，作品与模件在情境迁移中的意义危机这一本真性难题便在所难免了。

结　　语

20 世纪 80 年代以来，嘻哈乐开始伴随外国打口碟与港台音乐进入大

---

① 见 Cutler, C. "'Keepin' It Real': White Hip-Hoppers' Discourses of Language, Race, and Authenticity." *Journal of Linguistic Anthropology*, 2003, 13: 211-233.

陆，最初依凭小众的独立奖项、全国规模的数个比赛与零星的商业表演艰难扎根，随后借助互联网论坛与直播间扩大传播影响，最终通过说唱综艺井喷、短视频传播效应掀起席卷全国的青年文化热潮。如今，无论各大音乐门户网站榜单，还是短视频背景音乐，乃至春晚等大型舞台，中国嘻哈乐无处不在，而 Diss、Freestyle 等圈内黑话也相继成为大众语汇……可以说，中国嘻哈乐正迎来一个关注度、产业体量与文化辐射均前所未有的辉煌时代。

但近年来，中国嘻哈乐却引发无数争议：董宝石 Gem 因热门金曲《野狼 disco》深陷伴奏版权风波；嘻哈圈频繁曝出抄袭丑闻……这些事实似乎已与嘻哈乐是一种强调自由与真实、注重即兴发挥的新兴艺术的观念相去甚远。其根本原因就在于现行版权制度的创作规范、现代流行音乐体系对独创精神的推扬与嘻哈乐保持真实的至高信条，为中国嘻哈乐量身打造了一个"本真性"形象。但当嘻哈乐在跨国传播、资本运作、攻占流行文化时，其逃离"独创"的艺术精神、"非法"采样的生产模式与"模件"组构的情境运用均与这种"本真性"形象存在着不可调和的矛盾，因此国际范与中国风—跨文化层面的认同困境、独创与采样—文化逻辑与流行观念的版权纠纷、作品与模件—情境迁移中的意义危机这三者最终导致了中国嘻哈乐如今面临的"本真性难题"。

校订：彭馨雨　陈琛

"寻常物"如何"变容"？
——阿瑟·丹托的艺术本体论

刘文翰*

摘　要： 丹托通过宗教术语"变容（transfiguration）"描述物跃升为艺术品的过程并建立了自己的艺术本体论。"再现"界定了艺术品与寻常物的区隔，丹托澄清了"再现"的"有所关于"的含义并超越了摹仿的义涵，反映出分析哲学的精确化特点。因为外观上无法判断艺术品的身份，所以有解释效力的艺术理论和艺术史决定了变容，但也引起了"艺术体制论"的误解，于是丹托进一步批判了摹仿论将艺术还原为内容的弊端，找到"隐喻结构"这一变容的本体因素，阐明了艺术的自指结构，也在对艺术自指性的强调中完成了审美现代性的终极扩张，呈现了从摹仿论到艺术自律论再到艺术"终结"的理论历史。

关键词： 变容；艺术；审美现代性

阿瑟·丹托是美国最负盛名的分析美学家，1981 年出版的《寻常物的嬗变——一种关于艺术的哲学》（The Transfiguration of the Commonplace：A Philosophical of Art，1981）是他从哲学转向美学的转折（以下简称《寻常物的嬗变》），这本书在丹托的美学作品中的地位，如他自己所说："《平

---

　* 刘文翰，武汉大学文学院 2021 级文艺学专业硕士研究生。本文系武汉大学文学院第三届研究生学术论坛"比较文学与外国文论"分会场发言论文。

凡物的变形》①，正如我所说的，是关于'本体论'的。这本书是关于'什么是艺术'的。《艺术的终结之后》是关于'艺术史哲学'(philosophy of art history)的。最后，《美的滥用》则是直接关于'美学'的。我在这'三部曲'的三个部分当中持续地工作。将它们合在一块，就是我的哲学的活生生篇章。"②可见，这本书奠定了丹托对于艺术之根本属性的看法，是他以后的美学研究的基石。

这本书还有其"前身"，那就是他此前所作的一篇诠释艺术品生成之根本规律的论文《艺术界》(The Artworld)。1964年，丹托在纽约曼哈顿东大街74号的马厩画廊，参观了波普艺术家安迪·沃霍尔的一场展览，他看到的是一堆布里洛包装盒(Berillo Box)，从物质上讲，它们和工厂里生产出来的包装盒并没有事关紧要的区别，那么作为艺术品(artwork)和作为实物(real thing)的布里洛盒子究竟有什么差异？"无论(艺术品与非艺术品的)区别何在，都不可能来自艺术品和与之难以分辨的实物之间的共同点——任何物质性的、可直接观察比较的特征。"③这个特征是什么？丹托的《艺术界》对此问题作出了初步的回答，给出了一个阐释性的、相对外在的定义，这些观点与《寻常物的嬗变》的前三章是一致的，将在本文第二节论述；随后他又在《平凡物的嬗变》中将其大大扩充，花费更多的篇幅论述了其本体论的属性，这将在本文第三节论述。

"嬗变"一词英文原文为transfiguration，在宗教中意思是"变容"，指耶稣由人变为神，《圣经》里说："过了六天，耶稣带着彼得，雅各，约翰，暗暗地上了高山，就在他们面前变了形象。"(《马可福音》9：2)就像圣水虽然是神圣之物，本来却是普通的水一样，这个词在丹托那里是形容本是寻

---

① 此处引用出自刘悦笛《分析美学史》(北京大学出版社2009年版)，这里所说的《平凡物的变形》，和本文所要引用的陈岸瑛译本《寻常物的嬗变》(江苏人民出版社2012年版)，所指的实是同一本书，本文因要引用中文译本，故译名从后者。

② 刘悦笛：《与阿瑟·丹托对话录》，《分析美学史》，北京大学出版社2009年版，第421页。

③ [美]阿瑟·丹托：《寻常物的嬗变——一种关于艺术的哲学·前言》，陈岸瑛译，江苏人民出版社2012年版，第4页。

常物却化为艺术品的过程，类似于汉语中的"点石成金"。本文将探索的问题是，变容所依赖的基本前提是什么，变容的外在过程和本体特征又是什么，最后，本文将揭示这个本体性的论述所蕴含的理论史向度，也就是审美现代性从批判到建构到终结的历史，这一历史在《寻常物的嬗变》中有不同程度的体现。

一、再现：艺术品与寻常物的区隔

丹托的基本立场是，艺术品与寻常物一定是有所区分的。看到沃霍尔的布里洛盒子，以及回顾其先驱杜尚的小便池以后，他就坚信，艺术理论的基本问题就已经变成了艺术品和非艺术品有何区别的问题，这也是他的极具标志性的研究领域，这个问题在《寻常物的嬗变》开头的寓言之中就被引出：丹托假想了一个热衷政治正确的艺术愤青 J，硬要说一块红方布是艺术品。① 是什么让纯粹的红方布难以成为艺术品？作为一名杰出的分析哲学家，丹托在语言学层面给出了精确的回答：艺术品一定是有所关于 (about)的，体现为 of 衔接起来的语义结构。② 他将"再现"(representation) 这个词纳入对艺术的相关性(aboutness)的讨论，最终逐步地将"再现"提升为界定艺术之本质的核心概念。那么，丹托所说的"再现"是什么意思呢？它是怎样逐步成为一个关键概念的？

丹托先是作了一个平行比较。擅长行为哲学的他认为，纯粹身体运动和有意识的行为之间的区别，与非艺术品和艺术品的区别非常之相像，比如同一个抬手的动作，是痉挛的表现还是基督准备施展他将水变为酒的戏法？无论回答是什么，一定可以说行为(action)毕竟比身体运动多了些什么。③ 这个问题是维特根斯坦首先提的，这"多的什么"被维特根斯坦的早期追随者看作是体制的规定性因素，从表现论者看来则是人的心灵的内在

① ［美］阿瑟·丹托：《寻常物的嬗变——一种关于艺术的哲学》，第 1~5 页。
② ［美］阿瑟·丹托：《寻常物的嬗变——一种关于艺术的哲学》，第 61 页。
③ ［美］阿瑟·丹托：《寻常物的嬗变——一种关于艺术的哲学》，第 6~7 页。

意图(但在维氏看来，这属于不可说而只能保持沉默的)，无论如何它都是肉眼不可见的，由此，一个推测出来的公式是："一件艺术品，就是一个物质客体再加上一个 y。"①这个 y 必然就是艺术品所关于的东西，而且是不可见的。

这个 y 究竟为何？丹托转向了一个同样讨论艺术品与实在之间关系的古老理论：摹仿论。摹仿有一个重要的功能，就是再现真实(real)，"再现"的多义性正式进入丹托的讨论。他援引尼采的研究：狄奥尼索斯的祭仪之狂欢，"就是要冲决理性和道德的禁锢，打破人我之间的界限，直至在一个巅峰时刻，神现身在他的信徒面前——他们相信，神真的是在'出场'(present)的字面意义上现身在场"②，这就构成了再现的第一重意义：再次出场(re-presentation)。当秘仪化为它的象征性表演，不是狄奥尼索斯而是演员作为酒神的代表(representatives)走到观众面前，这就是再现的第二重意义：一物站在另一物的位置上代表之。③ 这两层含义，在摹仿论中形成了内外两层含义：意义和指称。意义方面，摹仿品必须要与其摹仿之物有内容上的相似性，才能是所摹仿之物的再次出场；指称方面，这是摹仿品必须指称着它所关涉(of)的那个东西，才能作为代表、例示。纯粹的指称关系，例如军棋的棋子指称军官，并不需要它们相像，但摹仿型艺术的需要，"在成功的交流中，意义和指称必须以一种恰当的方式连结在一起"④。这无疑构成了摹仿的真实性的两翼。

然而，在从摹仿中抽绎出"再现"之后，丹托让"再现"的第二层含义，即有所关于的指涉，成为艺术的本质属性，从而使再现超越了摹仿的范围。这要从丹托对哲学、艺术、语言的溯源说起。丹托认为，哲学概念的萌芽必定伴随着现实概念的产生，而且哲学是与现实相对立的——"现实概念只可能出现在现实与其他事物——如外观、幻觉、再现、艺术——产

---

① ［美］阿瑟·丹托：《寻常物的嬗变———种关于艺术的哲学》，第 7 页。
② ［美］阿瑟·丹托：《寻常物的嬗变———种关于艺术的哲学》，第 24 页。
③ ［美］阿瑟·丹托：《寻常物的嬗变———种关于艺术的哲学》，第 24 页。
④ ［美］阿瑟·丹托：《寻常物的嬗变———种关于艺术的哲学》，第 89 页。

生了对立之后，这一对立是把现实作为一个整体来对待的，是隔开一段距离来看现实的。"①而艺术、词语正与哲学一道，站在世界之外，和世界之间出现了空场。维特根斯坦的《逻辑哲学论》中的最后一句是："一个人对于不能谈的事情就应当沉默。(7)"②世界本质、生命意义、伦理、审美等都因为其超验性，不在世界之中，故而不能言说、不能被思考。丹托显然受到维氏影响，但他认为，词语及艺术的再现属性依然会架起某种桥梁，那就是相关性(aboutness)——"在世界上的所有东西所具备的所有属性中，唯有'关于'——此物关于彼物，彼物是此物所关于的——是一种与众不同的属性，这是一种很难被眼睛观察到的属性。"③相关性将在艺术与其所指涉之物的中间建立一个语义结构。古希腊时期发生了再现品从巫术式的道成肉身转变为单纯的符号，由此产生了语义结构，终结了古代社会人与物打交道的直接方式，也终结了现实所具有的魔力。④ 因此"再现"的第二层含义就成为艺术在历史上与现实对立而建构自身的关键所在，因为比摹仿少了一个"相似性"的条件，再现获得了语言上更精确的定义，也获得了比摹仿更广阔的含义。艺术也就这样与哲学相交会，并为艺术为哲学所取代埋下了伏笔。

丹托初步指出艺术品全都是再现的，即有所指涉的、be of something 的、具有相关性(aboutness)的语义结构的，深刻反映了他的分析哲学方法论。一方面，分析美学试图对人们日常使用的审美谓词进行精确的研究，例如丹托对"再现"意蕴的分析，就指出它虽然长期被系于"摹仿"名下与之混用，但其含义实际比摹仿更加广泛，更符合艺术创作的诸多实践，他批评传统摹仿论说："它把再现局限在摹仿的范围之内，这使得艺术的再现论无法容纳那样一种艺术品，它可被理解为是再现性的，却明显不是摹仿

---

① ［美］阿瑟·丹托：《寻常物的嬗变——一种关于艺术的哲学》，第 95 页。
② ［奥］维特根斯坦：《逻辑哲学论》，郭英译，商务印书馆 1962 年版，第 97 页。
③ ［美］阿瑟·丹托：《寻常物的嬗变——一种关于艺术的哲学》，第 99 页。
④ ［美］阿瑟·丹托：《寻常物的嬗变——一种关于艺术的哲学》，第 94 页。

性的。"①另一方面，分析美学用数理逻辑命题进行相对精确化的表述。丹托认为，一个关系命题，或说一个关系谓词 H(a，b)，无法简化为两个一元谓词主导的性质命题，即 F(a) 和 G(b) 不可能代替 H(a，b)②；那么如果艺术品是一个关系概念，同样也不可能给出一个简单的属性式定义："一元性的必要条件在这里是不存在的"③。这就是在维特根斯坦的冲击以后，避免给艺术下一个单一本质的定义，并考虑艺术的定义可能更复杂的观点。这样一个复杂的定义，将在下文进一步揭示。

二、解释：不可识别性与艺术氛围

艺术品总是有所关于的，但是，在艺术实践中仍然会遇到一个可识别与不可识别的问题，丹托借助对摹仿论的"相似性"的批判指出了视觉上无法从外观上辨别之，又在根本上论证了对艺术品的审美反应是超感官的，艺术品有所关于的乃是艺术史与艺术理论。

丹托假设了很多外观上无法辨别的艺术实验，不断追问哪个是艺术品，以试炼自己理论的有效性，但是要使这些假设的例子取得理论的深度，他仍然要借助于理论底蕴深厚的摹仿论，尤其是"摹仿"中的"相似性"。如第一节所述，艺术的定义有可能来自一个关系概念，不能以一元命题概括之，而"相似"表征的正是物与物的关系。欧里庇得斯处在希腊戏剧衰歇和哲学兴起的衔接阶段，丹托认为他受到苏格拉底的审美理性主义的影响，得出了"艺术摹仿可能的生活"的结论，由此也陷入了一个欧里庇得斯式的两难——如果摹仿品完全和现实相似，那么它作为艺术品有自己的意义吗？如果摹仿品与现实完全不相似，怎么能知道它是无所摹仿，还是摹仿了一个新的现实？④

前一个困难是指苏格拉底的镜子隐喻，在《理想国》卷十苏格拉底开宗明义地说城邦应禁止模仿性的诗歌，提出的一个隐喻就是，摹仿并不是难事，"你马上就可以试一试，拿一面镜子四面八方地旋转，你就会马上造出太阳，星辰，大地，你自己，其他动物，器具，草木，以及我们刚才所提到的一切东西"①。后一个困难是指后现代艺术的诸多潮流，尤其是利用日新月异的技术创造出来的艺术品，焉知它们不会恰好偶合某些可能产生的器具？从艺术史来看，先是苏格拉底以镜子譬喻的极端写实，到完全不讲究写实的现代主义艺术，再到一些波普艺术家直接把现成品放到艺术展览上，"因此，欧里庇德斯式的两难就仿佛以另一种形式出现在光谱的相反一端，回到了产生它的地方。从极端的写实主义又回到极端的写实主义，光谱走了整整的一圈"②。

相似性根本上是视觉的反应，视觉是感官的一种，丹托认为从根本上人对艺术品的反应就不在感官层面上，审美反应的类别，取决于人面对的是艺术品还是其物质副本。③ 面对物质副本，人所感受到的只有其感觉属性，它是不会随着知识的变化而改变的，因为感官只像镜子倒映自然一样提供认识论层面的信息。面对艺术品的反应必然经历了情绪概念的中介，美感就像道德感一样牵涉到我们和世界的复杂关系，因而必须经过人的心智："我们不能指望一个人的感觉经验会随着描述的方式产生改变……然而事实上，审美反应通常会受到人们对某个对象的信念的影响。"④丹托举例说，对于野蛮人，他们喜欢物质副本就美丽的物品，而没有艺术的概念，例如宝石、金箔，但这样的审美，无法用之于毕加索、伦勃朗等伟大的艺术家，⑤ 他们只能被具有艺术观念的文明人所欣赏。丹托总结道："使

---

① 柏拉图：《柏拉图文艺对话集》，朱光潜译，人民文学出版社 1963 年版，第 69 页。

② ［美］阿瑟·丹托：《寻常物的嬗变——一种关于艺术的哲学》，第 37 页。

③ ［美］阿瑟·丹托：《寻常物的嬗变——一种关于艺术的哲学》，第 128 页。

④ ［美］阿瑟·丹托：《寻常物的嬗变——一种关于艺术的哲学》，第 120 页。

⑤ ［美］阿瑟·丹托：《寻常物的嬗变——一种关于艺术的哲学》，第 130~131 页。

我们产生反应的属性是有区别的，因此，我们的审美反应也是有区别的。"①感官属性从艺术品的本质属性中被剥离了，也意味着不存在任何外观上可辨认的属性可以证明艺术品的身份。

审美反应要经过人的心智的观点，已经暗示了艺术品之为艺术品，必须要解释，解释则必然有其纵向的历史性，以及其所处的当下语境，它们合起来就成为一种"氛围"，在这样一种解释的氛围中，寻常物被提升为艺术品。

所谓的"氛围"乃是萦绕于艺术品周围的艺术理论，早在1964年丹托的论文《艺术界》②中，他就指认："最终在布里洛盒子和由布里洛盒子组成的艺术品之间做出区别的是某种理论。是理论把它带入艺术的世界中，防止它沦落为它所是的真实物品。"③这种解释的历史性在于，某件东西成为艺术品需要历史的机缘，它必须恰好处在艺术史的特定时间，例如毕加索曾将一条领带涂成蓝色，这之所以是艺术创作，是因为在20世纪50年代，笔触是绘画情感的直接传递，因而占有重要的地位，而毕加索涂满领带的行为就是以拒绝使用笔触来反驳这一风潮。"有意地拒绝一种再现方式，意味着拒绝一整套看待世界和人的方式。"④当然，这种氛围的形成，无疑需要三方面的会通：创作者有意回应艺术史，解释者拥有大量关于艺术的知识，以及解释者预期创作者具有艺术的意图，丹托一言以蔽之："解释的边界同时就是知识的边界。"⑤总而言之，将寻常物向艺术品提升的，是一个艺术品所处的解释性环境，这个环境是由艺术史和艺术理论两方面构成的艺术界。

解释从表面上看是破坏了艺术品的独立，实际上却建构了艺术的独特

---

① ［美］阿瑟·丹托：《寻常物的嬗变——一种关于艺术的哲学》，第121页。
② 刘悦笛的《分析美学史》所说的《艺术界》，和本文所要引用的中译版《艺术世界》实为同一篇文章，但"艺术界"的说法流传更广。
③ ［美］阿瑟·C.丹托：《艺术世界》，王春辰译，《外国美学》第二十辑，江苏教育出版社2012年版，第356页。
④ ［美］阿瑟·丹托：《寻常物的嬗变——一种关于艺术的哲学》，第62页。
⑤ ［美］阿瑟·丹托：《寻常物的嬗变——一种关于艺术的哲学》，第157页。

意义。解释的必要性在于，如果艺术作品只是它本身，那就会退化为什么也不关于的寻常之物。丹托援引来解释"解释"的神奇功效的东方智慧，就是青原禅师的见山三阶段，他评论道："而今见山只是山，却不意味着见到的还是原来的山。……当青原说见山只是山时，他作了一个宗教的陈述。"①由此可以见出，经过解释的寻常物虽然外观没有变化，但其物质副本已经隶属于一个完全不同的本体论系统。

艺术界的理论被误读进而产生了迪基的一整套"艺术体制论"，把艺术品的产生完全归于外在操作的因素。但丹托想借艺术界理论说明的其实是，"艺术是那种将自己的存在建立在理论上的东西"②，要证明这一点，他必须在本体论上更深入地掘进。

三、变容：非内容化与隐喻结构

艺术的变容，从本体论的意义上，是通过隐喻的修辞将新的属性注入再现品之中，和一般的再现方式有所不同的是，艺术品的再现是突出其再现方式而形成一个不可更替的内涵式语境。要理解这一过程，依然要从丹托对柏拉图摹仿论的批判开始。

丹托说："我把媒介在逻辑上的不可见性，视为摹仿论最主要的特征。"③可见在丹托看来，摹仿说的"再现"论实质上就是媒介透明论。媒介透明论因其特有的目的而延展出三个规定性：其一，绝对的相似性。丹托认为相似性是错觉的产物，摹仿就是通过不相同的刺激物唤起相同的、彼此间难以分辨的经验。其二，媒介的透明性，它正是错觉产生的基础，一旦媒介被意识到就犹如骗局被戳穿，摹仿的虚构性就凸显出来。其三，内容的神话，即再现所传达的仅仅是内容："作为一种艺术理论，摹仿论等

---

① [美]阿瑟·丹托：《寻常物的嬗变——一种关于艺术的哲学》，第165页。
② [美]阿瑟·丹托：《寻常物的嬗变——一种关于艺术的哲学》，第166~167页。
③ [美]阿瑟·丹托：《寻常物的嬗变——一种关于艺术的哲学》，第186页。

于是将艺术品还原为它的内容，剩余的一切都被假定为不可见的。"①

随后，丹托深入挖掘了摹仿论根植的形而上学基础。柏拉图提出的摹仿论，是从哲学上的认识论视角估定艺术作品认识形而上真理的价值，亚里士多德虽然对艺术的评价有所不同，其认识论的视角和真理性的尺度却与柏拉图一样，因此丹托说摹仿论有"高贵的哲学出身"。在丹托看来，摹仿的每一个要素在认识论中均有其对应物："内容"的对应物是观念，它是贝克莱的心灵理论的意义上的内容，即人的心灵只能承载观念，一头牛本身，和一头牛的观念在认识论上并无意义；"媒介"的对应物是意识，意识虽然是认识中不可或缺的一部分，但其本身却从未被意识到，就像摹仿论中的艺术品留下信息，媒介却是虚无。② 而摹仿论的哲学身份，被丹托一针见血地定义为柏拉图主义的翻版："因为媒介不过是泥沼和池塘，我们不能直接以绝对亲密无间的方式加以感知的理念，在这泥沼和池塘中只能通过倒影间接地得到……假如艺术听从柏拉图主义的建议，就不得不对自己采取敌视态度。"③

艺术为什么不能像摹仿论支持的那样被还原为内容？分析哲学出身的丹托还是研究审美谓词。他指出了一大批人们惯用的审美谓词，例如强有力的、快速的、流畅的、有深度的、充实的、锐利的、雄辩的、精巧的，以及相反的如滞涩的、僵硬的、肤浅的等，这些谓词首先常常无法让渡给作品的内容。④ 我们可以举一个例子，譬如一幅花卉素描可以是有深度的，但花卉本身怎么能是有深度的呢？同样，这些谓词不能让渡给艺术品的物质副本，花卉素描是画在纸上的，也很难说纸和笔墨是有深度的。"只要我们使用了诸如'有深度的'这类艺术谓词，我们就把物质副本抛在身后，而只与艺术品打交道。艺术品既不能等同于内容，也不能等同于物质材

---

① [美]阿瑟·丹托：《寻常物的嬗变———一种关于艺术的哲学》，第187页。
② [美]阿瑟·丹托：《寻常物的嬗变———一种关于艺术的哲学》，第187页。
③ [美]阿瑟·丹托：《寻常物的嬗变———一种关于艺术的哲学》，第189页。
④ [美]阿瑟·丹托：《寻常物的嬗变———一种关于艺术的哲学》，第192页。

料。"①审美谓词的探索支持了丹托的大胆设想："艺术品除了关涉到它们所关涉的那部分内容，还进一步关涉到这部分内容的关涉方式——艺术品似乎除了拥有一阶内容外，还拥有二阶内容。艺术是复合的，用语义学的话来说，它们将某种微妙的自指结构纳入到自身中来。"②

这一自指结构的核心就是隐喻，隐喻形成的变形结构，就是使寻常物发生"变容"，但其主题自始至终保持着可辨认的同一性。这是如何做到的呢？首先要明确，隐喻是一种修辞，修辞实际上并不注重内容上的真实，而是使内容以一定的方式呈现，从而唤起接受者的某种态度。隐喻则像是一个省略的三段论的修辞，能有效调动接受者的心灵去填补空缺。变容就是主题"在一种试图用新的属性对之进行图解的替代品中保持了自身的同一性"③。举例而言，当一个雕塑家把拿破仑再现为一位罗马皇帝，他并不是想让人们相信拿破仑曾经穿上罗马皇帝的衣服，而是想通过罗马皇帝的衣服产生一种修辞效果，"那尊以如此方式穿戴起来的雕像，是尊严、威信、伟大、权力以及绝对政治权威的隐喻"④，此时拿破仑无疑发生了变容，在外貌上他依然是他，却通过隐喻的语义结构获得了某些带有崇高意味的属性。

为了申明变容与内容的无关，丹托还强调了隐喻结构是内涵性的，因而是不可更替、不能被语义上的等价物替换的："内涵式语境的逻辑特性，在于语句所使用的词汇，并不指向它们在通常的、非内涵式语境中所指向的东西。毋宁说，它们指向的是一种再现形式。"⑤这意味着，在内涵式语境中，这些词汇仅仅指向再现的方式，并不指向它们在现实生活中所指的实物，因此隐喻才能构成艺术自我指涉的二阶内容。以隐喻为核心，修辞、表现和风格是从内到外的三个同心圆，共同构成艺术的本质。隐喻所

---

① ［美］阿瑟·丹托：《寻常物的嬗变——一种关于艺术的哲学》，第 198 页。
② ［美］阿瑟·丹托：《寻常物的嬗变——一种关于艺术的哲学》，第 184 页。
③ ［美］阿瑟·丹托：《寻常物的嬗变——一种关于艺术的哲学》，第 215 页。
④ ［美］阿瑟·丹托：《寻常物的嬗变——一种关于艺术的哲学》，第 209 页。
⑤ ［美］阿瑟·丹托：《寻常物的嬗变——一种关于艺术的哲学》，第 226 页。

关涉的东西，必须通过表现性的谓词示例出来，这里其实较多借鉴了古德曼的理论。① 而风格则展现了艺术家看待世界的方式，"如果说一个人是一套再现系统，那么，他的风格就是这些再现的风格"②。这些同心圆的一致偏向，就是立足于"方式"，不关涉"具体内容"，而这就是艺术再现有所关于的东西。

在隐喻结构所赋予的新属性中，前后保持可辨识性不变的再现品变容了，隐喻结构丝毫不涉及具体内容的反映，而是以内涵式的语境构建了艺术的自我指涉结构，这进一步强化了丹托提出的艺术建立于关于艺术自身的理论之上的观点，也是第二节所说的解释性的环境所要解释的东西：艺术如何建立在对自身的指涉上。

四、结语：自指结构与审美现代性的历史

以核心隐喻结构为基础的艺术自指结构，其实是丹托对审美现代的极度扩张。丹托虽然摒弃了摹仿论所主张的二元论，但建立起了一个新的形而上学体系：物质副本是没有任何再现性意义的，它的再现性意义取决于理论阐释；人的感官知觉不到艺术的本质属性，唯有通过对隐喻结构的探索才能追索艺术的自我指涉之路，总的结果就是艺术自律的极端强化。艺术的自律导源于康德的一种追问"如何可能"的知识建构方式，一门知识必须对自己成立的基础作批判性的思考，现代主义艺术及其伴随的此起彼伏的宣言的依据就在于此。尽管沃霍尔的布里洛盒子极具革命性，丹托建构艺术本体论的初衷却是要说明："这一寻常事物的变容，到头来并没有改变艺术世界中的任何东西。它仅仅是让人们意识到了艺术的结构。"③丹托

① 有关古德曼的相关理论，可参见《艺术的语言——通往符号理论的道路》，彭锋译，北京大学出版社2013年版。
② ［美］阿瑟·丹托：《寻常物的嬗变——一种关于艺术的哲学》，第255页。
③ ［美］阿瑟·丹托：《寻常物的嬗变——一种关于艺术的哲学》，第258～259页。

对摹仿论的批判，本身就复现了审美现代性的历史——离开摹仿论所代表的言说真理的艺术，走向超越世俗之上的无功利的艺术。丹托对摹仿论的相似性的强调，是艺术的形而上学特点的重新建立，而丹托对内容的极力避免，正是艺术逐渐纯粹化的历史。

其实《寻常物的嬗变》从第三章"哲学与艺术"开始，就预示着艺术的自律是不可持久的。丹托在这一章指出，艺术和哲学都因为与现实的对立而建构起自身。① 这既是艺术与哲学相交的开始，也是艺术终结的开始：艺术站在现实之外就只能将自己建立在对自我指涉之上，当艺术已经穷尽了自己所有创新的可能，它的创作就回过头来思考"什么是艺术"，在这一刻艺术正式成为一门哲学，艺术本身在对自身的思考中被蒸发，也就此终结了。依照丹托的艺术哲学，艺术史可以概括为三句话：(1)艺术发展的历程就是逐渐认识自己的历程。(2)艺术完全认识了自己以后就回答了"什么是艺术"这一本质性的哲学问题，。(3)其后艺术被哲学所终结、代替，艺术不再有它的历史。《寻常物的嬗变》建构的艺术本体论，也即"变容"这个关键词所支撑的艺术本质特性，主要对应着(1)(2)阶段定义的艺术史，却已经预示着(3)的艺术史。

变容之所以能成为一个瞩目的理论，就在于丹托敏锐地把握到了艺术史的新转向。"当波普艺术为代表的新艺术潮流把艺术重新拉回日常生活时，建立在艺术自律论基础之上的现代艺术体制遭遇了挑战。"②这个挑战对于丹托而言也是机遇，沈语冰指出了丹托的意图："邓托(即丹托——引者注)的个人抱负是做一个继传统主义大师贡布里希与现代主义大师格林伯格之后的后现代主义大师。"③尽管和丹托有关的章节混杂了太多沈氏个人的偏见，但这个判断客观反映了如下事实：丹托抓住了艺术史的一个巨变的特征，为之作出阐释并开一代风气的巨大贡献。本文所引的研究者更

---

① [美]阿瑟·丹托：《寻常物的嬗变——一种关于艺术的哲学》，第95页。
② 冯黎明：《艺术自律与先锋艺术》，《湖北大学学报》(哲学社会科学版)2021年第1期，第28页。
③ 沈语冰：《20世纪艺术批评》，中国美术学院出版社2003年版，第301页。

多地关注丹托提出的"艺术终结论"，而本文的研究足以揭示，艺术终结其实就蕴藏在艺术本体的精致建构之中。丹托亲自提出的艺术终结论却见证了极具寓言意味的事实：他精心设计的艺术自律理论的高塔，在他自己的历史叙述中无可挽回地走向终结，浸入后现代的汪洋大海。

校订：彭馨雨　陈琛

癔症化玩家与耶和华

——论剧本杀游戏机制中的神话原型

董　薇*

摘　要：在流行游戏剧本杀中，玩家分别扮演一起凶杀案中的不同角色，通过阅读人物剧本以及获得凶案线索，共同探讨并找出真正的杀人凶手。在游戏中，玩家在满足了杀人欲望的同时将罪恶感转移：凶手为其他玩家承担了罪恶。由此玩家成为了一种癔症化存在：他们以剧本中人物的欲望为欲望，即杀人并成功脱罪。这种癔症化实际上在《圣经》中已经存在，从《创世记》中神多次救赎雅各可以看到，神以雅各的欲望为欲望，耶和华成为了癔症化存在。由此在剧本杀中，每个玩家都是神的隐喻，游戏机制成为了圣经故事中"救赎"这一神话原型的变型。同时这种游戏提供给玩家一种游戏性"人神"体验。

关键词：神话原型；剧本杀；癔症；创世记

引　言

近几年来，桌面游戏剧本杀深受年轻人喜爱，其原型为英国游戏"谋杀之谜"（Murder mystery games）。剧本杀的游戏机制是玩家分别扮演一起

---

* 董薇，武汉大学文学院2021级文艺学专业硕士研究生。本文系武汉大学文学院第三届研究生学术论坛"比较文学与外国文论"分会场发言论文。

凶杀案中的不同角色，通过阅读人物剧本以及获得凶案线索，共同探讨并找出真正的杀人凶手。在游戏中，基本上每个角色都对死者负有一定的责任：他们或是参与了杀人，或是有杀人计划但还没来得及实施，并且通常在人物剧本中有角色如何实施杀人行动的详细介绍。游戏结束时，玩家在满足了杀人欲望的同时将罪恶感转移：凶手玩家为其他玩家承担了杀人之罪。玩家推理过程其实是癔症化的过程：他们以剧本中人物的欲望为欲望，同时这个欲望也是其他玩家的欲望——找出凶手。而以他人的欲望为欲望是癔症患者的特征。①

然而这种癔症化实际上在《圣经》中已经存在，在《创世记》中就有明显的体现，且这种癔症化人格体现在神的身上：通过神多次救赎雅各可以看到，神以雅各的欲望为欲望，以雅各等人所犯的罪为自己犯的罪。由此在剧本杀中，每个玩家都是神的隐喻，并且游戏机制成为了《圣经》故事中"救赎"这一神话原型的变型。

一、耶和华癔症化——以《创世记》为例

(一)《创世记》中的救赎原型

《创世记》中记载了从亚伯拉罕到约瑟四位族长的故事，其中对雅各的记述最多，也是在雅各的故事中，第一次出现了对异教和异教神像的描述。故事中对异教正面描述的有两处，一处是雅各的妻子拉结在逃走时带走了父亲的神像，一处是雅各要求子孙、族人们交出异族神像。这两处描写体现了神必救他的选民思想，这种"神必救他"的观念暗含了耶和华的癔

---

① 对癔症的描述，可参见[斯洛文尼亚]斯拉沃热·齐泽克：《斜目而视——透过通俗文化看拉康》，季广茂译，浙江大学出版社 2011 年版，第 136 页："那么基督显然是癔症患者，因为癔症患者的欲望就是别人的欲望。……癔症患者必定认同这个主体，以便接过他的欲望。"在此基础上，本文将"使某人成为一位癔症患者"的过程定义为癔症化。

症化的存在，通过"救赎"这一行动，神实现了自己的癔症化。

《希伯来族长故事的文化诗学意义与叙述模式》中提到了《创世记》族长故事的"延宕型"模式，指出在故事中重复出现神应许、阻碍、拣选的情节。① 其实应该在这个模式中加上"救赎"的要素，"救赎"是推动"延宕型"模式的重要主观性因素。神的应许被延宕了，应许不能作为信仰的真正支撑，推动族长坚定自己的信仰。保持对神的忠诚的，其实是神不断救他们走出危难。正如郭亚娟在《内化与超越：论希伯来圣经中耶和华信仰与以色列民族的关系》中谈论出埃及和西奈立约时，提到"救赎与诫命"因素，并且提出以色列人信仰神的动机是报答神将他们带出埃及的"恩"。② "救赎"因素在族长故事中已经出现，并成为推动情节发展、维持"延宕型"模式运行的重要因素。

在和亚伯拉罕立约后，神就开始了他的救赎行动：从埃及法老和基拉耳王亚比米勒手下解救亚伯拉罕夫妇，并且为他们赐子。这种救赎在雅各的故事中体现得更为明显：当雅各骗取以撒的祝福、以扫立誓要杀死雅各后，雅各被迫逃往母舅处，在逃亡途中，雅各成为了一个流浪者。他虽然骗取了长子身份和祝福，但是面对扫罗的愤怒和未知的前路，流亡状态的雅各并没有完全树立他自己的身份。正像蒋京恩在《〈创世纪〉中雅各形象的拉康式解读》中分析，雅各到此所做的一切实际上是对其母亲的欲望的满足，目的是得到"他人"的认同，从而完成自我身份认同。③ 在逃亡中，神的现身将雅各从这个身份确立的困境中解救出来，神对雅各的许诺真正确立着雅各的正统身份。

神第二次的"拯救"是雅各带着妻子拉结从拉班那里逃出来，拉结偷带

---

① 见王立新：《希伯来族长故事的文化诗学意义与叙述模式》，《外国文学评论》2008 年第 4 期，第 138 页。

② 见郭亚娟：《内化与超越：论希伯来圣经中耶和华信仰与以色列民族的关系》，中央民族大学 2007 年硕士学位论文，第 9 页。

③ 见蒋京恩：《〈创世纪〉中雅各形象的拉康式解读》，《宿州教育学院学报》2017 年第 20 卷第 6 期，第 27~29 页。

了拉班的神像，拉班为此追捕他们，是神现身让拉班善待雅各众人。"神像"对当时的人来说是十分重要的，在《申命记》中记载长子的权利时专门指出了长子有权继承神像，在《证主圣经百科全书 I》中也提到"按努斯习俗，持有'神像'的人，有权承继原主的产业"①。但无论拉结是否为了财产而带走神像，这座神像都代表着异教信仰。

神的第三次"救赎"是在示剑凌辱了雅各的女儿，雅各的儿子们欺骗示剑并愤怒地杀了示剑全族人后，神指示雅各逃往伯特利。雅各的儿子们为了维护尊严，帮妹妹报仇，先是骗示剑父子说，只要族人都行割礼就举办婚礼，事实却是乘众人疼痛杀了全族人并夺取财物。雅各得知后对自己的处境非常清楚："我的人丁既然稀少，他们必聚集来击杀我，我和我全家的人，都必灭绝。"(《创世记》34：30)在雅各面临生死处境时，神向他现身指引道路。

这三次救赎，神都实现了雅各的欲望，无论是身份的获得还是逃脱追捕。耶和华最初的欲望实际上是欲望被信仰、欲望着雅各带领族人树立对他的信仰："我眷顾他，为要叫他吩咐他的众子和他的眷属遵守我的道，秉公行义，使我所应许亚伯拉罕的话都成就了。"(《创世记》18：19)然而耶和华的这一欲望却反过来被不断延宕。

(二)救赎众人——上帝的癔症化

在收到神的第一次现身帮助后，雅各在心中树立了对神的信仰，但是这种信仰不是绝对的，是有条件的。他在神现身后说："神若与我同在，在我所行的路上保佑我，又给我食物吃、衣服穿，使我平平安安地回到我父亲的家，我就必以耶和华为我的神，我所立为柱子的石头也必作神的殿。凡你所赐给我的，我必将十分之一献给你。"(《创世记》28：20～22)雅各并不是绝对地相信耶和华，只是许了一个空头支票：只有你能帮助我回

---

① 陈惠荣：《证主圣经百科全书 I(简化字版)》，福音证主协会，2001 年第 253 页，转引自黄春雨：《圣经缺失的一角：拉结偷窃神像的动因及后续解析》，《名作欣赏》2014 年第 9 期，第 50 页。

到我父亲的地，我才信任你。

因此拉结偷神像一事，雅各只是允许拉班带人搜查，并没有进一步查明部族中是否有人供养异教神像、信仰外邦神，因为在那时耶和华不仅没有成为整个部族的神，就连雅各本人也没有完全信仰耶和华。耶和华这次拯救，在雅各看来是对他的承诺的实现。

直到雅各回到迦南的示剑城，他为耶和华筑坛，才真正信仰耶和华："在那里筑了一座坛，起名叫伊利伊罗伊以色列"。（《创世记》33：20）然而耶和华开始成为整个族群的神，是在第三次神的救赎之后。

雅各的儿子杀了示剑一族，这本身就是有罪的。在信仰层面上，杀人对神来说是令人厌恶的，该隐杀了亚伯便得到了惩罚，耶和华仅仅认为犹大的儿子是恶，便结束了他的生命。雅各一族犯的罪在信仰的层面上看是无法饶恕的。在社会道德层面，更是一种会招来灭族之难的罪恶。然而耶和华不仅原谅他们，更为他们指了一条出逃的路——伯特利。从话语权力来看，正如卡尔·波普尔说："尽管历史没有目的，但我们能够把我们的目的赋予其上；而且，尽管历史没有意义，但我们能够给予它以意义。"[1]因此，这一看似不合理的情节背后，隐藏着这样的话语：我们生来有罪，但是我们是耶和华所选中的人，只要坚定信仰耶和华，按照神所说的做，神就会救我们，这即是一种选民意识。而从情节发展来看，这次拯救后，雅各主动提出要清除族群中的异教："雅各就对家中的人、并一切与他同在的人说，你们要除掉你们中间的外邦神，也要自洁，更换衣裳。"（《创世记》35：2）"他们就把外邦人的神像、和他们耳朵上的环子交给雅各。雅各都藏在示剑那里的橡树下。"（《创世记》35：4）神并没有吩咐雅各，是雅各主动统一一族人的信仰。在神的不断帮助下，雅各终于坚定了对耶和华的信仰，主动提出清除异教信仰并赋予信仰以排他性，奠定宗教的一神化思想。

在信仰正式确立之前，神的欲望被延宕的过程中，神为了实现他的欲

---

① 波普尔：《开放社会及其敌人（第二卷）》，郑一明、李惠斌、陆俊、黄书进等译，中国社会科学出版社 1999 年版，第 417 页。

望，不得不先满足雅各的欲望，从而将雅各的欲望作为自己的欲望去满足去实现，由此神欲望着雅各的欲望，而雅各等人的欲望，正是脱离危难、被"救赎"。选民思想先验决定了耶和华的癔症化——"神必定会救我们"，意味着神必定以我们的欲望为欲望，而耶和华现身实现救赎，也是确立了他的癔症身份。这也是齐泽克认为上帝是一名不折不扣的癔症患者之所在。①

二、剧本杀玩家癔症化——以《窥镜》为例

(一)剧本杀游戏机制介绍

线下剧本杀作为一种桌面推理游戏，一般以一个封闭的房间为游戏场地，玩家拿着属于自己的人物剧本，围坐在桌旁扮演相应人物角色。剧本往往围绕一个或几个凶案展开，玩家根据剧本找出杀人凶手。剧本杀以故事为载体，玩家选择属于自己的人物剧本，以不同的视角、身份参与一场凶案或与死亡有关的事件，角色一般可分为凶手和非凶手。玩家通过获取凶案线索、参与讨论找出凶手并还原事件真相，或是隐瞒凶手身份。其游戏环节可以概括为：选择角色、阅读剧本、换取线索、讨论、票选凶手、揭秘与复盘，根据剧本的不同相应增加不同的环节。角色选择与剧本阅读是引入环节。而获得线索与讨论即推理是剧本杀的核心所在，是破解谋杀之谜的主要过程。

在游戏中，人物剧本是一个半开放剧本，它要求玩家按照自己的理解演绎角色、替角色做决定。这种扮演行为、沉浸式体验，让玩家实现了对游戏角色的认同，而玩家们互相以角色姓名称呼彼此，这种命名行为强制性规定了一种认同感：在游戏开始后，玩家不再是他自己，他的身份、姓

---

① 见齐泽克：《斜目而视——透过通俗文化看拉康》，浙江大学出版社 2011 年版，第 136 页。

名在这里是无效的，取而代之的是角色身份。从而玩家将客体体验变为一种主体性存在：玩家的主体成为了角色。

(二)推理过程——玩家的癔症化

在游戏设置中，通常每个角色都参与了凶杀案的实施，都对死者的死亡负有责任。对于非凶手玩家来说，通常他们与死者有着激烈的冲突，他们或是采取了行动谋杀死者但没有成功，或是判断失误将已死亡的死者又杀一遍，或是时间不对还没来得及动手，而对于凶手玩家来说，他们怀着对死者无尽的恨意杀死了死者，完成了复仇。

例如游戏《窥镜》拥有四位玩家，分别是恶魔先生、吸血鬼伯爵、神秘女巫、年轻医生，死者是一位富翁。吸血鬼伯爵想要偷取富翁财产再携款逃跑，便趁富翁不在时潜入其书房寻找钱财，这时富翁回房，吸血鬼伯爵将其打晕，用绳子绑起来，藏进衣柜，并运走保险箱；恶魔先生本是孤儿院出身的大学毕业生，终日为贫穷苦恼，偶遇了与自己长得一模一样的富翁之子，便杀害了他，通过冒充他来获得财产，并遇到了富豪之女，在交谈之中引起她的怀疑，为了安全起见便杀了她，并请求一位长相酷似富豪之女的孤儿院好友冒充富豪之女，扮成神秘女巫参加舞会，在舞会中恶魔先生潜入富翁书房寻找钱财，却只发现了大量高利贷收据，并在衣柜中发现了富翁，发现富翁就是孤儿院院长，恶魔先生愤恨富翁只顾自己享乐，不顾孤儿院孩子的生活，便杀了他；在舞会开始前，神秘女巫意外发现富翁就是孤儿院院长，但前段时间她目睹了院长酒后意外打死了自己最好的伙伴，当时院长发现了她并想要杀她灭口，她为保命反手杀了院长，然而此刻院长竟然死而复生，神秘女巫出于好奇便潜入书房一探究竟，却发现院长躺在地上，在伙伴被打死的愤怒和怕被院长指认的恐惧支配下，女巫上前拿刀刺向了院长；而年轻医生早先发现富翁设计用车祸害死了自己的亲生父母，并收养了自己，为了报仇，在舞会结束后，年轻医生召集其他三人，骗他们喝下致幻药物并催眠使之沉睡，同样喝下致幻药物的医生在幻觉中误以为富翁还活着，便用绳子试图勒死他。

在这种情节设置下，玩家通过扮演剧本角色，以游戏人物客体身份实行了杀人行动，揭示了角色的欲望——杀死死者。而"扮演"行为实现了玩家对游戏角色的认同，通过认同身份，玩家同时认同了角色的欲望：在游戏中，玩家自身的欲望隐退。正如赫伊津哈认为，游戏的目的在于游戏本身，游戏不是"平常生活"，是与真实世界隔离的，因此游戏"立于欲望和要求的当下满足之外"，实际上"打断了欲望的进程"[1]。从而在游戏中，玩家自身的欲望被排除在外，通过认同以角色的欲望为欲望。而这种杀人欲望的正式实现，却是在推理过程中。

在游戏推理中有一个重要环节是确认每个人的杀人动机，这种确认首先是对每个角色杀人欲望的承认：所有玩家组成了一个话语体系，而"确认杀人动机"是一种话语赋权，这种"确认"承认了每一个杀人欲望，并使其存在具有合法性。同时，这种欲望的实现并不是在玩家阅读有关杀人的剧情时，而正是在确认杀人动机时。通过询问与确认这种语言活动，每个玩家在承认自己的杀人欲望时，由于死者已死的前提，这种公开的宣告就宣布了其杀人欲望的满足。因此，整个推理、确认杀人动机的过程，是玩家实现角色的杀人欲望的过程，由于在这个环节中，玩家承认了角色的欲望，并以角色的欲望为欲望，企图去满足实现它，因此这个过程也就是玩家癔症化的过程。

玩家癔症化的完成是在整个推理结束、找出真正的杀人凶手之后。正如在《窥镜》中，四位玩家都参与了富翁的死，他们都是凶手，都犯了罪，无一不面临着法律和道德的审判，且无一不希望能隐瞒自己的杀人行动。然而游戏机制却将社会和法律排除在游戏之外，并提供了这样一个机会：凶手只有一个，只要能够找到他，那么玩家、角色就是无罪。因此能否找到真正的凶手并不重要，只要能找到一只替罪羊，所有的罪恶感都将转移到他一人身上。这种游戏机制塑造了角色的又一个欲望：找出凶手以摆脱

---

① 见约翰·赫伊津哈（Johan Huizinga）：《游戏的人：关于文化的游戏成分的研究》，中国美术学院出版社1996年版，第10页。

杀人欲望所带来的罪恶感和困境。

在玩家阅读完人物剧本后，都需要完成自己的游戏任务：通过推理找出凶手。通过"任务"这一形式，玩家在推理凶手的时候，角色的欲望即找出凶手并转移罪恶感，被玩家所接受，成为了玩家自己的欲望，而玩家的推理行动也变成了"救赎"的一个变形：通过推理，玩家将角色客体从罪恶感中解救出来，正如耶和华将雅各从困境中解救，同时由于"任务"这一规定，玩家被强制性以角色的欲望为欲望，因此这一"救赎"行为本身完成了玩家的癔症化。在《窥镜》游戏结束时，玩家通过推理找出了真正的凶手——恶魔先生，其他玩家尽管存在着杀人行动，却是无罪的，所有的罪恶都转移到了恶魔先生身上。除了替罪羊，角色的欲望得到了满足，而玩家也完成了自己的推理和任务，实现了以角色的欲望为欲望，从而完成了癔症化。

三、救赎与游戏：从选民到上帝

（一）文学作品中"救赎"的去癔症化

"救赎"这一情节原型在文学中可谓是屡见不鲜。在《出埃及记》中摩西率领以色列人逃离古埃及，作为耶和华的仆人，摩西在"救赎"以色列人这一行动中也完成了自己的癔症化：他不仅以耶和华的欲望为欲望，还以以色列人的欲望为欲望。摩西只是一个耶和华与以色列人的沟通工具，自从见到耶和华后，他不再有自己的欲望，无论是带领以色列人逃离埃及，还是多次面见埃及法老，都是为了实现耶和华的欲望。后来在旅途中，他多次向以色列人转达耶和华的指令以满足其欲望。在帮助以色列人成功摆脱法老的掌控后，耶和华开始不断提出要求，如耶和华指示摩西说："你们吩咐以色列全会众说，本月初十日各人要按着父家取羊羔，一家一只。"（《出埃及记》12：3）"要留到本月十四日，在黄昏的时候以色列全会众把羊羔宰了。"（《出埃及记》12：6）摩西听后立即"召了以色列的众长老来，对他们说，你们要按照家口取出羊羔，把这逾越节的羊羔宰了"（《出埃及记》12：21）。从此后"耶和华怎样吩咐摩西亚伦，以色列人就怎样行"（《出埃及记》12：28）。同时摩西也多次向耶和华转达以色列人的要求："摩西领以色列人从红海往前行，到了书珥的旷野，在旷野走了三天找不着水。到了玛拉不能喝那里的水，因为水苦，所以那地名叫玛拉。百姓就向摩西发怨言，说我们喝甚么呢。"（《出埃及记》15：22~24）摩西立即"呼求耶和华，耶和华指示他一棵树，他把树丢在水里，水就变甜了"（《出埃及记》15：25）。从而满足了以色列人的欲望。因此在这种工具性作用下，摩西自身的欲望让位给了耶和华和以色列人的欲望，使得其成为了一个癔症化形象，然而正是这种工具性削弱了摩西的个性，使得其癔症特质不再如《创世记》中的"救赎"所塑造的那般强烈而明显。这是因为在《出埃及记》中摩西更像是一个工具形象而非人物形象，"救赎"通过工具形象实现，其结果必然减弱这一情节原本具有的使人物形象癔症化的作用。

在后来的民间故事、戏剧等文学作品中，"救赎"原型成为了一个常见且重要的情节，然而这一原型所带来的人物形象癔症化的作用在《出埃及记》的基础上进一步减弱。这种减弱是通过两种手段实现的，一是通过救赎者形象的进一步工具化，一是通过救赎者自身欲望的凸显。例如杀龙主题的民间故事，如圣乔治和帕修斯的故事中，我们已经很难看到救赎者是出于什么目的或为了实现什么欲望而实施救赎行为，在这些故事里，救赎者仿佛成为了一个杀龙工具而为故事发展服务，其人物个性不再突出，癔症特征也不复存在。

而诺斯普斯·弗莱在《批评的剖析》中分析神话原型时，指出在喜剧中通常有一个重要的情节发展节点——"仪式上的死点"[1]，即喜剧发展到这通常出现一种"悲剧性"危机，主人公面临着灭顶之灾，往往这个时候会出现一个拯救者解救主人公，这是"救赎"原型的另一个变形。如在莎士比亚

---

[1]　见诺思罗普·弗莱：《批评的剖析》，陈慧等译，百花文艺出版社1998年版，第214页。

的喜剧《泰尔亲王配里克斯》中狄安娜女神在配里克斯梦中现身，向他下达了神谕："我的神庙在以弗所；你快到那里去，向我的圣坛前献祭。当我的女修道士们群集的时候，当着众人之前，宣布你怎样在海上失去你的妻子，哀诉你自己和你女儿的不幸的遭际，对他们详尽地表明一切。依着我的话做了，你可以得到极大的幸福，否则你将要永远在悲哀中度日。"①从而将配里克斯从失去妻子的悲痛中拯救出来。然而在这一救赎中，狄安娜成为了一个纯粹的工具，为戏剧发展服务，对于她的现身和帮助戏剧中没有任何解释，只是说："狄安娜女神在幻梦中向配力克里斯现身。"②因此狄安娜并不是一个癔症化的救赎者，而是一个具有推动情节发展功能的工具。

而在莫里哀的戏剧《伪君子》中，奥尔恭被伪君子答尔丢夫欺骗、背叛，不仅处于失去所有财产的困境之中，还即将面临牢狱之灾，在危急之时是王爷解救了奥尔恭，揭露了答尔丢夫的罪恶、恢复了奥尔恭的财产并撤销了他的罪名。然而在这一"救赎"的情节中，这位未曾出场的王爷并非为了满足奥尔恭的欲望而实行救赎，而是出于自己的欲望："咱们是在一位痛恨奸诈、光明照透人们肺腑、不为任何阴险狡诈所蒙蔽的王爷治下。他老人家的伟大心灵最善于辨别是非，对于任何事情都看得非常准确……王爷十分憎恶他对您这方面的那种知恩不报背信弃义的行为；因此他老人家才想起来将这次的罪恶和以前的罪恶并案办理。"③王爷是出于自己的职责和对正义的坚守而秉公办案，从而间接地实现了对奥尔恭的救赎。由于对王爷自身欲望的强调和凸显，他并非是一个癔症形象，这一"救赎"原型的人物癔症化作用也因此消失。

虚构故事中的"救赎"情节也具有同样的情况。例如在《威克斐牧师传》中，威克斐一家在乡绅汤希尔的迫害下钱财尽失、家破人亡，最终是威廉

---

① 威廉·莎士比亚：《莎士比亚经典戏剧全集7》，朱生豪译，北方文艺出版社2019年版，第262页。

② 威廉·莎士比亚：《莎士比亚经典戏剧全集7》，第262页。

③ 莫里哀：《伪君子》，赵少侯译，人民文学出版社1955年版，第92页。

爵士将他们一家从牢狱中解救出来，而威廉爵士的拯救行为具有他自己的目的和欲望："我现在来替一位有价值的人找公道，因为我十分诚意地尊敬他的。"①威克斐一家曾经真诚热情地款待威廉爵士，且不因其一贫如洗而蔑视他，而是与他建立了诚挚的友情，正是威克斐牧师身上的善良和真挚感动了威廉爵士，因此出于对其尊敬、对正义公道的信仰，威廉爵士对威克斐牧师一家进行了"救赎"。在这个故事中，威廉爵士有自己的感情和欲望，他的行为完全合乎自身的欲望，他拯救威克斐一家并非因为威克斐渴望被拯救，而是完全出于他自己的欲望，因此他不具有癔症化特质。

由此可见，在这些文学作品中，救赎者不再是癔症化形象，他们或是纯粹的推动情节发展的工具，或是出于满足自己的欲望而施行救赎行为，因此"救赎"这一原型所带来的癔症化救赎者形象不复存在，通过在文学作品中的继承和发展，"救赎"原型成功实现了去癔症化。

(二)剧本杀对"救赎"原型的回归：成为上帝

文学作品中的去癔症化"救赎"在剧本杀中重获其癔症化作用，通过上文的分析，我们看到剧本杀的游戏机制显示出一种对"救赎"原型的回归。在文学作品中，去癔症化的"救赎"塑造的是工具性救赎者或是自身欲望凸显的救赎者，"救赎"成为了一个情节，不再指涉其他内涵。而剧本杀游戏中，因为推理这一"救赎"行动使得玩家癔症化，因此游戏中的"救赎"似乎与文学作品中的不同，不再是一个简单的情节结构或是内涵单一的存在，正如耶和华的癔症化暗含着选民意识，玩家的"癔症化"似乎也指涉着某种更深层次的含义。

耶和华将雅各从困境中解救，正如玩家将角色从罪恶感中解救，因此玩家身为救赎者，成为了上帝的隐喻。通过救赎，每位玩家都成了上帝，以自己的选民即游戏角色的欲望为欲望。《创世记》将耶和华塑造为癔症患者是出于人的立场，为了实现人的愿望，而剧本杀却将癔症化本身作为目

---

① 高尔斯密斯：《威克斐牧师传》，唐长孺译，启明书局1941年版，第178页。

的，玩家主动进行游戏，不是为了表达得到救赎的渴望、不是为了自己的欲望被满足，而是为了成为癔症患者本身，即玩家参与游戏是为了成为癔症化的上帝本身。

且在游戏中，玩家所意欲成为的不是《圣经》中拥有神力、以奇迹现身的上帝，而是一位闪着理性精神的光辉的神，是凭借逻辑思考和推理揭开谋杀之谜的上帝。在推理这一"救赎"行动中，玩家需要根据线索作出符合逻辑的猜测，有时甚至要解答代数或几何难题，并且还要具备一些生活常识，例如剧本杀游戏《年轮》中，玩家需要具备计算闰年这一基本生活常识才能顺利推理。因此，在游戏中玩家成了一位具有理性精神的上帝。这种理性精神的凸显揭示了剧本杀游戏中的"救赎"所指涉的话语：剧本杀提供了一种游戏性"人神"体验。癔症化玩家是陀思妥耶夫斯基笔下的"人神"的延续，同时也是对"人神"困境的回答。

剧本杀游戏玩家与陀思妥耶夫斯基笔下的"人神"并无二异：游戏玩家与"地下室人"、拉斯科尔尼科夫、多尔戈鲁基、基里洛夫、宗教大法官等一样，都是在人的主体性高扬、上帝退场后，在理性精神和理性思想的冲击下的产物，他们接受科学、理性的影响，凭借着自由意志的觉醒意欲取上帝而代之，正如宗教大法官代替上帝管理世人一样，玩家也通过理性和逻辑主宰着角色。他们都是对现代人们精神与理性理想的一个写照。然而癔症化玩家与这些"人神"的不同之处在于，癔症化玩家解决了"人神"的困境：陀思妥耶夫斯基笔下的"人神"由于处于道德与理性的矛盾中，他们往往具有人格分裂的特征，且为了证实自己的观念，他们往往自杀或杀人，而他们的结局也往往是悲剧性的，或是自杀，或是在杀人带来的罪恶感中发疯，如基里洛夫为了践行自己的理论、为了成为神而自杀，拉斯科尔尼科夫在理性推理和逻辑分析后，采取了在理论上具有"合理性"的杀人行动，然而却在道德谴责和罪恶感中丧失理智发了疯。①

---

① 对"人神"的详细论述，可参见王松方：《"人神"与"神人"》，山东大学2016年硕士学位论文。许海娜：《生命神圣性的复归——陀思妥耶夫斯基小说中"人神"形象》，《世界文化》2012年11月，第28~30页。

而游戏机制中推理这一"救赎"的变型解决了"人神"困境。一方面在因囿于道德与理性的矛盾之中而发疯之前，玩家先选择癔症化，使自己成为一位精神病患者之后再成为一位理性的上帝，从而避免了因理性而成为上帝后带来的精神困境。另一方面，游戏将道德排除在外，玩家所需要考虑的只有游戏任务和逻辑推理，不必考虑道德问题。因此剧本杀提供了一种游戏性的"人神"体验：在现实世界里，受理性精神与思想影响的人是无法成为"人神"的，这一欲望是得不到满足的，而游戏却通过"救赎"将玩家癔症化，从而使其成为一位具有理性和逻辑思想的上帝。

因此，剧本杀的游戏机制，即推理找出杀人凶手这一设定，不仅是《圣经》中"救赎"这一神话原型的变型，也是对具有癔症化作用的"救赎"原型的回归，同时提供给玩家游戏性的"人神"体验。

校订：孟令芳　何思谕

艺术终结之后：
论博伊斯艺术实践的哲学化历程

朱静宜*

摘　要： 历经早期创作探索，德国艺术家约瑟夫·博伊斯以激浪派运动为先声，开始了自身艺术实践的哲学化转向。博伊斯基于激浪派"反艺术"的主张，提出"扩展的艺术"来消弭传统艺术门类的边界，打通视觉艺术和哲学思想的分野。他借助鲁道夫·斯坦纳的人智学，进一步发展艺术的哲学思辨性与宗教神秘色彩，并有意化身艺术界的萨满，为"二战"后迷失的个体及社会施行精神疗愈。在艺术的实存价值遭受社会现场拷问之际，博伊斯又独创"社会雕塑"理论，将哲学内部的能动性嵌入审美对象中，以期推动具体的现实建构，向乌托邦式的政治理想迈进。博伊斯艺术实践的哲学化历程暗合阿瑟·丹托的"艺术终结论"，但其含混的表达及神化自我的倾向亦对外预留出开放的批判空间。

关键词： 约瑟夫·博伊斯；社会雕塑；人智学；激浪派；艺术终结论

身为 20 世纪下半叶引发广泛公共讨论的德国艺术家之一，约瑟夫·博伊斯（1921—1986）在二维平面和三维空间所展开的艺术实践经历了渐进式的观念嬗变。他早期的素描手稿多以宗教、女性、动植物为题材，有意识

* 朱静宜，武汉大学文学院 2021 级文艺学专业硕士研究生。本文系"2023 文言樱花会"暨武汉大学文学院第四届研究生学术论坛主会场发言论文。

地运用变形的几何线条、流动的笔法技巧及自然延展的形式构图进行实验探索，将自身对自然科学、精神科学、神话学与哲学等领域的强烈兴趣倾注于画纸之上，在呈现视像外严肃的精神内省的同时，把握个体置身于世界深处的生命张力。1948年博伊斯曾仿照米开朗琪罗的《Pietà》速写了一幅同名铅笔画，他从反常视角出发再现"耶稣之死"与"圣母哀悼"，用扭曲且令人不安的人物姿势遮盖作品宗教层面凛然肃穆的神圣感，书写更接近人而非更接近神的悲怆意味。博伊斯绕开纯艺术的审美原则而着重勾勒"人"之存在的哲学化倾向，已然就此露出端倪。

博伊斯的雕塑作品也试图同古典美学范式割席。他极为推崇雕塑家林布鲁克，认为对方的创作"触及了雕塑观念的界限"，"他的雕塑不是用来看的，只能用直觉来感受……他的雕塑包含前所未有的范畴"①。博伊斯自觉接过林布鲁克高擎的火炬，把雕塑主题引入新的意识层次和开放的观念世界，完成了包括《头颅》（1949年）、《处女》（1952年）、《死了的人》（1955年）、《小姑娘》（1957年）②在内的一系列尝试。但无法回避的是，尽管博伊斯在早期已努力摆脱传统的窠臼、寻找艺术向哲学谋求创变的途径，他仍默许着传统艺术门类的划分标准，尚未具备林布鲁克所赞赏的"开天辟地的气质"。直至20世纪60年代，激浪艺术直抵西方，博伊斯方才彻底与传统决裂。以"激浪"为引，博伊斯迅速凭其"扩展的艺术"逃避美学奴役，实现"艺术"向"哲学"的转化历程。

一、激浪派：博伊斯实践转向的艺术史前奏

激浪艺术（又称"新达达主义"）诞生于战后欧洲的第二个十年，它与达达艺术皆属于一种战时/战后遗留情绪的激烈反映，共同参与变革了艺术

---

① 艺术与设计杂志社编译：《新艺术哲学 约瑟夫·波依斯》，四川美术出版社2010年版，第15页。

② 见刘强：《约瑟夫·博伊斯艺术思想研究》，四川师范大学2022年硕士学位论文，第30页。

史的发展版图。在早期的达达主义者眼中，当第一次世界大战制造了一起起骇人屠杀事件时，曾经让科学界和思想界引以为傲的理性、逻辑、规章和制度不仅没有发挥任何唤醒或阻挡的力量，反而推波助澜乃至成为罪魁祸首，使战争获得了某种残忍的客观性与合法性。诚如社会学家凯尔曼（Herbert C. Kelman）此后的观察，严密协作的工具理性及现代官僚体系能够借助"暴力被授权（享有合法权力的部门定义了不适用于标准道德原则的情况，并免除个人道德选择的责任）、行动被例行化（按照严密章程迅速组织行动，使人们失去机会提出道德问题、做出道德决定）、受害者去人性化（同时剥夺受害者与施害者的自我身份定位和社群感）"①，来抹杀动物性同情，制造普遍的道德冷漠和道德盲视。达达主义恰是从理性围剿的夹缝处，要求一个独立于战争和民族主义之外的、为理想而生活的空间，"提供另一种基于非理性、非逻辑和无法纪的可能性"②。于是，权威、理性被达达掷于脚下极力践踏，"古典艺术"作为一个获得特权地位、被贵族趣味过度娇宠的存在，顺理成章地沦为被推翻的对象。1916 年，雨果·鲍尔宣读了达达主义运动声明，其中充满戏谑地提到"达达主义是艺术的新趋势。……人怎样达到永恒的幸福？通过念叨'达达'。怎样变得出名？通过念叨'达达'。……怎样摆脱新闻、蠕虫以及一切美好、正确、狭隘、说教、欧化而衰弱的事物？通过念叨'达达'"③。由此，无意义、插科打诨、偶然性变为达达艺术的主要特征，艺术家们开始以匪夷所思的方式解构常识性思维中关于"艺术"的观念，将毫无美感的现成品纳入艺术内容，在无秩序的混乱之下迸发个体自由的精神之力。杜尚的《泉》《美丽心灵》等作品即是一例，其内部循环着达达主义式的讽刺笑声。

同样是受到战争幽灵的环绕且对理性感到失望，激浪艺术在五十年后

---

① Herbert C. Kelman. "Violence Without Moral Restraint: Reflections on the Dehumanization of Victims and Victimizers." *Journal of Social Issues* 29.4(1973): 25~61.

② ［英］威尔·贡培兹：《现代艺术 150 年》，王烁、王同乐译，广西师范大学出版社 2017 年版，第 281~282 页。

③ ［英］威尔·贡培兹：《现代艺术 150 年》，第 283 页。

复返了达达的潮流，延续其"反艺术"的立场，通过打捞日常生活的平凡之物，取缔"高雅艺术"被赋予的优越特权和严肃价值，以激烈甚至疯狂的即兴创作方式对抗各种规则及观念的压抑，消融艺术与生活的区隔。只是，与"达达"略有不同的是，激浪派的"反艺术"不再单纯表现为历史过渡期的目空一切、情绪宣泄和形式所编织的荒诞，而更偏重于强调艺术向下扩散、与大众建立起最简易直接的关系。1963 年，激浪派领军人物乔治·马修纳斯正式发表宣言，再次指出"各个艺术门类之间的界限正在趋向于模糊，事件艺术和环境艺术可以互相渗透，艺术和非艺术的界限也可以互相渗透，这是艺术上的一个新的方向。过去的艺术太专业化、太程式化、太寓意化，现如今我们则要去掉这些拘束，让艺术变成简单的、易行的、人人可为的、生活的，甚至就是生活本身。反艺术就是回到生活，就是回归自然，就是全新关注和体会具体的现实"①。马修纳斯意图颠覆专门性的艺术概念，促使激浪运动进一步走向直接性、随意性、平民化与生活化，然后将艺术从被仰视的位置、被束之高阁的命运里解放出来，还原为任意一种最普通的事件或最自然的物品，以便在一个具有高度包容性和赦免权的艺术空间内部，完成对庸俗日常的戏谑式挪用或闹剧式呈现，躲避深刻隐喻和牵强附会的意义。

对于不满现有艺术概念之狭隘的约瑟夫·博伊斯而言，要求拓宽艺术边界的激浪派无疑成为他确立个人艺术语言的助推器。尽管近乎同时期出现的波普艺术（新现实主义）也关注着寻常的物品或形象，并宣称"偶发事件＝生活——艺术般的生活——不是逃避，而是进入现实——使体验和经历生活本质成为可能——不是抛弃世界，而是找到与它的新关系"②，但波普艺术毕竟显露出极其赤裸的战后消费社会的商业性质，其艺术加工的主要原材料由过量的消费产品、激增的媒体图像和令人眼花缭乱的视觉刺激

---

① 马永建：《后现代主义艺术 20 讲 插图珍藏本》，上海社会科学院出版社 2006 年版，第 103 页。

② Berghaus, Günter. " Happenings in Europe in the'60s: Trends, Events, and Leading Figures. " *TDR* (1988-) 37. 4(1993): 157-168.

构成，这种把艺术生产和经济行为直接关联的做法，与博伊斯背负的德国哲学传统和沉重战争记忆相比，未免过于轻佻，亦与其身上典型的德国特性有所间离。因此博伊斯在多种选择下最终瞄准激浪派的声势并加入其中，他不仅直接为激浪派宣言签名作为支持，亦多次现身激浪派表演舞台，为自己的创作寻找公开展示的渠道。1962 年激浪派音乐会上，马修纳斯率领一众西装革履的绅士破坏、踩踏一架象征着"高贵艺术"的三角钢琴，① 以此嘲讽中产阶层的价值观，为那些被奉上文化神坛顶礼膜拜的传统欧洲艺术祛魅。与之相仿，隔年博伊斯带来了一件名为《两位音乐家的音乐会》的声音作品，他安排两个上了发条的机械玩具在钢琴的乐声中扮演音乐家拉·蒙特·扬与乔治·布莱希特，借此调侃"艺术家"的身份，剥下艺术神圣不可侵犯的权威外袍，和马修纳斯的"演奏"构成谐趣的互文关系。在这里，音乐，尤其是背离了光鲜亮丽的贵族阶级趣味的音乐，间接传递了某种挑衅般的情感及思想，吹响了激浪派向故作冷淡的艺术秩序发起挑战的号角。博伊斯曾表示："听觉要素与雕塑般的音质在我的艺术生涯中是极其重要的，就音乐层面来说，也许我使用钢琴和大提琴的创作经历会使我被归入'激浪艺术家'的行列。利用声音作为雕塑材料，可以从材料应用的角度来扩展人们对雕塑的整体理解。"②

几乎同时，博伊斯开始尝试把写有"艺术概念"的界碑立于比激浪派更为遥远的疆域，他依循激浪留下的轨迹创造了"扩展的艺术"这一说辞，让"艺术"扩展到人类社会、日常生活乃至精神空间等方方面面，与生命本质紧密相连而不受形式、材质、媒介的束缚。他尤其关注艺术表象与哲学系统的关联，"以'理念'的结构注解着他的艺术"③，为每一件被他使用的实

---

① 见河清：《"当代艺术"：世纪骗术〈艺术的阴谋〉更新版》，上海古籍出版社 2016 年版，第 74 页。

② Berghaus, Günter. "Happenings in Europe in the'60s: Trends, Events, and Leading Figures." *TDR* (1988-) 37.4 (1993): 157-168.

③ 班陵生：《约瑟夫·博伊斯留给艺术史的"修辞手法"》，《新美术》2015 年第 36 卷第 9 期，第 88 页。

物增添一层超越了视觉承载的形而上学意味，挖掘"木头或者石头出于自己的缘故，究竟有什么意愿"①。按照博伊斯的理解，审美是不存在的，艺术理应告别审美的幻影，拥抱任何具有创造性的思想，凡拥有创造性潜质的个体都被期待参与到艺术的整体性感知里。他宣称"人人都是艺术家——从他自由的状态，以他直接感受到的自由的立场来看——每个人都会在未来社会秩序的总体艺术作品里学会判定其他立场"②。人人都是艺术家，并非指人人之创造皆为艺术，而是指人人皆有享受艺术之权利与参与艺术之能力，人人皆需响应广义的"社会艺术"的呼召并加入其中，创建思想与社会现实间的真正对话。当每一位个体以艺术之名发挥创造性潜能，在自塑自决的过程中与具体生活发生切实互动，那么社会的未来和政治的图景便成为可把握、可修正、可重新纳入正确发展方向的——从这一隐含期待下，博伊斯的"扩展的艺术"已经表现出政治属性，并又一次与激浪派的实践路径产生交集：以马修纳斯为代表的激浪派成员也曾倡议"任何事都可以是艺术及任何人都可以从事艺术创作"③，其隐藏逻辑是召集坚实的群众力量，发起艺术界的群众运动，结成一种符合社会主义意识形态的共同政治约定，从而避免自身沦为艺术史上转瞬即逝的现象。马修纳斯极端抗拒激浪仅仅被观众当作杂耍、娱乐、讽刺或诸如此类，甚至考虑为激浪派和共和党牵线搭桥。④ 1967 年，已被流放于激浪派之外的博伊斯将自创的反资本主义组织"超议会学生党"改名为"激浪派西区"，此举虽不乏取笑激浪的意味，但客观上仍显明了激浪派背后的政治逻辑对博伊斯产生了何

---

① ［德］霍斯特·布雷德坎普：《图像行为理论》，宁瑛、钟长盛译，译林出版社 2016 年版，第 282 页。

② ［德］约瑟夫·博伊斯、费婷：《我在搜寻场域特征》，《东方艺术》2013 年第 287 卷第 19 期，第 101 页。

③ ［英］托尼·戈弗雷：《观念艺术》，盛静然、于婉莹译，北京美术摄影出版社 2019 年版，第 103 页。

④ Medina, Cuauhtémoc. "The 'Kulturbolschewiken' I: Fluxus, the Abolition of Art, the Soviet Union, and 'Pure Amusement.'" *RES: Anthropology and Aesthetics* 48 (2005): 179-192.

种影响。

　　尽管博伊斯与激浪派的艺术实践存在诸多重叠之处，他却从未成为激浪派忠实的拥护者，而是常常流露出过分沉郁的气质。激浪艺术注重对日常生活的廉价编造与另类演绎，强调游戏化和丑闻性质，博伊斯则执意越过激浪，协同艺术纵深跃入哲学的黑暗丛林。1963 年的"激流城堡——激流艺术"上，博伊斯没有仿照其他艺术家来制造一团眼花缭乱的混乱局面，他演奏了一首自己即兴拼凑的钢琴曲目，然后一边播放埃里克·萨蒂的音乐，一边垒起山丘状的泥巴，每块泥巴里插有一根树枝。接着他将一只死兔子和一块石板挂在一起，用电线绑住树枝并与死兔子相连，最后挖出兔心在石板上书写。博伊斯令人费解的举动制造了强烈的不适和恐怖，对观众的感受神经形成严峻挑战。实际上，死兔子关联着西伯利亚的召唤和祭奠自然性灵的仪式，博伊斯希望"标识广袤的东方土地（欧亚大陆）上的原始部落起源，以对比西方克制的理性主义"①。与激浪艺术相比，博伊斯的表演蕴含着超越性的全新内容维度，该维度远不仅仅停留于偶然因素、无目的的玩耍、丑化或愚弄权威，而走入了完全独树一帜的、引发抑郁与思索的制作方式，"这一方式关涉整个空间，包含对材料的泛灵论使用，旨在取得持久效果，遵循的是他所独具的图像世界的准绳，这一图像世界当然只有在其理论上层建筑的框架中才能逐一加以辨认"②。由于激浪艺术无法继续配合博伊斯的创作追求，他随后离开激浪，以"扩展的艺术"为核心独立进行艰深的艺术呈现与厚重的思想言说，于旧艺术的废墟之上重建崭新国度，让艺术的内涵自我扩张并以其坦然姿态接受哲学的剥夺。在博伊斯看来，唯其如此，当艺术必须发生转向之时，才可能从思想内部寻找表达的广阔前景，正像他自己所言，"雕塑或者艺术的概念需要被极大地扩展……思想已然是一种创造、一件艺术作品了，而且也是一个塑造性的过

---

　　① ［美］托马斯·克洛：《60 年代的兴起》，江苏凤凰美术出版社 2020 年版，第 154~155 页。

　　② ［德］乌尔里希·莱瑟尔、［德］诺伯特·沃尔夫：《二十世纪西方艺术史 下》，杨劲译，商务印书馆 2016 年版，第 128 页。

程，并且是有能力去唤出一个确定的形象，哪怕这是一种声波，它也能传递到他人的耳朵里”①。

二、人智学：博伊斯实践转向的思想资源

20 世纪 60 年代以后，诸如克尔凯郭尔的存在主义、梅特林克的神秘主义泛神论等，均或显或隐地体现在博伊斯的创作里，协同他去接近“日常的超验”，以符号化和象征性的手段实现原材料从物理意义向精神意义的飞升。在众多哲学理论之中，同博伊斯的艺术生命结合最为紧密的学说当属奥地利学者鲁道夫·斯坦纳创建的人智学。人智学(Anthroposophie)源自希腊文“anthropos(人)”和“sophia(智慧)”的复合，用以指称一种“对自我之人性的意识”，强调人拥有健全思考、独立感知、自我发展的潜能，如果这种潜能有效发挥于实践领域，就会为人类的思想寻找到持续转化的方法与道路。博伊斯“人人都是艺术家”的理论得以成立的前提，正是基于斯坦纳的“创造潜能”学说。

斯坦纳的人智学“是一条认知之路，这条认知之路将把人性当中的精神性引导向整个宇宙的精神性”②。斯坦纳认为，个人和世界建立关系的方式包括肉体、心灵和精神三个层面，精神位于最高层级，象征圆融完满的超验境，人唯有借助肉体和心灵的运转，充分发挥自身的思考能力来超越主观经验、获得关于世界的整体性知识，才能抵达极致的精神家园，寻找到把握“我”之存在的有效途径。“精神”居于“我”之中，而“塑造‘我’、表现‘我’的精神被称为‘精神自我’……(精神自我)只将自主真理纳入自身，依靠‘我’的机能来感受、消化真理，使真理个人化并融会于‘我’。通

---

① 韩子仲：《什么是艺术？博伊斯和学生的对话》，商务印书馆 2017 年版，第134 页。

② ［德］海因英·齐默曼：《什么是人智学》，金振豹、刘璐译，深圳报业集团出版社 2015 年版，第 18 页。

过持守独立的思想与整合关键的真理，'我'实现了灵魂的永恒不朽"①。在斯坦纳看来，精神的深度认知首先是对人性中"我"的认知，"我"借助肉体官能所提供的认知工具向上思考，意识到世界中蕴藏着殊途同归的自然法则，这一发现将驱动"我"朝更高的认知目标迈进，参与一个更加宏观的系统的建构过程，与外在于"我"之物形成彼此理解的精神链接，最终调和"人性当中的精神性"与"宇宙当中的精神性"，实现人与宇宙的同一。

斯坦纳关于"精神自我"的思想解释了博伊斯的作品何以具有浓厚的自传性质：博伊斯早年曾被盲目狂热的政治意识形态氛围鼓动而应征入伍，在纳粹德国空军队服兵役期间多次奔赴前线。1945年二战结束，作为一场罪恶暴行的实际参与者，博伊斯始终难以回避人性的审判与内心深处的创伤感。他为自己寻觅的出路是脱离于无力回天的悲剧事实，回归斯坦纳所描绘的精神空间，打开精神之眼，在回忆、省察、思索的帮助下，发起对"我"的再认识，由"我"之精神去启示出世界之精神。

博伊斯重新认识自我的方式，是反复追溯自己参战期间的一次坠机经历。1943年，博伊斯驾驶的轰炸机被俄国高射炮击落，坠毁于克里米亚。克里米亚的游牧部落鞑靼族在飞机残骸间发现了他，将他带回帐篷，用油脂和毛毡帮助他的身体恢复温度。尽管据目击者称，博伊斯的得救并非仰仗鞑靼人的善心，而是德国搜救突击队的手笔，但比起精确无误地还原当年的客观真实，博伊斯更看重生命体验中的心灵真实，他强调"还有的核心体验，怎么说呢，他们乃是有着一种近乎幻想属性之物……真正的核心体验……永远固有着某种与其自身相关联的经验的内质，某种单靠理性认知无法说明的东西"②。换言之，博伊斯所关注的核心体验脱离了器质性观察与理性认知，而依托于内在"精神自我"的洗练，"精神自我"采用了一种

---

① Rudolf Steiner. *Theosophy*. Trans. Catherine E. Creeger. New York：The Anthroposophic Press，1994：51.

② 艺术与设计杂志社编译：《新艺术哲学 约瑟夫·波依斯》，第308页。

比生理器官更高等的感知机制①，去捕捉非实存的、却能够创造普遍性理解的特殊经历，这些经历被安放于广袤无垠的精神世界，可以或直接或隐晦地反映出宇宙运行的自然脉络。因此，从这一角度来看，想象中的坠机事件依然能够成为博伊斯核心的自传片段，而自传中鞑靼族所使用的油脂、毛毡等材料也相应成为博伊斯作品里的"常客"。1963 年博伊斯制作了《油脂椅子》，一方面，他取材于个人的历史文本，将救赎色彩灌注于作品的主要材料——脂肪里，来复现那段充满幻想的私密记忆；另一方面，他又试图突破自说自话的窘境，借脂肪流动、不固定的存在形式传达物质实体和生命精神之间的能量转换，借油脂自身的热量属性联动整个宇宙空间的能量问题，进而打磨一个具有疗愈、再生意义的"宇宙神话"。

在为自我之精神和宇宙之精神建立关系的过程里，博伊斯也承袭了斯坦纳对"外在事物"的重视。《自由的哲学》一书中收录了斯坦纳关于"内在自我"与"外在事物"的看法："就我的知觉而言，虽然我受肉体所限，但我表层肌肤以内的一切都属于整个宇宙。……在我身体内部起作用的力量与那些外部力量别无二致。所以我就是他物，'我'不是指我对自身主体性的感知，'我'是指我是世界进程的一部分。"②斯坦纳观察到人同自然界的其他事物，譬如矿物、植物和动物在形体、习性、情感机制等方面的相似之处。这些相似性让人拥有与万物沟通、被万物解释的可能。由于人类和矿物、动植物所形成的生产生活体系集体构筑了包孕万物的宇宙之秩序，因此，毋宁说兼具了人性、矿物性、植物性、动物性的人自身即是一个完整的宇宙，宇宙的规律法则可以从人的内部寻找到对应关系。例如，人智学的两极原则认为，冷与暖的极度差异构成了宇宙的两极，而理性与知觉构

---

① 见 Rudolf Steiner. *Theosophy*. Trans. Catherine E. Creeger. New York：The Anthroposophic Press，1994：93.

② Rudolf Steiner. *The Philosophy of Freedom*. Trans. Michael Wilson. E. Sussex：Rudolf Steiner Press，2000：65.

成人脑的两极，故"冷"可以关联理性，"暖"则对应直觉。① 博伊斯借用两极理论，称科学的创造方式为"冷性特质"，艺术的创作方式为"暖性特质"，他宣称现代科技已经被狭隘的理性遮蔽了"魔法性关系"，当务之急便是"创立一个人类学意义上的，包括人类所有表达方式在内，并且能够影响人的思维的艺术概念"，"将人们凝聚在一起，从而重返复魅的世界"。② 蜂蜡是博伊斯尤为偏好的暖性材料，他不断感受、思考蜂蜡从蜜蜂腹部分泌出来的热过程，尝试制作一个更内在、深层的装置以便调节热能，产生具有发展性的热，尔后"将人提升到一种生命存在，承担起这种发展"③。在第六届卡塞尔文献展上，博伊斯演示了他的装置作品《车间里的蜂蜜泵》，这组装置包含了一个装有 220 磅油脂的铜桶，楼梯井里的引擎带动机械部件一刻不停地搅拌油脂，与此同时，两吨蜂蜜不断循环地从楼梯井中被机械泵抽出，顺着弯曲的有机塑料管流经会场，再回到井下的钢制容器里。蜂蜜泵意味着"社会循环血液"更新的主要动力；楼梯井代表"心室"，是知觉与生命韵律所在之处；传输管道表征"头脑"，是调度神经系统、产生思想的地方；铜质圆桶则近似于"代谢系统"，是胜过欲望的精神意志的表现。④ 作品中的每一元素都对应了生命的组成部分，博伊斯经由一次又一次保持开放状态的练习，践行了他所谓"理解(斯坦纳)'自由哲学'最好的方法论"⑤。

　　除了再次向下和动物、植物、自然产生联系，博伊斯也在谋求"向上

---

① 　[德]乌尔里希·莱瑟尔、[德]诺伯特·沃尔夫：《二十世纪西方艺术史 下》，第 128 页。

② 　肖伟胜：《激浪派与观念艺术的生成》，《江西社会科学》2022 年第 42 卷第 3 期，第 102 页。

③ 　韩子仲：《什么是艺术？博伊斯和学生的对话》，第 33 页。

④ 　[加]安特拉夫：《约瑟夫·博伊斯》，广西美术出版社 2015 年版，第 73～74 页。

⑤ 　韩子仲：《什么是艺术？博伊斯和学生的对话》，第 31 页。

和神、精灵建立联系"①。1965 年，博伊斯带着他最著名的行为艺术之一
《如何向一只死兔子解释绘画》来到杜塞尔多夫，他把自己锁进画廊，全脸
涂满蜂蜜并贴上小片的金粉，怀抱一只野兔的尸体喃喃自语。整场表演表
现出显著的宗教仪式感和隐喻性，博伊斯于其中扮演超越理性、告慰生
灵、沟通物质与灵魂的中间者——巫师萨满的角色，对艺术场域中的每一
个"我"进行精神层面的救赎。表演中，"博伊斯喜欢一再取用基督教图像
世界里源远流长的题材，而且也丝毫不避讳其象征性指涉"②，他不仅以
"黄金"象征基督教图像世界里的超验性，还以怀抱死兔的造型模拟玛利亚
怀抱耶稣尸体的姿势，且在表演末尾坐上高脚凳，右手指向虚空，宛如米
开朗琪罗《创世纪》里亚当伸手等候上帝赐予其生命。博伊斯让表演充满
"神降时刻"与信仰的翻演，展露人内在的神性和神内在的人性，使人的精
神同超感官的绝对神圣相连接。这一倾向也暗合了斯坦纳对基督形象的理
解："重要的不是历史中的基督，而是那个与任何地球发展连接在一起的
基督……在当今时代，基督以新的形式存在于一个与感官世界直接相连的
超感官的世界中，并会在未来以帮助者和安慰者的形式启示越来越多的
人。"③博伊斯似乎正是要借由宇宙深处几乎被人们遗忘的无形力量，对自
身、对观众实施"萨满式疗愈"，成为人世间的"帮助者"和"安慰者"。甚
至，更进一步说，是成为"圣徒"或"殉道者"，开启拯救人类精神的行
动——从面向个体内部的自我疗愈迈向面向集体的社会疗愈。

三、"社会雕塑"：博伊斯实践转向的终极探索

以"扩展的艺术"为重心，博伊斯为艺术介入社会、疗愈社会的可行性

---

① ［德］海纳尔·施塔赫豪斯：《艺术狂人——波依斯》，赵登荣等译，吉林美术
出版社 2001 年版，第 73 页。
② ［德］乌尔里希·莱瑟尔、［德］诺伯特·沃尔夫：《二十世纪西方艺术史 下》，
第 131 页。
③ ［德］海因英·齐默曼：《什么是人智学》，第 36 页。

寻找到理论依据，并将最终的艺术实践目的聚焦于"变革社会"上。他提出："只有在定义被彻底扩展的条件下，艺术以及与艺术相关的活动才有可能证明艺术是现在唯一的演化——革命的力量。只有艺术才能终止一个在死亡线上垂死挣扎的社会制度的压制性影响。"①显然，在博伊斯眼中，宽泛意义下"新艺术"的价值绝不是坚持去政治化的独立性，创作那些"挂在墙上的"绘画；也绝不是穿戴上自欺欺人的浪漫面具，迎合现有社会权力制度或装饰腐朽的系统。他期待艺术以其主体身份走入社会领域，从一种单纯的对话机制转向切实有效、推动变革的行动机制，使艺术成为政治本身，发挥其生产性功能。

要扩大对艺术的理解、凝聚艺术改变社会的力量，最重要的手段之一即"社会雕塑"。正如博伊斯粉碎了艺术的传统定义、规避了"艺术家"这一称呼背后的狭隘认识，他同样重写了关于"雕塑"的阐释系统。雕塑不再必然指涉那种使用有形材料进行磨刻的物质形式，"思想"亦可被视作一个抽象的雕塑素材，或者不妨说，思想本身就是雕塑，由思想发出的语言或由观念呈现出的社会实践都属于"社会雕塑"的辐射范围。如博伊斯接受凯特·霍斯菲尔德采访时所解释的，"还有另一种艺术……它从一开始就把思想看作与雕塑方式相同的造型力量，如果这种雕塑的替代形式不是在一开始就活跃的话，它就永远不会导致任何物质形式的结果，或者说，物质形式将只会成为对世界的污染，只会使我们已有的艺术垃圾不断增加"②。

倘若追究博伊斯"社会雕塑"观念的源起，已逝的鲁道夫·斯坦纳将再次借助自己长久留存的哲学资源还魂显形。身为一位热衷生命实践、强调个人对社会之职责的思想者兼活动家，斯坦纳曾划分了社会组织的三大领域：一是包括教育、艺术、科学研究及宗教等在内的精神生活领域；二是包括法律和以分权为核心的法律生活领域；三是包括生产、消费商业和服务四个分支在内的经济生活领域。三大领域分别遵循不同的目标及法则，

---

① ［德］约瑟夫·博伊斯、费婷：《我在搜寻场域特征》，《东方艺术》2013 年第 287 卷第 19 期，第 101 页。

② 华沐：《博伊于斯同访问者的谈话》，《世界美术》1996 年第 2 期，第 23 页。

共同结构出一个在精神领域享有自由、在法律领域享有权利平等、在经济领域享有联合一致的社会原型，而这个社会原型的焦点正集中于作为生产活动和社会进程中真正驱动力的个体的人。

由斯坦纳返回博伊斯，当博伊斯提出以对待物体的方式处理思想、像构铸一件雕塑作品一样去构建一种社会秩序时，他也是强调自由个体的创造潜力，强调个体的活跃思维、强烈情感和积极意愿皆能被纳入雕塑的生产工具，一同塑造着通往未来世界权利的内容，最终使每个人"都会在未来社会秩序的总体艺术作品里学会判定其立场。文化领域（自由）、法律构建（民主）以及经济领域上（社会主义）的自我判定和介入。自我管理以及地方分权（三重结构）出现了：自由的民主的社会主义"①。为了将自身的愿景化作现实，博伊斯诉诸语言以替代视觉体验，通过定期发表讲话及文字阐释的方式，呼吁一个直接民主的"乌托邦"国度。1972年第五届卡塞尔文献展上，博伊斯带来了他的作品《直接民主制的办公室》，他每天关在一间办公室里十小时，和走进房间的参观者谈话，讨论改变体制的必要性。整个空间中不存在确定的艺术品，但是所有从博伊斯口中说出的话语皆成为他的雕塑作品，他自身也成为一个正在讲述、正在思辨、正在布道的活的雕塑。

博伊斯的"社会雕塑"实践不只受到斯坦纳的影响，弗里德里希·尼采的哲学思想也为其带来深远的启发，1978年博伊斯创作了拼贴画《日食和日冕》向尼采致敬：他将两张照片用打孔器打上三个洞，并全部涂成棕色，然后上下叠加在一起，下面的照片是一个空无一人的室内场景，上面的照片则是一幅尼采死前数月的肖像图。这件作品不但是博伊斯对尼采进行长期研究的证据，亦显露出他对尼采学说的理解——"'意志'是所有生命和全部人类历史的推动力，这是尼采哲学中一个深刻的中心思想。标题'日食'对于后来的抽象派拼贴艺术品来说或许具有一个双重的影响。可以把

---

① ［德］约瑟夫·博伊斯、费婷：《我在搜寻场域特征》，《东方艺术》2013年第287卷第19期，第101页。

它与尼采的状况联系起来看，这位先知的思想在他的生命中的最后十年暗淡下来。日食也可以被看作尼采预测的隐喻：欧洲虚无主义的兴起，价值的颠覆，道德的沦丧和上帝的死亡。"①的确，尼采无限张扬人的主体性和以本能为基础的创造力，追求超善恶的彼岸，以此抵抗西方逻各斯中心主义传统与扼杀人性的工具理性原则，否决控制个人自由的威权体制。博伊斯欣赏尼采的抵抗性及其对社会掌控角色的不信任，他表示目前人类面临的唯一问题便是经济的滥用、金钱的力量以及政府和国家的权力，所以，远离政客政党、消除国家概念即为艺术应做之事。为贯彻自己的政治理想，博伊斯加入"绿党"这一在野的联合派别。"绿党"虽以"党"之名界定自身属性，博伊斯却并未将其等同于传统意义上的党派组织，而倾向视其为一个反政党的政党和"一个新兴的生态主义时代的表征"②，他积极投身"绿党"的规划建设，以建立自由、民主及生态的统一体为目标采取导向未来的行动。他在党期间留下了最著名的"社会雕塑"之一《7000 棵橡树》，作为一种可视的、可持续的自然物象，支持他关乎社会生态学的政治实践。

博伊斯的"社会雕塑"将艺术从一种空中楼阁式的呈现转化为实际有效的行动，使原本充满着唯美柔弱气息的古典作品不再摆出自我迷恋的姿态，而是获得崭新的构成形式，坚硬地刺入真实生活以及社会实践中，迸发创造力和争议并存的变革性力量。纵观约瑟夫·博伊斯艺术实践的哲学化历程，美国评论家阿瑟·丹托的"艺术终结论"或许可以对博伊斯的艺术选择进行概括性解读。丹托指出，使杜桑的"小便池"成为艺术品的，是"这样一个时刻，即不再有谁清楚何为艺术而老的答案都不管用之际"③。

---

① Ivo Frenzel. "Prophet, Wegbereiter, Verführer: Friedrich Niezsches Einfluss auf die Kunst, Literature und Philosophie in Deutschland." Deutsche Kunst im 20. Jahrhundert, Malerei und Plastik 1905—1985, München: Prestel-Verlag, 1995: 75. 转引自李黎阳：《德国现代美术史》，人民美术出版社 2013 年版，第 389 页。

② 艺术与设计杂志社编译：《新艺术哲学 约瑟夫·波依斯》，第 179 页。

③ ［美］阿瑟·丹托：《艺术的终结》，欧阳英译，江苏人民出版社 2001 年版，第 14 页。

当"这样一个时刻"到来之时，艺术开始对其所处时代及历史拥有自我意识，旧有的艺术概念不可避免地走向终结，美学失效，艺术去蔽，哲学渗入艺术之中，观念的力量取代审美愉悦而散发明亮光辉。在丹托看来，"如果你想找出什么是艺术，那你必须从感官经验转向思想。简言之，你必须转向哲学"①。长期以来，"艺术无用说"似乎成为创作群体中间约定俗成的默契并潜入古典艺术秩序内部，然而，假如艺术果真"并没使任何相关的事情发生，只是纪念着、供奉着、灵化着并构成一座纪念碑，用来保存消逝的记忆"②，它何以被视作蛊惑人心的塞壬并被设法加以约束？面对这一追问，艺术评论家阿瑟·丹托曾给出回答："这种认为艺术是危险的信念……它并非来自历史知识，而是来自哲学信念。"③当艺术走向知性判断，即艺术敞开自己任由哲学在其内部显明时，艺术将创造思想，思想将掌控行为，行为将波及现实，现实将以政治、经济、文化等领域的面貌催生改变，最后，艺术确实破坏或产生了某种事物。丹托找到了现代艺术冲破自身界限以适应特定历史性的具体方式——尽管这方式仍存在论证空间："艺术的历史使命就是使哲学成为可能，完成这一历史使命后，艺术在巨大的宇宙历史范围内就不再有历史使命了。……所以，艺术最终将获得的实现和成果就是艺术哲学。"④博伊斯即是一位可被丹托援引的典型例证，博伊斯从理念上和创作上皆朝着"艺术哲学"迈进，用哲学的手段来认识艺术的本质，用"社会雕塑"证明了艺术家足以发挥其神秘的内在魅力，切实地参与现实社会的政治建构，并造成了群体性的轰动和世界级的影响。

只是，针对博伊斯的艺术实践，依然存在着一个对外敞开的批判空间。一方面，博伊斯取缔艺术边界的同时也不可避免地混淆了"艺术"的指

---

① ［美］阿瑟·丹托：《艺术的终结之后》，王春辰译，江苏人民出版社 2007 年版，第 16 页。

② ［美］阿瑟·丹托：《艺术的终结》，欧阳英译，第 3 页。

③ ［美］阿瑟·丹托：《艺术的终结》，欧阳英译，第 4 页。

④ ［美］阿瑟·丹托：《艺术的终结》，欧阳英译，第 15 页。

称概念，如果艺术可以是任何物，那么它实际上一无所是，它无限扩展自身的过程已让它失去了在话语活动中被单独命名的意义，而宽泛的、粗糙的、缺乏严谨性的所指则扼杀了将艺术作为特定对象予以谈论、理解的需要；另一方面，博伊斯继承了尼采将自我超人化的倾向，他假借宇宙间超验的神秘力量，基于想象自行赋权，一意孤行地为自身塑造不可能的身份（即萨满巫师），使个人膨胀为一种"神话"。"个人神话"的书写让他既可以通过扮演沉默的宗教形象获得艺术赦免权，回避自己参与纳粹主义和大屠杀的历史记忆；又可以通过艺术的协助造势掌握思想、政治、社会等领域的话语权——即使是有限地掌握——推动政治生活的美学化，乃至暗示出表象之下的法西斯极权主义倾向。身为博伊斯最为严厉的批评者，艺术评论人本杰明·布克罗亦曾直言不讳地指责博伊斯"滑稽地模仿救世主""沉迷于为个人作传"，企图缩进哲学及深奥的象征主义来否认过去的创伤①，"使艺术实践和行为表演带有宗教仪式的味道。……把哀悼变成了一个事件、变成了公开展示，而公开展示是哀悼和记忆最大的敌人，并将哀悼和记忆完全葬送"②。

四、结论

在一个破坏与创造共生的时代，约瑟夫·博伊斯吸收激浪派的观念成果，提出"扩展的艺术"，将艺术的指涉范围延伸到社会生活的各方领域，以期颠覆静观的、审美的艺术传统和长久以来被精英阶层垄断的艺术阐释权，吁请每一位社会中的个体充分发挥生产性的激情及创造性的潜质，使艺术拥有思想且与现实发生关联。博伊斯期待通过艺术转向哲学来发挥观念的力量，实现悲剧式的祖露与宗教式的救赎。因此，他从奥地利哲学家鲁道夫·斯坦纳的学说中汲取灵感，借由自传性质的艺术呈现完成对自我

---

① 见彭伟、夫博：《艺术介入社会：博伊斯和他的作品》，《公共艺术》2016年第42卷第3期，第59页。

② 艺术与设计杂志社编译：《新艺术哲学 约瑟夫·波依斯》，第152页。

的深度认知，又依循"自我"体认万物，最终攀升至肉体和心灵之外的精神世界，触及那神秘无形、不可知的存在，进而获得艺术语境下的宗教身份，作为人与神的中间媒介——萨满巫师来为个体内部还原出一个完整的宇宙秩序，在超验的层面对"二战"后遭受重创的个人和社会施以疗愈。不单是"疗愈"，博伊斯真正的艺术理想在于变革社会。他结合斯坦纳的三重社会机制与尼采哲学中的个人主义及对抗性原则，发展出"社会雕塑"理论，使雕塑的对象不再局限于有性材料，而转向对思想、灵魂的塑造，依托思想或灵魂的更新推动社会多维度的良性发展，让艺术化作一种人人参与的、坚强有力的革命行动。回顾博伊斯生涯后期具体的艺术实践，其历史框架中的材料"跨越了从政治到生态，从自我疗伤到激进主义，到深刻反思'后大屠杀'的文化，到用'艺术提示过去'等所有领域"[1]，每一步都尤为突出"哲学"的显性存在，既与阿瑟·丹托所言的"艺术的终结"遥相呼应，亦与丹托勾画出的"艺术哲学"彼此印证。尽管博伊斯的实践历程也存在概念混淆、自我膨大等问题，但他始终有计划地推进其艺术道路，以决绝而孤独的姿态遭遇艺术的哲学，为艺术界提供了一份独一无二且不容忽视的生命样本。

校订：孟令芳　何思谕

---

[1]　班陵生：《约瑟夫·博伊斯留给艺术史的"修辞手法"》，《新美术》2015年第36卷第9期，第89页。

钱锺书"易象""诗喻"之辨探微

戴雨江*

摘　要：钱锺书从"意—象"关系入手，认为易象的哲理和喻象"不即"，而诗喻的本体和喻体"不离"。这类似于他从"言—意"关系出发对含蓄与寄托的区分，即含蓄意蕴于言，寄托意附于言。两组辨析均反映出他对文学阐释中哲学化、历史化倾向的批驳。这种捍卫文学自律性的立场，还驱使钱锺书在看待"易象变诗喻"和"诗喻变易象"时采取双重标准。但同时，钱锺书又通过分析比喻之两柄多边，打通了易象与诗喻的界线。打通与辨异，恰好构成了钱锺书学术旨趣的硬币之两面。

关键词：易象；诗喻；含蓄；寄托；比喻之两柄多边

钱锺书关于易象与诗喻的辨析，自 1979 年《管锥编》发表以来便受学界关注。在多数情况下，研究者往往仅把钱锺书的这一观点作为更大主题的一个注脚：敏泽的《中国古典意象论》①、叶朗《中国美学史大纲》②、侯敏《易象论》③虽对此说有大篇幅的引用，但主旨却在谈论意象或易象；与之类似，刁生虎、牛志信的同名论文④和周裕锴《中国古代文学阐释学

---

* 戴雨江，武汉大学文学院 2022 级文艺学专业硕士研究生。本文系"2023 文言樱花会"暨武汉大学文学院第四届研究生学术论坛"文艺学分会场"发言论文。

① 敏泽：《中国古典意象论》，《文艺研究》1983 年第 3 期，第 56~57 页。

② 叶朗：《中国美学史大纲》，上海人民出版社 1985 年版，第 67 页注释①。

③ 侯敏：《易象论》，北京大学出版社 2006 年版，第 200 页。

④ 刁生虎：《〈易〉之"象"与〈诗〉之"兴"》，《兰州学刊》2006 年第 12 期，第 153~157 页。牛志信：《〈易〉之"象"与〈诗〉之"兴"》，重庆师范大学 2013 年硕士学位论文。

十讲》①均以此说作为辨析《易》之"象"与《诗》之"兴"异同的重要参照；另有陶水平②、王怀义③等学者从学术史切入，分别将钱锺书的观点置于"易象通于比兴"的理论史和中国意象美学史的发展脉络中，进行更为宏观、整全的把握。相较而言，专门研究钱锺书"易象""诗喻"之辨的单篇论文较少④，且论述思路往往受限于单一篇目，内容单薄，虽然近年来亦有精详之作出现⑤，但仍有一些问题尚待解决：除了区分易象和诗喻外，钱锺书还辨析过含蓄与寄托，这两对概念能否彼此对应？既然易象不同于诗喻，那么两者之间的相互转换又何以可能、有何限定？"易象变诗喻"与"诗喻变易象"这两种思路在钱锺书眼中是否有高下之分？比喻之"两柄多边"和诗喻之"不离"的关系是什么？上述诸概念间的异同比较、牵连生发体现了钱锺书怎样的论学方式与研究旨趣？凡此种种，前人尚未道明，故有待进一步析论。本文深耕《管锥编》原文，首先阐述钱锺书对易象与诗喻的辨析，其次分析他对含蓄与寄托的区分，继而探讨易象与诗喻的转换条件和比喻之两柄多边的适用范围，最后借由对《管锥编》独树一帜的写作文体的分析，管窥钱锺书的论学方式与学术旨趣。

一、象喻：不即与不离

钱锺书对易象和诗喻的辨析见于《管锥编·周易正义·乾》，他用"《易》之象"和"《诗》之喻"来指称两者。《易》之象本指《周易》的卦爻象与

---

① 周裕锴：《中国古代文学阐释学十讲》，复旦大学出版社 2020 年版，第 142 页。
② 陶水平：《"易象通于比兴"论的理论传统与美学意义》，《江西师范大学学报》(哲学社会科学版) 2021 年第 1 期，第 109~123 页。
③ 王怀义：《"易象"与"诗喻"的分界——试论钱锺书意象美学观的学术史价值》，《广西民族大学学报》2021 年第 2 期，第 110~118 页。
④ 于传勤：《〈易〉之象与〈诗〉之喻——〈管锥编〉札记一则》，《聊城师范学院学报》(哲学社会科学版) 1994 年第 1 期，第 93~94 页。赵利伟：《从"象喻之辨"看钱锺书的中道观》，《内蒙古社会科学》(汉文版) 2003 年第 6 期，第 73~76 页。
⑤ 刘涛：《指示意义之符与体示意义之迹——钱锺书论"〈易〉之象"与"〈诗〉之喻"的差异》，《华中学术》2016 年第 1 期，第 20~27 页。

卦爻辞中构拟的意象，后引申为寄寓哲思、表现玄理的象征；《诗》之喻原本特指《诗经》中的比兴手法，后拓展为一切诗歌中的比喻。钱锺书认为，易象"大似维果所谓以想象体示概念"，"与诗歌之托物寓旨，理有相通"①，并引陈骙、章学诚之语佐证两者的相通之处，但又旋即指出，"二者貌同而心异，不可不辨也"②。所谓"貌同"，是说易象和诗喻均以形象关联着意义，从意象美学的视角看，"其内部结构均由意与象组合而成"③，故可统称为"意象"，也可合称为"象喻"。但"心异"却并非如论者所说，"易象之意为义理，诗喻之意为情感"④。一方面，这和陈骙"《易》之有象，以尽其意；《诗》之有比，以达其情"⑤的说法一致，而这恰是钱锺书所要扬弃的；另一方面，诗喻之"意"未必是"情感"，如钱锺书论述"比喻有两柄而复具多边"⑥时，曾引用庾信、王禹偁、周密等人用月亮来比喻镜子、茶团、香饼的诗词，其中，月为"象"，镜子、茶团、香饼为"意"，但并不是"情"。因此，诗喻之"意"并不局限于情感，它也可以包括物象、事件等内容，所以不宜用"情景结构"⑦来指称诗喻。其实，在钱锺书看来，易象和诗喻的真正差异，不在于"意"或"象"的具体内容，而在于"意"和"象"之关系的松紧程度，此即"不即者"和"不离者"的区分：

　　　　故《易》之拟象不即，指示意义之符(sign)也；《诗》之比喻不离，体示意义之迹(icon)也。不即者可以取代，不离者勿容更张。⑧

---

　　①　钱锺书：《管锥编》，生活·读书·新知三联书店 2007 年版，第 19 页。
　　②　钱锺书：《管锥编》，第 20 页。
　　③　王怀义：《"易象"与"诗喻"的分界——试论钱锺书意象美学观的学术史价值》，第 111 页。
　　④　王怀义：《"易象"与"诗喻"的分界——试论钱锺书意象美学观的学术史价值》，第 111 页。
　　⑤　钱锺书：《管锥编》，第 19 页。
　　⑥　钱锺书：《管锥编》，第 67 页。
　　⑦　王怀义：《"易象"与"诗喻"的分界——试论钱锺书意象美学观的学术史价值》，第 111 页。
　　⑧　钱锺书：《管锥编》，第 20~21 页。

是故《易》之象，义理寄宿之蘧庐也，乐饵以止过客之旅亭也；《诗》之喻，文情归宿之菟裘也，哭斯歌斯、聚骨肉之家室也。①

易象的作用在于传达道理，所谓"理赜义玄，说理陈义者取譬于近，假象于实，以为研几探微之津逮，释氏所谓权宜方便也"②。究其本质，易象只是通往真理的一条道路，而并非真理本身，"所以喻道，而非道也"③。"求道之能喻而理之能明，初不拘泥于某象，变其象也可"④，既然易象只是手段，那么为了更好地认识真理，便可以使用不同的形象。"及道之既喻而理之既明，亦不恋着于象，舍象也可。到岸舍筏、见月忽指、获鱼兔而弃筌蹄，胥得意忘言之谓也。"⑤既然真理才是目的，那么在达成目的后便不应执着于象甚至弃象而去，否则便会有"以词害意，以权为实，假喻也而认作真质"⑥的风险。即使是《庄子》或伯格森著作中层出不穷、应接不暇的比喻，虽然和诗歌中"四面围攻，八音交响，群轻折轴，累土为山，积渐而高，力久而入（cumulative，convergent）"的博喻在形貌上有相似处，但其实质上却是"乍此倏彼、斗起歘絶、后先消长代兴者（dispersive，diversionary）"，目的不在于修辞本身，而在于"防读者之囿于一喻而生执着也""妙悟胜义不至为一喻一象之所专攘而僭夺"⑦。换言之，易象的"象"和"意"之间、手段和目的之间是分离的、异质的、有主从关系的，"意"为主而"象"为次。

与之相反，诗喻的意象结构呈现出"不离"的特质。"诗也者，有象之言，依象以成言；舍象忘言，是无诗矣，变象易言，是别为一诗甚且非诗

① 钱锺书：《管锥编》，第23页。
② 钱锺书：《管锥编》，第20页。
③ 钱锺书：《管锥编》，第20页。
④ 钱锺书：《管锥编》，第20页。
⑤ 钱锺书：《管锥编》，第20页。
⑥ 钱锺书：《管锥编》，第21页。
⑦ 钱锺书：《管锥编》，第23、22页。

矣。"①"象"乃构成诗喻的核心要素，既是手段也是目的，它和所要表达之"意"是紧密结合的、同构的、平等的，不可弃也不可变。钱锺书举例称："取《车攻》之'马鸣萧萧'，《无羊》之'牛耳湿湿'，易之曰'鸡鸣喔喔'，'象耳扇扇'，则牵一发而动全身，着一子而改全局，通篇情景必随以变换，将别开面目，另成章什。"②取象不同，诗意便不相同。若沿袭得意忘象的思路来理解诗喻，也就取消了诗喻的形制本身，落得"无诗"的境地。若照搬以喻破执的思路来理解博喻，那么博喻繁复绵密的韵致也会被"抵销"或"破除"。而有时对"意"的过分执着，还会歪曲诗义，进而消解文学："以《诗》之喻视同《易》之象，等不离者于不即，于是持'诗无通诂'之论，作'求女思贤'之笺；忘言觅词外之意，超象揣形上之旨；丧所怀来，而亦无所得返。"③如此一来，不仅"象"被抛弃，所得之"意"也并非诗之本义。更有甚者，扭曲作者之"意"，"以深文周内为深识底蕴，索隐附会，穿凿罗织；匡鼎之说诗，几乎同管辂之射覆，绛帐之授经，甚且成乌台之勘案"④，非但诗喻荡然无存，诗人亦身陷囹圄。这种对诗歌阐释中哲学化、政教化、历史化倾向的警惕，又可见于钱锺书对含蓄和寄托的辨析。

二、阐释：寄托与含蓄

在《管锥编·毛诗正义·狡童》中，钱锺书批评儒生动辄以君臣之事解说《诗经》中的男女之爱，进而提出了"含蓄非寄托"的命题：

> 夫"言外之意"（extralocution），说诗之常，然有含蓄与寄托之辨。诗中言之而未尽，欲吐复吞，有待引申，俾能圆足，所谓"含不尽之意，见于言外"，此一事也。诗中所未尝言，别取事物，凑泊以合，

---

① 钱锺书：《管锥编》，第20页。
② 钱锺书：《管锥编》，第21页。
③ 钱锺书：《管锥编》，第24页。
④ 钱锺书：《管锥编》，第24页。

所谓"言在于此，意在于彼"，又一事也。前者顺诗利导，亦即蕴于言中，后者辅诗齐行，必须求之文外。含蓄比于形之与神，寄托则类形之与影。①

如同易象与诗喻的关系，含蓄与寄托之间也"貌同而心异"。无论是含蓄还是寄托，读者都能从中阐释出"言外之意"，但含蓄是意蕴于言，寄托则是意附于言，前者之意能从诗歌内部玩味索解求得，后者之意却必须求诸文外。含蓄中言与意的关系就像形与神一样融为一体，寄托中言与意的关系则如形与影之间依附而行，形无神会失去精华神采，形无影却不妨碍自成光华。以《狡童》为例，此诗含蓄处在于写出了情人间日久生厌的心理，而用寄托的眼光看，则隐喻郑昭公时祭仲擅政排挤贤人的史事，前者能从字里行间推究得出，后者却只能依凭"经师指授"②。相较而言，钱锺书青睐含蓄胜过寄托：

> 诗必取足于己，空诸依傍而词意相宣，庶几斐然成章；苟参之作者自陈，考之他人载笔，尚确有本事而寓微旨，则匹似名锦添花，宝器盛食，弥增佳致而滋美味。芜词庸响，语意不贯，而借口寄托遥深、关系重大，名之诗史，尊以诗教，毋乃类国家不克自立而依借外力以存济者乎？③

诗歌文本具有自足性，无需知人论世，自可斐然成章。若能有确切的本事原委，裨益诗意的解读，也仅限于锦上添花，而非取而代之。倘若诗歌本身质量不佳，却借口诗史诗教之名阐发微言大义，则好比弱国在强国的援助下苟且生存，究其根本，就在于混淆了谈艺、考史与说教：

---

① 钱锺书：《管锥编》，第 186 页。
② 钱锺书：《管锥编》，第 187 页。
③ 钱锺书：《管锥编》，第 187 页。

尽舍诗中所言而别求诗外之物，不屑眉睫之间而上穷碧落、下及黄泉，以冀弋获，此可以考史，可以说教，然而非谈艺之当务也。其在考史、说教，则如由指而见月也，方且笑谈艺之拘执本文，如指测以为尽海也，而不自知类西谚嘲犬之逐影而亡骨也。①

在钱锺书看来，略过诗歌自身而追求言外之意，是历史考据和伦理说教的任务，但对于谈文论艺却不音舍近求远、舍本逐末。无独有偶，在《管锥编·毛诗正义》的其他部分，钱锺书还曾批评毛《传》郑《笺》"昧于'兴'旨"②，错把触物起情之"兴"理解为托物言志之"比"，强加解读，并在别处广引朱熹、万时华、项安世等人语，认同把《诗》当作"诗"而非"经"来读的"宋、明以来旧主张"，称赞它们"足破迂儒解经窠臼"③。类似的观念还可溯源至钱锺书的早期著作。在《宋诗选注》的序言中，他区分了文学创作和历史考订两种不同的真实，认为"不能机械地把考据来测验文学作品的真实……历史考据只扣住表面的迹象，这正是它的克己的美德，要不然它就丧失了谨严，算不得考据，或者变成不安本分、遇事生风的考据，所谓穿凿附会"④。虽然严格来讲，历史考订是一种阐释方法，与文学创作并不在同一逻辑层面⑤，但此段表述中透露出的区分"谈艺"与"考史"、把文学当文学的立场却清晰可见。在《谈艺录》中，钱锺书还区分了"理趣"和"寓托"（Allegory），认为沈德潜所说的"理趣"，应该是黑格尔意义上的、内容与形式相统一的"实理（Idee）"，而非《毛诗序》中的比兴美刺、斯多葛学派的寓言寄托和玄言诗派的借喻说理："若夫理趣，则理寓物中，物包理内，物秉理成，理因物显。赋物以明理，非取譬于近（Com-

① 钱锺书：《管锥编》，第 187 页。
② 钱锺书：《管锥编》，第 113 页。
③ 钱锺书：《管锥编》，第 137 页。
④ 钱锺书：《宋诗选注·序》，生活·读书·新知三联书店 2002 年版，第 3～4 页。
⑤ 周裕锴：《中国古代阐释学研究》，复旦大学出版社 2019 年版，第 378 页。

parison），乃举例以概（Illustration）也。或则目击道存，惟我有心，物如能印，内外胥融，心物两契；举物即写心，非罕譬而喻，乃妙合而凝（Embodiment）也。"①此处用"胥融""两契""妙合"来形容"理趣"，和《管锥编》中用形神关系来描述"含蓄"的做法异曲同工，而"寓托"的含义为"言在于此，意在于彼"②，其实是"寄托"的另一种表述。钱锺书改换名称大书特书，均旨在强调"谈艺"并非"说教"。

无论是易象、诗喻还是含蓄、寄托，都有文本密码需要破译。大略而言，含蓄接近诗喻，意和言、意和象之间浑然一体，不容分离；寄托类似易象，言或象仅为记史、载道、说理之工具，可分、可变亦可弃。然而，含蓄和寄托毕竟都属于诗的领域，而易象则属于哲学和宗教的领域，并且含蓄中的言外之意未必只能通过比喻来传达，如"鸡声茅店月，人迹板桥霜"诗境自足，毋庸譬喻。由此可见，不仅两对概念内部不容混淆，两组概念亦不能等同。但不论它们在细枝末节处有何种差别，其立论旨归却一以贯之，即都强调把诗当诗来读，摈弃哲学、历史、政治对文学的过度侵占，捍卫诗歌本身的自律价值，偏袒诗喻、含蓄胜过易象、寄托。这种偏袒，又体现在钱锺书对"易象变诗喻"和"诗喻变易象"的不同态度中。

三、致用：寻章摘句与两柄多边

前文提到，易象和诗喻之间貌同心异，如果误把诗喻当成易象，不仅有牵强附会、强制阐释的弊端，还可能酿成诸如乌台诗案的文字狱。但如果调转方向，把易象视作诗喻，便可品读出审美意蕴，进而启示诗文创作：

　　倘视《易》之象如《诗》之喻，未尝不可掘我春华，拾其芳草。刘勰

---

① 钱锺书：《谈艺录》，生活·读书·新知三联书店2001年版，第663页。
② 钱锺书：《谈艺录》，第661页。

称"易统其首"，韩愈赞"易奇而法"，虽勃窣理窟，而恢张文囿，失之东隅，收之桑榆，未为亏也。……哲人得意而欲忘之言、得言而欲忘之象，适供词人之寻章摘句、含英咀华，正若此矣。①

　　钱锺书认为，虽然这样做会忽视易象所寄寓的精微哲理，但毕竟发掘了洋溢其中的文学价值，"未为亏也"，从而不同于把诗喻当成易象的"丧所怀来，而亦无所得返"②的双输局面。在《管锥编·焦氏易林·焦延寿易林》中，钱锺书更集中论述了把易象视作诗喻的合理性。他首先梳理了《易林》的接受史，指出从明中叶开始，《易林》的文学价值被杨慎、王世贞等人发掘，并得到了钟惺、谭元春的大力称扬，昔日占候之书"亦成词章家观摩胎息之编"，"几与《三百篇》并为四言诗矩矱焉"③。他批评冯班、章学诚辩体太严，"只求正名，浑忘责实"④，认为《易林》作为有韵之言亦可为诗，并举《易林》中大量文句与曹植等人的诗词对照，指出卜辞中"异想佳喻，俯拾即是"⑤，并用"瓶器异而水相同，灯烛殊而光为一"⑥的比喻重申易象和诗喻在功用上的相似性。为了更好地论证此点，钱锺书还追溯历史，指出"卜筮之道不行，《易林》失其要用，转藉文词之末节，得以不废"⑦，就好像古代的建筑、器物、碑帖，其原初的实用价值均随时间的流逝而消退，转而在审美的领域大放光彩。因此，执着于"正名"的冯班、阮元等人"皆未省'诗'与'文'均可由指称体制之名进而为形容性能之名"⑧。总之，钱锺书抓住"用"这一关键词，让《易》之象平滑地过渡为《诗》之喻。

　　其实，平心而论，从用的角度看，把诗喻读作易象未尝不可，如罗大

---

①　钱锺书：《管锥编》，第 23~24 页。
②　钱锺书：《管锥编》，第 24 页。
③　钱锺书：《管锥编》，第 812~813 页。
④　钱锺书：《管锥编》，第 814 页。
⑤　钱锺书：《管锥编》，第 815 页。
⑥　钱锺书：《管锥编》，第 816 页。
⑦　钱锺书：《管锥编》，第 817 页。
⑧　钱锺书：《管锥编》，第 817 页。

经所云：

> 大抵古人好诗，在人如何看，在人把做甚么用。如"水流心不竞，
> 云在意俱迟"，"野色更无山隔断，天光直与水相通"，"乐意相关禽对
> 语，生香不断树交花"等句，只把做景物看亦可，把做道理看，其中
> 亦尽有可玩索处。①

就逻辑而言，诗喻和易象之间的转化应该是平等的、可逆的，但如前所述，钱锺书却只支持将易象用作诗喻，反对把诗喻解为易象。虽然他在第三次增订时也补充了少许"诗篇可当卜词用"的例子，但在体量上却与他对"占卜之词不害为诗"的辩护形成鲜明对比，② 双重标准的背后，流露出他对文学的偏爱。

如果说之前钱锺书是从"体"的立场把诗喻还原成诗，彰显诗的审美自律性，那么此时便是从"用"的角度把易象通变为诗，揭露诗的巨大潜质。而其之所以具备如此潜力，很大程度上仰赖于比喻在使用中显露出的神奇特性，即《管锥编·周易正义·归妹》提出的比喻之"两柄"和"多边"。"两柄"指同一比喻中在不同的语境中会显示相反的情感意向，"或以褒，或以贬，或示喜，或示恶，词气迥异"③。钱锺书以佛典中常出现的"水中映月"为例，指出"喻至道于水月，乃叹其玄妙，喻浮世于水月，则斥其虚妄，誉与毁区以别焉"；而在词章戏曲中，水中之月既可形容"超妙而不可即"，"为心服之赞词"，亦可表示"撩逗而不可即"，"为心痒之恨词"。④ 又如秤，通常喻指"无成见私心，处事遇人，各如其分，公平允当，褒夸之词也"，但也可取"视物为低昂"之特质而"言心之失正、人之趋炎，为诮

---

① 罗大经撰，王瑞来点校：《鹤林玉露》，中华书局1983年版，第149页。
② 钱锺书：《管锥编》，第816页。
③ 钱锺书：《管锥编》，第65页。
④ 钱锺书：《管锥编》，第65~66页。

让之喻矣"。① 比喻之两柄还与地域有关，如同样形容容貌"让钟表停止"，在意大利意为夸人美，在英国却用来骂人丑。除了"两柄"，比喻还有"多边"：

> 盖事物一而已，然非止一性一能，遂不限于一功一效。取譬者用心或别，着眼因殊，指（denotatum）同而旨（significatum）则异；故一事物之象可以孑立应多，守常处变。②

"多边"即"引喻取分"，指同一事物具有多种功能、特质，取象不同，比喻也就不同。以月为例，"圆"和"明"是它最主要的两条"边"，即两大特征。人们常用月亮来比喻镜子，则镜子兼有月形之圆和月光之明，而用月亮比喻团茶、香饼时，则仅取圆这一相似点。又如前文提到的"水月"之喻，钱锺书总结了四条"边"，分别为可望不可即的境地、体一分殊的哲理、妇女的贞洁和妓女的滥情。③ 比喻之两柄和多边分别着眼于不同维度，还可以相互组合，形成"同柄同边""同柄异边""异柄同边""异柄异边"的复杂情形，如上述"水月"之喻的四边中，前三边均为褒义，最后一边为贬义，则前三边互为"同柄异边"，最后一边与前三边"同边而异柄矣"④。若与前述"不即""不离"之辨结合来看，"不离"从微观层面强调了某一特定诗喻的内在结构的紧密性，树立了"体"的自律性，而"比喻之两柄多边"则立足于宏观层面，揭示出比喻作为一种修辞手法所能组合生发出的无穷变化，彰显了"用"的多样性。诗喻只是比喻的一种形态，所以辨"体"严格，与哲学、政教、历史泾渭分明。比喻并非文学之专利，故可"用"之不竭，打通文史哲之间的畛域。一为知止，一为打通，恰如硬币之两面，构成了钱锺书辩证圆融、执中不偏的治学风格。

---

① 钱锺书：《管锥编》，第 66 页。
② 钱锺书：《管锥编》，第 67 页。
③ 钱锺书：《管锥编》，第 68 页。
④ 钱锺书：《管锥编》，第 68 页。

四、旨趣：打通与辨异

不同于框架清晰、条理分明的体系性著作，《管锥编》延续清儒传统采用札记体的形式，按时间而非逻辑顺序汇编了十部中国古籍中数千条彼此并列的、片段式的读书笔记，一条之中往往先抄录原书中的某一表述，继而旁征博引古今中外之材料，发以个人之议论，或补充，或考异，或辩驳，或阐发。例如本文提到的"易象""诗喻"之辨，本为解释孔颖达"实象""假象"之说而发；"寄托""含蓄"之分，起初也只是为了反驳尤侗、毛奇龄所津津乐道的高攀龙的观点；比喻之"两柄""多边"的论述，附着于对《归妹》和《履》卦中"跛能履"一语的比较之下。然而，这一古典形态中却蕴含着钱锺书"自成一家风骨"①的学术创造。从动机上看，札记体所代表着的片段思想旨在破除对理论体系的迷信，《读〈拉奥孔〉》论之甚明。② 从贡献上看，钱锺书扬弃了理论体系的封闭性和片段思想的碎乱性，"寓理论阐述于实际问题的考辨之中"③，从而兼有了理论的深刻性与材料的具体性。书中层出不穷的"参看""参观""合观""连类""捉置一处""比勘""参印""相互发明""相说以解""移笺""移喻"④等词，将原本分离的诸条笔记连缀成彼此关联、交互映发的思想网络，实现了不同时代、不同地域、不同学科之间的"打通"。⑤ 钱锺书在诸多场合中均表达过"打通"的治学旨趣："弟因自思，弟之方法并非'比较文学'，in the usual sense of the term

① 张隆溪语，见张隆溪：《自成一家风骨——谈钱锺书著作的特点兼论系统与片断思想的价值》，《读书》1992 年第 10 期，第 89～96 页。

② 钱锺书：《七缀集》，生活·读书·新知三联书店 2002 年版，第 33～34 页。

③ 党圣元：《钱锺书的文化通变观与学术方法论》，《中国社会科学》1999 年第 4 期，第 193 页。

④ 李清良：《钱锺书"阐释循环"论辨析》，《文学评论》2007 年第 2 期，第 46～47 页。

⑤ 敏泽：《论钱学的基本精神和历史贡献——纪念钱锺书先生》，《文学评论》1999 年第 3 期，第 54～58 页。党圣元：《钱锺书的文化通变观与学术方法论》，第 193～195 页。

而是求'打通'……而拈出新意。"①"凡所考论,颇采'二西'之书,以供三隅之反。……东海西海,心理攸同;南学北学,道术未裂。"②"宗派判分,体裁别异,甚且言语悬殊,封疆阻绝,而诗眼文心,往往莫逆暗契。"③"我们讲西洋,讲近代,也不知不觉会远及中国,上溯古代。人文科学的各个对象彼此系连,交互映发,不但跨越国界,衔接时代,而且贯串着不同的学科。"④在此方面,钱锺书颇为"自信":曾经有出版社想编选《管锥编》中专论文学的部分,委托敏泽向钱锺书提议,但钱锺书在给敏泽的回信中写道,诸如本文中提到的易象诗喻之辩的段落,都是钱锺书"自信开拓万世之心胸"的章节,"论哲学各节,皆为论文学之基础概念,割断不得也"⑤。至于前文论及的"比喻之两柄多边",亦纵贯古今、横跨中西、打通文哲,揭示出了比喻变化的内在机理,所以钱锺书在给郑朝宗的信中才将其称作"自信发前人之覆者"⑥。

然而,"打通"却并非"混淆",求同仍需辨异,为学贵在知止,否则便会泯灭不同时代、不同文化、不同学科、不同文体之间的差异。既有研究对钱锺书"打通"的一面反复申说,却对"辨异"的一方少有论及,未免重心失调,难逃偏怙之病。本文所引述的"易象""诗喻"之辩、"寄托""含蓄"之辩均表明,钱锺书不仅关注"莫逆暗契"的"诗眼文心",还十分警觉常人习焉不察的"貌同心异"之处。他与张隆溪谈论比较文学时指出,"比较不仅在求其同,也在存其异"⑦。在《谈艺录》的补订部分中,钱锺书更是自觉归纳出了辨析同异的原则:"既貌同而心异,复理一而事分。故必辨察

---

① 此为 1980 年代初钱锺书给郑朝宗的信,见郑朝宗:《〈管锥编〉作者的自白》,《海滨感旧集》,厦门大学出版社 2014 年版,第 80 页。

② 钱锺书:《谈艺录·序》,第 1 页。

③ 钱锺书:《谈艺录》,第 79 页。

④ 钱锺书:《七缀集》,第 129 页。

⑤ 敏泽:《钱锺书先生谈"意象"》,《文学遗产》2000 年第 2 期,第 5 页。

⑥ 郑朝宗:《〈管锥编〉作者的自白》,《海滨感旧集》,第 80 页。

⑦ 张隆溪:《钱锺书谈比较文学与"文学比较"》,《读书》1981 年第 10 期,第 137 页。

而不拘泥，会通而不混淆，庶乎可以考镜群言矣。"①他批评王国维套用叔本华的理论阐释《红楼梦》，认为这样做是"削足适屦""作法自弊"："夫《红楼梦》、佳著也，叔本华哲学、玄谛也；利导则两美可以相得，强合则两贤必至相厄。"②钱锺书还举西方古谚，讽刺强行破除学科界线之人往往弄巧成拙，非但不能兼有两者之长，反而具备两者之短，就好像郎才女貌的夫妻只生出郎貌女才的孩子。他进而发挥道："吾辈穷气尽力，欲使小说、诗歌、戏剧，与哲学、历史、社会学等为一家。参禅贵活，为学知止，要能舍筏登岸，毋如抱梁溺水也。"③结合前文可知，这一秉公执中的立场背后其实有所偏袒，因为钱锺书着重凸显文学与哲学、历史、政治之间的界线，强调不能用"考史""说教"的方式来"谈艺"，但对于易象向诗喻的转换、比喻在哲学中的广泛运用却网开一面。这样的态度，不仅在专门研究文艺的《谈艺录》中如此，在横跨各路学科的《管锥编》中亦是如此。诚如敏泽所说，虽然《管锥编》涉及领域更广、触及论题更丰，但本质上仍是"《谈艺录》研究内容、旨趣和原则的一种延伸，中心或重心仍属谈艺论文"④，并且着重发掘集部之外的经、史、子中的诗眼、文心，扩大了谈文论艺的领域。然而，这种打通并非原始蒙昧的混沌未分，而是在辨明彼此差异后的相互贯通。总之，如果说钱锺书对《易》之象与《诗》之喻、含蓄与寄托的分辨坚守了"混淆不得"的严谨，那么他对易象变诗喻、比喻之两柄多边的阐发又彰显了"割断不得"的气度，真正说清了诗与思之间的同中之异和异中之同。

校订：潘灏　陈景月

① 钱锺书：《谈艺录》，第64页。
② 钱锺书：《谈艺录》，第89页。
③ 钱锺书：《谈艺录》，第89页。
④ 敏泽：《论钱学的基本精神和历史贡献——纪念钱锺书先生》，第53页。

中国古代文学研究

"务头"微探

杨暑桐*

摘　要：周德清最早将"务头"与曲学理论联系在一起，但未说明内涵及外延，这导致后世曲家对"务头"词义的多种猜测，或认为"务头"是北曲名词，或认为"务头"源自于弦拨乐器。大部分学者视"务头"为定格时，李渔提出"别解务头"，不再着眼于其位置的固定性，而是强调与全曲的整体性，"务头"如同"棋眼"，这为曲学演习者提供了一条处理"务头"可知可感的思路。在戏曲创作演出中，舞台实际情况亦不可被忽视，基于戏曲演唱理论和前辈曲家的概念解释，从工尺谱入手，再次探究已有曲牌，从而确定了"务头"是曲调和曲辞，也就是音乐和演出中的双重高潮，在"务头"之上，或是曲律婉转，或是曲辞精妙，或是需要精湛演出技巧，总之，"务头"是戏曲表演的高潮处。

关键词：务头；别解务头；《中原音韵》

绪　　论

现存文献中，最早将"务头"一词与曲学理论联系在一起的是元代周德清（1277—1365）的《中原音韵》。周德清格外重视曲辞的"务头"，《中原音

---

* 杨暑桐，武汉大学文学院 2021 级古代文学专业硕士研究生。本文系武汉大学文学院第三届研究生学术论坛主会场发言论文。

韵·作词十法》中有专门论"务头"的一节,称"要知某调某句某字是务头,可施俊语于其上,后注于定格各调内。"①他在书中罗列了对四十余种曲牌何处是"务头"的分析,标注出"务头"的定格,用以指导曲辞创作。"务头"一词对戏曲曲辞的创作及演唱有着极为重要的指导意义,但周德清并未解释"务头"的意思,这也导致了自元至明清,学者对务头的解释莫衷一是。

绝大多数学者认为"务头"指代的是戏曲演出或曲牌旋律的精彩之处,可究竟因何称"务头",则众说纷纭。任超平和冯建民认为"务头"出自江湖艺人的行话,意为"收钱"②,康保成则认为"务头"出于禅宗用语"悟头"③,葛华飞将目光移向话本,认为"务头"是话本演出"开始"的意思④,而谢建平则从弹拨乐器出发,认为是弦拨乐器旋律节奏疏密变化的"点子",杨荫浏在《中国古代音乐史稿》中,将"务头"解释为"文学上和音乐上的双重高潮的汇合"⑤,这一观点得到了李克和的赞许,他在《中国曲学研究》中认为这是李渔"别解务头"的现代阐释。前辈学者或从曲律出发,或从俗语出发,或者将"务头"与伴奏乐器的旋律联系在一起,对"务头"来源进行了探究。

在前人的研究中,由于学科壁垒,对"务头"源流和词义的考察多停留在历代文本材料的解读之中,本文在梳理历代文献之外,将前人对"务头"的解释与现有戏曲理论进行纵向比较,试图从中得出"务头"对古代戏曲创作的指导意义。

---

① (元)周德清:《中原音韵》,中华书局2013年版,第67页。

② 任超平:《"务头"新释》,《艺术百家》2007年第4期,第51~53页;冯健民《"务头"探赜——破译中国戏曲史上的一个难解之谜》,《东南大学学报(哲学社会科学版)》2014年第6期(总第16期),第96~99、144页。

③ 康保成:《务头"新说》,《文学遗产》2004年第4期,第97~107、160页。

④ 葛华飞:《"务头"的曲学定义及话本渊源考论》,《戏剧(中央戏剧学院学报)》2018年第6期,第95~102页。

⑤ 谢建平:《从"务头"到"唱调"——再论曲律形成发展的两个阶段性特征》,《艺术百家》2006年第5期,第35~41页。

一、宋元之前"务头"词义探源

"务头"在《中原音韵》中，不只出现在"论务头"一节之中，在"六字三韵语"中，周德清对当时新近流行的《折桂令》"两字一韵"的行为进行了批判。文中所诟病为绕口令的"二字一韵"①，是时人彰显才气的一时戏作。周德清认为前人韵脚多用平声，且只在"务头"上使，他认为"务头"是曲辞中较为精细的部分。由此可知，他认为务头与曲中其他地方有"精粗"之别，务头处能够"施俊语于其上"②。

在周德清之前，"务头"二字连起来鲜少出现在曲学文献之中。宋时"务"是可以因地制宜增减的税务机构，头子钱则是在正税之外额外增添的部分。"务"与"头"连用是从"税务""头子钱"中截取出的二字。卖艺艺人经常收到官府地保的盘剥，"税务头子钱"可能就是收钱的借口之一，对这一名词分外敏感的民间艺人，在自己卖艺收钱时借用这一名词收钱也未尝不可。

与《中原音韵》时代相近的文献亦印证了由这一思路解读"务头"的思路和材料。明初刘东生《金童玉女娇红记》中有"（外旦上，云）：……有些钱钞，俺娘便欢欢喜喜地接在家里，一脚的没了钱呵，便寻些务头，则是赶出去了才罢"③一句，这句中的"务头"是"由头"之意。成书于元末明初的《水浒传》51回"插翅虎枷打白秀英　美髯公误失小衙内"有卖艺父女唱至"务头"要求打赏的情节：

---

① 其《折桂令》起句云"博山铜细袅香风"，一句而两韵，名曰"短柱"，极不易作。先生爱其新奇，席上偶谈蜀汉事，因命纸笔，亦赋一曲曰："鸾舆三顾茅庐，汉祚难扶，日暮桑榆。深渡南泸，长驱西蜀，力拒东吴。美乎周瑜妙术，悲夫关羽云殂。天数盈虚，造物乘除。问汝何如，早赋归与。"盖两字一韵，比之一句两韵者为尤难。先生之学问该博，虽一时娱戏，亦过人远矣。

② （元）周德清：《中原音韵》，第65页。

③ （明）刘东生撰：《金童玉女娇红记》，郑振铎主编：《古本戏曲丛刊第五集》卷499，上海古籍出版社1986年版，第49页。

　　那白秀英便道："今日秀英招牌上明写着这场话本，是一段风流
蕴藉的格范，唤作'豫章城双渐赶苏卿'。"说了又唱，唱了又说，合棚
价众人喝彩不绝。那白秀英唱到务头，这白玉乔按喝道："虽无买马
博金艺，要动聪明鉴事人。看官喝彩是过去了，我儿，且下回一回，
下来便是衬交鼓儿的院本。"白秀英拿起盘子，指着道："财门上起，
利地上住，吉地上过，旺地上行，手到面前，休教空过。"白玉乔道：
"我儿且走一遭，看官都待赏你。"①

　　与卖艺表演相关，又用到"务头"，这则材料引起曲家与学者的关注。任超
平和冯建民以此佐证"务头"为收钱之意。葛华飞认为白秀英唱务头获得了
喝彩，说明"务头"是精彩部分，而接下唱一部院本，显然之前只是个引
子。这里的"务头"实际上充当了话头的作用。可见当时"话头""务头"是
意义相同的两个词，能够混用。但撂地卖艺的艺人没有收取固定门票的条
件，若想收钱必定是在故事高潮处戛然而止，观众兴尽而去，乐意为方才
享受到的表演解囊，而若只是院本的铺垫开端部分，怕是不能让观众心甘
情愿的打赏。

　　作于元末的《墨娥小录》中说到"'务头'调侃曰'喝彩'"②，"调侃"一
词，便让以"调侃"解"务头"失去了一些可信度。明初朱权"搜猎群语，辑
为四卷，目之曰《务头集韵》"③，可见当时"务头"一词还在被实际使用，
但遗憾的是《务头集韵》一书已经亡佚，无法以此考证。在《中原音韵》之前
及不久的后世，并未有曲家直接说明"务头"出典。而后讨论"务头"的学
者，去周德清较远，皆不处于"务头"还在被实际运用的语言环境之中，故

---

　　①　(明)施耐庵：《水浒传》，人民文学出版社1975年版，第679页。
　　②　(元)佚名撰：《墨娥小录》，中国人民大学图书馆编：《古籍珍本丛刊》第68
册，北京燕山出版社2012年版，第370页。
　　③　(明)朱权：《太和正音谱》，吴平、回达强主编：《历代戏曲目录丛刊》卷1，
广陵书社2009年版，第165页。

而谈及"务头"，只能是各类猜测这也使得"务头"出自何处，成为未解之谜。

二、明清曲家"务头"之解与"别解务头"

明清之际对"务头"有诸多讨论，务头首先被认为是"部头"的误称。杨慎在《丹铅总录》中提出这一说法，"教坊家有部有色，部有部头，色有色长，元周伯清讹呼部头为务头，可笑也。"①周密的《齐东野语·笙炭》中记载："一时伶官乐师，皆梨园国工也。吹弹舞拍，各有总之者，号为部头。"②"部头"是宋元时代教坊中各部统领演出的职位，按照杨慎的说法，"部头"讹误成"务头"，并用来代表曲调中"可施俊语于其上"的字句，这一观点新颖，却遭到了时人和后人的批驳。王世贞（1526—1590）仅将此当作玩笑之语："杨用修乃谓'务头'是'部头'可发一笑。"③后人学者注意到杨慎的解释，但由于相去时间较远，且杨氏的解释缺乏说服力，学者们通常只是简单概括这一观点，而后提出自己所主张的理论。

"务头"为舞台表演艺术所用词汇，明清学者在对这一名词探源时，也常借鉴表演处理。明人王骥德（约1557—1623）对"务头"颇为重视，在他的《曲律》之中，有专门讨论"务头"的"论务头第九"：

（务头）系是调中最紧要句字，凡曲遇揭起其音而宛转，其调如俗之所谓"做腔"处，每调或一句或二三句，每句或一字或二三字，即是务头。《墨娥小录》载："'务头'调侃曰'喝采'。"又词隐先生尝为余言，吴中有'唱了这高务'语，意可想矣。旧传《黄莺儿》第一七字句是务头，以此类推，余可想见古人凡遇务头，辄施俊语，或古人成语，

---

① （明）杨慎：《丹铅总录》，浙江古籍出版社2013年版，第527页。
② （宋）周密：《齐东野语》，上海古籍出版社2012年版，第177页。
③ （明）王世贞：《曲藻》，中国戏曲研究院编：《中国古典戏曲论著集成》第4卷，中国戏剧出版社2020年版，第28页。

一句其上，否则诋为不分务头，非曲所贵。……今大略令善歌者取人间合律腔好曲，反复歌唱，谛其曲折，以详定其句字，此取务头一法也。①

务头是"调中最紧要句字"，这些地方腔调婉转，应当"做腔"，既精心设计腔调和词句，不仅要注意声腔，还要注重填词，要么"施俊语"，要么用典，这即是王骥德基于自己理解下对"务头"的处理。"务头"是一曲或一句中最重要的，精巧设计的地方，已成为后世曲家的共识。《石榴记》中称："每曲中有上去字，有去上字，断不可移易者。遍查古本，无不吻合。乃发调最妙处，前人每于此加意，取合务头。"②黄振（1724—1773）遍考群书，发现"务头"是旋律"发调最妙处"，这些地方经过精妙设计，填词所用字的字音不能更改，类似的地方即被称作"务头"。

"务头"的重要性被曲家广泛证明，一些学者注意到元代戏曲有南曲北曲之别，从而根据推断，认为"务头"是北曲名词。焦循将"务头"归为"北曲之道"：

声止于三，出止于四，音必分阴阳喉，必用旦末，他如楔子、务头、衬打乡谈俚诨之类，其难百倍于南。

务头者，南北同法，苟遇紧要字句，须揭起其音而宛转其调，如俗所谓"做腔"处，每曲或一句，或二三句，每句或一字，或二三字，即是"务头"，宜施俊语。否则便为不分务头，非曲所贵。见《九宫谱定谛·说曲藻》云："作词之法，一造语，二用事，三用字，四阴阳，五务头，六对偶，七末句，八去上，九定格，《解务头》云；"要知某调某句某字是务头，可施俊语于上，杨用修乃谓'务头'是'部头'，可

---

① （明）王骥德著，陈多、叶长海注释：《曲律注释》，上海古籍出版社2012年版，第128、129页。

② （清）黄振：《石榴记》，王文章等编：《傅惜华藏古典戏曲珍本丛刊》第46卷，学苑出版社2010年版，第55页。

发一笑。"①

焦循认为北曲难于南曲之处包括"务头"，同时"务头"又可推至南曲，是在要紧字句"宛转其调"的"做腔处"，每曲每句都当有"务头"，若不分"务头"，便不是优秀的曲牌，"务头"的重要位置，也使得曲家在作曲时，应注意施俊语于其上。梁廷枏（1796—1861）的《曲话》也同样持这一观点，即"《中原音韵》于北曲之务头胪列甚详而南曲务头绝无道"。考察周德清所列出的四十余支曲牌，均是北曲曲牌，《中原音韵》亦是为北曲者检韵而作，以辽、金以来北方语音变化发展为依据，只用三声，废入声，又把平声分为阴、阳两声，或许可以据此猜测，虽然"务头"一词在明代之后推及南曲，但正如前人学者所说，这最初是一个为北曲服务的名词。

除去认为"务头"源自北曲，也有部分学者认为"务头"的"头"为实词，意味"点子"，"务头"来自弦拨乐器术语，指弦拨乐器节奏音调的疏密变化，"点子"又俗称"弹头"，李斗的《扬州画舫录》中便提到这一说法，"此技有二绝：其一在'做头''断头'——一曲到字出音存时，谓之腔，弦子高下急徐，谓之点子，点子随腔为'做头'；至曲之句读处，如昆吾切玉，为'断头'"②。如果从这一说法来看，"头"是节奏韵律变化中的一部分，有"做头""断头"，或许"务头"便是总理"点子""弹头"的关窍。"做腔"一说，至今昆曲尚在使用，著名昆曲表演艺术家龚隐雷以为"做"在戏曲演唱中所选用的为通常所用之意，为"刻意而为"，"做腔"即为"在声腔上刻意而为之"，故而可以联想，"做头"，应当是刻意做出音律变化。沈宠绥（？—1645）正是这一种观点的支持者，他把务头与以曲律词联系在一起，解"务头"之本义为"惟务指下弹头"。"而当时曲律实赖弦以存也。……若乃古之弦索，则但以曲配弦，绝不以弦和曲。凡种种牌名，皆从未有曲文

① （清）焦循著，韦明铧点校：《焦循论曲三种》，广陵书社2008年版，第128页。

② （清）李斗：《扬州画舫录》，凤凰出版社2013年版，第129页。

之先，预定工尺之谱。……指下弹头既定，然后文人按式填词，歌者准徽度曲，口中声响必仿弦上弹音。每一牌名，制曲不知凡几，而曲文虽有不一，手中弹法，自来无两，即如今之以吴歌配弦索，非不叠换歌章，而千篇一律，总此四句指法概之。"①

沈宠绥认为，应该让曲辞来匹配旋律，而非以弦拨乐器的旋律来符合曲辞，"务头"处为何要"施俊语"，正是因为口中声响要模仿弦上的音律，做到度曲的精准，即将注意力放在"指下弹头"上，做到声、曲辞与音律的和谐，"弹头"是弦拨乐器曲调精妙之处，故而填词要求严格，必须要"倚声填词"来定格，即"惟务指下弹头"，"务头"也因此成为每首曲牌中文辞要求最为严格，最容易成为"俊语"的地方。

沈宠绥的对于"务头"的解释，不仅有对"务头"一词的源流考证，还有对于"务头"处应该如何处理的讨论，可谓不止拘泥于词源的探究，正如王骥德所说的那样，作为"务头"词意起源的事物在明代中后期"盖其时已绝此法"，字义上的考察很难得出结果，故而可以省去对"务头"一词的来历的探究，而将"务头"置于戏曲创作之中，从前人对务头的标注中解读"务头"上所需要的曲律和曲辞设计，得出一系列能够指导戏曲表演和曲辞创作的建设性结论。

"务头"是应在曲律上处理还是曲辞上处理，历代曲家各有其观点。

不同于王骥德、沈宠绥认为"务头"处需要"做腔"的主张，谢章铤（1821—1904）总结了前人看法之后，也并未纠结于"务头"的原意，而在《赌棋山庄词话》提出了"务头乃词中顿歇之处"②的观点，"千里来龙聚于环抱之地，盖于务头上用字嘹亮，则余韵悠扬，不致板煞而有联络贯串之妙，余按此说，尤非务头言声非言辞"③。谢章铤并不像前人一样认为"务头"是针对曲调和曲辞的配合而言，而是认为"务头"是"字头"，他所参考

---

① （明）沈宠绥：《度曲须知》，中国国家图书馆编：《原国立北平图书馆甲库善本丛书》册995，国家图书馆出版社2013年版，第838页。

② （清）谢章铤：《赌棋山庄词话》，厦门大学出版社2013年版，第142页。

③ （清）谢章铤：《赌棋山庄词话》，第142页。

的是沈宠绥的《度曲须知》，据谢章铤的理解，"所谓字端一鲶，锋铓见乎隐，显乎微也，又云善唱则口角轻圆而字头为功不少，不善唱则吐音庞杂，字疣着累偏多此，则务头要嘹亮之说也"①。"务头"也就是"字头"要嘹亮，不会导致节奏板式突然终止，促成了声腔的悠扬连贯。

周德清《中原音韵》以"定格"的方式记录下四十支曲牌的"务头"，故而不少曲家认为"务头"因此是固定在曲律之中的，而李渔别出心裁，提出"别解务头"这一观点，不同于一般曲家认为"务头"在曲中有固定位置，李渔认为"务头"并不存在"定格"。他在《闲情偶记》中讨论道："言某曲中第几句是务头，其间阴阳不可混用，去上上去等字不可混施，若迹此求之，则除却此句之外，其平仄阴阳皆可混用混施而不论矣，又云某句是务头可施俊语于其上，若是则一曲之中止该用一俊语，其余字句皆可潦草涂鸦而不必计，其工拙矣。"②李渔所作比方的是极端例子，如果认为"务头"具有定格，只在"务头"处精心设计，则会导致全篇违和而不协调，故而他提出"别解务头"的思路，不再视"务头"为定格，而是将其视为"棋眼"一样的存在："曲中有务头，犹棋中有眼，有此则活，无此则死。进不可战，退不可守者，无眼之棋，死棋也。看不动情、唱不发调者，无务头之曲，死曲也。一曲有一曲之务头，一句有一句之务头；字不聱牙，音不泛调，一曲中得此一句，即使全曲皆灵，一句中得此一二字，即使全句皆健者，务头也。"③棋眼原意是棋中对手不能下棋的地方，是棋局中最为重要的地方，唯有棋眼才有"活棋"，李渔将"务头"类比"棋眼"，意在表达有"务头"才能"全曲皆灵"，这即让人联想到古诗中常用的另一个概念——"诗眼"。"诗眼"是诗中最精练传神的字、词或句，有开拓主旨，传达感染力等作用，前人对"诗眼"作出许多剖析，认为"诗眼"能够提升诗歌意境、翻出创作新意、增加意趣和点明主题。"诗眼"并不固定，它与诗歌内容紧密相关，捕捉"诗眼"需要对诗歌的全篇内容进行整体把握，并无刻板规律可

① （清）谢章铤：《赌棋山庄词话》，第142页。
② （清）李渔：《闲情偶寄译注》，上海古籍出版社2019年版，第90页。
③ （清）李渔：《闲情偶寄译注》，第90页。

循，故而将"务头"与"诗眼"相比拟，则会发现李渔的"别解务头"确有其是处。"一曲有一曲之务头，一句有一句之务头"①，也就是每一曲、每一句都可能有他们精彩的地方，不该局限于文书之上的刻板规条之中，"务头"是曲调和曲辞的和谐，并不能只注意"平仄""阴阳"这些浮于表面的内容，同时也要注意情感与其他艺术细节的处理，毕竟"看不动情，唱不发调者，无'务头'之曲，死曲也"②。李渔眼将"务头"的范围放大，但凡"字不聱牙，音不泛调"，使得全句、全曲乃至全剧有灵性，就当是为"务头"。"务头"当置于全局全曲中感知处理，与全曲浑然一体、协调统一，故而不必以"定格"的方式使之增加人为和匠气，失了其曲调的本身意境。

三、基于戏曲唱演对"务头"的再讨论

尽管"务头"之意至今未明，可它并非一个自周德清提出之后只作为不知其意而需要训诂解释的名词，"务头"本出自于曲学韵书，与实际演出密不可分，故而从戏曲创作和演唱的角度解释讨论"务头"，不仅有助于对"务头"本意的探究，对当下的戏曲研究、创作和演唱，也有着指导意义。

在去周德清不远的朱有燉《天香圃牡丹品》中即有："末云：你这唱的，也有失了拍处，又发的务头不甚好。你听我说咱。末唱：【金盏儿】（唱的）仙吕要起音疾，赚煞要尾声迟。（你将那）务头儿扑得多标致。"③【金盏儿】是北曲仙吕调中的曲牌，周德清《中原音韵》中称某一【金盏儿】中"上声以转其音，务头在其上也"。将"转音处"视作"务头"，可见"务头"与音调婉转密不可分，但与此同时，"务头"又不能够只局限于曲调中讨论，周德清谈及【寄生草】，称"陶潜是务头也"，若换做"渊明"，则失去了字声的阴阳和谐，"务头"与曲调及字音均有紧密联系，从中可以见之。

---

① （清）李渔：《闲情偶寄译注》，第 90 页。

② （清）李渔：《闲情偶寄译注》，第 90 页。

③ （明）朱有燉：《朱有燉集》，齐鲁书社 2014 年版，第 169 页。

"务头"不止是一个属于北曲或杂剧的历史名词，魏良辅改良昆山腔，传奇多用昆腔演唱之后，传奇戏曲中，仍可见"务头"用于戏曲演唱的场景。《桃花扇·传歌》中，孔尚任设计了苏昆生教李香君唱《牡丹亭》【皂罗袍】一曲的情节，戏文中讲到"雨丝风片"一句，苏昆生称："丝字是务头，要在嗓子内唱。"①由此可见，"务头"直至清初，在流行戏曲种类变化之后，仍被用于戏曲演唱教学中。

戏曲文本有其独特的可演出的性质，这即为研究者们提供了新的思路，民国以来，基于发展完备的"水磨调"昆腔曲牌版式，戏曲学家们对"务头"上用字和曲律，进行了结合舞台实际的讨论。

吴梅从字音处出发，认为"务头者，曲中平上去三音联串之处也。如七字句，则第三、第四、第五之三字，不可用同一之音。大抵阳去与阴上相连，阴上与阳平相连，或阴去与阳上相连，阳上与阴平相连亦可每一曲中，必须有三音相连之一二语，或二音(或去上，或去平，或上平，看牌名以定之)相连之一二语，此即为务头处"②。昆曲讲求四声，且四声均分阴阳，吴梅有着丰富的拍曲和演唱经验，对"务头"的分析，自可作参考，而求诸昆曲艺人，杜颖陶给出了更为具体的一套昆曲处理"务头"的方法："气字滑带断，轻重急徐连。起收顿抗垫，情卖接揿扳。"③这套"昆曲务头廿诀"较为全面，对"务头"之上的字音、行腔都有涉及，但作者同时也提醒了读者，"廿诀之中，泰半必须口传心授……故此篇殊草草"④，由此可见，对"务头"的讨论，仍需借助戏曲演出本身。

《中原音韵》中，记录了【醉太平】一曲的务头，对比现存曲谱，则可以

① (清)孔尚任：《桃花扇》，人民文学出版社 1959 年版，第 18 页。
② 吴梅：《杂俎：顾曲尘谈卷二》，《小说月报》1915 年第 5 卷第 12 期，第 14 页。
③ 曹心泉、杜颖陶：《昆曲务头廿诀释》，《剧学月刊》1933 年第 2 卷第 1 期，第 37 页。
④ 曹心泉、杜颖陶：《昆曲务头廿诀释》，第 39 页。

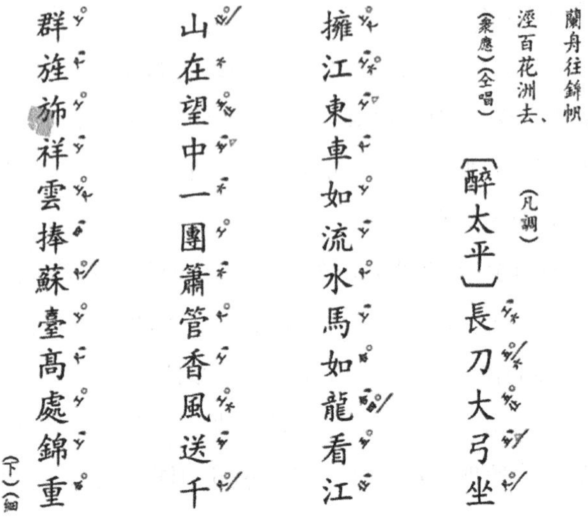

图 1 【醉太平】工尺谱①

得出以下结论：周德清认为【醉太平】五六七句为"务头"，根据曲谱（图一）来看，这三句也确实较之前数句婉转。昆曲工尺谱是一种传统的记谱方式，以上、尺、工、凡、六、五、乙等字样作为唱名，用以代表音调的高低，对应关系为，工—D，凡—A，上—降E，六—降B，尺—F，四—C，五—G，根据国际通用调名的音高顺序排列，应当是四工上尺五凡六。阅读曲谱可以得知，【醉太平】的"务头"为"一团箫管香风送，千群旌旆祥云捧，苏台高处锦重重"，这三句中，每一字对应的音符音阶相差都较大，例如"一团箫管香风送"一句是六工尺工工六五尺，六工之间差四个音程，六尺之间则是两个半个，这些音调差构成了旋律的变化，不像其他几句有两字音调相同，而是字与字间都有起伏。【醉太平】的声调婉转，能够证明"务头"上行腔婉转起伏。

----

① 《浣纱记》曲谱，王文章主编：《傅惜华藏古典戏曲曲谱身段谱丛刊》第6册，学苑出版社2013年版，第201页。

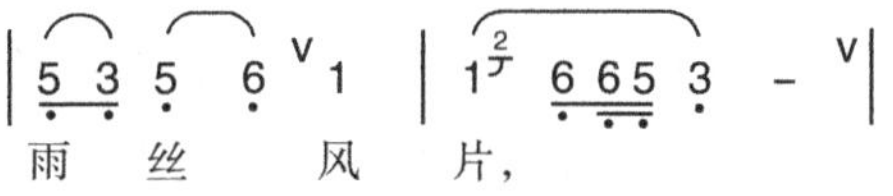

图2 【皂罗袍】简谱①

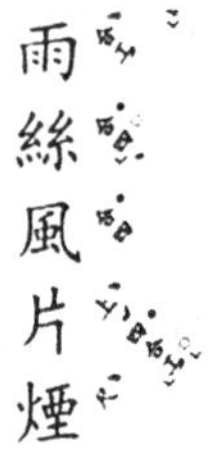

图3 【皂罗袍】工尺谱②

而《桃花扇》中，尽管苏昆生强调【皂罗袍】"雨丝风片"中"丝"是"务头"，但只从旋律上看，无论是简谱（图一）还是工尺谱（图二），"丝"字都不是曲律中最婉转之处，也不是旋律最复杂之处，"丝"字何以为"务头"，被强调"要在嗓子内唱"，这即需要从其他角度来探究。

首先需明确的是何为"在嗓子内唱"，这里的"在嗓子内唱"应和现有观点不一样，现有观点中，"在嗓子内唱"指的是用丹田发声，戏曲演唱均需运用丹田，很明显，此处的"嗓子内"并不是这一含义，其次要考虑的便是发声位置，戏曲演员讲究"五音四呼"③，若要唱好念好，需注意这些要领。按照演唱习惯来说，"丝"字是齐齿呼的阴平字，归"支时韵"，"丝"字的字头为"丝"，字腹字尾是"咿"。"丝"，在《中原音韵》中即音"斯"，是"齐齿呼"。《中州音韵》中，"丝"为"僧兹切"，《洪武正韵》中为"相咨切"，这二者的下切发声开口都较小，根据戏曲演唱习惯来说，是俗称的"闭口音"④，较于"开口音"，演唱中的"闭口音"要点在于稳定喉头，注意

---

① 上海昆剧团：《振飞曲谱》，上海音乐出版社2002年版，第119页。

② 《牡丹亭》曲谱，王文章主编：《傅惜华藏古典戏曲曲谱身段谱丛刊》第8册，学苑出版社2013年版，第209页。

③ 五音即唇、齿、舌、牙、喉五个发音部位，四呼指开口呼、齐齿呼、合口呼、撮口呼四种发音口型。

④ 戏曲演唱中闭口音并不指口腔完全紧闭，而是发声时嘴唇打开角度较小的音律，如"噫""呀"等。

分寸，切不能在口腔中过分用力，而"丝"音与"咿"音中间过渡又缺少界限，如果字尾为"开口音"，则容易唱得婉转，"闭口音"天然增加了这一难度，首先要唱稳"字头"，口型不能张大变形，此外还要"在嗓子内唱"，强调的是将这一字唱得饱满而持久悠扬，确实是件难事。苏昆生视"丝"字为"务头"，便是从演唱字音，这一只出现在实际舞台中的条件分析曲牌的"务头"，此处呈现"务头"的并非曲学家，而是戏曲演唱者，即"务头"有着曲律和用字、案头和实际的双重意义。由此可见，"务头"处不光需要在意曲律的婉转，还要兼顾演唱时的艺术高潮，它是音乐和文辞的双重高潮，是戏曲创作与演唱中的关窍，注意对"务头"的阐释，对戏曲演唱和研究有重要意义。

"务头"一词，至今虽已不再运用在戏曲演唱和创作之中，但以"头"字为词尾的术语，却仍旧出现在戏曲舞台之上，如行话中用以代表经纪人的"穴头"，指角色的"活头"，毯功技巧中的"翻头""案头"，以及锣鼓伴奏中大量出现的"某头"，声腔和伴奏中的"某头"，提供了新的管窥途径："字头"是演唱中字的声母，"哭头"是人物悲痛哭泣时的专用声腔，不能独立使用，只能附加在其他板式之上，故而叫"哭头"，"叫头"是唱腔的开端的叫板，同样是附在唱腔之上，武场（打击乐）中的"某头"更为丰富，大锣、小锣、板鼓和铙钹四种打击乐器一起敲击，则称之为"四击头"，另外还有大锣和铙钹交叉打击的"冲头"，以及"垛头""抽头"和"长丝头"等。由此可见，以"头"为结尾的戏曲术语，"务头"绝非个例，而声腔中"某头"尤多，从声腔之上对"务头"进行阐释和理解由此有理可循。

结　语

"务头"第一次与曲学联系在一起，是在周德清的《中原音韵》，考察前代文献中对"务头"的运用，竟无一条与曲学有关，"务头"出自何处、本意未何，何以用于曲学之上，竟无人能够说清其来龙去脉，在"务头"用于曲学之前，"务头"多零星地出现在文献记载之中，可解释为"借口"，也有调侃为"喝彩"，认为从"税务头子钱"省略而转化为"收钱"的记录，但皆很难找到与曲律的联系。

这也引起了后世千余年来曲家对"务头"的争论，曲家们或从曲律出发，或从俗语出发，对"务头"的词源和词义均进行了探讨。部分学者认为"务头"是北曲名词，也有学者认为"务头"源自于弦拨乐器的"惟务指下弹头"，在大部分学者视"务头"为定格时，李渔另辟蹊径，提出"别解务头"，他将"务头"视为"棋眼"，不再着眼于其位置的固定性，而是强调与全曲的整体性，并且为曲学演习者提供了一条处理"务头"的可知可感的思路。无需执着于基于"务头"上对曲律进行"定格"罗列的规范，而应该捕捉创作和演出实际中曲律的重点之处，以不解而解之，不破坏曲牌曲律的整体性。

基于前辈曲家的阐释和戏曲唱演的实际理解，"务头"可被视作戏曲演唱中的"关窍"，本文结合工尺谱对强调了"务头"的曲牌进行了再探索，从而确定了"务头"是曲调和曲辞，也就是音乐和演出中的双重高潮，在"务头"之上，或是曲律婉转，或是曲辞精妙，或是需要精湛演出技巧，总之，"务头"是戏曲表演的高潮处。

校订：林笑吟　潘灏

论传统语境中谐讔与小说的渊源及互动关系

刘雨欣*

摘　要：刘勰在《文心雕龙·谐讔》中将谐讔与小说相类比，体现出当时的文体观中二者文类上的相似性。细究二者的关系，能发现其语词均出于《庄子》，在早期观念中，它们的共同功能就是展示不被正统所接纳的那些知识与观念。在语言修辞、社会地位、社会功能上，谐讔与小说都十分相似，有学者更推测小说是汉代滑稽派的旁支。而在后世的发展中，谐讔的面貌与地位没有太大改变，小说却一跃成为举足轻重的文学类别，但谐讔始终是小说的重要组成部分。近代小说的地位更是被高扬到与国家救亡相关，二者深度与广度上的差距决定了其命运的不同。

关键词：谐讔；小说；相似性；互动

刘勰的巨著《文心雕龙》体大虑周，遍论众体，而独不及小说，与小说一体在魏晋的繁兴正自相悖。但对于俗文学，刘勰特立《谐讔》一篇加以评述，耐人寻味的是，此篇不直论小说，却包含了许多与小说相关的线索。"谐讔"这一文类多记人物言谈轶事，追求新奇可喜的叙事效果，与小说在形态上颇为近似。《谐讔》篇中所提及的两部书，一部是魏文帝著的《笑

---

　　* 刘雨欣，武汉大学文学院2021级古代文学专业硕士研究生。本文系武汉大学文学院第三届研究生学术论坛"古代文学与古代文论"分会场发言论文。

书》，有人认为即是《笑林》，一部是"张华之形，比乎握春杵"①的出处《世说新语》，都被后世看作小说。刘勰又借小说以评价谐讔："然文辞之有谐讔，譬九流之有小说，盖稗官所采，以广视听。"②此处的"小说"虽然是指小说家，而非后世作为叙事文学体裁的小说，但是就小说家条目下所涵盖的文类而言，刘勰此语指出了它们与谐讔皆处于末流的相似地位，以及"以广视听"的相似功用。在传统语境中，小说的概念经历了一个漫长的形成过程，小说的部分形态却在较早的文学中就已经出现，如果将它们统称之为小说，那么《谐讔》篇的线索表明，在早期，谐讔与小说或许就存在着一定的渊源关系，发展轨迹也似乎存在着重叠。二者的关联可以追溯至何处？在文学史上又有着怎样的互动？推求二者的源流，对比其同异，观察其在发展过程中如何相互影响，相信能对此问题作出回答。

一、谐讔与小说起源上的密切关系

细考先秦著作，谐讔与小说有着语源上的一致性，这两个语词均出于《庄子》。《庄子·外物》中有："饰小说以干县令，其于大达亦远矣。"③是传世文献中"小说"这一词最早的出处，鲁迅《中国小说史略》对其的解读是："然案其实际，乃谓琐屑之言，非道术所在，与后来所谓小说者固不同。"④

而《庄子·逍遥游》中有："齐谐者，志怪者也。《谐》之言曰：'鹏之徙于南冥也，水击三千里，抟扶摇而上者九万里，去以六月息者也。'"⑤在这段话中，"谐"作为文类出现，与后世的谐讔概念开始接近。

---

① （南朝梁）刘勰注，詹锳义证：《文心雕龙义证》（上册），上海古籍出版社1989年版，第536页。

② （南朝梁）刘勰注，詹锳义证：《文心雕龙义证》（上册），第556页。

③ （清）郭庆藩撰，王孝鱼点校：《庄子集释》，《新编诸子集成》（第一辑），中华书局1961年版，第925页。

④ 鲁迅：《中国小说史略》，《鲁迅全集》（第九卷），人民文学出版社2005年版，第6页。

⑤ （清）郭庆藩撰，王孝鱼点校：《庄子集释》，第4页。

这两个在《庄子》中出现的语词与后世小说及谐谑的概念有很大的差别，但其中所包含的文化信息值得注意。汉代的桓谭与班固对小说的概念作了进一步的界分，桓谭在《新论》中有言：

> 若其小说家，合丛残小语，近取譬喻，以作短书，治身理家，有可观之辞。①

班固所撰《汉书·艺文志》使小说第一次进入正史，对小说的性质与地位论述得更加明晰：

> 小说家者流，盖出于稗官。街谈巷语，道听途说者之所造也。孔子曰："虽小道，必有可观者焉，致远恐泥，是以君子弗为也。"然亦弗灭也。闾里小知者之所及，亦使缀而不忘。如或一言可采，此亦刍荛狂夫之议也。②

这两段话反映了较早的小说观，将之与《庄子》中的"小说"比较，还是能发现相通之处的。所谓的"丛残小语""街谈巷语"，不是和鲁迅所说"琐屑之言"一致吗？《庄子》认为"小说"与大道无所关涉，贬损其价值之稀薄、地位之卑下，不正是合于班固引孔子所言的"小道"吗？虽然鲁迅先生提示，此"小说"之辞义，与后世以叙事性及虚构性为显著特征的"小说"之概念不可混为一谈，但二者也并非毫无关联。观之桓谭与班固的论述，亦是从价值与功能地位的角度去划分小说，而对小说的鄙夷一直伴随着中国古典文学发展的始终，可见《庄子》所称的小说未必没有包含后世小说的因素，只是一个概念最初的情形往往是模糊而混杂的。

---

① （汉）桓谭著，吴则虞辑校：《桓谭〈新论〉》，社会科学文献出版社 2014 年版，第 75 页。

② （汉）班固撰，（唐）颜师古注：《汉书》（第六册）卷 30，中华书局 1962 年版，第 1745 页。

与"小说"比起来，《庄子》中所提及的"谐"的内容更耐人寻味。"齐谐"不论理解为人还是书，都代表着一个文本，其内容是"志怪"。段玉裁《说文解字注》中有："《周礼·保章氏》注云：'志，古文识。识，记也。'"①"志"就是记下人的观念中实有之物与发生之事，先民的观念中有着丰富的民间信仰，因此鬼神精怪也被归入古人认识世界的范畴内，从《庄子》的描述中，可以推测《齐谐》是记录当时所流传的鬼怪之事的文本。在中国传统的小说观念中，小说与史存在着密切的关联，班固《汉书·艺文志》中认为"道家者流，盖出于史官"②，而"小说"首次出现于道家著述之中。鲁迅《中国小说史略》中提及，志怪类小说在宋《新唐书》以后才退为小说，此前史家一直将其归类于史部杂传类，认为其起着与史一样记录的功能，只是其内容不够纯正，只能获得正史之外的一些边缘空间上的叙述。而反观谐谑，刘勰将其源头追溯到《春秋》等纪传，但其对史传也仅起到可有可无的装点之用，是正史叙述之余才会被纳入的琐细之文，不过其存在亦为史传增添了丰富性与生动性。比较二者可以看出，"齐谐"与谐谑都是那些被以史的方式所记录下来的不尽重要之事，被排除在正统叙述之外，仅起着"以广视听"的补充作用，也是很相近的。

而《庄子》这部书与小说的渊源也不浅。书中为说理而创作的许多寓言故事，如混沌凿七窍、轮扁斫轮、桓公见鬼等，有鲜明的形象与对话，其叙事元素与短篇小说类似。孔子见盗跖一段行文较长，有曲折的情节，存在着戏剧性冲突，有着完整的人物行为逻辑的前后因果关联，更关键的是有"孔子趋而进，避席反走，再拜盗跖。盗跖大怒，两展其足，案剑瞋目，声如乳虎"③这样生动的场景细节描绘，已经与小说别无二致。《庄子》的虚构性是显而易见的，譬如其人物形象上的虚构，桓公见鬼，以及孔子与柳下惠的对话，都是假托其人而敷衍故实；又譬如对世上未有之事物的虚

---

① （汉）许慎撰，（清）段玉裁注，许惟贤整理：《说文解字注》，凤凰出版社2007年版，第876页。

② （汉）班固撰，（唐）颜师古注：《汉书》（第六册）卷30，第1732页。

③ （清）郭庆藩撰，王孝鱼点校：《庄子集释》，第993页。

构，如触氏、蛮氏于蜗角上争地，鲲鹏直上九万里以徙南冥，任公子以五十牛为饵垂钓巨鱼，想象漫无边际，行文汪洋恣肆，完全突破了一己的狭隘视角，给人奇幻瑰丽、目不暇接的审美感受。对于这样的虚构，刘勰给的评价却是"此踦驳之类也。是以世疾诸混洞虚诞"①，正如他在《辨骚》中指斥屈原"托云龙，说迂怪"②的浪漫想象一样，这类文字始终被排斥在正统价值观念之外。结合对上面两个语词的分析，可以知道，在较早的文类观中，小说的功能就是向人们展示不被正统所接纳的那些知识与观念，谐讔亦如是。

二、谐讔与小说的相似性对比

由上可知，早期的谐讔与小说就存在着较深的关联，而细比较二者的具体概念，又能发现颇多相通之处。首先，从语言修辞上来说，二者的第一个共同点就是在诞生及发展的很长一段时间里，都是一种体量较小、较为琐细的文类。《谐讔》中所谓"谐辞隐言"，只是杂见于纪传之中的只言片语，没有长篇大论。而"小说"之名，一方面言其地位之低，是"大道"的对立面，另一方面则言其形态之短小零散，所谓"青史曲缀以街谈"③，只是将一些道听途说的片段采集连缀起来罢了。在长篇话本及章回小说出现以前，小说的形式基本是精简的短篇，早期小说更是掇拾旧闻，记述粗糙，仅有大概的轮廓，如《世说新语》中"世目李元礼：谡谡如劲松下风"④，一段仅一句话，简短亦琐屑，即桓谭所说"丛残小语"。第二个共同点就是二者对修辞都非常重视，谐的特点是"谲辞饰说"，要将所表达的意思说得曲折夸诞，才能引人发笑，如优孟谏楚庄王葬马之事，要求以"雕玉为

---

① （南朝梁）刘勰注，詹锳义证：《文心雕龙义证》（中册），第638、639页。
② （南朝梁）刘勰注，詹锳义证：《文心雕龙义证》（上册），第148页。
③ （南朝梁）刘勰注，詹锳义证：《文心雕龙义证》（中册），第627页。
④ 余嘉锡撰，周祖谟、余淑宜整理：《世说新语笺疏》，中华书局1983年版，第415页。

棺……奉以万户之邑"之礼葬之，将人君与马混为一谈，又劝楚庄将之"衣以火光，葬之于人腹肠"①，颇为风趣。谶的特点是"遁辞以隐意，谲譬以指事"②，用语词的回互掩盖本意，近似于比喻，如吕安见嵇喜，题"凤"字喻凡鸟而讽之，可以说谐谶本身就是一种修辞的表达，故刘勰认为二者"可相表里者也"③。《庄子》所提到的"饰小说"，已经显露出了小说对修辞的看重，桓谭所说"近取譬喻"，是其对比喻的运用，小说的人物刻画、场景描摹、情节转合欲求生动，高度依赖着艺术手法，林黛玉"闲静时如娇花照水，行动处似弱柳扶风"，没有与人物相映衬的修辞，何以达到如此效果？第三个共同点就是二者语言风格都比较浅俗，其从源头上讲都属于民间文学，符合大众的文化水平与审美趣味，谐谶"辞浅会俗"，如将应场之鼻比作盗贼削去一半的鹅卵，将张华之头比作裹了头巾的薥杆，虽生动却也鄙陋，小说则是"刍荛狂夫之议"，描绘的多是市井人的言动，发展到白话小说则更浅白适俗。可以看到，谐谶与小说的语言风格是类似的。

再者，从社会地位上来讲，二者都是边缘文类，不仅如本文第一部分所说，其内容之荒诞不为正统话语所接受，其地位更是被贬为文类中最低的存在。在《文心雕龙》的文体观中，谐谶是最无用的文章，虽然将其纳入言说的范围，但只是"亦无弃矣"，其重要性聊胜于无，刘勰对其的评价是"虽抃笑衽席，而无益时用矣"④，以及"虽有小巧，用乖远大"⑤，不认为其有多大的价值。专作谐谶的文人，如东方朔、枚皋，被目为地位极低下的俳优，所谓"见视如倡，亦有悔矣"⑥，其自身也为从事这样的文学活动而感到羞耻。刘勰认为，于此道溺而不反的人，是"髡祖之入室，旃孟之石交"⑦，可见谐谶是登不得大雅之堂的。小说的地位则更不必说，班固的

---

① （汉）司马迁：《史记》（第十册）卷126，中华书局1963年版，第3200页。
② （南朝梁）刘勰注，詹锳义证：《文心雕龙义证》（上册），第539页。
③ （南朝梁）刘勰注，詹锳义证：《文心雕龙义证》（上册），第545页。
④ （南朝梁）刘勰注，詹锳义证：《文心雕龙义证》（上册），第533页。
⑤ （南朝梁）刘勰注，詹锳义证：《文心雕龙义证》（上册），第554页。
⑥ （南朝梁）刘勰注，詹锳义证：《文心雕龙义证》（上册），第531页。
⑦ （南朝梁）刘勰注，詹锳义证：《文心雕龙义证》（上册），第556页。

《汉书·艺文志》论列十家，小说家居其末，认为"诸子十家，其可观者九家而已"，①所谓"九流"能起到的作用是"舍短取长，可以通万方之略矣"②，小说是不入流的，其作用与关乎国家治道的另九家迥然相别。后世对小说一类也相当轻视，魏晋文论如曹丕《典论·论文》、陆机《文赋》、挚虞《文章流别论》，对小说只字不提，刘勰也视小说为九流之外，其后的《隋书·经籍志》、刘知几《史通·杂述》等史家划定的小说概念相当驳杂，似乎将一切与经史之大道无关的杂类文学都草草归入小说，足见小说地位之轻。近代君实《小说之概念》一文，对传统小说观念进行了总结："吾国人对于小说之概念，可以一般人所称之'闲书'二字尽之……皆所谓'游戏笔端资助谈柄'而已。"③可知小说在传统文类观中，始终只是消闲谈笑之作罢了。

从其影响来说，谐讔与小说又有着相同的二重社会功用。首先，其最直接的目的就是满足普通人的娱乐需求，刘勰所言"皆悦笑也"④，"童稚之戏谑，搏髀而抃笑"⑤，就是谐讔的基本功能，而楚庄王、齐威王性好隐语，也是因为其带有游戏性。小说亦是在街头巷尾供人娱乐的形式，苏轼《志林》描绘了民众听"说话"的场景："王彭尝云：涂巷中小儿薄劣，其家所厌苦，辄与钱，令聚坐听说古话。至说三国事，闻刘玄德败，颦蹙有出涕者；闻曹操败，即喜唱快。"⑥而同时，谐讔与小说又被赋予了政教上的意义，虽微不足道，却也为其在文类中挣得了一席之地。在运用谐讔的例子中，优旃、优孟对统治者的劝谏能够"抑止昏暴"，楚伐萧之时，还无社通过隐语求于楚大夫申叔展而获救，楚庄王时伍举以大鸟三年不蜚不鸣之喻激励君主，正是"大者兴治济身"，楚庄姬以"有龙无尾"之辞警示顷襄王

---

① （汉）班固撰，（唐）颜师古注：《汉书》（第六册）卷30，第1746页。
② （汉）班固撰，（唐）颜师古注：《汉书》（第六册）卷30，第1746页。
③ 君实：《小说之概念》，计红芳编：《中国现代小说理论经典》，苏州大学出版社2008年版，第48页。
④ （南朝梁）刘勰注，詹锳义证：《文心雕龙义证》（上册），第529页。
⑤ （南朝梁）刘勰注，詹锳义证：《文心雕龙义证》（上册），第555页。
⑥ （宋）苏轼著，刘文忠评注：《东坡志林》，中华书局2007年版，第17页。

他日之祸，则是"其次弼违晓惑"①，谐谑虽伧俗鄙陋，却能以曲折的方式纠正统治阶层的过失，起到讽谏的作用。而小说被桓谭认为"治身理家，有可观之辞"，纪昀在《四库全书总目提要》中亦论小说"然寓劝戒，广见闻，资考证者，亦错出其中"②。认为其还是有着道德教化上的功用。

谢无量在《中国大文学史》中，有一节《滑稽派与小说》，可以看作对谐谑与小说关系的一种描述。他认为"凡小说志怪之流，皆滑稽派之旁支也。武帝之时，文学之盛极矣。于是变而益奇，万趣杂露不可方物"③。所谓"滑稽派"，即是刘勰所说"餔糟啜醨"的东方朔、枚皋等人，其所作正是谐谑，谢无量在这里认为谐谑与小说同出一源，都是由于统治者的好尚而被有意识地创造出来的，并认为正由于统治者对文学的需求，给了文学充分的发展空间，这空间就包含着文学的艺术性虚构，致使小说这样的崇奇游戏之作由此产生，此言是很有道理的。观《汉书·艺文志》之下所列小说名目，多方士所作，如《虞初周说》所署的作者虞初即为武帝时方士侍郎，可以联想到志怪小说的产生与汉代方士"服食求神仙"之神异观念的影响有关。观谢无量的说法，虽然仅就志怪小说而言，但中国小说较早的形态即是志怪，直到魏晋以来《世说新语》等书的出现才脱离了志怪牢笼，可知谐谑与小说同出一源并非妄言，可备一说。

三、谐谑和小说在后世的发展

谐谑与小说在后世的发展过程中，一直保持着若即若离的关系，从最初的混同到后期逐渐分离并形成了自身的规模，但仍保留着一定的关联

---

① （南朝梁）刘勰注，詹锳义证：《文心雕龙义证》（上册）：《文心雕龙义证》，第545页。

② （清）永瑢等撰：《四库全书总目》子部卷140，中华书局1965年版，第1182页。

③ 谢无量著，林昭整理：《中国大文学史》，陈文新、余来明主编：《20世纪中国文学史丛刊》，安徽文艺出版社2022年版，第140页。

性。谐谑的演变分为两途，一则变为俳谐类文学，诙谐艺术作为一种人生的幽默态度渗透到了各类文体之中，有俳谐诗、滑稽词、诙谐散文以及喜剧等诸多表现形式，杜甫的《饮中八仙歌》，苏轼"破帽多情却恋头"①的谐词，韩愈颇具谐谑意味的《送穷文》，《西厢记》中红娘对张生"下工夫将额颅十分挣，迟和疾擦倒苍蝇"②的调侃，都是谐谑在文学传统中的生动体现。二则是谐谑作为一个影响较小的文体存在，形成自身的发展轨迹，谑则有《隐书》，谐则演变为笑话集，魏晋时期就有《笑林》与《世说新语·排调》这样的笑话集合，后世则有隋侯白的《启颜录》、唐刘纳言的《俳谐集》、宋吕本中的《轩渠录》、明徐渭的《谐史》、冯梦龙的《笑府》、清"游戏主人"的《笑林广记》等笑话集，其发展的特点可以归结为三，一是对笑话的搜寻撰集代代都有，发展到明清，有越来越盛之势；二是文人自觉地参与到笑话集的审美、搜集与撰写过程中；三是明清时期，笑话的作者有意以笑话作辛辣的讽刺与揭露。虽然谐谑在后世亦颇有规模，但其特有的讽刺艺术与诙谐艺术其实发展得比较有限，明清的笑话与汉魏的滑稽相差并不大，并且其作为一种文体的影响力仍然是相当微小的。

与谐谑截然不同的是，小说艺术在后世逐渐成熟，形成了蔚为大观的态势。随着时代发展与市井文化的兴盛，小说衍生出了传奇小说、话本小说、章回小说等多种形态，体量不断得到填充，所能容纳的对象世界覆盖了人们生活的方方面面，其情节发展愈发曲折、人物刻画愈发生动，成为有着庞大作者与读者群体、难以被忽视的独立文体。伴随着影响力的扩大，小说的地位也得到拔高，李贽将《水浒传》《西厢记》等看作"天下之至文"，认为《水浒传》是"发愤之所作"，将其与《报任安书》中所提及的《周

---

① 邹同庆、王宗堂著：《苏轼词编年校注》（上册），中华书局 2002 年版，第 331 页。

② （元）王实甫著，邵海清校注：《西厢记》，浙江古籍出版社 1998 年版，第 48 页。

易》《春秋》之经、《吕氏春秋》之子、《离骚》之诗赋归为同一性质的文学，① 金圣叹亦将《水浒传》与《史记》相提并论，可谓是对小说概念的一种颠覆。随着小说理论的发展，其独特的叙事艺术也得到充分的重视与发扬，如金圣叹赞《水浒》的"一百八十人性格"的刻画，提出"因缘生法"的构思论，② 以及对草蛇灰线法、横云断山法等小说技巧的总结，可见小说艺术已发展得十分复杂精湛，早已不是粗陈故事梗概了。虽然纪昀对小说地位的官方叙述仍是"然则博采旁搜，是亦古制，固不必以冗杂废矣"③，与班固类似，但从小说的艺术之高、规模之大来看，此时的小说与仍停留在短小精悍的笑话形态的谐讔，比之过去在地位、功用、语言上的诸多相似，已不可同日而语。

小说之高与谐讔之卑，小说容纳范围之宽广与谐讔之狭隘，是显而易见的。但二者发展轨迹中并非没有重叠的部分，谐讔自然远不及小说，但其始终是小说不可缺少的部分，对小说艺术有其独特的贡献。譬如在《红楼梦》中，刘姥姥"老刘，老刘，食量大似牛，吃一个老母猪不抬头""大火烧了毛毛虫""一个萝卜一头蒜"等插科打诨式的韵语，正是谐辞的运用。贾母在宴席上所讲的媳妇巧嘴是因吃了猴子尿，有对话、场景与情节，是一个巧妙的笑话。在《三国演义》中，杨修猜测曹操的用意，说出的"一人一口酥"，正是用了《谐讔》所说的"体目文字"的隐语。《红楼梦》中元春省亲时众人作的灯谜，如要隐喻爆竹则写"能使妖魔胆尽摧，身如束帛气如雷。一声震得人方恐，回首相看已成灰"④，这是隐语被文人所改造后，作为游戏休闲、显示才智之用的谜语。谐讔在小说中的应用一方面增强了趣味性，另一方面也展示了当时人的一个生活侧面。

---

① 见(明)李贽《童心说》《〈忠义水浒传〉序》。李竞艳注说：《焚书》，河南大学出版社 2016 年版，第 325 页、341 页。

② 见(明)金圣叹《水浒传序三》。(明)施耐庵原著，金圣叹评点：《金圣叹批评第五才子书水浒传》，天津古籍出版社 2006 年版，第 5 页。

③ (清)永瑢等撰，《四库全书总目》子部卷 140，第 1182 页。

④ (清)曹雪芹、高鹗著：《红楼梦》，人民文学出版社 2005 年版，第 303 页。

近代的思想家进一步将小说的地位高举，将之作为对国民进行思想启蒙的重要工具。梁启超的《小说与群治之关系》提出"欲新一国之民，不可不先新一国之小说"，是意识到了使社会走向现代化的关键一步在于更新群众的思想观念，并感到要唤醒国人陈腐与麻木的灵魂，必须使新观念的传播深而且广，故选择以小说为依托，因"小说有不可思议之力支配人道耳"①。梁启超的小说观是对传统小说观念的另一个颠覆，李贽、金圣叹等人将小说与经史相提并论，是想努力将小说纳入正统的文学话语体系，借经典为小说张扬声势，这体现出对小说本体价值的一种不自信。梁启超则从小说自身出发阐释其无可替代之处，即小说能使人"可惊可愕可悲可感"，小说是要打动读者，使读者震撼流涕的，将之作为小说核心的价值追求。传统文学观念中只强调正统文体对人的教化作用，梁启超却提出小说作用于人的"熏""浸""刺""提"四种方式，使小说在文化层面上变得庄重，不再是单纯娱乐的消闲文学。传统小说观念对小说作出的"以广视听"的界分，是针对上层统治阶级而言的，而梁启超关注的是小说对底层广大民众认识上的作用力，他认为轻弃信义、人皆机心之俗，青年多愁多病，无少壮活泼之气之弊，绿林豪杰、江湖盗贼之害，皆是传统小说所造就的社会氛围所影响，此影响譬如空气不可回避，唯有进行小说上的革命、以小说为革命方能找到出路。

只有发展到现代这一步，才能真正看清小说与谐讔的区别。谐讔作为单纯的幽默文学，其对人的作用力总是很难跳出娱乐的圈层，不能产生严肃、持久的正向影响，即使能够对社会现象加以夸张的描述以作犀利的讽刺，其深刻意义也很容易转瞬之间被其游戏性所消解。鲁迅的小说《药》当中所描绘的与底层民众的极端困苦交织的愚昧与麻木，以及革命者有意义又无意义的流血牺牲，看不到曙光的社会环境，这种小说的形式所能带给

---

① 陈志扬、李斌编；党圣元、张云鹏总主编：《中国古代文论读本》（第四册）明清卷，河南大学出版社 2019 年版，第 495~499 页。

人的毛骨悚然的刺痛感，的确是其他的文体很难去替代的。谐讔与小说在早期的混同，可以归因于小说艺术尚不成熟、体制尚未确立，以及雅文学对俗文学的边缘化，在后期随着小说从记录街谈巷议到艺术精湛的消闲文学，再到与国民教育及国家救亡相关的严肃文学，二者的分离也是必然的。究其原因，还是谐讔所能容纳得太少，不过是讽刺调笑罢了，而小说却能将纷繁的世界与复杂的人性表现得淋漓尽致，无论是在审美境界上，还是在社会意义上，小说的空间都要比谐讔广阔得多。

四、小结

"谐讔"与"小说"在语词诞生之初，其概念虽颇为模糊，但都指向着那些被正统叙述所排斥、却包含着民间智慧与丰富想象的边缘文类。而随着二者的早期形态逐渐生成，概念也逐渐明晰，它们又在许多方面有着极强的相似性，并存在着一定程度的混同，故而有些归于谐讔的作品，被看作草创时期的小说也并无不妥。从刘勰在《文心雕龙》中只论谐讔而不论小说这一现象中，可以看出二者实际上有着相当密切的关系。《谐讔》篇实质上表达的是刘勰对于俗文学的看法，刘勰一方面强调雅俗的界分，对俗文学的鄙陋加以贬斥，另一方面又意识到这类文学的确受到广泛的喜爱，对文字的游戏式运用亦颇富趣味，其在政教上的特殊作用反而是雅文学不可替代的。"谐讔"的概念是对俗文学辞浅会俗、使人悦笑的本质属性的集中表达，而"小说"概念此时却缺乏这样清晰、显著的特征，所以刘勰提炼出"谐讔"以作为俗文学的代表，是理之必然。此时的谐讔与小说，很难说存在本质的差别，但后世的小说却凭借自身意义的确立，拓宽了俗文学的内涵，小说不再只是卖弄小巧、专事嘲戏，洞穿世事的理性智慧、伤时言志的诗骚精神、透彻玲珑的审美意趣亦灌注其中，反而呈现出小说超越甚而囊括谐讔的态势。谐讔插科打诨、嬉笑怒骂，其生动适俗又成为小说获得读者的优势所在，故小说艺术不独依靠谐讔，却也不能舍弃谐讔。谐讔与小说混同而又分离，又都对彼此有着较强的渗透力的发展轨迹，为文类之间的互动关系提供了有趣的案例。

校订：刘利文　林笑吟

"水中宝镜"的故事生成及宗教解读

——从《渔人》到《王渔翁舍镜崇三宝　白水僧盗物丧双生》

李珍贞 *

摘　要："水中宝镜"的故事发轫于唐代笔记小说，经历《陴湖渔者》中僧人问镜释秘，最终成型于《嘉州江中镜》，《二刻拍案惊奇》中《王渔翁舍镜崇三宝 白水僧盗物丧双生》代表了此类型故事的最终成熟。探索"水中宝镜"的源头，上溯至《西京杂记》的照骨镜，但在唐代笔记小说中"洞彻肺腑"的宝镜与光明智慧相连，融入了佛教关于心性的学说，成为"心镜"的象征。到了宋明时期，佛教符号由隐到显，佛教哲理由显到隐，"水中宝镜"的故事反映出佛教世俗化倾向：一是宝镜从鉴心到聚宝的功能转移，二是对僧侣的世俗化书写，三是宣传因果报应。

关键词：水中宝镜；佛教文化；心镜

　　刘勇强先生在《古代小说研究十大问题》第四章《情节·情节演变·情节类型》论述情节类型的研究意义时，以"水中宝镜"故事的生成过程论述文言小说、白话小说相承相续的关系，这段论述囿于篇幅原因没有展开。①笔者受此启发，试以此故事类型为线索理清发展脉络，与时代大语境联

---

　　* 李珍贞，武汉大学文学院 2021 级文艺学专业硕士研究生。本文系武汉大学文学院第三届研究生学术论坛"古代文学与古代文论"分会场发言论文。

　　① 刘勇强、潘建国、李鹏飞著：《古代小说研究十大问题》，北京大学出版社2017 年版，第 136~137 页。

系，解读背后宗教文化内涵。

一、故事原型及流变：获镜与问镜

(一) 故事概况

《嘉州江中镜》①及《王渔翁舍镜崇三宝 白水僧盗物丧双生》②可视为"水中宝镜"故事在文言小说和白话小说的不同呈现，两者情节走向和故事脉络无甚变化，是"水中宝镜"故事的成熟形态。《嘉州江中镜》出自宋代洪迈的《夷坚支戊》卷九：嘉州渔人王甲捕鱼时获一古铜镜，随之而来的是凭空飞来的巨额财富，王甲守本分知时务，将此宝镜献给寺庙供奉。寺庙长老贪图宝镜，偷刻了一面分毫不差的伪镜。当王甲失去宝镜再度陷入贫穷后，长老将伪镜还给王甲，自此王甲"镜虽存而贫自若。僧之衣体充，买祠部媒度童奴，数滋三百，闻者尽证原镜在僧所"③。嘉州提点刑狱使者罗织罪名，向长老逼索宝镜，长老的徒弟席卷宝镜和财物出逃遭猛虎威胁，最后出现一名金甲神人收走宝镜。《王渔翁舍镜崇三宝 白水僧盗物丧双生》出自凌濛初《二刻拍案惊奇》，承续套用《嘉州江中镜》故事情节，由于白话小说自身的文体规范与文言小说相区别，文言小说追求叙事精练，白话小说铺陈渲染，《王渔翁舍镜崇三宝 白水僧盗物丧双生》字数较之《嘉州江中镜》增加近一万字，入话增加宋朝淳熙年间市民沈一贪财的故事作为反面案例，有了浓厚的说教意味，对得镜后聚宝的神异现象大肆渲染，从"因此生计浸丰，不假经营，而钱自至。越两岁，如天运鬼输，盈塞数屋，几满十万络"④的一笔带过到偶获澄水石，胡人求宝，金银人投宿等；对僧人密谋换镜的心理活动，官差与寺院来回交涉等情节作了详尽的扩充，充

---

① (宋)洪迈撰，何卓点校：《夷坚志》，中华书局1981年版，第1124~1125页。
② (明)凌濛初编著：《二刻拍案惊奇》，中华书局2009年版，第402~413页。
③ (宋)洪迈撰，何卓点校：《夷坚志》，第1125页。
④ (宋)洪迈撰，何卓点校：《夷坚志》，第1124页。

实细节，但轮廓大体上仍没有脱离《嘉州江中镜》给定的范围，依旧为"获镜—聚宝—舍镜—仿镜—夺镜—归镜"，两篇小说有着深刻的互文性关系，为了方便后文的论述，暂将其视为一个体系。

《嘉州江中镜》及《王渔翁舍镜崇三宝 白水僧盗物丧双生》中古铜镜是引发贪欲的缘由和象征，镜子作为一个关键意象频繁出现，形成"获镜—聚宝—舍镜—仿镜—夺镜—归镜"的叙事结构，某些情节单元来源于前代志怪笔记小说，本文将其大致分为两个类型：获镜与问镜(后演变夺镜)。

(二)情节单元：获镜

首先是获镜，所获之镜必定非人间之物，因此自然会完整交代如何获镜及镜异现象，渔人水中获宝镜这个情节类型在唐代就出现了，见于唐朝皇甫氏《原化记》中《渔人》篇，和同时代李濬《松窗杂录》中的《浙右渔人》篇以及五代刘崇远《金华子》：

> 苏州太湖入松江口，贞元中，有渔人载小网。数船共十余人，下网取鱼，一无所获。网中得物，乃是镜而不甚大。渔者恣其无鱼，弃镜于水。移船下网，又得此镜。渔人异之，遂取其镜视之，才七八寸。照形悉见其筋骨脏腑，溃然可恶，其人闷绝而倒，众人大惊。其取镜鉴形者，即时皆倒，呕吐狼藉。其余一人，不敢取照，即以镜投之水中。良久，扶持倒吐者既醒，遂相与归家，以为妖怪。明日方理网罟，则所得鱼多于常时数倍。其人先有疾者，自此皆愈。询于故老，此镜在江湖，每数百年一出。人亦常见，但不知何精灵之所恃也。①

> 唐李德裕，长庆中，廉问浙右。会有渔人于秦淮垂机网下深处，忽觉力重，异于常时。及敛就水次，卒不获一鳞，但得古铜镜可尺余，光浮于波际。渔人取视之，历历尽见五脏六腑，血萦脉动，竦骇

---

① (宋)李昉等编：《太平广记》，中华书局 1961 年版，第 1774 页。

气魄。因腕战而坠。渔人偶话于旁舍，遂闻之于德裕。尽周岁，万计穷索水底，终不复得。[1]

　　咸通中，金陵秦淮中有小民，棹扁舟业以淘河者。偶获一古镜，可径七八寸，方拂拭，则清明莹澈，皎洁鉴人，心腑洞然。见者大惊悸，遂棹舟出江口，以镜投于大江中。既投而后悔之，方诉于人，闻者皆知是轩辕所铸之一矣。[2]

　　三篇故事基本一致，唐人承六朝余风，喜谈志怪，可能这些异事广在坊间流传，世人多有耳闻，被作者不约而同记录下来。这两则故事也可视为一个体系。在获镜与问镜上有以下两点值得注意。

　　在如何获镜上，宝镜都来源于江河湖水，同样被渔人打捞上来，这与关于宝镜来历的典型叙事——"水中宝镜"相一致，首先，镜与水最初是一体两面的，在发明铜镜之前，古人临水照容，以水为鉴。郭沫若认为鉴就是"监"，而"监字即象一人立于水盆旁俯视之形"[3]。其次，江河湖海给人以神秘莫测之感，从江湖中偶然获得的镜子自然不同于磨镜匠人制造的普通镜子，它们往往有着独特的来源，或是异域高僧传入，或为上古三皇五帝铸就，年代久远，法力高强。江河湖海这种常人不会轻易踏足的地方也为宝镜来去神异、忽现忽亡埋下伏笔，《原化记》和《松窗杂录》《金华子》的宝镜最后都复归于水，"终不复得"。《嘉州江中镜》及《王渔翁舍镜崇三宝 白水僧盗物丧双生》承续获镜与失镜的不可捉摸的特点，不过在后世的发展中，为了使这一突兀情节更加合理，也为了宣扬文章的主题，将宝镜的忽现忽亡归结于因果报应。

　　在镜异现象上，首先，引人注目的是宝镜"洞彻肺腑"的功能，《原化

---

① （宋）李昉等编：《太平广记》，第1777页。

② 上海古籍出版社编：《唐五代笔记小说大观 下》，上海古籍出版社2000年版，第1770页。

③ 郭沫若：《三门峡出土铜器二三事》，《文物》1959年第1期，第14页。

记》记载是"照形悉见其筋骨脏腑"①，《松窗杂录》为"历历尽见五脏六腑，血萦脉动"②，《金华子》"皎洁鉴人，心腑洞然"③。照骨镜最早见于葛洪《西京杂记》中记录咸阳宫异物："有方镜，广四尺，高五尺九寸，表里有明，人直来照之，影则倒见。以手扪心而来。则见肠胃五脏，历然无碍。人有疾病在内，则掩心而照之，则知病之所在。又女子有邪心，则胆张心动。秦始皇常以照宫人，胆张心动者则杀之。"④《酉阳杂俎》卷十有"秦镜，僰溪古岸石窟有方镜，径丈余，照人五脏。秦皇世号为照骨宝，在无劳县境山。"⑤研究者多认为这种能透视人体的照骨镜是道教的照妖镜的衍生，如葛洪的《抱朴子·登涉篇》："或有来试人者，则当顾视镜中，其是仙人及山中好神者，顾镜中故如人形。若是鸟兽邪魅，则其形貌皆见镜中矣。"⑥道教认为宝镜有照妖辟邪作用，万物老者就能成精惑人，但无法逃脱镜子的照射，照心照骨之境应该是这种纤芥必呈的照妖镜的延伸，照出肺腑以便驱邪治病，但仍有疑问，《西京杂记》中照骨镜既可"见肠胃五脏历然无碍"，又何须"以手扪心而来"或"则掩心而照之"？结合后世衍生故事可见，人们对"洞彻肺腑"的宝镜的反应都是既讨厌又害怕，让人"溃然可恶"⑦或"见者大惊悸"⑧，以至于镜子的结局以被急速抛弃而告终。并且照妖镜用来鉴物鉴妖，人自诩为天地之心，天地之心会如此轻易让照妖镜照吗？从以上记载能看出，被照射是出于偶然的被动的，甚至是被迫的行为，《西京杂记》中秦始皇照宫女是用来控制人心、消除异己。

另外，《原化记》中宝镜初步具有聚宝的作用，"日方理网罟，则所得

① （宋）李昉等编：《太平广记》，第1774页。
② （宋）李昉等编：《太平广记》，第1777页。
③ 上海古籍出版社编：《唐五代笔记小说大观 下》，第1770页。
④ 王根林等校点：《汉魏六朝笔记小说大观》，上海古籍出版社1999年版，第97页。
⑤ 上海古籍出版社编：《唐五代笔记小说大观 上》，第626页。
⑥ 王明：《抱朴子内篇校释》（增订本），中华书局1985年版，第300页。
⑦ （宋）李昉等编：《太平广记》，第1774页。
⑧ 上海古籍出版社编：《唐五代笔记小说大观 下》，第1770页。

鱼多于常时数倍"①，还只是在原收益基础上的增加，而《嘉州江中镜》及《王渔翁舍镜崇三宝 白水僧盗物丧双生》中聚宝功能被无限放大，成为财富无条件地聚集，自此也成为引发众人贪欲的缘由，值得玩味的是，与之相对应的是"洞彻肺腑"功能的完全消失，众人对宝镜只有"欲"再无"恶"或"骇"。

(三) 情节单元：问镜

第二个承接前代的情节单元为问镜，后演变为夺镜。在《原化记》《松窗杂录》《金华子》中关键人物只有渔人——作为镜异现象的见证者，引出怪异事件，其余人只是佐证宝镜奇异的过场人物，尚不具备复杂的情节。五代时王仁裕《玉堂闲话》记载有《陴湖渔者》，延续"水中宝镜"叙事，还增设了一僧人问镜的情节，偶获宝镜的普通人缺乏辨识宝物的慧眼，便安排具有宗教色彩的超验人物出场辨镜：

> 徐宿之界有陴湖周数百里。两州之莞蒯萑苇，迨芰荷之类，赖以资之。唐天佑中，有渔者于网中获铁镜，亦不甚涩，光犹可鉴面，阔六五寸，携以归家。忽有一僧及门，谓渔者曰："君有异物，可相示乎。"答曰："无之。"僧曰："闻君获铁镜，即其物也。"遂出之。僧曰："君但却将往所得之处照之，看有何睹。"如其言而往照，见湖中无数甲兵。渔者大骇，复沉于水。僧亦失之。耆老相传，湖本陴州沦陷所致，图籍亦无载焉。②

首先，这是"水中宝镜"故事第一次明确与代表佛教文化的僧人相联系，僧人直接出场问镜释秘，并与宝镜一样来去无影无踪，僧人似乎对宝镜了如指掌，是宗教超验力量的代言人。与后世文言小说和话本小说形成

---

① （宋）李昉等编：《太平广记》，第 1774 页。
② （宋）李昉等编：《太平广记》，第 1780～1781 页。

鲜明对比,《嘉州江中镜》中"王既下山,长老密唤巧匠,写仿形模,别铸其一。迨成,与真者无小异,乘夜易取而藏之"①,为了钱财千方百计仿镜藏镜,已无半点世外高僧风范;《王渔翁舍镜崇三宝 白水僧盗物丧双生》继承了僧人问镜释秘的情节,但将宝镜的解释权赋予波斯胡人,本土僧人从宗教超验力量的神坛跌落下来,既无法解释宝镜的因缘来历,同时在巨大诱惑面前无法自拔,监守自盗的僧人无疑带来对宗教崇高感的反讽消解。

其次,宝镜"洞彻肺腑"和聚宝的功能在这里都没有提及,"见湖中无数甲兵"也属于镜异之一,张说《梁四公记》大镜照三十里,小镜照十里②,可见"水中宝镜"的功能选择镜的各种怪异之处杂糅而成;不过这并不意味着它们之间毫无关系,"见湖中无数甲兵"继承发挥镜子能穿透表象、看见本质的明视作用,与六朝照妖镜遥相呼应。但鉴别对象发生转移,从鉴人到鉴物,说明"洞彻肺腑"功能曾短暂深刻出现过,又很快消失在后代小说里。

从葛洪《西京杂记》中秦始皇的照骨镜到《原化记》和《松窗杂录》《金华子》的"洞彻肺腑"的古铜镜,经历《鄎湖渔者》中僧人问镜释秘,最终成型于《嘉州江中镜》,"获镜—聚宝—舍镜—仿镜—夺镜—归镜"的叙事结构大体形成,明代拟话本小说《二刻拍案惊奇》进一步发挥,有了更为细腻的心理描写,增加对寺院众僧、官府官差丑态的详尽刻画,把围绕宝镜展开一系列抢夺活动写得曲折复杂,重点从六朝及唐代追求奇异的志怪转移到对世态人情的真实反映,也代表了此类型故事的最终成熟。

二、六朝及唐代:从照骨镜到"心镜"

(一)六朝志怪:道教的照骨镜

宝镜在六朝志怪小说中屡见不鲜,多与道教神仙方术结合,用来辟邪

---

① (宋)洪迈撰,何卓点校:《夷坚志》,第1124页。
② 王汝涛编校:《全唐小说 第1卷》,山东文艺出版社1993年版,第217页。

镇妖，去除修炼途中威胁生命的种种障碍，宝镜作为功利性道具服务于道教长生不老、修炼成仙的终极目标。无论是正面帮助修行者修炼己身，延年益寿，还是反面用镜辟邪照妖，使邪魔归正，《西京杂记》里照骨镜的两个作用都印证了道教此追求。首先，"人有疾病在内，则掩心而照之，则知病之所在"①，通过对人体如 X 光般扫射去除疾病，消除对生命的威胁，这种治病救人的照骨镜在后世典籍得到延续，唐苏鹗《杜阳杂编》云："大历中，日林国献灵光豆、龙角钗，其国在海东北四万里。国西南有怪石，方数百里，光明澄澈，可鉴人五藏六腑，亦谓之仙人镜。其国人有疾，辄照其形，遂知起于某藏腑，即自采神草饵之，无不愈焉。"②服饵是道教长生成仙的重要手段，通过服用仙药仙草以炼养仙躯，五代王仁裕《开元天宝遗事》卷上《照病镜》载："叶法善有一铁镜，鉴物如水，人每有疾病，以镜照之，尽见脏腑中所滞之物，后以药疗治，竟至痊瘥。"③叶法善的铁镜和日林国"仙人镜"为道教治病驱邪的科仪用镜，可以说是《西京杂记》照骨镜的嫡系传承。其次，照骨镜即为照妖镜，以镜辟邪照妖，使邪魔归正。《西京杂记》云："又女子有邪心，则胆张心动，秦始皇常以照宫人胆张心动者则杀之。"④除了物理层面的透射，照骨镜有了简单的照心识人作用，虽然仍是以肉体上"胆张心动"反映出来。这种照人与"水中宝镜"的鉴人有本质上区别。秦始皇的照骨镜并不自照，是主体用来反映审视他者的工具，"宫女"在这里不能当作具有主体意义的人来看待，在男性与女性、皇帝与宫女的二元结构中作为他者存在，"宫女"与镜照与被照的关系是无法由自我自由选择的，约等于道士之于妖精中妖精的位置。在人与妖的力量对比上，人类占据绝对话语权，尤其是习得法术的道士，妖精经过几百年修炼才化成人形，宝镜对妖强大的鉴别能力更能彰显人妖殊途、妖不如人，而宝镜的拥有者或者制造者必定处于权力的支配地位，不管是世俗领

---

① 王根林等校点：《汉魏六朝笔记小说大观》，第 97 页。
② 上海古籍出版社编：《唐五代笔记小说大观 下》，第 1372 页。
③ 上海古籍出版社编：《唐五代笔记小说大观 下》，第 1722 页。
④ 王根林等校点：《汉魏六朝笔记小说大观》，第 97 页。

域还是宗教领域。这种权力关系在陶潜《搜神后记》卷九《鹿女脯》篇可见一斑，淮南陈氏看见两个姿色艳丽的女子，用古铜镜照出原形鹿精，于是"遂以刀斫获之，以为脯"①。女子与妖精不过是一体两面，所以说，照骨镜照宫女之邪心与照妖镜照妖精之原形是异质同构之作，具有浓厚的道教色彩。

（二）唐代：佛教的心镜

"洞彻肺腑"的古铜镜来源于《西京杂记》照骨镜，唐代那众多渔人从水中打捞出来"洞彻肺腑"的宝镜虽说和秦始皇照骨镜并无二样，但已有与道教思想不同的哲理内涵，融入了佛教关于心性的学说。佛教在两汉之际传入中国，逐渐与本土文化相结合，依附黄老，被视为鬼神道术的一种，佛教借鬼神文化宣扬因果报应、六道轮回的思想，在六朝志怪小说中佛教因子大量存在，东晋人荀氏《灵鬼记》、南朝宋刘义庆《宣验记》以及南朝齐时王琰《冥祥记》里都有反映。另一方面，佛教区别于本土宗教，有自身独立性，不同于道教长生不老的宗教实践，佛教重视内心的修行，解脱世人证得涅槃境界。经过六朝时佛教僧侣及汉译佛典对佛法的弘扬传播，在隋唐佛教有了三教合一的趋势，佛教在唐代大为鼎盛，成为中国思想文化的主流之一，基本观念广泛流传深入人心，成为民间流传故事的素材及源泉。佛教文化对文学的影响可从两方面着手，一方面是通过上溯佛经或印度故事研究小说本事渊源，六朝志怪文及唐传奇不少袭用佛经故实，或是素材取材改编自佛经，如吴均《续齐谐记》中"阳羡书生"篇依据《旧杂譬喻经》中梵志吐壶故事改编；或是叙事结构、情节类型受到佛经叙述的启发，如王度《古镜记》以古镜为主干连缀几个许多短篇，大故事中套小故事，这种葡萄藤式叙事手法很可能受到印度及西亚文学的影响。另一方面，佛教哲理深深浸蕴在故事深层结构之中，影响作品的意义生成，佛教某种思想观念成为叙事者不自觉的追求，这是在佛教思想不断熏陶中分化出来的故

---

① 王根林等校点：《汉魏六朝笔记小说大观》，第479页。

事，本文认为唐代众多渔人从水中打捞出来"洞彻肺腑"的宝镜与佛教哲理密不可分。

邓晓芒在《人之镜：中西文学形象的人格结构》前言中写道："但进一步讨论'人之镜'的问题，恐怕还是随着佛教的传入才盛行起来的。佛教带来了西方人（印度人、波斯人、希伯来人等）有关光明与黑暗本原对立的思想，带来了对火与'光明'的崇拜和'灯'的象征（青灯古佛），这与中国古人最早认为'气''精气'或'浩然之气'充塞于天地之间，是完全不同的一种宇宙感。"①《西京杂记》的照骨镜可能受到佛教的影响，不过依然秉持道教的宇宙观，但唐代笔记小说中的宝镜有了对光明的崇拜，带来了西方的宇宙感。

首先，佛教崇拜光明，《大智度论》卷四十七："光明有二种：一者，色光；二者，智慧光。"②将光明的特性赋予佛身、佛法、智慧等，《法华经》描绘佛讲法现身时大放光明之相，遍照东方万八千佛土，《华严经》直接将光明人格化，塑造出卢舍那佛（Maha^vairocana），意为光明遍照。光明能驱逐黑暗，泽被众生，"下至阿鼻地狱，上至阿迦尼吒天。于此世界，尽见彼土六趣众生"③。光明普照一切众生，显现出被黑暗遮蔽的所有事物，使人看到万物原本的清净之相，因此光明象征着佛法智慧对"无明"即愚痴无知状态的解蔽。在"色光"和"智慧光"之外，又有"外光明"，指具有光亮耀眼特点的种种物相，如镜、灯、月、火、珠等，因为能散发光芒照亮黑暗，引申为同样也具有洞见之明的智慧，受到佛教中人喜爱赞美。镜子圆满光明，尤为佛教借来譬喻说法，佛教中的镜子夸大渲染其光明照物的功能，从朗照万物到了悟人心，成为某种佛理的隐喻。

小说家对"洞彻肺腑"的水中宝镜的光明大都有一番渲染，《原化记》尚

---

① 邓晓芒著：《人之镜 中西文学形象的人格结构》，上海文艺出版社2009年版，第2页。

② （后秦）鸠摩罗什译等著：《大智度论 中》，宗教文化出版社2014年版，第932页。

③ （后秦）鸠摩罗什等著：《佛教十三经》，中华书局2010年版，第374页。

无对镜子形象具体描绘，《松窗杂录》记镜是："但得古铜镜可尺余，光浮于波际。"①《玉堂闲话》"陴湖渔者"的宝镜是"光犹可鉴面"②，到了五代刘崇远《金华子》光亮耀眼的属性呈现更加明显："偶获一古镜，可径七八寸，方拂拭，则清明莹澈，皎洁鉴人，心腑洞然。"③之前渔人获镜是偶然性行为，宝镜是不经意间网上来的，而《嘉州江中镜》宝镜正是足够明亮方被渔人发现："见一物荡漾水底，其形如日，光采林然射人，漫布网下，取即得之，乃古铜镜一枚。"④《王渔翁舍镜崇三宝 白水僧盗物丧双生》中宝镜可比肩于日影："忽然看见水底一物，荡漾不定，恰象是个日头的影一般，火采闪烁，射人眼目。"⑤这种清明莹澈、皎洁鉴人的宝镜超出普通镜子的光芒，自然不仅仅只是照物照容的日常功能，作为佛教般若智慧的象征能洞彻万物、照见本心，甚至超越了时间界限，将过去心、现在心、未来心都统一在前世今生的业报轮回中流转，就像《金刚经》中佛说："尔所国土中所有众生，若干种心如来悉知。"⑥道教中照骨镜对待人与妖相比有天壤之别，人照镜知疾之所在，用来治病。佛教却不然，认为真正的解脱在于内心的修炼，净化妄心以求真心，达到对万事万物本质的认识。要实现心灵的转化，就要转识为智，第八智叫"大圆镜智"，《心地观经》二曰："转异熟识得此智慧，如大圆镜现诸色像；如是如来镜智之中，能现众生诸善恶业。以是因缘，此智名为大圆镜智。"⑦最高的智慧就像镜子一样知晓三世一切众生一切行，所有色像都无差别地投影在这方圆镜里，反过来放大光明特性的神镜也像智慧一样洞彻万物、了悟人心。可以推测，如果只是如道教的法术用镜般治病救人、照妖除邪，理应受到人们的喜爱珍藏甚至

---

① （宋）李昉等编：《太平广记》，第 1777 页。

② （宋）李昉等编：《太平广记》，第 1780~1781 页。

③ 上海古籍出版社编：《唐五代笔记小说大观 下》，第 1770 页。

④ （宋）洪迈撰，何卓点校：《夷坚志》，第 1124 页。

⑤ （明）凌濛初编著：《二刻拍案惊奇》，第 404 页。

⑥ （后秦）鸠摩罗什等著：《佛教十三经》，第 13 页。

⑦ （唐）释般若：《大乘本生心地观经》，圆香释译，东方出版社 2020 年版，第 47 页。

是抢夺，但唐五代小说家记载偶获"洞人肺腑"的宝镜往往让人生畏，《原化记》中"渔人"篇渔人及同伴照镜闷绝而倒、呕吐狼藉，《松窗杂录》《金华子》里亦是如此，镜子让人"竦骇气魄"，见到的人无不惊悸，避之不及。固然有直观肉体内部的陌生奇异感，笔者认为还有民间对佛教心镜既害怕又好奇的心理，佛教基本教义主张心的本性如同明镜一般澄明以观照万物，但这是最高的中国艺术精神，是理想的人格形态。在民间文化里，人心并不澄明透澈，反而变化莫测，明代拟话本小说中有句套语是"画虎画皮难画骨，知人知面不知心"。人们既想洞晓内心的秘密，又对内心真实的欲望感到害怕，反映到水中宝镜小说里，无怪乎此镜不停地被渔人打捞上来却又避之不及。

其次，佛教中有"业镜"说，"心镜"是"业镜"的完善。《酉阳杂俎》前集卷三《贝编》有："阎摩那婆罗天，娑罗树中见果报，其殿净如镜，悉见天人所作之业果报。"①《酉阳杂俎》前集卷二《玉格》记录一则业镜辨善恶的故事，赵业曾观看妹婿贾奕杀牛，贾奕死后引赵业分罪，在赵业百口莫辩时，"忽有巨镜径丈，虚悬空中，仰视之，宛见贾奕鼓刀，赵负门有不忍之色，奕始伏罪"②。在佛教因果报应中，业镜充当三世业报忠实的记录者，人镜照形，神镜照心，"业镜"进而引申洞照内心的"心镜"，《太上感应篇》评论赵业故事道："按佛言：'一切世间，生死相续。临命终时，未舍暖触以前，一生善恶，俱时顿现。大抵临终所现境界，即吾人平日心地境界。'地藏罪珠，即我之心珠；阎王业镜，即吾之心镜。且今作一不善，曷尝不往来胸次？而可妄引他人乎？"③一再警告世人不仅平生所做善恶无法隐藏，而且方寸之间幽深邃密也如镜子一样袒露在佛祖面前。《夷坚甲志》卷第四十六事有"郑邻再生"的故事，郑邻死后到阎罗殿接受审判，阎

---

① 上海古籍出版社编：《唐五代笔记小说大观 上》，第585页。
② 上海古籍出版社编：《唐五代笔记小说大观 上》，第574页。
③ （古）佚名著，曾琦云编著：《太上感应篇汇编白话解 第3卷》，西藏藏文古籍出版社2015年版，第96页。

罗殿殿前挂大镜，照人心腑，历历可见。① 其形态与"水中宝镜"如出一辙。因此，"洞人肺腑"的宝镜与佛教心镜有着千丝万缕的联系，佛教中业力也是约束力，劝人诸恶莫作、诸善奉行，对于普通人来说有十足宗教惩戒意味，众多渔人们骤然放置在"业镜"皎洁鉴人的光芒下，对镜的反应和镜子的结局就不难猜想了。

镜文化与佛教难分难舍，尤其是"洞人肺腑"的宝镜。《西京杂记》汉宣帝的身毒国宝镜、《洞冥记》有祗国的青金镜，都发源于遥远的西亚，宝镜自诞生之初便影影绰绰蒙上佛教文化的影子，唐初王度《古镜记》胡僧亦有问镜释秘的情节，僧人见镜叹息："更作法试，应照见腑脏，所恨卒无药耳……"②代表佛教文化的胡僧能让古镜照见肺腑，在唐代"水中宝镜"虽不见佛教符号出场，但已蕴含佛教哲理，是洞照人心"心镜"的雏形，僧侣终于在《玉堂闲话》中"陴湖渔者"篇露出真容，这是"水中宝镜"故事第一次明确与僧人相联系。到了宋明，《嘉州江中镜》和《王渔翁舍镜崇三宝 白水僧盗物丧双生》僧人成了故事的主角，变形了的"心镜"依然照射在众人身上。

三、宋明时期：宝镜与佛教世俗化

《嘉州江中镜》和《王渔翁舍镜崇三宝 白水僧盗物丧双生》是"水中宝镜"故事演化的最终版本，与之前志怪笔记小说相比，僧人成为欲望书写的主要对象，寺庙是故事演进的重要场所。佛教符号由隐到显，佛教哲理由显到隐，佛教文化表现出世俗化倾向：一是宝镜从鉴心到聚宝的功能转移，二是对僧侣的世俗化书写，三是宣传因果报应。

---

① （宋）洪迈撰，何卓点校：《夷坚志》，第28页。
② 上海辞书出版社文学鉴赏辞典编纂中心编：《唐宋小说鉴赏辞典》，上海辞书出版社2018年版，第205页。

（一）宝镜：从鉴心到聚宝

首先，宝镜的主要功能转移：从鉴心到聚宝。"洞人肺腑"的宝镜在《陴湖渔者》中差不多消失了，"见湖中无数甲兵"，透视的功能回到了鉴物上。在《嘉州江中镜》和《王渔翁舍镜崇三宝 白水僧盗物丧双生》中，鉴物也被取消，聚宝功能被无限放大，成为财富无条件的聚集，《王渔翁舍镜崇三宝 白水僧盗物丧双生》有详细解释："看官听说，原来这镜果是有来历之物，乃是轩辕黄帝所造，采着日精月华，按着奇门遁甲，拣取年月日时，下炉开铸。上有金章宝篆，多是秘笈灵符。但此镜所在之处，金银财宝多来聚会，名为'聚宝之镜'。"①有学者指出，在五代北宋之际佛教发生了气质上的转变，表现出世俗化倾向：从学理型佛教过渡到民俗型佛教，在民间社会产生日益显著的影响。② 如将佛教神圣化，宗教具有某种超越力量救人苦难，与人满足，民众虔诚地信仰佛教实为一种"贿赂"，积攒功德来换取现世的福报。通俗话本小说正好此时兴起，反映满足下层百姓的审美趣味，"聚宝之镜"就是这种朴素心理的外化。但是变形的"心镜"作为照清众人欲望的明镜仍存在于故事的深层叙事结构中，佛教中"心镜"以有心无心辨善恶，"人作一事，心皆自知；既已自知，即心有此事；心有此事，即心有此事之象，故一照而毕现也"③。从另一个角度说，佛对人心中种种不可告人欲望也能知悉，以此来测试人性，降服心魔，修炼内心。《王渔翁舍镜崇三宝 白水僧盗物丧双生》中众人对宝镜趋之若鹜，王甲夫妻代表的是普通民众对财富的心理：不求大富大贵，衣食足够度日就可，白水僧和官府利欲熏心，在聚宝镜的诱惑下被贪欲控制，有诗为证："盗

---

① （明）凌濛初编著：《二刻拍案惊奇》，第404页。

② 见李四龙：《民俗佛教的形成与特征》，《北京大学学报》（哲学社会科学版）1996年第4期，第55~60页。

③ （清）纪昀著，沈清山注：《阅微草堂笔记 注释本》，崇文书局2018年版，第438页。

窃原为非分财，况兼宝镜鬼神猜。早知虎口应难免，何不安心守旧来?"①
《嘉州江中镜》和《王渔翁舍镜崇三宝 白水僧盗物丧双生》来自异闻怪谈、
稗官野史，反映的是民间对佛教文化的接受心理，而小说家一般出自士大
夫阶层，对喜谈机锋的学理型佛教也不陌生。因此，在小说中，洞照人心
的心镜仍然存在，宝镜是引发贪欲的缘由和象征，镜子作为一个关键意象
照出各路人马的世间百态。

(二) 僧侣的世俗化书写

其次，对僧侣的世俗化书写。从《古镜记》《陴湖渔者》中神秘莫测、法
力高强的僧人一路走来，来到宋元通俗小说中已完全变换了面目，成为凡
俗僧侣，他们对财富有着炽热的欲求，消解了宗教崇高神圣的地位。民间
往往将佛教神圣化，佛祖不再是觉悟的众生，而是和凡人有着云泥之别的
神，高僧大德也被神化为具有神奇力量的世外高人，《古镜记》《陴湖渔者》
中僧人有着奇异的感知力量，来去无凭，对镜子的底细知道得非常清楚，
对其有着宗教的解释权威。《嘉州江中镜》，白水僧人不仅不能释镜，反而
偷镜，从掌握镜子的秘密到内心的秘密与欲望被宝镜所窥探控制，《王渔
翁舍镜崇三宝 白水僧盗物丧双生》长老处心积虑将宝镜占为己有，当官府
来夺镜时贿赂官差、百般搪塞。弟子真空在长老被官府拘走后，正中下
怀，"平日结识的私情、相交的表子，没一处不把东西来乱塞乱用，费掉
了好些过了。又偷将来各处寄顿下，自做私房，不计其数"②。僧侣的行为
被世俗化、功利化，甚至丑角化，成为批判讽刺的对象。宋明时期，民俗
佛教颇为繁荣，与民间社会生活联系日益紧密，受到商品经济的影响，佛
事活动水陆道场、经忏法事等都是有一定收费标准的市场化行为，众多僧
侣出家并非为了精研佛理、得道成佛，而是迫于生计需求，掌握一些佛教
仪式以此糊口，僧人金钱欲十分旺盛。品格低下的凡俗僧侣不仅是社会现

---

① （明）凌濛初编著：《二刻拍案惊奇》，第412页。
② （明）凌濛初编著：《二刻拍案惊奇》，第411页。

实的反映，也是小说家的一种选择，小说家相信因果报应，借佛理宣扬教化，却嘲讽戏谑世俗化佛教，对走入世俗的僧尼充满鄙薄之情，也体现了中国士大夫阶层对佛教微妙复杂的心态。

(三)宣传因果报应

再次，宣传因果报应。传统佛教讲求无相布施，即不住于相，《金刚经》："复次，须菩提，菩萨于法应无所住，行于布施。所谓不住色布施，不住声、香、味、触、法布施。须菩提，菩萨应如是布施，不住于相。何以故？若菩萨不住相布施，其福德不可思量。"①布施不在于财物的多寡，更不能以求回报的心态判断布施的价值。但在民俗佛教里，这种精深的教义被大大简化，信仰佛教体现在吃斋、念佛、诵经、积善德等具体实践上，在民众心里，寺庙宛如许愿池，礼佛行为如长期投资，民众到寺院烧香拜佛，以"灵应"与否判断一个寺院的宗教价值，这种付出与回报的模式又正好契合佛教宣扬的因果报应观念，小说家也往往借鉴这种观念架构文章，形成业报轮回的叙事结构。从《嘉州江中镜》到《王渔翁舍镜崇三宝 白水僧盗物丧双生》因果报应的思想凸显：其一，《王渔翁》篇说书人反复说教，传达善有善报恶有恶报的观念，告诫世人不可贪心，入话增加宋朝淳熙年间市民沈一贪财反受愚弄的故事，又有议论文字如："可见世上不是自家东西，不要欺心贪他的。小子说一个欺心贪别人东西不得受用，反受显报的一段话，与看官听一听，冷一冷这些欺心要人的肚肠。"②其二，《嘉州江中镜》没有描述王甲品行，席卷财物逃跑的行者只被恐吓，没有实质的惩罚，《王渔翁》篇渲染王甲及妻子好善敬佛的细节，结尾金甲神人(可视为佛祖的象征)归还财富给王甲，而白水僧因盗镜丧双生，以示报应不爽。这种观念虽然来源于传统佛教，但传入中国后，随着佛教走向世俗化的历程，因果报应的观念依靠宗教神圣力量，成为道德伦理的监督者、

---

① (后秦)鸠摩罗什等著：《佛教十三经》，第7页。
② (明)凌濛初编著：《二刻拍案惊奇》，第403页。

审判者。

四、结语

　　从葛洪《西京杂记》中秦始皇的照骨镜到《原化记》和《松窗杂录》《金华子》的"洞彻肺腑"的古铜镜，经历《睥湖渔者》中僧人问镜释秘，最终成型于《嘉州江中镜》，"获镜—聚宝—舍镜—仿镜—夺镜—归镜"的叙事结构大体形成。六朝志怪小说中照骨镜依然秉持道教的宇宙观，旨在镇妖辟邪，长生不老。在唐代笔记小说中"洞彻肺腑"的宝镜与光明智慧相连，融入了佛教关于心性的学说，成为"心镜"的象征。到了宋明时期，"水中宝镜"蕴含的佛教文化发生了气质上的转变，佛教符号由隐到显，佛教哲理由显到隐，转移到对世态人情的真实反映，由此反映出佛教世俗化倾向。

校订：程楚桐　刘利文

试说陆游公文创作：以表笺用《诗》为例

张子康*

摘　要：陆游是一代文豪，用典信手拈来，《诗经》即是其表笺的取法对象。他用《诗》贴切，行文精简，表笺写作可谓得体。除文体要求外，陆游的用《诗》意识和创作实践，也是当时取士重经的制度外现，和自身笔力回斡的才学使然。

关键词：陆游；表；笺；公文；《诗经》

陆游是中国文学史的巨擘。较之诗词，学界对放翁文的关注并不多，尤其是其公文写作，少有专门讨论。但实际上，《四库全书总目》称其文"遣词命意，尚有北宋典型"①，在八百余篇传世文章中，陆游又格外重视公文。他的公文写作有何独到之处呢？本文即以陆游表笺文章为例，讨论其《诗经》语用，兼及创作意识。

一、放翁文章以表笺为首

陆游平生文章悉数收于《渭南文集》，是集凡五十卷，陆游逝世后，其

---

　*　张子康，武汉大学文学院 2021 级中国古代文学专业硕士研究生。本文系"2023 文言樱花会"暨武汉大学文学院第四届研究生学术论坛"中国古代文学（二）"分会场发言论文。

　①　（清）永瑢等撰：《四库全书总目》卷一六〇集部别集类一三，中华书局 1965 年版，第 1381 页。

子陆子遹嘉定十三年（1220）刊于溧阳学宫，序跋称："惟遗文自先太史未病时，故已编辑，而名以《渭南》矣，第学者多未之见。今别为五十卷，凡命名及次第之旨，皆出遗意，今不敢紊，乃锓梓溧阳学宫，以广其传。"①可知《渭南文集》五十卷曾由陆游亲手编辑，命名及次第均出自定。朱迎平指出该集在宋人别集中的典范意义："这是一部著者晚年亲自编定的文集，囊括了著者一生自己确认的全部文章""这是一部身后经由亲人刊刻的文集，保证了内容的原始性和完整性"。②可以说，《渭南文集》是一部基本体现著者意图的文集。

《渭南文集》五十卷的文体编次为：表、笺、劄子、状、启、书、序、碑、记、铭、赞、记事、传、青词、疏、祝文、劝农文、杂书、跋、墓志铭、墓表、圹记、塔铭、祭文、哀辞、致语，另附《牡丹谱》《入蜀记》和长短句。就文章编次来看，陆游明显将上行公文列于前，个人著述列于后。卷一、卷二的表笺就是上行公文的代表，被置于文集之首，显示出作者对这部分文章的特别重视。据浙江古籍出版社《渭南文集校注》等整理本，放翁表笺凡四十六篇，其中表三十四篇，笺十二篇。本文先从表、笺的文体学意义谈起。

表，属传统文体范畴，用以陈情，诉说心曲。《四六丛话》指出："表以道政事，达辞情，《文心》论之详矣。"③《文心雕龙》第二十二《章表》也有专门论述，刘勰还指出"表体多包"④的特点，谓其秦汉以降应用功能的扩大，"论谏、进献、请封、待罪、推荐、恭贺、慰安、让官、称谢、弹劾、讼理等皆可用表"⑤。及至唐宋，表文成为考试科目，虽然依旧是上行

① （宋）陆子遹：《渭南文集跋》，孔凡礼、齐治平编：《古典文学研究资料汇编：陆游卷》，中华书局1962年版，第42页。

② 朱迎平：《〈渭南文集〉编纂体例发微》，王水照、朱刚主编：《新宋学》（第八辑），复旦大学出版社2019年版，第397~398页。

③ （清）孙梅撰：《四六丛话》卷三十三，王水照主编：《历代文话》（第五册），复旦大学出版社2007年版，第4446页。

④ （梁）刘勰著，王运熙、周峰译注：《文心雕龙译注》，上海古籍出版社2016年版，第226页。

⑤ 郭蕾：《陆游公文写作研究》，长春理工大学2021年硕士学位论文，第16页。

公文，但已主要朝着恭贺、谢恩、陈情等方向发展。

笺，实际上也是表体，是广义上的表文，故常以"表笺"并称。刘勰就说："笺者，表也。表识其情也。"①唐秉钧《文房肆考图说》引刘勰之说并指出："始于东汉，其时上太子诸王大臣皆得称笺。后世专以上皇后太子，而其他不得用其词。有散文，有俪语。"②故徐师曾称："古者君臣同书。"③到了陆游的时代，"天子称表，皇后太子称笺"④成为定制，笺已成为官僚命妇上达内庭的专门文体，且多用于致贺等语境。

《渭南文集》卷一"表笺"所录，历高、孝、光、宁四朝，创作周期凡数十年。以文体论，先表后笺。有表十九篇：《天申节贺表》至《皇帝御正殿贺表》等七篇为一类，用于皇帝生辰、御殿、册命诸事；《贺明堂表》至《谢赐历日表》等五篇为一类，所涉明堂大赦和颁赐新历等典礼；《福建到任谢表》至《落职谢表》以下七篇为一类，用于官职差遣变动；《逆曦授首称贺表》一篇为一类，言剿灭叛臣一事。有笺七篇：《光宗册宝贺太皇太后笺》至《贺皇太子受册笺》等五篇为一类，用于皇帝御殿、册命等事；《逆曦授首贺太皇太后笺》《逆曦授首贺皇后笺》二篇为一类，亦言平定叛乱一事。以内容论，又可分为两组，即恭贺、谢恩两种主题，恭贺主题下有贺表、贺笺，谢恩主题下为谢表，此处不赘。

《文集》卷二"南宫表笺"则比较特殊，表十四篇、笺五篇的创作集中在淳熙十六年（1189），是陆游在礼部郎中任上的代言之作，不外乎皇帝生日、即位诏命、朝廷礼乐、节日问候等内容。撰写表笺是礼部郎中的分内事，《宋史·职官志》曰："凡庆会若谢，掌撰表文。"⑤陆游当时的主要职

---

① （梁）刘勰著，王运熙、周峰译注：《文心雕龙译注》，第259页。
② （清）唐秉钧著：《文房肆考图说》卷六，书目文献出版社1996年版，第434~435页。
③ （明）徐师曾著，罗根泽校点：《文体明辨序说》，人民文学出版社1998年版，第123页。
④ （明）徐师曾著，罗根泽校点：《文体明辨序说》，第123页。
⑤ （元）脱脱等撰：《宋史》卷一百六十三志第一百一十六，中华书局1977年版，第3853页。

责就是写公文。这其实是宋孝宗的有意安排。淳熙十五年（1188）七月，陆游严州知州任满，回乡闲居，是年冬，又被孝宗召至行在，除军器少监一职。次年（1189）孝宗内禅前，除陆游为礼部郎中。南宫即礼部，至十一月被弹劾罢官，陆游在礼部任上不满一年，南宫表笺当全部作于是时，陆游将其单独拈出，别为一卷，可见作者良苦用心。

为何说陆游任礼部郎中是孝宗的有意安排呢？《宋史》本传："孝宗即位，迁枢密院编修官兼编类圣政所检讨官。史浩、黄祖舜荐游善词章，谙典故，召见，上曰：'游力学有闻，言论剀切。'遂赐进士出身。……起知严州，过阙，陛辞，上谕曰：'严陵山水胜处，职事之暇，可以赋咏自适。'再召入见，上曰：'卿笔力回斡甚善，非他人可及。'除军器少监。绍熙元年，迁礼部郎中兼实录院检讨官。"①大概在孝宗眼中，陆游就是"力学有闻""笔力回斡"的笔杆子。实际上，公文写作在宋代是一门专业化学问，当时设立的词科考试，即旨在选拔此类专才。尽管陆游未曾考过词科，在朝时间不长，所撰表笺也不算多，但从孝宗对他的称许、陆子遹"禀赋宏大，造诣深远，故落笔成文，则卓然自为一家"②的赞美、《四六丛话》将他列入"宋四六诸家"③、《四库全书总目》称他"遣词命意，尚有北宋典型"等诸多评价来看，陆游的四六表笺确能自成一家。

本文未对表笺作专门区分，在陆游的语境下，同为告语的表和笺，几乎是二而一的文体，惟表上天子、笺对内庭而已，两者只在呈送对象上略有不同。大概也是出于这种文体观念，陆游的表笺是合卷并行的。前文曾言，《渭南文集》的体例是陆游深思熟虑的结果，他专门将公文列于文集之首，而表笺又居公文之首，理应视为对这类文体的特别重视。陆游生前官

① （元）脱脱等撰：《宋史》卷三百九十五列传第一百五十四，第 12057～12058页。

② （宋）陆子遹：《渭南文集跋》，《古典文学研究资料汇编：陆游卷》，第 42 页。

③ （清）孙梅撰：《四六丛话》卷三十三作家六，《历代文话》（第五册），第 4990页。

位不高，在朝时间更短，他自谓"五侍仙祠两挂冠，此生略有半生闲"①，仕途不达，公文自然就是自己政治生涯的最好记录。此外，写作得体或许也是合理一解，陆游是饱读诗书，公文写作对他来说不是难事，这在当时当世即为公认。

陆游的表笺文章又呈现出怎样的特色呢？先看表体文的审美要求。王应麟《辞学指南》是词科应试的专著，其卷三列有各类表文的体式、范文，并明确指出："大抵表文以简洁精致为先，用事不要深僻，造语不可尖新，铺叙不要繁冗。此表之大纲也。"②他认为表体文章应追求精简，不应使用僻典，不应生造新词，不应铺张赘述。纵观陆游表笺，尽管程式化倾向较之北宋诸家更为明显，但总体风格确不失"简洁精致"，堪称放翁公文的典范，也是南宋公文的典型。

二、陆游表笺的《诗经》语用

用典是公文的常态。陆游表笺即引经据典，特别是参考先秦典籍。其子陆子遹明确指出："先太史之文，于古则《诗》《书》《左氏》《庄》《骚》《史》《汉》，于唐则韩昌黎，于本朝则曾南丰，是所取法。"③据此可知，陆游文章多从《诗》《骚》经典中取法。依前文，表体写作的一大要点就是"用事不要深僻"。通读《渭南文集》即能发现，陆游表笺几乎篇篇用《诗》，又作何解？实际上，《辞学指南》的预设读者并非白丁，而是志在经济的读书士子。不学《诗》，何以言？《诗经》自秦汉以来历经千年，早已是文苑英华，对于士绅来说并不陌生，自然谈不上僻典，此其一。陆游表笺的《诗》

---

① （宋）陆游：《夏日感旧》，钱仲联校注：《剑南诗稿校注》（七），上海古籍出版社 2005 年版，第 3546 页。

② （宋）王应麟著：《玉海·辞学指南》卷三，《历代文话》（第一册），第 971 页。

③ （宋）陆子遹：《渭南文集跋》，《古典文学研究资料汇编：陆游卷》，第 41～42页。

典，读来自然，且切合主题，令人顿觉"文章本天成"①，此其二。

试看《渭南文集》第一篇表笺，也是该集的首篇文章——《天申节贺表》：

> 化国之日舒以长，运启千龄之盛；天子有父尊之至，心均万宇之欢。敢即昌期，虔申寿祝。中贺恭惟太上皇帝陛下，宅心清静，受命溥将。协气熏为太平，华夷衔莫报之德；孙谋以燕翼子，宗社侈无疆之休。诞敷锡于下民，丕灵承于上帝。臣方驰使传，阻缀朝班，望睟表于云霄，敢恨微踪之远；被颂声于金石，尚希薄技之陈。②

高宗《宋史》本纪："（建炎元年五月乙未）以生辰为天申节。"③这是陆游呈上的生日贺表，典型的四六文。首先以对句领起，言国运昌盛、万民爱戴，随即点题，"虔申寿祝"。"中贺"以下用"恭惟太上皇帝陛下"云云称颂，其中有两处明显的《诗》典。"受命溥将"语出《商颂·烈祖》，所谓"以假以享，我受命溥将"④，朱熹集传："溥，广；将，大也。"⑤此表直接引用，以殷商之盛来誉美高宗。此典还点出高宗赓续赵宋之事。高宗是宋室南渡的第一代君王，首个年号"建炎"，即取光复火德赵宋之意，赵构正是"受命溥将"者。"孙谋以燕翼子"语出《大雅·文王有声》，所谓"诒厥孙谋，以燕翼子"⑥。朱熹集传："谋及其孙，则子可以无事矣。"⑦贺表也是直接引用，以周武王为子孙谋来比喻高宗。此典也暗示宋金议和，并将其归功于赵构。从表中"太上皇帝陛下"的称呼、燕翼子孙的典故来看，高宗

---

① （宋）陆游：《文章》，《剑南诗稿校注》（八），第4469页。

② （宋）陆游：《天申节贺表》，马亚中、涂小马校注：《渭南文集校注》（一），浙江古籍出版社2015年版，第1页。

③ （元）脱脱等撰：《宋史》卷二十四本纪第二十四，第444页。

④ 程俊英撰：《诗经译注》，上海古籍出版社2012年版，第355页。

⑤ （宋）朱熹注，夏祖尧标点：《诗集传》，岳麓书社1989年版，第281页。

⑥ 程俊英撰：《诗经译注》，第277页。

⑦ （宋）朱熹注，夏祖尧标点：《诗集传》，第218页。

此时已传位孝宗而为太上皇。前一句"协气熏为太平,华夷衔莫报之德"无论是高宗绍兴议和还是孝宗隆兴议和,也都可解,那么"孙谋以燕翼子,宗社侈无疆之休"就明显是指太上皇给孝宗的政治资产。最后,以"臣"领起二联对句表达恭贺、忠诚之意作结。当然,陆游喜论恢复,对高宗的溢美之词是否违心,不是本文所要讨论的。总之,陆游此篇贺表不事铺排,用典贴切,达意表情十分到位,体现了"简洁精致"的审美要求。

再来看《渭南文集》卷二的第一组表文——《丞相率文武百僚请建重明节表》三篇,为免繁絮,只看首篇:

> 飞龙在天,方仰君临之德;流虹绕渚,实开圣作之祥。宜纪昌辰,用彰盛际。恭惟皇帝陛下,承谟丕显,受命溥将。致养三宫,备本朝之家法;参决万务,得率土之民心。正宁初临,积阴顿解,於赫明离之象,益昭出震之符。臣等不胜大愿,请以九月四日为重明节,伏望皇帝陛下,俯察群情,亟颁俞旨。施尊名,建显号,侈穹旻发祥之期;披皇图,稽帝文,伸臣民归美之报。著之令甲,副在有司。邦家增光,天下幸甚。①

光宗《宋史》本纪:"辛巳,以生日为重明节。"②此为文武百僚呈送光宗的表文,由陆游代言,旨在请立皇帝生日为重明节。与《天申节贺表》一样,该文也相当程式化:以一、二联对句领起并点题;"恭惟"云云称颂,接着是二至三联对句;最后以"臣等"领起数联对句,陈情作结。此文《诗》典如下:其一,"受命溥将",用来形容君王,前文已解释过;其二,"得率土之民心","率土"语出《小雅·北山》"率土之滨,莫非王臣"③,犹言海内民心归向;其三,"於赫明离之象","於赫"语出《商颂·那》"於赫汤孙,

---

① (宋)陆游:《丞相率文武百僚请建重明节表》,《渭南文集校注》(一),第56页。
② 脱脱等撰:《宋史》卷三十六本纪第三十六,第695页。
③ 程俊英撰:《诗经译注》,第227页。

穆穆厥声"①，原是赞美成汤子孙，又《易·离》有言："明两作，离；大人以继明照于四方"②，宋承火德，正是"明离"之属，也暗示了光宗受禅的政治背景；其四，"邦家增光"，"邦家"语出《小雅·南山有台》"乐只君子，邦家之基"③，这是陆游公文的高频语用，其他表笺中还有"化洽邦家""邦家有光""庆集邦家""邦家之喜"④等用法，均意指宋室天下，与吉庆祥和等语境紧密相关。

以上是陆游分别以个人名义和集体名义写作的两篇表文，均呈送皇帝，再来看一篇写给皇后的笺文——《皇太子受册贺皇后笺》：

> 壼政忧勤，协赞上圣登三之治；母慈顾复，遂开东宫明两之祥。汗简光华，函生鼓舞。恭惟皇后殿下，道光图史，化被宫闱，嗣先后之徽音，体柔只之厚载。妫汭之降二女，允谓盛时；周臣之止九人，实资内助。迨此建储之命，益知俪极之尊。臣自去通班，久安故里。颓龄耄矣，莫陪执玉之趋；巨典焕然，不胜拭目之喜。

其程式与前面所引表文大体相当，不赘。此笺有两处明显的《诗》典，一是"母慈顾复"，一是"嗣先后之徽音"。前者典出《小雅·蓼莪》："父兮生我，母兮鞠我。拊我畜我，长我育我，顾我复我，出入腹我。"⑤郑玄笺："顾，旋视也；复，反覆也。"⑥孔颖达疏："覆育我，顾视我，反覆我，其

---

① 程俊英撰：《诗经译注》，第354页。

② 韩立平译注：《周易译注》，上海三联书店2018年版，第120页。

③ 程俊英撰：《诗经译注》，第180页。

④ 相关语句出处，参见(宋)陆游《皇帝御正殿贺皇后笺》《皇帝御正殿贺皇太子笺》《丞相率文武百僚贺皇帝冬至表》《丞相率文武百僚上皇帝贺三殿受册表》等文章，《渭南文集校注》(一)第48页、第49页、第78页、第84页。

⑤ 程俊英撰：《诗经译注》，第222页。

⑥ (清)阮元校刻，蒋鹏翔主编：《阮刻毛诗注疏》(六)，西泠印社出版社2013年版，第1711页。

出入门户之时。常爱厚我，是生我劬劳也。"①总之，"顾复"犹言养育恩情，太子受册是皇后抚育有方的体现。后者则典出《大雅·思齐》"大姒嗣徽音，则百斯男。"②毛传："大姒，文王之妃也。"③郑笺："徽，美也。"大姒是贤后的典型，刘向就说："周室三母，太姜任姒，文武之兴，盖由斯起。太姒最贤，号曰文母。三姑之德，亦甚大矣！"④陆游此笺就是颂宁宗皇后之贤。此外，因光宗即位所写的《贺皇太后笺》《贺寿成皇后笺》中，也有"任姒徽音"⑤"喜徽音之克嗣"⑥等表述，均用《思齐》之典。可见，陆游表笺有明显的程式套路，不仅引《诗》因人而异，而且事类集中甚至重复。

陆游表笺所用《诗》语，明显者即不下五十处，已足见放翁的引《诗》偏好。像《商颂·烈祖》《商颂·长发》《大雅·下武》《小雅·南山有台》《鄘风·君子偕老》《大雅·思齐》等诗篇，在渭南表笺中的直接引用均达三次以上，频率不可谓低。有称颂皇帝的固定表述，如《商颂·烈祖》的"受命溥将"；也有称颂后妃的常用典故，如《大雅·思齐》的"大姒嗣徽音"。有来自《诗经》的固定语汇，如《小雅·南山有台》的"邦家"，《鄘风·君子偕老》的"副笄六珈""象服是宜""其之翟也"⑦。也有针对君嗣的专门话语，如《大雅·下武》的"绳其祖武""於万斯年"⑧，即以继承先王美德而国祚绵长为譬喻。由此可知，陆游表笺引《诗》，根据不同人物事迹，语用变化且有针对性，这是他熟悉经典的力证，也是南宋公文趋于程式化的表现。

表笺是上行公文，第一要义是得体，用事用典须为之服务。陆游就是这方面的行家，且看其礼部任上的公文。淳熙十六年（1189），陆游曾代拟

---

① （清）阮元校刻，蒋鹏翔主编：《阮刻毛诗注疏》（六），第1712页。

② 程俊英撰：《诗经译注》，第270页。

③ （清）阮元校刻，蒋鹏翔主编：《阮刻毛诗注疏》（七），第2200页。

④ （汉）刘向著，王云五主编：《古列女传》卷一，商务印书馆1936年版，第10页。

⑤ （宋）陆游：《贺皇太后笺》，《渭南文集校注》（一），第63页。

⑥ （宋）陆游：《贺寿成皇后笺》，《渭南文集校注》（一），第65页。

⑦ 程俊英撰：《诗经译注》，第47页。

⑧ 程俊英撰：《诗经译注》，第276页。

五篇表笺，其对象分别为寿皇(孝宗)、皇帝(光宗)、皇太后(高宗吴皇后)、寿成皇后(孝宗谢皇后)和皇后(光宗李皇后)。由于当时孝宗禅让、光宗皇后为孝宗诏立等特殊背景，陆游的文体使用、用典措辞等方面都颇具深意，朱迎平即指出："细读这五首表笺，在一派称贺颂德声中，可以隐隐窥见这次权力交替中的各方关系。陆游代拟的这组文章，对象错综复杂，但他处理得各有侧重，使其各得其所，极为得体，可谓大手笔。"①以《贺皇太后笺》为例，其对象是当时的太后，即高宗吴皇后，其中"唐虞盛际，乃出一家父子之亲；任姒徽音，仍见三朝妇姑之法"②就点明了南宋皇室的复杂关系：所谓"唐虞盛际"，即指从高宗到孝宗到光宗的禅位现象，所以说是"一家父子之亲"，当时高宗已经去世，父子当指退位的孝宗和即位的光宗；"任姒徽音"，即是《大雅·思齐》之典，形容后妃之德，当时高宗吴皇后仍健在，孝宗谢皇后尊为寿成皇后，光宗李皇后刚刚册立，婆媳关系跨越三代，所以说是"三朝妇姑之法"。由此看来，陆游表笺微言大义，有条不紊，确为当时典范。

三、渭南公文与创作意识

嘉定二年(1209)，行将就木的陆游为陈造文集作序，这其实可视为他一生为文观念的集中体现，其序曰："我宋更靖康祸变之后，高皇帝受命中兴，虽艰难颠沛，文章独不少衰。得志者司诏令，垂金石；流落不偶者，娱忧纾愤，发为诗骚。"③陆游其实是以庙堂江湖的在朝在野来划分文章的，在他心目中，最得意者莫过于"经国之大业，不朽之盛世"④的诏令

---

① 朱迎平：《〈读渭南文集〉表笺文札记》，《绍兴文理学院学报》(哲学社会科学版)2016年第36卷第2期，第24页。

② (宋)陆游：《贺皇太后笺》，《渭南文集校注》(一)，第63页。

③ (宋)陆游：《陈长翁文集序》，《渭南文集校注》(二)，第164页。

④ (魏)曹丕：《典论论文》，(梁)萧统编，(唐)李善等注：《六臣注文选》卷五十二，中华书局1987年版，第967页。

类文，也就是说，他格外看重文章的应用性。也难怪在他的遗意下，《渭南文集》会呈现出公文在前的编纂体例。陆游一生官阶不高，自然无缘诏令，故而政治意味较浓的表笺会列于别集之首，这也是放翁晚年文章观念的生动体现。由于表笺直呈帝后，也不难推知陆游写作时的心情，必定字句斟酌，谨之慎之。在南宋官场文章的程式文风下，要在不长的篇幅传达更多的信息，用成辞、引故事势在必行。

刘勰《文心雕龙·事类》曾言："事类者，盖文章之外，据事以类义，援古以证今者也。……然则明理引乎成辞，征义举乎人事，乃圣贤之鸿谟，经籍之通矩也。"①目前龙学界关于"事类"的解释，尤其是对"典故""事义""引用"等诸概念的辨析仍未分明。具体到"典故"这一讨论，不少学者认为，"事类"即"典故"，比如刘永济就在刘勰的基础上将"典故"的种类及其应用论述得更为详尽②；也有人认为"事类"所指，并非限于"典故"，詹锳就说："所谓的事类，指类似的事实或言辞。这比通常所说'典故'的范围要大得多。"③笔者在这里无意深究，复归刘勰的语境，我们能看到一个创作通则：用成辞、引故事。陆游的表笺写作，其实就秉持了《事类》提到的两项要义，他用《诗》之成辞，也引《诗》之故事。

但引用不当，反损其文，故曰："引事乖谬，虽千载而为瑕。"④刘勰曾举曹植《报孔璋书》、司马相如《上林赋》、陆机《园葵诗》等例，称其"引事为谬"⑤。反观陆游，他的引用又如何呢？其实其子早就指出，前文也引过："先太史之文，于古则《诗》《书》《左氏》《庄》《骚》《史》《汉》，于唐则韩昌黎，于本朝则曾南丰，是所取法。"单论公文，特别是表笺公文，陆游多取法先秦经典，《诗经》引用尤多。这何尝不是陆游"宗经"和"崇圣"的

---

① （梁）刘勰著，王运熙、周峰译注：《文心雕龙译注》，第376页。
② （梁）刘勰著，刘永济校释：《文心雕龙校释》，武汉大学出版社2013年版，第116页。
③ （梁）刘勰著，詹锳义证：《文心雕龙义证》（下），上海古籍出版社1989年版，第1407页。
④ （梁）刘勰著，王运熙、周峰译注：《文心雕龙译注》，第382页。
⑤ （梁）刘勰著，王运熙、周峰译注：《文心雕龙译注》，第382页。

体现呢？刘勰以"事类"名篇，重点即在于"事类"，那么如何运用好"事类"？詹锳曾引李曰刚《文心雕龙讲疏》："前言往行，载言纷纷，必须充实见闻，知所抉择，始可'用人若己'，而'事得其要'。"《讲疏》又曰："又博学之后，贵能融会贯通，匠心独运，始可'推陈出新'，而'自其口出'。"① 李注认为，"用人若己"的必要前提是"充实见闻"，这也正是刘勰所说的"务在博见"。对"事类"的积累，就是作家不断"博见"的过程，引经据典也就是"饱学"的表现，故《文心雕龙》给出"综学在博，取事贵约，校练务精，捃理须核"②的具体方法论。倘若"才学褊狭"，一味追求用事，便适得其反，落入"缀金翠于足胫，靓粉黛于胸臆"③的窠臼。

陆游不是这种作者。据《宋史》本传，其文章名扬天下，他也因"善词章，谙典故"而获赐进士出身。孝宗称他"笔力回斡甚善，非他人可及"，宁宗时陆游也一度"权同修国史、实录院同修撰"④，足见其才学过人。"善词章，谙典故"更是同代官僚对陆游文才的认可，这也是陆游见知于孝宗的契机，为他将来的仕途奠定了不错的开端。陆游《九月一日夜读诗稿有感走笔作歌》曰："天机云锦用在我，剪裁妙处非刀尺。"⑤《诗》典之于表笺公文，又何尝不是这种"天机云锦"之于诗作的关系呢？

刘勰指出："'经'也者，恒久之至道，不刊之鸿教也。"⑥宋代《诗经》仍是知识界的重点关注对象，这在科举制度上的体现就尤为明显。《文献通考》指出："按熙宁四年始罢词赋，专用经义取士凡十五年。至元祐元年复词赋与经义并行。至绍圣元年复罢词赋，专用经义凡三十五年。至建炎二年，又兼用经、赋，盖熙宁、绍圣则专用经而废赋，元祐、建炎则虽复赋，而未尝不兼经，然则自熙宁以来，士无不习经义之日矣……至建炎、

---

① （梁）刘勰著，詹锳义证：《文心雕龙义证》（下），第1442页。

② （梁）刘勰著，王运熙、周峰译注：《文心雕龙译注》，第379页。

③ （梁）刘勰著，王运熙、周峰译注：《文心雕龙译注》，第379页。

④ （元）脱脱等撰：《宋史》卷三百九十五列传第一百五十四，第12058页。

⑤ （宋）陆游：《九月一日夜读诗稿有感走笔作歌》，《剑南诗稿校注》（四），第1803页。

⑥ （梁）刘勰著，王运熙、周峰译注：《文心雕龙译注》，第17页。

绍兴之间，则朝廷以经义取士者且五六十年，其间兼用诗赋才十余年耳！"①甚至可以说，宋代科举在整体上呈现重经义的倾向。据《宋史》本传，陆游"年十二能诗文，荫补登仕郎。锁厅荐送第一，秦桧孙埙适居其次，桧怒，至罪主司。明年，试礼部，主司复置游前列，桧显黜之，由是为所嫉。桧死，始赴福州宁德簿，以荐者除敕令所删定官"②。可见，"荫补登仕郎""锁厅荐送"是其仕途的最初起点。《宋史·选举志》曰："凡命士应举，谓之锁厅试。"③清人袁枚解释说："宋现任官应进士试曰锁厅，言锁其官厅而往应试也。虽中，止迁官而不与科第，不中则停现任。"④据此可知，锁厅试是宋代科举的一种特殊形式，由原有官爵者应进士试。绍兴七年（1137），高宗曾言："文学、政事，自是两科。诗赋止是文词，策论则须通之古今。所贵于学者，修身、齐家、治国以治天下，专取文词，亦复何用？"⑤由此可一窥绍兴间的科举风向。陆游生于靖康间，长于南渡后，其读书应试理当遵循高宗朝的基本政策，他本人自然饱学经义、熟悉策论，也难怪文章中的《诗经》典故信手拈来。

若把视域放大，就能发现陆游从早年到晚年的各类公文中，经典意识十分突出。以宋代特有的劄子文体为例，陆游淳熙十五年（1188）奏对孝宗的《上殿劄子》开篇直言："臣闻善观人之国者无他，惟公道行与否尔。《书》曰：'毋虐茕独，而畏高明。'《诗》曰：'柔亦不茹，刚亦不吐。'此为国之要也。"⑥次年（1189）进对光宗的《上殿劄子》起头亦言："臣闻《诗》曰：'上天之载，无声无臭。'人君与天同德，惟当清心省事，淡然虚静，

①　（元）马端临：《文献通考》卷三十二，浙江古籍出版社1988年版，第299页。

②　（元）脱脱等撰：《宋史》卷三百九十五列传第一百五十四，第12057页。

③　（元）脱脱等撰：《宋史》卷一百五十五志第一百八，第3605页。

④　（清）袁枚著：《随园随笔》卷十，王英志编：《袁枚全集新编》（七），浙江古籍出社2018年版，第181页。

⑤　（宋）李心传撰，王云五主编：《建炎以来系年要录》卷一百十三，商务印书馆1936年版，第1832页。

⑥　（宋）陆游：《上殿劄子》，《渭南文集校注》（一），第114页。

损之又损，至于无为。"①诸如此类，皆以《诗》《书》经典领起全文，说理郑重其事，而不犯君颜，可谓言语得体。当然，并非所有公文都要引经用典，在以散体写作的政论劄子、陈事奏状等实用公文中，陆游以经典为文章的现象有所减少，写作篇幅不仅增多，以史为据、就事论事的风格也明显起来。这又是为何？说到底，还是文章功能不同所致。"大抵制诰笺表贵乎谨严，启疏杂著不妨宏肆，自各有体，非名世大手笔未易兼之。"②前文已引《辞学指南》说过，表笺文章贵在"简洁精致"。简约又不失文采，点题又不失含蓄，在短小的篇幅中尽可能表述更多的内容，求诸《诗经》等古代经典即能起到这种作用。

　　郭蕾总结指出，在内容主题方面，"上到君主，下到农民；内有吏治，外涉军事，方方面面，陆游无所不谈"③，在公文写作技法方面，"他巧于议论说理，具有极强的说服力；结构布局上，周详严密，条理清晰；语言运用上，发人深省，音韵和谐，规范典雅，读来赏心悦目"④。这样的大致勾勒应该说是基本准确的。一生志在恢复、不惜忤逆权贵的陆游，官样文章绝非简单的漂亮话，它们的遣词用语无不与作者的生平遭际、时局政治等文学外围有着密切联系。王水照、慈波即总结文章学在宋代成熟的数个标志："著作题材完备，几乎涵盖了后世文章学著述的所有类型"；"初步建构了文章批评的理论体系"；"奠定了文章学论著的体制基础"；"形成了一套具有适应于文章特点的批评话语"。⑤ 其实除此之外，作家本身对文章的认识及其指导下的创作实践，也可以说是文章学发展过程中至关重要的环节。陆游虽未有整体的系统的文章观念论述，但他作为南宋最重要的文学家之一，从其公文写作实践中仍可以反映文章学成熟的时代语境。

---

① （宋）陆游：《上殿劄子》，《渭南文集校注》（一），第 128 页。
② （宋）杨囷道著：《云庄四六余话》，《历代文话》（第一册），第 119 页。
③ 郭蕾：《陆游公文写作研究》，长春理工大学 2021 年硕士学位论文，第 47 页。
④ 郭蕾：《陆游公文写作研究》，第 47 页。
⑤ 王水照、慈波：《宋代：中国文章学的成熟》，王水照、朱刚主编：《中国古代文章学的成立与展开：中国古代文章学论集》，复旦大学出版社 2011 年版，第 146~148 页。

洪迈曾言：“四六骈俪，于文章家为至浅，然上自朝廷命令、诏册，下而缙绅之间笺书、祝疏，无所不用。”①骈文在宋代应用极广，文章巨公以四六行文固非难事，但故事、成辞等前人留下的“文苑英华”，固然可供参考和化用，但作为一种先行的典范，又何尝不是一种“影响的焦虑”？作家在属意立文的过程中，必然要面对来自经验知识的挑战，不过了了者难免步入堆砌辞藻之途；至于名世大手笔，则“用人若己”，语不出格，透辟剀切。陆游对表笺公文的把握，对经书话语的取舍使用，正体现出他作为一代文豪的大家水平，而这也是我们在阅读其他官样文章时应该注意的。

校订：程楚桐　刘利文

---

① （宋）洪迈撰，孔凡礼点校：《容斋随笔》卷八，中华书局 2005 年版，第 517 页。

《诗经》"兴"义发微

王逸飞 *

摘　要：《诗》文宏奥，六义中"兴"之概念，尤为复杂。本其文献来源，只有《论语》《周礼》以及毛传郑笺对具体诗篇的注释。最后这些不同文献来源之"兴"义，融合在孔疏对《诗序》的阐释中。而孔疏被确立为正经的官方解释，影响深远。清代孙怡让《周礼正义》、刘宝楠《论语正义》又采《毛诗序》孔疏的观点以证《周礼》《论语》，实为阐释循环。本文从先秦经典文献出发，结合后人注疏，在《诗经》学视域下探讨"兴"的概念及其演变。

关键词：《诗经》；《论语》；《周礼》；兴；概念史

起兴之名，于字义已寓。《说文》："兴，起也。从舁从同。同力也。"《段注》："兴，起也。《广韵》曰：'盛也，举也，善也。'《周礼》六诗曰'比'、曰'兴'。兴者托事于物。按古无平去之别也。从舁同，会意。同，逗，此字补。同力也，说从同之意。虚陵切。六部。"①许慎认为，"兴"字的本意即是"起"。从"舁"从"同"，"舁"即"举"，"同"意为合会。"兴"字会意，众人一起用力举起重物，故名起也。

在先秦文献中，"兴"是常用字，往往是其本义。如《易·同人》"三岁

＊ 王逸飞，武汉大学文学院 2021 级古代文学专业硕士研究生。本文系"2023 文言樱花会"暨武汉大学文学院第四届研究生学术论坛"中国古代文学(一)"分会场发言论文。

① （清）段玉裁：《说文解字注》第三篇上《舁部》，上海古籍出版社 1981 年版，第 105 页。

不兴"，《尚书·大诰》"兴我小邦周"，《诗经·卫风·氓》"夙兴夜寐"，《诗经·秦风·无衣》"王于兴师"，不烦枚举。

在先秦秦汉文献中，"兴"作为与《诗》相关的术语，只见于《论语》《周礼》。至汉代《毛诗序》、毛传郑笺已进入经学阐释的范畴。虽然《毛诗序》才提到了《诗》之六义"兴"的概念，最为复杂众说纷纭。本文即从经典文献出发，在《诗经》学视域下，重点探讨《论语》《周礼》《毛诗》序传笺中"兴"的概念及其演变。

一、《论语》之"兴"

《论语》两次提到了"兴"。一是《泰伯》第八："子曰：'兴于《诗》，立于礼，成于乐。'"二是《阳货》第十七："子曰：'小子何莫学夫《诗》？《诗》，可以兴，可以观，可以群，可以怨。迩之事父，远之事君；多识于鸟兽草木之名。'"①

第一句"兴于《诗》"之"兴"应理解为本义起始，是儒家经典学习的顺序。第二句"兴观群怨"之"兴"才理解为与《诗》学阐释有关的术语。但后来由于"兴"的语义和概念的不断衍生、阐释。也用第二种意义来解释"兴于《诗》"，即伽达默尔所说阐释循环。

（一）兴于诗

《论语注疏》何晏引包咸之语："兴，起也。言修身当先学《诗》。""兴，起也"，《说文》亦如是，明用本义。邢昺疏："此章记人立身成德之法也。兴，起也。言人修身，当先起于《诗》也。立身必须学礼，成性在于学乐。不学《诗》，无以言。不学礼，无以立。既学《诗》《礼》，然后乐以成之

---

① （宋）朱熹：《四书章句集注》，中华书局1983年版，第104~105页、第179页。

也。"①邢昺遵从注的逻辑，即理解"兴于诗"是儒家经典学习的顺序。小子先学诗以多识虫鱼鸟兽之名。"礼者所以立身"，再学礼以社会化。"乐所以成性"，最后以乐陶冶性情。

然而至梁代皇侃，则引入了"兴"的《诗》学含义。皇侃在前面也讲的是此意，"此章明人学须次第也。兴，起也。言人学先从诗起，后乃次诸典也。所以然者，诗有夫妇之法，人伦之本，近之事父，远之事君故也"。

但最后结尾补充："又江熙曰：'览古人之志，可起发其志也。'"②可见，皇侃虽然承认包咸之说，但以引入"兴"的《诗》学含义"起发其志"，认为可备一说。

朱熹则沿着"起发其志"的思路，融入了自己的理学体系，在《诗》学阐释上走得更远。"兴，起也。诗本性情，有邪有正，其为言既易知，而吟咏之间，抑扬反复，其感人又易入。故学者之初，所以兴起其好善恶恶之心，而不能自已者，必于此而得之。"

虽然首句仍解释字词"兴，起也"，然而话锋一转，说"性情""感人"。谈的是《诗》对人的教化作用，换言之"感发意志"。而"感发意志"是朱熹对"兴观群怨"之"兴"的解释，朱子以"兴"的《诗》学涵义"感发意志"代替其本义"起始"。"兴观群怨"之"兴"的阐释，影响了"兴于诗"之兴的阐释。此即语义场联系影响，即伽达默尔所说阐释循环。朱熹很聪明，把这解释为"故学者之初"，应该慎其所感，故先学《诗》，在某种程度上，又回到了包咸"学习儒家经典的顺序"这种解释。

至清代刘宝楠《论语正义》，集文献解释之大成，把此种"阐释循环"发挥淋漓尽致。

刘宝楠先引《礼记·内则》："十年出就外傅，朝夕学幼仪。十有三年，学乐，诵诗舞勺，成童舞象。二十而冠，始学礼，舞大夏。"《礼记·王

---

① 李学勤主编：《论语注疏》，《十三经注疏(标点本)》，北京大学出版社1999年版，第104页。

② (梁)皇侃撰，高尚榘校点：《论语义疏》，中华书局2013年版，第192~193页。

制》："乐正崇四术,立四教,顺先王诗书礼乐以造士。春秋教以礼乐,冬夏教以诗书。"《大戴礼·卫将军文子》："吾闻夫子之施教也,先以诗,世道者孝弟,说之以义而视诸体,成之以文德。盖入室升堂七十有余人。"①详说古之学"诗""礼""乐"顺序。

可见,除了"兴"自身的阐释循环以外,还有与"诗"对举的"礼""乐"会影响其阐释。刘宝楠也非常巧妙地,借用包咸所谓"兴,起也。言修身当先学《诗》"之"修身"作为解释的跳板,展开对于"兴"的"感发"内涵阐释。刘宝楠即引《阳货》篇"诗可以兴,可以观,可以群,可以怨。迩之事父,远之事君"《毛诗序》"故正得失,动天地,感鬼神,莫近于诗。先王以是经夫妇,成孝敬,厚人伦,美教化,移风俗"证明"则学诗能修身也"。

这是一个非常巧妙的阐释路径,即借助包咸之注,以"修身"为桥梁。然而"修身"一词,至朱子"修齐治平",内涵已经极大改变。而《阳货》篇"事父事君","夫妇孝敬人伦"自然是"修身"的内容。而《诗大序》中作为《诗》之六义的"兴",本就是贾公彦一种杂糅的阐释。至此,早期经典中三篇文献中"兴"的内涵,得以融为一体。

今人程树德《论语集释》也如刘宝楠一样同时解释"兴"的两种内涵。本义以解释"诗""礼""乐"经典的学习顺序。诗《学》之"兴"以"感发"明从善之义:"兴之为义,因感发力之大,沁入于不自知,奋起于不自已之谓,是惟诗歌为最宜,教者宜如何慎重选择。因世多误解,特详辨之。"②

(二)兴观群怨

《阳货》第十七:"子曰:'小子何莫学夫《诗》?《诗》,可以兴,可以

---

① (清)刘宝楠撰,高流水点校:《论语正义》,中华书局1990年版,第298~299页。

② 程树德撰,程俊英、蒋见元点校:《论语集释》,中华书局1990年版,第529页。

观，可以群，可以怨。迩之事父，远之事君；多识于鸟兽草木之名。'"①

兴观群怨句，应是最早赋予"兴"以《诗》学内涵的文献。《周礼》六诗之"兴"，更多的是讲，六诗作为一种制度以教国子。郑玄为其作注，已至东汉末年，且郑玄注经，精于三礼。毛诗郑笺中，常有与三礼解释不合处。

相比之下，孔安国对《论语》的解释显然更早。此句何晏集解采包、孔、郑之说。其中，"兴"采"引譬连类"说，"观"采郑"观风俗之盛衰"，"群"采孔"群居相切瑳"，"怨"采孔"怨刺上政。"而"小子"采包说以为门人。

皇侃疏："又为说所以宜学之由也。兴，谓譬喻也。言若能学诗，诗可令人能为譬喻也。"②皇侃比孔安国解释得更多，"诗可令人能为譬喻也"，即通过学诗，来学会譬喻。那么，在这里"兴"就是作诗的手法。也就是说在古注中，"兴"作为"引譬连类""譬喻"，尚且是作诗的手法。与"色厉而内荏，譬诸小人，其犹穿窬之盗也与"的譬喻没有太大区别。其解释较为纯粹，没有和别的文献中的"兴"发生混杂。

至朱熹则另开风气，"兴观群怨"解释为"感发志意""考见得失""和而不流""怨而不怒"。又说："人伦之道，诗无不备，二者举重而言。""其绪余又足以资多识。学诗之法，此章尽之。读是经者，所宜尽心也。"③

"感发志意"，视"志意"之解，可以通向性情论或政教论。诗人之意，则是性情论。学人之志意，事父事君，讲夫妇孝敬人伦，则是政教论。而无论性情论或政教论，则都将"兴"赋予"感发"义，即《诗》学内涵。

至刘宝楠《论语正义》则先解"事父事君"，广列文献，《荀子》"诗故而不切，其依违讽谏，不指切事情，故言者无罪，闻者足戒"。《诗序》："正得失，动天地，感鬼神，莫近于诗。先王以是经夫妇，成孝敬，厚人伦，

---

① （宋）朱熹：《四书章句集注》，第179页。
② （梁）皇侃撰，高尚榘校点：《论语义疏》，第455页。
③ （宋）朱熹：《四书章句集注》，第104~105页。

美教化，移风俗。"解释虫鱼鸟兽则引《说文》"鸟，长尾禽总名也"，《尔雅·释鸟》云："二足而羽谓之禽，四足而毛谓之兽。"①

刘宝楠将"兴观群怨"放在后半段正义，对于刘氏，"事父事君""虫鱼鸟兽"才是目的，至于"兴观群怨"不过手段。在解释"兴"的时候，刘宝楠直接将郑玄解释《周礼》六诗之"兴"解释"兴观群怨"之"兴"。

> 《周官·大师》："教六诗：曰风，曰赋，曰比，曰兴，曰雅，曰颂。"注：赋之言铺，直铺陈今之政教善恶；比，见今之失，不敢斥言，取比类以言之；兴，见今之美，嫌于媚谀，取善事以喻劝之。郑司农云："比者，比方于物也；兴者，托事于物。"
>
> 案：先郑解"比""兴"就物言，后郑就事言，互相足也。"赋""比"之义皆包于"兴"，故夫子止言"兴"。毛诗传言兴百十有六，而不及赋比，亦此意也。此注言"引譬"者，谓譬喻于物也。
>
> 《学记》云："不学博依，不能安诗。"注："博依，广譬喻也。即此'引譬'之义也。言'连类'者，意中兼有赋、比也。"②

"先郑""郑司农"指的是郑众。刘宝楠主要采取郑玄释《周礼》六诗之"兴"，即"兴，见今之美，嫌于媚谀，取善事以喻劝之"③。还有郑众"兴者，托事于物"。刘氏还统计了毛传说"兴也"的次数，"毛诗传言兴百十有六"，以毛传具体诗篇的"兴"来解释"兴观群怨"之"兴"。然而刘宝楠仍然保留了一点"兴"的原意，不过引《礼记·学记》的结论是，把孔安国"引譬"解释为"博依"，把"连类"解释为"意中兼有赋、比也"。

---

① 此段引文均为刘氏正义，参见(清)刘宝楠撰，高流水点校：《论语正义》，第689页。
② (清)刘宝楠撰，高流水点校：《论语正义》，第690页。
③ 李学勤主编：《周礼注疏》，《十三经注疏(标点本)》，第610页。

二、《周礼》六诗之"兴"

《周礼》六诗见于两处，《春官·大师》之六诗和《春官·大司乐》之乐语。先看六诗：

《周礼·春官·大师》

大师掌六律六同，以合阴阳之声……教六诗：曰风，曰赋，曰比，曰兴，曰雅，曰颂，以六德为之本，以六律为之音。大祭祀，帅瞽登歌，令奏击拊，下管播乐器，令奏鼓鼗。大飨亦如之。大射，帅瞽而歌射节。大师，执同律以听军声，而诏吉凶。大丧，帅瞽而廞；作匶，谥。凡国之瞽矇正焉。①

郑玄对六诗之"兴"解释为"兴，见今之美，嫌於媚谀，取善事以喻劝之"，和"兴者，托事於物"。注意"兴者"这个概念，毛诗郑笺一直用此术语。

教，教瞽矇也。风，言贤圣治道之遗化也。赋之言铺，直铺陈今之政教善恶。比，见今之失，不敢斥言，取比类以言之。兴，见今之美，嫌于媚谀，取善事以喻劝之。雅，正也，言今之正者，以为后世法。颂之言诵也，容也，诵今之德，广以美之。

郑司农云："古而自有风雅颂之名，故延陵季子观乐于鲁时，孔子尚幼，未定《诗》、《书》，而因为之歌《邶》、《鄘》、《卫》，曰'是其《卫风》乎'，又为之歌《小雅》、《大雅》，又为之歌《颂》。《论语》曰：'吾自卫反鲁，然后乐正，《雅》、《颂》各得其所。'时礼乐自诸侯

---

① 李学勤主编：《周礼注疏》，《十三经注疏（标点本）》，第607~614页。

出，颇有谬乱不正，孔子正之。曰比曰兴，比者，比方于物也。兴者，托事于物。"①

后孔颖达引郑玄此文，提出"三体三用说"，王安石继之。郑玄引郑众，"风雅颂"之名，古已有之。"比兴"之名，为孔子删诗正乐所创。所举例为"季札观乐"时，孔子还小。郑众这个看法很有意思。举先秦文献，《左传》季札观乐、《礼记·乐记》《荀子·儒效》，乃至上博简《孔子诗论》，皆有"风雅颂"，而不见"比兴"之名。

《孔子诗论》有两次提到"喻"（毛传郑笺在解释"兴"时常用"喻"字），但未见"比""兴"。"兴"之名只见于《论语》《周礼》《诗大序》。郑众因此推断"比兴"之名由孔子创制。贾公彦疏以为证《周礼》之真："而先郑引《春秋》为证者，以时人不信《周礼》者，故以《春秋》为证，以与《春秋》同，明此是周公所作耳。"未明其义。

再看《大司乐》之乐语：

《周礼·春官·大司乐》

大司乐掌成均之法，以治建国之学政，而合国之子弟焉。凡有道者有德者，使教焉，死则以为乐祖，祭于瞽宗。以乐德教国子中、和、祗、庸、孝、友。以乐语教国子兴、道、讽、诵、言、语。以乐舞教国子舞《云门》、《大卷》、《大咸》、《大磬》、《大夏》、《大濩》、《大武》。以六律、六同、五声、八音、六舞、大合乐，以致鬼神示，以和邦国，以谐万民，以安宾客，以说远人，以作动物。乃分乐而序之，以祭，以享，以祀。②

---

① 李学勤主编：《周礼注疏》，《十三经注疏（标点本）》，第 610~611 页。
② 李学勤主编：《周礼注疏》，《十三经注疏（标点本）》，第 573~580 页。

郑玄注曰："兴者，以善物喻善事。道，读曰导。导者，言古以剀今也。倍文曰讽，以声节之曰诵，发端曰言，答述曰语。"①而在上篇六诗，郑玄注："兴，见今之美，嫌于媚谀，取善事以喻劝之。"相同之处有二，一曰"善"，二曰"喻"。郑众"兴者，托事于物"中已含"喻"义。而"善"义为郑玄所加。至此，我们已明白，郑玄确立了周礼六诗"兴"的政教化和经典化。

但是郑玄在实际笺《诗》时，也将兴的对象指向"恶"。《邶风·柏舟》："舟，载渡物者，今不用，而与物汎汎然俱流水中。兴者，喻仁人之不见用，而与群小人并列，亦犹是也。"②《齐风·南山》："雄狐行求匹耦于南山之上，形貌绥绥然。兴者，喻襄公居人君之尊，而为淫泆之行，其威仪可耻恶如狐。"③

故贾公彦作疏时，为了使得《周礼》与《毛诗》之经义更为圆融，说："此亦使有道有德教之。云'兴者，以善物喻善事'者，谓若老狼兴周公之辈，亦以恶物喻恶事，不言者，郑举一边可知。"④

王安石《周官新义》更加明确了孔颖达的"三体三用"说："风、雅、颂，诗之体；赋、比、兴，诗之用。六德所谓中和祗庸孝友也。以六德为之本，故虽变，犹止乎礼义；以六律为之音，则《书》所谓'声依永律和声'。"⑤"赋、比、兴，诗之用"即是强调诗之政教功能。

孙怡让《周礼正义》认为乐语之"兴"与六诗之"兴"差别不大，"案此言语之兴，与六诗之兴义略同"⑥。而孙氏在解释六诗之"兴"时，直接等同于《诗大序》之六义。并讨论孔疏之看法。

① 李学勤主编：《周礼注疏》，《十三经注疏（标点本）》，第575页。
② 孔祥军点校：《毛诗传笺》，中华书局2018年版，第35页。
③ 孔祥军点校：《毛诗传笺》，中华书局2018年版，第132页。
④ 李学勤主编：《周礼注疏》，《十三经注疏（标点本）》，第575页。
⑤ （宋）王安石撰，吴人整理，朱维铮审阅：《周官新义》，上海书店出版社2012年版，第372页。
⑥ （清）孙诒让撰，王文锦、陈玉霞点校：《周礼正义》，中华书局2013年版，第1724页。

综上，《论语》"兴观群怨"之阐释，更偏重"兴"之"感发"内涵。《周礼》六诗之"兴"，偏重"兴"之"喻善"内涵。

三、《诗序》六义之"兴"

《诗》之六义的提法，首见于《毛诗序》："故诗有六义焉：一曰风，二曰赋，三曰比，四曰兴，五曰雅，六曰颂。"①然而《毛诗序》只解释了"风雅颂"的概念，"风，风也，教也；风以动之，教以化之"②，"雅者，正也，言王政之所由废兴也。政有小大，故有小雅焉，有大雅焉。颂者，美盛德之形容，以其成功告于神明者也。是谓四始，诗之至也"。③

对于"赋比兴"未置一词，这与先秦文献中"比兴"不见，而多有"风雅颂"同。《诗序》此句注解只有孔疏。孔疏未用《论语》之"兴"而全用郑玄，开篇即将《诗序》六义等同于《周礼》六诗，"《大师》上文未有'诗'字，不得径云'六义'，故言'六诗'。各自为文，其实一也"。④ 而孙诒让在解《周礼》时，又将其等同于六义，回到孔疏，真为阐释循环。⑤ 孔颖达也同贾公彦一样，补充了郑玄"喻善"的理论，以为"其实美、刺俱有比、兴者也"，是"兴起志意赞扬之辞"。而"兴起志意"则更多地源于《论语》"兴观群怨"，此处孔糅合了两种理论来源。孔、贾疏是对郑玄的补充说明及再阐释，而不是反驳。

六义次第如此者，以诗之四始，以风为先，故曰"风"。风之所用，以赋、比、兴为之辞，故于风之下即次赋、比、兴，然后次以雅、颂。雅、颂亦以赋、比、兴为之，既见赋、比、兴于风之下，明

① 孔祥军点校：《毛诗传笺》，中华书局2018年版，第1页。
② 孔祥军点校：《毛诗传笺》，第1页。
③ 孔祥军点校：《毛诗传笺》，第2页。
④ 李学勤主编：《毛诗正义》，《十三经注疏(标点本)》，第11页。
⑤ 参见(清)孙诒让撰，王文锦、陈玉霞点校：《周礼正义》，第1843页。

雅、颂亦同之。郑以赋之言铺也，铺陈善恶，则诗文直陈其事，不譬喻者，皆赋辞也。①

前文已述孔颖达引郑玄之辞，首次提出"三体三用"说。孔颖达还解释了六义之次第，认为"赋、比、兴为之辞"，是"风之所用"。

接着是引郑众"兴者，托事于物"，说"则兴者起也。取譬引类，起发己心，诗文诗举草木鸟兽以见意者，皆兴辞也"论证。袁劲《"兴"义阐释史中的显隐维度》以为"取譬""起情"均出于《文心雕龙》。② "取譬引类"为孔安国注。"起发己心"和"起情故兴体以立"之间还是有较大差距，此说值得商榷，但"起发己心"也确实带有感发论色彩。

> 赋、比、兴如此次者，言事之道，直陈为正，故《诗经》多赋在比、兴之先。比之与兴，虽同是附讬外物，比显而兴隐。当先显后隐，故比居兴先也。毛传特言兴也，为其理隐故也。风、雅、颂者，皆是施政之名也。

孔颖达"赋比兴"是"言事之道"，"风雅颂"是"施政之名"。区别比兴，以为"比显兴隐"才有点刘勰《文心雕龙·比兴》的影子：

> 《诗》文宏奥，包韫六义；毛公述《传》，独标"兴体"，岂不以"风"通而"赋"同，"比"显而"兴"隐哉？故比者，附也；兴者，起也。附理者切类以指事，起情者依微以拟议。起情故兴体以立，附理故比例以生。比则畜愤以斥言，兴则环譬以托讽。盖随时之义不一，故诗人之志有二也。③

---

① 李学勤主编：《毛诗正义》，《十三经注疏(标点本)》，第11~13页。下同。

② 袁劲：《"兴"义阐释史中的显隐维度》，《中国美学研究(第十九辑)》2022年第1期，第69页。

③ 杨明照：《增订文心雕龙校注》，中华书局2012年版，第452页。

孔疏确实杂糅百家，甚至引《老子》释经。但孔疏不会明引《文心雕龙》，但确实又有其影子。可见，后世文学创作、文学理论中的"兴"，也可能会反过来影响经学的阐释。最后，孔颖达明确提出了"三体三用"说，以"风雅颂"为"诗篇之异体"，以"赋比兴"为"诗文之异辞"。又上文"赋、比、兴为之辞"，是"风之所用"，故"赋比兴"为"用"。

> 然则风、雅、颂者，诗篇之异体；赋、比、兴者，诗文之异辞耳，大小不同，而得并为六义者，赋、比、兴是诗之所用，风、雅、颂是诗之成形，用彼三事，成此三事，是故同称为义，非别有篇卷也。《郑志》："张逸问：'何诗近于比、赋、兴？'答曰：'比、赋、兴，吴札观诗已不歌也。孔子录《诗》，已合风、雅、颂中，难复摘别。篇中义多兴。'"逸见风、雅、颂有分段，以为比、赋、兴亦有分段，谓有全篇为比，全篇为兴，欲郑指摘言之。郑以比、赋、兴者直是文辞之异，非篇卷之别，故远言从本来不别之意。

孔疏之"兴"，主要沿着郑玄《周礼》六诗"喻善"之义，明确了"三体三用"说。但郑玄说"取善事以喻劝之"，孔疏说"为风之用"，此其小异。但若考虑到《诗序》"风，风也，教也；风以动之，教以化之"，也近于郑玄之说。而孔疏言"起发已心""兴起志意赞扬之辞"则有感发论色彩，本起源为《论语》"兴观群怨"之"兴"。孔疏言"比显兴隐"，带有《文心雕龙》的影子。

至此，《论语》和《周礼》之"兴"义，融合在孔疏对《诗序》的阐释中。而孔疏被确立为正经的官方解释，影响深远。清孙诒让《周礼正义》又采《毛诗序》孔疏的观点以证《周礼》，实为阐释循环。

四、毛传郑笺"兴"之比较

以上《论语》《周礼》《诗序》为各家对"兴"之理论看法。而毛传对"兴"的看法，散见于具体《诗》篇。而《诗》篇中郑笺与其在《周礼》中所注的兴，也存在着不尽相同之处。清刘宝楠即统计了"毛诗传言兴百十有六"。今作表继续统计，确为一百一十六处（见附录）。其中毛以为"兴也"，而郑不言"兴者"之诗共有 26 首，兹列表如下：

毛传郑笺"兴"体比较表①

篇 目	诗 句	毛 传	郑 笺
《周南·关雎》	关关雎鸠，在河之洲。	兴也……后妃说乐君子之德，无不和谐，又不淫其色，慎固幽深，若关雎之有别焉，然后可以风化天下。夫妇有别则父子亲，父子亲则君臣敬，君臣敬则朝廷正，朝廷正则王化成。	挚之言至也，谓王雎之鸟，雌雄情意至然而有别。
《周南·卷耳》	采采卷耳，不盈顷筐。	忧者之兴也。采采，事采之也。	器之易盈而不盈者，志在辅佐君子，忧思深也。
《召南·行露》	厌浥行露，岂不夙夜？谓行多露！	兴也。厌浥，湿意也。行，道也。岂不，言有是也。	厌浥然湿，道中始有露，谓二月中嫁取时也。言我岂不知当早夜成昏礼与？谓道中之露大多，故不行耳。今强暴之男，以此多露之时，礼不足而强来，不度时之可否，故云然。《周礼》仲春之月，令会男女之无夫家者，行事必以昏昕。

---

① 所引《诗》及传笺参见孔祥军点校：《毛诗传笺》，中华书局 2018 年版。

159

篇 目	诗 句	毛 传	郑 笺
《邶风·绿衣》	绿兮衣兮，绿衣黄里。	兴也。绿，间色。黄，正色。	褖兮衣兮者，言褖衣自有礼制也。诸侯夫人祭服之下，鞠衣为上，展衣次之，褖衣次之。次之者，众妾亦以贵贱之等服之。鞠衣黄，展衣白，褖衣黑，皆以素纱为里。今褖衣反以黄为里，非甚礼制也，故以喻妾上僭。
《邶风·匏有苦叶》	匏有苦叶，济有深涉。	兴也。匏谓之瓠，瓠叶苦不可食也。济，渡也。由膝以上为涉。	瓠叶苦而渡处深，谓八月之时，阴阳交会，始可以为昏礼，纳采、问名。
《邶风·谷风》	习习谷风，以阴以雨。	兴也。习习，和舒貌。东风谓之谷风。阴阳和而谷风至，夫妇和则室家成，室家成而继嗣生。	—
《邶风·泉水》	毖彼泉水，亦流于淇。	兴也。泉水始出，毖然流也。淇，水名也。	泉水流而入淇，犹妇人出嫁于异国。
《鄘风·柏舟》	汎彼柏舟，在彼中河。	兴也。中河，河中。	舟在河中，犹妇人之在夫家，是其常处。
《鄘风·墙有茨》	墙有茨，不可埽也。	兴也。墙所以防非常。茨，蒺藜也。欲埽去之，反伤墙也。	国君以礼防制一国，今其宫内有淫昏之行者，犹墙之生蒺藜。

篇 目	诗 句	毛 传	郑 笺
《卫风·淇奥》	瞻彼淇奥，绿竹猗猗。	兴也。奥，隈也。绿，王刍也。竹，篇竹也。猗猗，美盛貌。武公质美德盛，有康叔之馀烈。	—
《卫风·竹竿》	籊籊竹竿，以钓于淇。	兴也。籊籊，长而杀也。钓以得鱼，如妇人待礼以成为室家。	—
《卫风·有狐》	有狐绥绥，在彼淇梁。	兴也。绥绥，匹行貌。石绝水曰梁。	—
《王风·兔爰》	有兔爰爰，雉离于罗。	兴也。爰爰，缓意。鸟网为罗。言为政有缓有急，用心之不均。	有缓者，有所听纵也；有急者，有所躁蹙也。
《郑风·野有蔓草》	野有蔓草，零露漙兮。	兴也。野，四中之外。蔓，延也。漙，漙然盛多也。	零，落也。蔓草而有露，谓仲春之时，草始生，霜为露也。《周礼》"仲春之月，令会男女之无夫家者"。
《魏风·园有桃》	园有桃，其实之殽。	兴也。园有桃，其实之食。国有民，得其力。	魏君薄公税，省国用，不取于民，食园桃而已。不施德教民，无以战，其侵削之由，由是也。
《唐风·山有枢》	山有枢，隰有榆。	兴也。枢，荎也。国君有财货而不能用，如山隰不能自用其财。	—

篇　目	诗　句	毛　传	郑　笺
《唐风·绸缪》	绸缪束薪，三星在天。	兴也。绸缪，犹缠绵也。三星，参也。在天，谓始见东方也。男女待礼而成，若薪刍待人事而后束也。三星在天，可以嫁娶矣。	三星，谓心星也。心有尊卑，夫妇父子之象，又为二月之合宿，故嫁娶者以为候焉。昏而火星不见，嫁娶之时也。今我束薪于野，乃见其在天，则三月之末，四月之中，见于东方矣，故云"不得其时"。
《唐风·杕杜》	有杕之杜，其叶湑湑。	兴也。杕，特貌。杜，赤棠也。湑湑，枝叶不相比也。	—
《唐风·葛生》	葛生蒙楚，蔹蔓于野。	兴也。葛生延而蒙楚，蔹生蔓于野，喻妇人外成于他家。	—
《秦风·晨风》	鴥彼晨风，郁彼北林。	兴也。鴥，疾飞貌。晨风，鹯也。郁，积也。北林，林名也。先君招贤人，贤人往之，驶疾如晨风之飞入北林。	先君谓穆公。
《小雅·鹿鸣之什·伐木》	伐木丁丁，鸟鸣嘤嘤。	兴也。丁丁，伐木声也。嘤嘤，惊惧也。	丁丁、嘤嘤，相切直也。言昔日未居位，在农之时，与友生于山岩，伐木为勤苦之事，犹以道德相切正也。嘤嘤，两鸟声也。其鸣之志，似于有友道然，故连言之。

续表

篇 目	诗 句	毛 传	郑 笺
《小雅·鹿鸣之什·杕杜》	有杕之杜，有睆其实。	兴也。睆，实貌。杕杜犹得其时蕃滋，役夫劳苦，不得尽其天性。	—
《小雅·南有嘉鱼之什·菁菁者莪》	菁菁者莪，在彼中阿。	兴也。菁菁，盛貌。莪，萝蒿也。中阿，阿中也，大陵曰阿。君子能长育人材，如阿之长莪菁菁然。	长育之者，既教学之，又不征役也。
《小雅·节南山之什·小宛》	宛彼鸣鸠，翰飞戾天。	兴也。宛，小貌。鸣鸠，鹘雕。翰，高。戾，至也。行小人道，责高明之功，终不可得。	—
《小雅·甫田之什·车舝》	间关车之舝兮，思娈季女逝兮。	兴也。间关，设舝也。娈，美貌。季女，谓有齐季女也。	逝，往也。大夫嫉褒姒之为恶，故严车设其舝，思得娈然美好之少女有齐庄之德者，往迎之，以配幽王，代褒姒也。既幼而美，又齐庄，庶其当王意。
《小雅·鱼藻之什·采绿》	终朝采绿，不盈一匊。	兴也。自旦及食时为终朝。两手曰匊。	绿，王刍也，易得之菜也。终朝采之而不满手，怨旷之深，忧思不专于事。

纵观全表，毛传以为"兴也"，而郑笺不以为"兴者"的原因，多是毛传

以为虚写，而郑笺以为写实。具体可分为三类：第一类，是有关礼制等级的问题，尤其是涉及《周礼》婚礼嫁娶。第二类，郑笺以此句为历史史实。第三类，郑笺用了"犹""喻"等词汇，表达了类似"兴"的含义，但没有用明确术语"兴者"指出。

先看第一类。尤其是《国风》中许多爱情诗，涉及婚礼时间的问题。如《召南·行露》将"谓行多露"理解为实写，表示时间二月，由此引申至"谓二月中嫁取时也"，从而衍生至"《周礼》仲春之月，令会男女之无夫家者，行事必以昏昕"①。

《邶风·匏有苦叶》以为"瓠叶苦而渡处深，谓八月之时，阴阳交会，始可以为昏礼，纳采、问名"②。《郑风·野有蔓草》同样以为"《周礼》仲春之月，令会男女之无夫家者"③。《唐风·绸缪》言"三星在天"，以为"不得其时"④。

礼制等级《邶风·绿衣》以衣服颜色为礼制等级，"今褖衣反以黄为里，非甚礼制也，故以喻妾上僭"⑤。涉及礼制的问题，郑笺以为是实写，故不以为兴。

第二类，郑以为历史史实，亦不以为兴。《魏风·园有桃》，"魏君薄公税，省国用，不取于民，食园桃而已。不施德教民，无以战，其侵削之由，由是也"⑥。《秦风·晨风》"先君谓穆公"⑦。《小雅·甫田之什·车舝》"大夫嫉褒姒之为恶"⑧。

第三类，郑用"犹"字表明比喻，但没有用"兴"。如《鄘风·柏舟》"舟

---

① 孔祥军点校：《毛诗传笺》，第22、23页。
② 孔祥军点校：《毛诗传笺》，第48页。
③ 孔祥军点校：《毛诗传笺》，第128页。
④ 孔祥军点校：《毛诗传笺》，第151~152页。
⑤ 孔祥军点校：《毛诗传笺》，第37页。
⑥ 孔祥军点校：《毛诗传笺》，第141页。
⑦ 孔祥军点校：《毛诗传笺》，第167页。
⑧ 孔祥军点校：《毛诗传笺》，第324页。

在河中，犹妇人之在夫家，是其常处"①。《邶风·泉水》"泉水流而入淇，犹妇人出嫁于异国"②。

最有意思的是《氓》，"桑之落矣，其黄而陨"，毛传郑笺均未言"兴"，而孔疏极力言之，打破了"疏不破注"的惯例。"正义曰：言桑者，女功之所起，故此女取桑落与未落，以兴己色之盛衰。毛氏之说，《诗》未有为记时者，明此以为兴也。"③

这说明，毛传郑笺对实际诗篇的注解判例，为"兴"之涵义重要一环。比较朱熹《诗集传》，言"兴也"次数远多于毛传。毛传只注首章首句，而朱熹则每句皆注。

如《关雎》，毛传只在首章首句"关关雎鸠，在河之洲"后注"兴也"。而朱熹则在下两章"参差荇菜，左右流之""参差荇菜，左右采之"后均注"兴也"。以其"兴者，先言他物以引起所咏之辞"，确实可通。

也就是说，"兴"不仅是《论语》"兴观群怨"、《周礼》六诗、《诗序》六义中的概念理论，也是具体诗篇的阐释判例。而这种判例的累积，会扩展"兴"概念的内涵外延，使得孔疏不惜破注，也要指出《氓》用了"兴"。

五、结语

总结来看，尽管《诗经》"兴"体的阐释众说纷纭。归根结底，从先秦文献上看，其脉络却有迹可寻。相对于"风雅颂"，"比兴"之名少见于先秦文献。只出现在《论语》《周礼》与《毛诗序》中。

《论语》"兴观群怨"句，孔安国古注"引譬连类"，是"兴"感发涵义的文献来源。至朱熹注"感发志意"，正式确立其地位。"兴于诗"包咸注用本义，为学习儒家经典顺序。后此句阐释，为"兴观群怨"之"兴"所影响。

① 孔祥军点校：《毛诗传笺》，第65页。
② 孔祥军点校：《毛诗传笺》，第57页。
③ 李学勤主编：《毛诗正义》，《十三经注疏(标点本)》，第232页。

　　《周礼》六诗"风赋比兴雅颂"、乐语教国子"兴道讽诵言语。"郑玄注为"见今之美，嫌于媚谀，取善事以喻劝之""以善物喻善事"。核心相同，即"善喻"。与郑众"托事于物"相比，增加了"善"的政教化解释。

　　《毛诗序》正式提出"诗之六义"。孔疏是对其最权威的解释。孔疏将六义等同于《周礼》六诗，主要采纳政教化解释，明确"三体三用"说。孔疏虽没有引用《论语》，其起发己心""兴起志意"带有感发论色彩，可追溯至《论语》"兴观群怨"。另外，在"比显兴隐"的比较中，可以略见《文心雕龙》的影子。在后世，诗学、文学之"兴"可能会反过来影响《诗经》"兴"的概念。

　　最后，毛传郑笺在具体诗篇中的阐释判例，会扩展"兴"概念的内涵外延，使得孔疏不惜破注，也要指出《氓》用了"兴"。而郑笺中"兴者"也用于刺，与其"善喻"不尽一致，使得贾公彦和孔颖达作疏补救。

　　《论语》《周礼》以及毛传郑笺之"兴"义，融合在孔疏对《诗序》的阐释中。而孔疏被确立为正经的官方解释，影响深远。清孙怡让《周礼正义》又采《毛诗序》孔疏的观点以证《周礼》，实为阐释循环。

校订：林笑吟　潘灏

晚明河南士人吕坤女教书特色与传播探析

——以《闺范》为中心

宫健男 *

摘　要：万历时期学者吕坤出于教化目的创作了以底层妇女为阅读对象的《女小儿语》《闺范》《闺诫》三部女教书，致力于文化恢复传统儒家人伦秩序。他的女教书通俗易懂、易于传播，开明清通俗化女教书之先河，进一步促进了对妇女在道德与层面的教育。其中《闺范》一书在体例上有所创新，实践了朱熹提出的语录与事迹并行的女教书模式。这三部女教书不仅在当时影响颇大，后世与周边国家皆视其为重要的教化书籍并多所刊刻。

关键词：女教书；吕坤；女性教育；经世思想

万历时期学者吕坤（1536—1618）所作的女教书《闺范》因涉及"争国本"一事而受到关注，而《闺范》对明清时期的女性教育同样具有重要意义。吕坤除《闺范》外仍创作了《女小儿语》《闺诫》等女教书，在他《实政录》《宗约歌》等书中也含有大量教化女性的内容。他在仕宦及乡居期间，于山西、河南等地积极推行教育、保护妇女的政策。研究者对明代女教书已经有所研究，其中对于私修女教书多从其文本本身入手，与作者生平及其著作进

＊宫健男，华中科技大学人文学院 2021 级古代文学专业硕士研究生。本文系"2023 文言樱花会"暨武汉大学文学院第四届研究生学术论坛"中国古代文学（一）"分会场发言论文。

行联系的整体研究还有进一步深究的空间。① 吕坤是明代万历时期的经世名臣，字叔简，号新吾。嘉靖中生于河南宁陵，官至刑部侍郎，终因万历封贡之败而致仕，② 清道光六年（1826）获从祀孔庙。吕坤的生平、哲学思想、经世主张、教育著述都得到了研究者的关注。③ 对于他的女教书的研究，多集中于《闺范》一书。④ 本文旨从作者生平的角度出发，论析《女小儿语》《闺范》《闺戒》三部女教书的创作动机、特点与创新之处，并着重考察《闺范》一书的内容及知识来源，以期进一步完善吕坤以及明代女教书的研究。

一、撰作女教书的缘起

吕坤创作女教书的动机与自身经历、思想主张紧密相关，他为解决社

① 关于明代官方修书的相关研究，有李晋华编：《明代敕撰书考·附引得》，哈佛燕京学社 1932 年版；周中梁：《明代敕撰教化书籍研究》，香港理工大学 2018 年博士学位论文；关于明代妇女教育的研究有陈宝良：《明代的妇女教育及其转向》，《社会科学辑刊》2009 年第 6 期；谢贵安、谢盛：《明代宫廷教育史》，故宫出版社 2015 年版。

② 解扬：《万历封贡之败与君臣关系的恶化——以吕坤（1536—1618）万历二十五年被迫致仕为线索》，《中国史研究》2009 年第 2 期。

③ 郑涵：《吕坤年谱》，中州古籍出版社 1985 年版；马涛：《吕坤评传》，南京大学出版社 2011 年版；朱鸿林：《儒者思想与出处》，生活·读书·新知三联书店 2015 年版，第 407~415 页；解扬：《政治与事君：吕坤〈实政录〉及其经世思想研究》，生活·读书·新知三联书店 2011 年版；Joanna F. Handlin, Action in late Ming : The Reorientation of Lü Kun and Other Scholar-officials, Berkeley: University of California Press, 1983, pp. 143~161；沟口雄三著，龚颖译：《中国前近代思想的屈折与展开》，生活·读书·新知三联书店 2011 年版，第 46~73 页。

④ 奚丽芳、吴艳红：《〈闺范〉与"妻"之构想：明代中后期夫妻关系的历史解析》，《求是学刊》2017 年第 5 期；赵秀丽：《明代女性教化体系的建构》，《山西师大学报》（社会科学版）2008 年第 2 期；赵秀丽：《明代大儒吕坤的女性观及实践》，《商丘师范学院学报》2008 年第 2 期；张秀春：《试论〈闺范〉与国本之争》，《中国典籍与文化》2005 年第 2 期；蔡晓飞：《清代女教书研究》，河南师范大学 2012 年硕士学位论文；任炜华：《中国古代女子教材研究——以〈列女传〉、〈女论语〉和〈闺范〉为中心》，曲阜师范大学 2015 年硕士学位论文；张倩：《古代女教书籍版画插图研究——以明清〈列女传〉刊本为中心》，江南大学 2019 年硕士学位论文。

会现实问题创作了《女小儿语》《闺范》《闺诫》三部女教书。吕坤始终对社会问题十分关心，仕宦时对边患、赈灾、水利等社会问题多次上疏。吕坤在《闺范》中直言自己观察到的社会现状："闺门中人竟弃之礼法之外矣。"①有研究者指出，吕坤的这段记载全面地反映了晚明妇女生活及其行为方式诸方面所出现的新动向，无疑是当时妇女生活的实录。② 为解决妇女不尊礼法的社会问题，吕坤希望通过教化的方式使其各安其分，故《闺范》中采取了人伦关系的分类方式。吕坤对妇女各安其分的要求与其定分思想密不可分。所谓定分，即履行与自己的社会身份相符合的职责。③ 吕坤认为："世间千种人，万般物，百样事，各有分量，各有等差，只各安其位而无一毫拂戾不安之意，这便是太平。"④社会上的人地位并不是平等的，但处于不同的社会地位要履行应当的社会职责。每个人不应僭越，也不应逃避。《闺范》一书中按照女性社会身份进行分类的体例最能体现这一思想，即是强调女性的职责会随着自身身份的变化而变化。因此，吕坤希望妇女遵守礼法所要求的职责，以实现其社会理想。

吕坤不仅敢于直言社会中妇女的问题，对君臣的错误也进行了批评。《明史》评价吕坤"刚介峭直"⑤，颇具代表性。吕坤提出："士君子到一个地位，就理会一个地位底职分……一日在官，一日尽职，岂容一日苟禄尸位哉!"⑥这是对他君臣的职责的要求，在他的女教书中亦有体现。如"奉天二窦"中，姐妹二人为盗贼胁迫而自尽。吕坤借此事表达了对普通百姓遭遇战乱的无奈与同情："离乱妇女，委身于兵刃，寄命于蓬蒿，逃无所往，生难自存，亦可悲矣!"⑦他认为祸乱非因妇女而起，而是君臣没有履

① （明）吕坤：《闺范序》，《吕坤全集》，王国轩、王秀梅整理，中华书局 2008 年版，第 1409 页。
② 陈宝良：《狂欢时代：生活在明朝》，人民出版社 2020 年版，第 445~446 页。
③ 解扬：《政治与事君：吕坤〈实政录〉及其经世思想研究》，第 131 页。
④ （明）吕坤：《呻吟语》卷五《治道》，《吕坤全集》，第 846 页。
⑤ （清）张廷玉等撰：《明史》，中华书局 1974 年版，第 5943 页。
⑥ （明）吕坤：《呻吟语》卷五《治道》，《吕坤全集》，第 863 页。
⑦ （明）吕坤：《詹氏全亲》，《吕坤全集》，第 1476 页。

行自己的职责，从而对君主提出了批评：

> 夫人君淫纵豪奢，多欲喜事，则赋敛日急。赋欲急，则海内日
> 贫，凶民壮士，负气不平，衣食无赖，而有司法令烦苛，胥肆诛求，
> 以激其不逞之怒。由是劫掠货财，屠戮男女，江河流赤子之血，原野
> 积征夫之骨，兵连祸结，而社稷遂亡。人君亦何利哉？始知保四海之
> 民者，乃所以奠万世之安，而君崇节俭，官诛贪饕，乃已乱之源也。①

吕坤指出国家灭亡是因为皇帝骄奢淫逸、大兴土木，使得国库空虚。
官吏为充盈国库，只能不断加税，结果导致滋生民变。流民为求生只得四
处劫掠，使得更多的百姓加入农民起义的队伍，最终颠覆政权。而祸乱的
根源则是君主和官吏没有做好分内之事，因此君臣都应当定分，国家才能
长盛不衰，百姓才能避兵燹之灾。若国家已经陷入危局，君臣应当承担更
多的责任以挽救时局。"和政公主"是唐肃宗第三女，在安史之乱时救出自
己寡居的姐姐宁国公主。吕坤表扬她："恩抚孤姪，远避朝权，授矢平贼，
仗义论盗，疏财助国，上疏恤民，怜布思之妻，策社稷之计，善行不可悉
述。"②吕坤借此事表达了他对君臣职责的要求，即在国家危难时应当有所
作为。万历时，君臣冲突的事件屡见不鲜，吕坤认为皇帝应当构建宽松而
近于人情的政治环境。吕坤借"寄征人诗"称赞了圣祖（明太祖朱元璋）立下
的后宫制度：不拘束妇人，允许她们返乡嫁人。这既符合自然规律，又体
贴人情。靖难之役结束后，抵抗燕王朱棣的守将铁铉之女拒绝受辱，文皇
帝（明成祖朱棣）将其释放。吕坤除了称赞铁铉二女守节、有文采外，还称
赞了文皇帝体贴人情、维持风教是圣人之德，应当为后世帝王所学习。③
吕坤作《闺范》一书时正任山西等处提刑按察司按察使，因此在书中出现了
有关提刑官、地方官的故事。书中"仁母"一类共收录四人，其中三位母亲

---

① （明）吕坤：《詹氏全亲》，《吕坤全集》，第 1476~1477 页。
② （明）吕坤：《和政公主》，《吕坤全集》，第 1558~1559 页。
③ （明）吕坤：《上刑官诗》，《吕坤全集》，1485~1486 页。

都教育儿子在任地方官时要体恤百姓，施以仁义教化，治理刑狱要仔细审问，不得滥杀无辜。① 三个故事中所主张的轻刑狱，恰是吕坤当时的职责所在与政治主张，也是吕坤对提刑官员的要求。

吕坤儿时经历过饥荒，青年时又经历流民暴乱，因此他尤为重视勤俭禁奢。他痛恨奢侈铺张的行为："若富若贵，若纷华丰侈之夺心眩目，吾甚厌之。"②吕坤也告诫自己的孩子追求宫室车马、衣服饮食、童仆器用等外在的物质奢华是俗心肠、低见识。③ 这样的勤俭禁奢思想在他的女教书中亦有体现，《闺范》序言中描绘了富贵人家女子奢侈的现象："恣长骄奢之性，首满金珠。"④吕坤以《关雎》一诗为例，称赞文王之妻贵为后妃尚且节俭，普通人更当如此。⑤ 他不仅表彰勤俭的行为，也认为教子勤俭是母亲的分内之事。在《闺范》中即选取了两个母亲教育儿子勤俭廉洁，不忧虑于贫困的故事。⑥ 他对富贵家女子奢侈行为的批评，实际上是对整个社会浮奢之风的批评与教育。除教育外，吕坤也将勤俭的主张落到实处。吕坤在山西任职时，主张设立社仓。让百姓在丰年时留出一部分储藏在社仓中，以便荒年时救急。

在吕坤教化女性的背后，是他教化民众的愿望。吕坤对于底层百姓和弱势群体尤为关心，不仅积极宣扬教化，并尝试采取一系列措施对其进行保护。吕坤除撰写专门教化女性的书籍外，仍有教化普通百姓的书籍。如《小儿语》便是为男童所作，《宗约歌》则以宗族为教化对象，还有《好人歌》这类劝善歌谣。在山西地方上施行的乡约，以地方百姓为受众，以劝善、勤俭、戒耻为主要内容。除教育外，吕坤在山西、济南等地设立了养济院，对于鳏寡孤独废疾者进行体恤。没有改嫁的寡妇在养济院内是最需

---

① （明）吕坤：《隽不疑母》《严延年母》《欧阳公母》，《吕坤全集》，1541~1543页。

② （明）吕坤：《知足说自警》，《吕坤全集》，第367页。

③ （明）吕坤：《知耻说示儿》，《吕坤全集》，第372页。

④ （明）吕坤：《闺范序》，《吕坤全集》，第1409页。

⑤ （明）吕坤：《诗经》，《吕坤全集》，第1423~1424页。

⑥ （明）吕坤：《吴孟仁母》，《吕坤全集》，第1545~1546页。

要帮助的人群之一，每年给予她们粟、布，并进行表彰，去世时支银三两作为丧葬费用。① 吕坤还强调对于寡妇的保护，详细规定寡妇对遗产继承的权利。即使没有子女，寡妇亦有权继承二顷土地和一处房产，所需要缴纳的税则由其他男性继承人承担。吕坤还要求对族人侵占、盗卖寡妇财产的行为严加处罚。② 吕坤的族人同样是普通的百姓，他年轻时受到父亲与叔父的教育："五世同堂、皆我骨肉……每读范文正公《义田记》，吾甚愧之。"③因此于万历六年（1578）购田五百亩称孝睦田，供族人耕食。吕坤注意到了部分女医师的医术有限，出现了"痊愈者仅十之二三，误杀者却居半数"④的情况。因此他主张对女医师进行专门的教育培训："今后医官医生，将简易方法编为诗歌，各教其妻，其妻再教师婆。"⑤当时妇女儿童的疾病多由女医师医治，因此这项主张不仅能够提高医师的医疗水平，也能够更有效地保障妇女儿童健康。

吕坤以敢于直言社会问题而闻名后世，他不仅关注国事，对于百姓生计、社会风气也尤为关注。他注意到妇女不尊礼法的社会现象，因此希望通过教育她们来恢复社会秩序。同时，他教育妇女勤俭、采取保护措施的背后体现的是他对整个社会不良风气与老弱群体的关怀。吕坤的主张与他的人生经历息息相关，他幼年经历战乱，青年时被父亲教育关注族人与童蒙，仕宦时又担任地方上的提刑官员。因此，他所关注的社会问题不仅十分广泛，并且都是他的人生经验所得。

二、内容与形式的特点

吕坤的女教书具有通俗化的特点，所体现的女教思想也更为理性。吕

---

① （明）吕坤：《存恤茕孤》，《吕坤全集》，第 965~966 页。
② （明）吕坤：《恶风十戒》，《吕坤全集》，第 1004 页。
③ （明）吕坤：《宁陵吕氏孝睦田碑》，《吕坤全集》，第 470 页。
④ （明）吕坤：《宪纲十要》，《吕坤全集》，第 1133 页。
⑤ （明）吕坤：《振举医学》，《吕坤全集》，第 978 页。

坤主张妇女在生死问题上做出理性的选择，同时采取更为通俗的方式来传播自己的女教书。当妇女要面对生命与贞节的选择时，吕坤认为生命重于贞节。若妇女遇到危险情况时，要尽可能地使用智谋来保全自己的性命或者最大的利益。

吕坤提出了自己的节妇标准："夫中正寝，而妇自杀以殉，余不录。"①即反对盲目的自杀以守节，而"不爱死，不求死，不得已而后死"②则是可以被接受的。吕坤认为守节是妇人的分内之事，而"自杀以殉"是不应该效仿的。在《闺范》"烈女"类中，吕坤只选取了三个故事，占比不到全书的2%。盲从礼节而牺牲生命同样是不可取的，如在一女子在野外宁愿被毒蚊咬死也不愿意同男子避于帐的故事中，吕坤感慨道："少避须臾，谁得而议之？"③因此当妇女遇到生命危险时，应以保全性命为先。如《闺范》中将"谢娥杀盗"与"王女击贼"二事作为对比。谢小娥的父亲为强盗所杀害，谢小娥趁强盗酒后熟睡时擒杀了他们。而王氏女则选择直接刺杀她的杀父仇人，终失败而自杀。吕坤称赞她们的孝心，但吕坤认为王女应当像谢小娥一样，在不牺牲自己性命的前提下凭智谋复仇。④ 在"韩氏从军"的故事中，韩氏为乱军所俘后伪装成男性，最终获救。吕坤再度阐明他对生命与贞节的看法：慷慨赴死的人勇敢，保全自身者智慧，只有无可奈何时才应当选择放弃生命。而韩氏这样的行为，是正确而应当被学习的。⑤吕坤主张妇女在遵守礼的前提下尽可能地保全自己的生命，鼓励妇女多用智谋获取最大的利益。当妇女面对不得已而死的情况时，吕坤也不再对"烈女""节女"的行为进行单纯的赞赏，而是对杀人者进行痛斥以及表达对乱世百姓的哀怜。

吕坤的女教书将底层妇女纳入教化的范围内，力图纠正前代女教书深

---

① （明）吕坤：《杞梁之妻》，《吕坤全集》，第1504页。
② （明）吕坤：《杞梁之妻》，《吕坤全集》，第1504页。
③ （明）吕坤：《高邮死蚊》，《吕坤全集》，第1479页。
④ （明）吕坤：《谢娥杀盗》《王女击贼》，《吕坤全集》，第1472~1473页。
⑤ （明）吕坤：《韩氏从军》，《吕坤全集》，第1478页。

奥难懂的弊端,并采取了多样化的传播方式。明代妇女已经能够接触到书籍,① 撰写女教书因而成为可行的教化方式,但前人编著的女教书仍然晦涩难懂。吕坤就指出:"《女训》诸书,昔人备矣,然多者难悉,晦者难明,杂者无所别白,谈无味者,不能令人感惕。"②因此吕坤致力于写作更加通俗的女教书:"妇女不文。是辑训妇女也,故于原文深奥者略有变更,而余言亦甚虑浅云。"③事实上,时人亦有相似的看法,如学者赵南星(1550—1628)认为《女诫》虽是当时相对通俗的女教读物,但对于妇女而言仍然难以理解。吕坤的女教书教化的主要对象已经从宫廷妇女变成了普通以及底层妇女。她们多是"农工负贩之妻,闾阎山谷之女"④,又或是"众而贫,走衣食于郊关市井间"⑤的族人以及童蒙。普通妇女多是一字不识,因此对她们"理说文谈"也只不过是"空费千言无用"。⑥ 所以吕坤的女教书将教育的范围由宫廷贵族妇女扩展到了一般百姓妇女、女医师婆乃至鄙野村粗,而教化她们需要使用更为通俗的方式。吕坤采取通俗化的传播教化方式既缘于自己年轻时的经历,也吸纳了明初以来的教化方式。嘉靖二十六年(1547),吕坤的母亲因失明而急躁,于是吕坤请残疾的妇女为母亲唱戏说书,最终使其母亲的情绪逐渐平稳。⑦ 此前,吕坤的家人对传唱通俗歌曲的妇人十分厌恶,然而表演结束后,家里的女仆也能清楚地说出古今贤者、孝子的故事。从此吕坤便肯定了通过传唱通俗故事来传播知识的方式,并运用在自己女教书的传播当中。传唱、配图是宣传教化的重要方式,吕坤借鉴这两种方法并用在自己的女教书中。洪武朝时,马皇后的学

---

① [美]高彦颐著,李志生译:《闺塾师——明末清初江南的才女文化》,江苏人民出版社2004年版,第41页。或见陈宝良:《明代社会生活史》,中国社会科学出版社2004年版,第446~447页。

② (明)吕坤:《闺范序》,《吕坤全集》,第1409页。

③ (明)吕坤:《闺范序》,《吕坤全集》,第1410页。

④ (明)吕坤:《闺诫引》,《吕坤全集》,第1278页。

⑤ (明)吕坤:《宗约歌引》,《吕坤全集》,第1252页。

⑥ (明)吕坤:《闺诫引》,《吕坤全集》,第1278页。

⑦ (明)吕坤:《家解乐》,《吕坤全集》,第374~375页。

习方式就以听诵为主。① 明太祖颁行乡饮酒礼图式于天下，② 在乡里则用木铎老人以传唱的形式宣扬教化，并逐渐与各种通俗的传播形式相结合。③ 明末，诸如鼓板、平话、弹唱、说书等民间艺术形式，得到广泛流行。这些艺术形式通常是半说半唱，内容极其浅俗，甚至不用一字文言，全是白话，得到了妇人童子的喜爱。④ 而吕坤编著的女教书中不仅有诗歌和童谣的形式，还配以图像，更易于传播。吕坤认为歌谣和俚语易于被孩童接受，能够达到"使童子乐闻而易知晓"⑤的效果。因此他在《女小儿语》等童蒙教化书籍中采取了俚语童谣的形式，读起来朗朗上口，易为孩子所接受。吕坤认为"三百篇首首可歌"⑥，因此在《宗约歌》《闺戒》中直接使用歌、词的形式，即使是"半不识字"⑦的人也可以轻松传唱。吕坤又令"弹唱老妪、歌乞瞽者传播于房闼闺阁间"⑧，这不仅使他的女教内容更易为接受，还能够帮助残疾、老弱妇女解决生计问题。《闺范》初成时同样并不易懂，后来吕坤绘图于上，即便是他年纪不大的女儿也能够阅读并背诵。吕坤采取的多样化传播方式确实有益于教化的宣扬。如他参政济南时，令瞽师传唱他所作的《子平要语》和《劝世歌曲》。遇到乞食的童子，吕坤除施以粥食外，也将这些歌曲教给他们传唱，最终各郡一时间翕然成风。

吕坤的女教书在内容上凝练而通俗。"极浅极明，极俚极俗，讹字仍

① 朱鸿林：《明太祖的教化性敕撰书》，《明太祖与经筵》，生活·读书·新知三联书店 2021 年版，第 220 页。
② 赵克生：《明代国家礼制与社会生活》，中华书局 2012 年版，第 206 页。
③ 详参朱冶：《明初教化性敕撰书在朝鲜半岛的传衍》，《西南大学学报》(社会科学版)，2022 年第 3 期。或见陈时龙：《圣谕的演绎：明代士大夫对太祖六谕的诠释》，《安徽师范大学学报》(人文社会科学版)，2015 年第 5 期。
④ 陈宝良：《明代士大夫的精神世界》，北京师范大学出版社 2017 年版，第 46 页。
⑤ (明)吕坤：《小儿语序》，《吕坤全集》，第 1221 页。
⑥ (明)吕坤：《宗约歌引》，《吕坤全集》，第 1252 页。
⑦ (明)吕坤：《宗约歌引》，《吕坤全集》，第 1252 页。
⑧ (明)吕坤：《闺诫引》，《吕坤全集》，第 1279 页。

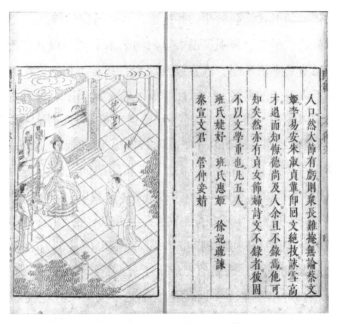

图 1　《闺范》插图示例图①

用讹字，方言仍用方言……中间语多直遂，少含蓄"②是他创作教化书籍的
标准。《闺范》在注释上同样简洁，如吕坤只用"水鸟"两字来解释"关雎"
一词。而作为官方授意的《诗经大全》释关雎为："水鸟，一名王雎状，类
凫鹥(医音)。今江淮间有之，生有定偶而不相乱，偶常并游而不相狎，故
毛诗以为挚而有别，列女传以为人为尝见其乘(声去)居而匹处(声上)者盖
其性然也。"③后仍有朱熹、《列女传》的注释。吕坤长于《诗经》，④ 因此对
注释的精简应是经过深思熟虑，以方便文化水平不高的人阅读。《女小儿语》
中的内容皆使用口语，四言短句合辙押韵，容易被孩童接受并传唱。所载内

①　(明)吕坤:《闺范》，明万历泊如斋刊本，第 4b~5a 页。

②　(明)吕坤:《宗约歌引》，《吕坤全集》，第 1252 页。

③　(明)胡广:《国风》，《诗经大全》，明万历刊本，中国国家图书馆藏，叶 4a。

④　郑涵:《吕坤年谱》，第 7 页。

容都是生活中具体而微的日常事情，因此读者只需模仿书中的行为而并不需要理解高深的道理。吕坤还为其作了详尽的注释，其中不乏音注以便阅读。

万历之前的女教书对于一般妇女而言晦涩难懂，因此吕坤创作了更为通俗、更易传播的女教书。他采取使用俚语方言、进行详尽的注解、规避文言、删繁就简等方式，适应了当时妇女普遍的文化水平。因此一时风靡，以致"缙绅赠寄，书商四鬻，而此书遂为闺门至宝"①，进一步推广了对女性道德与文化方面的教育。

三、《闺范》的取材与创新

《闺范》是吕坤著作中最为全面、系统的女教书，是书在刘向《列女传》、解缙《古今列女传》的基础上损益而成，采取了语录与故事并行的体例。

《闺范》的主体部分《善行》是吕坤将汉代刘向（前77—前6）《列女传》"去其可惩，择其可法"，②后而成书，共收录162个故事。《闺范》中源自于《列女传》的故事共有50个，占总故事的近三分之一。《闺范》中的故事在情节顺序上都与刘书一致，所改动处也有规律可循，故《闺范》主要取材于刘向《列女传》。《闺范》对《列女传》中大量故事都进行了删繁就简的修改。吕坤调整了11处故事的题目以概括全文，如将"梁寡高行"改为"梁寡割鼻"，故事讲述的是梁国一位寡妇拒绝他人提亲而割下自己鼻子的事迹。这一改动使题目更好地概括了内容，但开篇却对"高行者，梁之寡妇也"一语未作改动，至故事结尾处才说明梁王赐寡妇"高行"。因此，吕坤修改题目以概括全文，但存在忽视题目与故事的一致性的问题。吕坤将故事开篇处的主人公介绍也进行了删改。《列女传》中开篇皆先交代主人公的身份，《闺范》中的主人公身份则被融入情节当中，此类修改有32处。吕坤又将故事的次要情节进行了删节，即故事的背景、结尾以及主人公以外其他人

---

① （明）吕坤：《辩忧危竑议疏》，《吕坤全集》，第76页。
② （明）吕坤：《辩忧危竑议疏》，《吕坤全集》，第76页。

物的行为与对话，而主人公的行为或语言则被尽可能地保留。因此，《闺范》中的故事篇幅更为精简，重点更为突出。《列女传》的故事结尾处有"君子谓"与经典中的语录，是刘向对人物事迹的评价，最后有一小诗梗概情节。吕坤则使用"吕氏曰"来取代刘向的评价，此类修改有 46 处。总的来说，吕坤《闺范》的主要知识来源是刘向《列女传》，经过吕坤的删减，《闺范》一书中的故事更为精简、易懂，且重点突出。

《续列女传》是《闺范》另一重要知识来源，《闺范》从中选取了 11 个故事，并如前述的方式进行了删改。刘向《列女传》原有七卷，记载的是传说时代到汉代的女性事迹。《续列女传》是宋人所作，后来作为第八卷与刘向《列女传》合为一书，记载的是汉宋之间的女性事迹。吕坤修改了其中 6 个题目，删除了 8 个故事的作者评价。值得注意的是，《闺范》中"明德马后"一文取材于《后汉书·皇后纪》而非《续列女传》。闺范》对《列女传》《续列女传》的具体修改情况见表 1：《〈闺范〉对〈列女传〉〈续列女传〉的修改情况表》。①

表 1 　　　　　**《闺范》对《列女传》《续列女传》的修改情况表**

《闺范》修改的故事数量	《列女传》	《续列女传》
总故事数	50	11
修改题目	3	6
删除"传主身份介绍"	21	7
修改"传主身份介绍"	11	3
删刘向的评价"君子谓"	40	6
改刘向的评价"君子谓"	3	0
删除"引用经典"	44	8
修改"引用经典"	3	0

---

① 　资料来源：(明)吕坤：《闺范》，《吕坤全集》，第 1407~1569 页。(汉)刘向撰，刘晓东点校：《列女传》，辽宁教育出版社 1998 年版。

取材于《列女传》《续列女传》的《古今列女传》是《闺范》另一知识来源，主要记载了明初之前的女性事迹。《闺范》与《古今列女传》共有的故事有71个，其中《闺范》《古今列女传》《列女传》三书共同记载的故事有35个，《闺范》《古今列女传》《续列女传》三书共同记载的故事有9个，仅出现于《闺范》《古今列女传》二书当中的故事有27个。故现将《闺范》《古今列女传》《列女传》《续列女传》四书一同比较，以考察《闺范》的知识来源。《闺范》《古今列女传》《列女传》共同记载的35个故事中，完全相同的有27个。在其余8个故事中，《闺范》遵循《古今列女传》改动者有2个，遵循《列女传》改动者有4个。《闺范》《古今列女传》《续列女传》皆载，但情节有所差异的故事有5个。其中"明德马后"的故事三书记载皆不相同，而《闺范》遵循《续列女传》修改者有2个。在仅出现于《闺范》《古今列女传》二书的27个故事中，吕坤改动了18个故事。因此，吕坤在取材时更多地遵循《列女传》《续列女传》当中的内容，而对《古今列女传》当中的故事则修改较多。这或与三者的成书时间有关，《列女传》《续列女传》分别成书于汉宋，而《古今列女传》成书于明初。因此吕坤很有可能优先从《列女传》《续列女传》中取材，再从《古今列女传》中取材以补充宋明之间的女性事迹。此外，《古今列女传》既无目录，又无文章标题，这也给吕坤在取材上造成了困难。

《闺范》较之于《列女传》在体例上有所创新，实践了语录与事迹并行的新模式。《闺范》共分四卷，首卷《嘉言》，是历代有关教育女性的语录、诗文。后三卷皆为《善行》，是自先秦到明代妇女中值得作为榜样的故事。《闺范》在《列女传》记录事迹的基础上加入了教化性的语录，即《嘉言》一卷。《列女传》以记录作为妇女典范的事迹为主要内容，这种形式被后世史书所因袭。《闺范》则兼有教化语录与妇女事迹，这种体例最早由朱熹提出，但终未成书。① 吕坤则将之付诸实践，是《闺范》在女教书体例上的创

---

① 方建新、徐吉军：《中国妇女通史·宋代卷》，杭州出版社2011年版，第444~445页。

新之处。在目录分类方面，刘向《列女传》以人物事迹的特点进行分类，有母仪、贤明、仁智、贞顺、节义、辩通和孽嬖七类，《闺范》按照女性的社会身份进行分类。吕坤《闺范》中将女性分为女儿、妻子、母亲、姐妹、姑嫂、嫡妾和婢子，阐述女性作为不同身份应当遵循的规矩。按照人伦关系进行分类的教化书籍并不少见，如宋代欧阳公《家范》、明代官修《五伦书》等，吕坤首先将这种分类方法推及专门的女教书。

吕坤《闺范》一书在女教书的体例上有所创新，采用了说理加故事的形式，并以女性社会身份进行分类。吕坤《闺范》一书是在《列女传》《续列女传》《古今列女传》三书的基础上损益而成，这三部书也是当时十分经典的女性事迹的汇编教化书籍。吕坤的家境富裕，自幼就读于乡学，后又任县令等地方长官，因此有能力接触到这三部书籍。吕坤所进行的删改使得《闺范》中的故事更为凝练易懂，并且重点突出。除上述三部女教书外，《闺范》中其余的故事或来自于历代正史当中的《列女传》，或来自民间传说、小说等。

四、后世传播与影响

吕坤女教书所呈现的通俗化特点对于女教书的发展具有重要意义，对于明清女教书的语言与内容皆产生了重要影响。尤其是《闺范》一书在明代因涉及万历国本之争，影响尤大。其余的女教书在清代与民国则被反复刊刻、提及。后世学者或褒扬他的女教书通俗易懂，或批评浅陋鄙俗，但都将他的女教书与历代女教经典一并讨论。

吕坤的女教书在后世多所刊印且流传甚远。《小儿语》是吕坤与他父亲共同完成的教化童蒙的儿歌集，成书于嘉靖三十七年（1558），其中下卷《女小儿语》专为女童所作。吕坤的父亲吕得胜（？—1568）觉得此书尚不完备，因而吕坤又作《续小儿语》《演小儿语》。① 道光七年（1827），栗毓美重

---

① 郑涵：《吕坤年谱》，第7页。

刊《吕子遗书》将其收录。光绪五年（1879），由江左书林出版的《吕语集萃》在附录中收录了《小儿语》，并传播到朝鲜半岛。① 光绪三十三年（1875），林纾（1852—1924）作《小儿语述义》，成为了当时初等小学堂的官方教材。②《闺范》是吕坤所作的影响最大的女教书。吕坤刻完后，"其传渐广，出现了嘉兴板、苏州板、南京板、徽州板"③。后流传入京，为宦官陈矩（1539—1607）采购入宫。明神宗（1563—1620）将此书赏赐给郑贵妃（1565—1630），万历二十三年（1595）郑贵妃重刊《闺范》，增添了部分内容并为之作序。吕书也因此被牵扯到"争国本"的政治斗争中，即"妖书案"。后佘永宁、吴允清认为此书有助于教化世风，因此重刻《闺范》。④ 康熙十三年（1674），吕坤的孙子吕慎多（1599—1679）将其重刊，道光七年栗毓美（1778—1840）的《吕子遗书》亦将其收录。乾隆四年（1739），陈宏谋《教女遗规》辑录了《闺范》中的大量内容。民国十六年（1927），僧人印光（1861—1940）感慨世风不古，因此重印《闺范》。⑤《闺诫》是吕坤致仕居乡期间作的教化书籍，内容是以《望江南》为词牌名的三十七首词，以词曲的形式批评了不好的妇女行为，如泼恶妇、不孝妇等。这与《闺范》一书记载值得学习的正面的妇女形象不同，进一步完善了自己女教书的内容。《闺诫》有清康熙十八年刻本以及道光七年《吕书四种合刻》。⑥ 上述三部女教书，著述时间贯穿吕坤人生的三个阶段，教化妇女的范围从童蒙到底层妇女以及自己的族人。万历二十六年（1598），吕坤《闺范》一书被卷入"妖书案"中，对当时的朝政产生了巨大影响。清代以来，包括吕坤女教书在内的诸多著作都被整理重刊，并被反复出版。甚至光绪之后，《小儿语》作为《吕语集萃》的附录传播至李氏朝鲜。1927年，《闺范》一书距离初版三百

---

① 全寅初主编：《韩国所藏中国汉籍总目》，韩国学古房2005年版，第127页。

② （清）林纾：《小儿语述义》，商务印书馆1875年版。

③ （明）吕坤：《辩忧危竑议疏》，《吕坤全集》，第76页。

④ （明）吕坤：《佘永宁书刻闺范缘起》，《吕坤全集》，第1713~1714页。

⑤ （明）吕坤：《释印光石印闺范缘起序》，《吕坤全集》，第1716页。

⑥ 中国古籍总目编纂委员会编：《中国古籍总目·子部》，上海古籍出版社2010年版，第251页。

余年，尚能够被重新石印。由此可见吕坤女教书深远的影响。

吕坤的女教书对后世，尤其是清代的女教、蒙训书籍产生了重要影响。康熙时，秦云爽作《秦氏闺训新编》十二卷，便是在吕坤《闺范》的基础上损益而成。① 王益种将《小儿语》（包含《小儿语》《女小儿语》《续小儿语》《演小儿语》四篇）《好人歌》《宗约歌》《闺诫》四书作为教育不识字的百姓以及义学的教材，后栗毓美在道光七年辑《吕子遗书》时将上述四书合刊为《吕书四种合刻》。清康熙三十五年（1696），颜元（1635—1704）将其《宗约歌》《好人歌》《闺诫》《小儿语》等六种汇而为一，作《通俗劝事集》。乾隆时，学者陈宏谋（1696—1711）作《五种遗规》，其中《养正遗规》《教女遗规》《训俗遗规》《从政遗规》四书分别收录了吕坤《小儿语》《续小儿语》《吕新吾社学要略》《女小儿语》《闺范》《好人歌》《明职》《刑戒》，可见陈宏谋对吕坤作品的推崇。其中《教女遗规》共三卷，上卷录曹大家《女诫》、蔡邕《女训》和《女论语》，皆是经典的女教书。而吕坤的《女小儿语》《闺范》不仅能和这些女教经典并列，并占据了全书六成以上的篇幅，② 可见陈宏谋认为这两本书是可为后世法的女教书。陈氏共录四本明人女教书，吕坤的女教书即有两本，说明吕坤的女教书是明代女教书中的翘楚。陈宏谋称赞《女小儿语》："警醒透露，无一字不近人情，无一字不合正理，其言似浅，其义实深。闺训之切要，无有过于此者。凡为女子，童而习其词，长而通其气，时时提撕，事事效法，庶乎女德可全，虽以之终身焉可也。"③此外，亦有清人对吕坤的女教书提出了批评。蓝鼎作《女学》一书以救正《闺范》等书的鄙陋，并认为"然自班氏女诫以外，若刘向《列女传》择而不精，郑氏《女孝经》精而不详，至《女训》《女史》《闺范》《女范》等书，尤为鄙陋浅

---

① （清）永瑢等撰：《四库全书总目》，中华书局 2000 年版，第 3404~3405 页。
② 以同治七年崇文书局印发的《教女遗规》为例，全书共 74 合页，其中《闺范》43 页，《女小儿语》4 页，占据了全书篇幅的 63.5%，见(清)陈宏谋：《教女遗规》，同治七年版，上海图书馆馆藏。
③ （清）陈宏谋撰，苏丽娟点校：《五种遗规》，凤凰出版社 2016 年版，第 119 页。

率。"①这也说明吕坤的女教书在清代已经产生了重要影响。且《闺范》能够与《女诫》《列女传》这样经典的女教书相提并论，可见《闺范》已经成为当时重要的女教书。

《闺范》在女教书的发展历程中具有举足轻重的地位，开明清通俗女教书之先河。《闺范》产生于私修女教书兴起的萌芽阶段，并且是明代产生较大影响的第一部私修女教书。明中后期官方敕撰女教书不仅数量少，且政治意义或重于其教化意义。② 万历时期的宫廷女性教材则是"《百家姓》《千字文》《孝经》《女训》《女诫》《内则》《诗》《大学》《中庸》《论语》等书"③，其中并无明代官修的女教书，可见其作用也是有限的。在万历之前的私修女教书今多所不存，且影响力有限。如王敬臣《女教》、朱天球《女范》、朱睦㮮《忠臣烈女传》、葛焜《女贞编》、朱家栋《女则》、黄佐《姆训》、王敬臣《妇训》、王直《女教续编》、陈克仕《古今肜史》、曹思学《内则类编》、夏树芳《女镜》等，④ 吕坤的《闺范》的影响远超前书。明代之前只有唐朝《女论语》一部女教书呈现出了平民化趋向，而《闺范》后则出现了大量的通俗化女教书。明清两代是女教书的蓬勃兴盛时期，而吕坤的女教书在其中占有重要地位。

吕坤的女教书自初版以来，便产生了重要影响。清代以后，更是出现许多版本，甚至传播到朝鲜半岛。后人或损益，或评论，或将之与历史上最为经典的女教书相比较，都可说明吕坤的女教书在后世产生了足够的影响。其中《闺范》一书更是开明清通俗女教书之先河，在女教书的历史上具

---

① （清）永瑢等撰：《四库全书总目》，第 2521 页。

② 周中梁：《明代敕撰教化书籍研究》，香港理工大学 2018 年博士学位论文。

③ （明）刘若愚著：《酌中志》，北京古籍出版社 1994 年版，第 130 页。

④ 《女教》《女范》见（明）祁承㸁著，郑承整理：《澹生堂读书记·澹生堂藏书目》，上海古籍出版社 2015 年版，第 303 页。《忠臣烈女传》《女贞编》《女则》见（清）黄虞稷撰，瞿凤起，潘景郑整理：《千顷堂书目》，上海古籍出版社 2001 年版，第 316 页。《姆训》《妇训》《女教续编》见（清）张廷玉等撰：《明史》卷九十六《艺文志》，中华书局 1974 年版，第 2373 页。《内则类编》《女镜》见（清）张廷玉等撰：《明史》卷九十七《艺文志》，第 2404 页。

有重要地位。

结　语

　　吕坤以其经世行动而闻名于当时与后世，在清代凭借其"躬行实践，在明代最为醇正"①而得以从祀孔庙。吕坤自幼受到父亲的影响，对于教化百姓尤为重视。他一生乡居时间长达六十年，他仕宦的大部分时间内都在担任地方官员，这也成为他推行教化的有利契机。吕坤的女教书产生于具有活力与多样性的晚明社会，吕坤也借助当时流行的传播方式宣扬自己的教化思想。约与吕坤同一时期，出现了大量的私修女教书及注解。大量女教书在晚明的出现，一方面说明了明代妇女教育的发达，另一方面也是妇女在社会生活方面突破传统以后在著述上的一种侧面反映。② 在吕坤关注教化妇女的背后，是他对于弱势群体，甚至整个社会的关怀。事实上，他的经世行动远不止于此。除了教化外，他还积极地推动清理均田、治理黄河等措施，以实现他构建儒家理想社会的抱负。

　　吕坤的女教书首开明清两代女教读物转向通俗化的风气，并在后世产生了重要影响。有清代的学者评价吕坤："先生理学、经济其不尽展于当时，而笔之于书者，犹得以于盛清，而衍其教于无纪极。"③在清代，吕坤除了女教书外，其余著作也被大量的刊刻，产生了重要的影响。在明代未能实施的举措，在清代也有官员将其付诸实践。而他的女教书的地位尤重，《闺范》是继《女论语》后又一部通俗化的女教读物。但其体例全面，内容丰富，并且通俗化的程度远超前书，并对明清两代通俗化的女教书创作产生了重要影响。

校订：刘利文　林笑吟

---

　　① 《礼部奏请从祀文庙疏》，《吕坤全集》，第 1741 页。
　　② 陈宝良：《狂欢时代：生活在明朝》，人民出版社 2020 年版，第 445～446 页。
　　③ （清）程祖洛：《程祖洛吕子遗书序》，《吕坤全集》，第 1691 页。

中国现当代文学研究

另类姿态与疏离意识

——浅析汪曾祺《受戒》中的空间书写

张　雯*

摘　要：1980年，汪曾祺的《受戒》在《北京文学》上横空出世。汪曾祺以江苏高邮地区的乡村生活为蓝本，打造了自然空间、世俗空间与宗教空间的和谐，其空间书写中延续了陶渊明的桃花源母题，文本内部生成的桃源世界体现了作家的疏离意识，这种疏离意识一方面体现在桃源空间本身包含的偏僻的地理环境和独特的地域文化上，另一方面体现在汪曾祺有意识地疏离现代文明秩序和"伤痕""反思"的文学思潮，与主流文化和政治话语保持着审美距离，使得《受戒》在当时的现代化语境和文学创作图景中呈现一种"另类"的姿态，向前接续着乡土抒情小说的文学史传统。从空间书写的角度探讨《受戒》对桃花源母题的接续与重写，可以窥见汪曾祺小说艺术风格的独特性与精神重建的意义，察觉作品蕴含的民间特征、诗意色彩和精神力量。

关键词：《受戒》；空间书写；桃花源；另类姿态；疏离意识

汪曾祺的《受戒》接续了鲁迅、废名、沈从文等人的乡土视角，延续了乡土抒情的文学创作线索，将桃花源这一文学母题拓展至民间视域。从20世纪的中国文学来看，桃花源母题经历了整体性的空间置换。《故乡》《社

---

*　张雯，武汉大学文学院2021级中国现当代文学专业硕士研究生。本文系武汉大学文学院第三届研究生学术论坛"现当代文学"分会场发言论文。

戏》以鲁迅的故乡为依托，对桃花源母题的空间置换进行了初步探索；废名《菱荡》《竹林的故事》建构了陶家村和竹林的空间背景，展现了空间置换下桃花源中自给自足的生活，其笔下的桃源世界呈现出恬静之美与如梦似幻的空灵感。沈从文的《边城》建构了桃花源般的湘西世界，原始的人性、质朴的民风满溢在这一充满人性关怀的桃花源中，但其开放的结局又包含着淡淡的隐忧，这样的桃源世界是否会被外界的因素所侵蚀呢？迟子建《朋友们来看雪吧》书写了乌回镇空间。汪曾祺的《受戒》建构了庵赵庄这一桃源世界，《大淖记事》以大淖为依托建构了生于斯长于斯的人们别样的桃源生活。之后的贾平凹、阎连科、张炜、格非等作家的作品中，都能或多或少地窥探出作家对桃花源母题的时空置换与意蕴表达，同一母题之下的作品又呈现出了不同时代语境下的不同风貌。

一、另类姿态：20 世纪 80 年代的《受戒》

20 世纪 80 年代，汪曾祺的写作被文学史看作伤痕文学之外的一泓清泉，以其远离当时的意识形态热点、回归传统、转向乡土叙事等特质，文学史将其作品看作是寻根文学的"先声"，发挥着"启发"的作用。但《受戒》与经典的寻根文学之间存在着一定的距离，寻根文学的空间书写往往更开阔，更加凸显地域文化和民族文化特色，而《受戒》不去刻意书写宏大的空间，而是以一种随意的方式拾捡旧事，营构记忆中的桃源空间。

不论是 20 世纪 40 年代还是 80 年代，汪曾祺的创作与主流思潮和政治话语总是保持着一定程度的疏离。解放后的主流文学强调真实地反映现实，新时期开始的伤痕文学、反思文学也在过去中找寻与现实政治的联系，而《受戒》在外表上是与现实政治毫无关联的。在流派涌动更迭的 20 世纪 80 年代，汪曾祺在文学史家看来是难以归类的作家，《受戒》在经典化的过程中也遭遇了难以用传统的方式进行评价的困境，甚至被很多批评家置于边缘化位置。《受戒》在其"无伤痕"的、"去政治化"的表象背后，实则是以别样的桃花源投射着当时人的思想观念、行为意识、心理状况的微妙变化，通过对没有政治教条和时代气息的桃花源世界的想象，弥合了新的时代情绪，在布满"伤痕"的语境中书写着人性的解放，其空间书写以温和的、隐蔽的、浑朴的、"无公害"的、疏离于时代语境的面貌暗合着时代情绪的走向和文学潮流的动向。在思想解放的春天，中国社会迎来了现代化与工业化的热潮，经济、文化等各个层面都呈现出一种"开放"的态势，然而物质与精神、城市与乡村、传统与变革之间出现了矛盾与交锋，知识分子目睹着社会的新变，但又不得不接受现实的匮乏，经历了精神失落的作家在情感态度和精神倾向上很容易怀念那种原始的、简朴的乡村生活。当时的中国是乡村的中国，乡村的中国是疗愈精神创伤的场所，是抚慰变革语境下人们不安情绪的精神领地，在这种意义上，汪曾祺的写作并非一种过去式的、边缘化的写作，他将桃花源式的空间嵌入非桃源的现实世界中，反而起到了一种"先声"的启发作用。

二、与现实的疏离：梦回桃花源

"桃花源"出自陶渊明《桃花源记》，在西晋末年战争迭起的时代背景下，陶渊明在笔下建构了理想化的世外桃源，作为文学母题的桃花源在不同的历史背景与文化语境中反复出现，但其形态、意蕴又处在不断更新、置换的状态。20 世纪的中国文学从"乡村的中国"中寻求桃花源的印迹，全新的空间场域承载起桃花源的意蕴，现实中的乡村与大自然成了构造理想化的桃源空间的依托与材料。

《受戒》以梦回桃花源的形式，为读者呈现了一个"倒流"的时间序列，《受戒》中的桃源空间指向的是一个远离当下语境的过去，与非桃源的现实存在之间存在着疏离与缝隙。在小说结尾，汪曾祺写道："一九八〇年八月十二日，写四十三年前的一个梦。"①作者将时间拉回到四十三年前，以

---

①　汪曾祺：《北京文学创作丛书·汪曾祺短篇小说选》，北京出版社 1982 年版，第 218 页。

80 年代的视角回望旧的时间、旧的社会，在题材上表现了对记忆的提取。在《受戒》发表之前，文学创作已经呈现出了回忆式的倾向，伤痕文学、反思文学在题材上呈现出"向后看"的趋向，向读者展现倒流的时间记忆。而《受戒》在回望与再现的同时，建构了一个几近被人们遗忘而又植根于民族文化、对生活有着启示意义的桃源空间，这一空间召唤着人的生命活力，潜藏着对现实生活的思考与期待。

《受戒》表现的并非仅仅是"四十三年前"的人和事，也指向了"梦"。在心理学上，梦是人的本能愿望迂回的表达形式，无意识通过梦境得到一定程度的显现，而作家与白日梦有着紧密的联系，作家被压抑的欲望本能和早年的愿望在创作中可以达到想象性的满足。在《受戒》中，"梦"是一种象征、置换与浓缩，汪曾祺在已逝的时间中寻找依托，在经历了生活的打磨与沉淀之后，将"旧梦"进行了重新组合，在回溯时间的同时识别、过滤时间，重新解释回忆中的人与事。梦是一种退行的过程，就时间而言，表现为从当下退回到儿时。"四十三年前的一个梦"也指向了汪曾祺的童年记忆。与其说汪曾祺熟悉童年往事，不如说他所熟悉、所眷恋的是童年那种健康自由的生命状态与欢愉富足的"桃花源"世界，童年有关故乡的和谐而美好的回忆使得汪曾祺愿意去熟悉、去书写，那种和谐美好足以让作家的记忆自动屏蔽乡村生产力与生活水平的低下状况，乡村生活中贫乏、落后的一面被记忆隐去。经受了现实中的集体创伤，作家更倾向回到那种乡村生活中去，在时间的洪流中打捞起宁静与稳定的童年记忆，去书写消逝了的时间。

三、自然空间书写

探究桃花源母题的最初意蕴离不开对《桃花源记》的文本解读。从《桃花源记》中的空间建构来看，文本中涉及的空间可以分为两部分，一个是"山有小口"之外的过渡空间，一个是通过"小口"之后的世外桃源空间。《受戒》中的空间涉及庵赵庄和县城，其中包含着荸荠庵、小英子的家和善因寺等子空间。《桃花源记》中的过渡空间表现为"夹岸数百步，中无杂树，芳草鲜美，落英缤纷"①。《受戒》中也包含着过渡空间，空间与空间的连接依靠的是水路，路上"芦苇长得密密的，当中一条水路，四边不见人"②。在空间建构上，《桃花源记》中的自然意象有桃花林、落英、溪水、山口、良田、美池、桑竹等，这些意象组合成了世外桃源的自然风光。《受戒》包含着桃花源母题中的基本要素，其自然空间中包含着桃花源母题中的诸多意象，花、流水、通往荸荠庵的小路、小岛等意象与《桃花源记》中的自然意象之间有着沟通与对话的可能性，通过解读空间意象的意蕴，我们可以更为清晰地看到《受戒》对桃花源母题的延续与重构。

花意象在桃花源母题中极为重要。《桃花源记》中，武陵人"忽逢桃花林"，桃花林吸引了武陵人这一"闯入者"的目光，让渔人产生了"欲穷其林"的冲动。③ 桃花的盛开是自然节律变化的标记，象征着春的到来，在历代文人墨客的笔下是春天的意象。桃木在古人的文化传统中逐渐衍生出了消灾辟邪的意义。桃花和桃木共同构成了陶渊明笔下的桃花林。桃花让世外桃源充满了美好与缤纷，桃木如同消灾辟邪的象征物般守护着这一方天地，自然空间不仅给予人们美好的图景，更赐予人们无灾无邪、与世隔绝的安全感，桃花和桃木的叠加使得桃花林这一意象有了双重意蕴，桃林深处，我们可以窥见陶渊明心中的一方乐土。回到《受戒》的文本中，尽管桃花并不构成庵赵庄的典型意象，但从《受戒》中多次出现的栀子花、石榴花、芦花等意象中，同样可以发现汪曾祺对花意象的青睐，这些花是自然空间中的点缀，在文本中烘托了环境氛围，推动着情节发展，万物皆有灵性，其本身具有的意蕴更值得玩味，与桃花源母题中的桃花意象遥相呼应。石榴花与栀子花以成双成对之态在《受戒》中出现了三次，自然界中的花与人建立起了联系，活脱脱的花出现在明子的笔下，栀子花和石榴花被安插在小英子的发梢，花一方面散发着芬芳，另一方面点缀着人物，映衬

---

① 曹旭、高智：《陶渊明诗选》，商务印书馆2022年版，第312页。

② 汪曾祺：《北京文学创作丛书·汪曾祺短篇小说选》，北京出版社1982年版，第211页。

③ 曹旭、高智：《陶渊明诗选》，第312页。

着如花般的小英子，花与人之间形成对话，成对出现的栀子花、石榴花更是具有了爱情萌动的象征意蕴。

《受戒》的结尾处出现了芦花意象："芦花才吐新穗。紫灰色的芦穗，发着银光，软软的，滑溜溜的，像一串丝线。有的地方结了蒲棒，通红的，像一枝一枝小蜡烛。"①小船划进了芦花荡，与《桃花源记》中的桃林深处有着异曲同工之妙，芦花深处，小英子与明子吐露心声，情景交融，花意象为这一方宁静舒缓的园地增添了灵气与生命力，花语亦是情语，与人物的情感、心理形成了同构关系。

桃源空间中的另一个重要意象便是水。在《桃花源记》中，武陵人沿着溪水来到了世外桃源，水的流动赋予了空间联动的可能性，没有流水的指引，武陵人就无法抵达桃源世界，水的流动、水的指引彰显了水作为生命本源的意蕴。在汪曾祺的笔下，水滋养着一方土地，"我的家乡是一个水乡，我是在水边长大的，耳目所接，无非是水"②。水是自然空间中的一部分，也为小说中的文本空间带去了阵阵涟漪，建构了一个清澈浪漫的水世界，小说的主人公以这一水世界为背景，在水上相遇、畅聊并产生了彼此之间的浓浓情意，小说叙事空间的转换也以水为依托。明子在去往荸荠庵的船上遇到了吃着莲蓬的小英子，二人的初次对话伴随着船桨拨水的声音；小英子划船送明子去受戒，在从荸荠庵到善因寺的水路上，二人展开了关于"受戒"的对话，小英子从明子那里得知受戒就是领一张和尚的合格文凭，小英子视角下的善因寺"面临一条水很深的护城河"③；明子受戒归来的水路上，小英子提出要给明子当老婆，少女的告白融进了连绵的河水中，爱情的萌动与无处不在的水汽相呼应，纯洁的情愫与清澈的流水融为一体。自然空间中的水滋润着人的性格，人的情感在水的映衬之下变得更为温婉明净，水的灵性与人情人性的结合让桃花源空间充满了自由浪漫的

---

① 汪曾祺：《北京文学创作丛书·汪曾祺短篇小说选》，第218页。

② 汪曾祺：《汪曾祺全集·散文卷》（第五卷），人民文学出版社2019年版，第317页。

③ 汪曾祺：《北京文学创作丛书·汪曾祺短篇小说选》，第213页。

气息。

桃源空间本身具有明显的隔绝之意与疏离特征。《桃花源记》中的世外桃源是一个"避秦时乱"的"绝境"，这一空间具有一定的封闭性，在动荡不安的年代为人们提供了一个没有纷扰、没有剥削的栖息之地。《受戒》中的自然地理空间同样具有庇护性的特征，小说中的庵赵庄里住户不多，"这里两三家，那里两三家"。而且各家之间是"弯弯曲曲的田埂"，空间距离较远。庵赵庄里的子空间荸荠庵在一片高地上，"门前是一条河。门外是一片很大的打谷场。三面都是高大的柳树"①。而"小英子的家像一个小岛，三面都是河，西面有一条小路通到荸荠庵。独门独户，岛上只有这一家"②。自然物象将人们生活的空间区隔开来，庵赵庄也构成了汪曾祺小说中的"桃花源"，表现出与自然相融又与世间纷扰相隔绝的特征。

四、具有"民间"特征的桃源空间

除了自然空间之外，《桃花源记》中还有"阡陌交通，鸡犬相闻"的生活空间，"男女衣着，悉如外人"，人们也会"设酒杀鸡作食"，呈现出一片生活景象。但《桃花源记》的时空建构呈现出一种停滞的、封闭的状态，身处其中的人们没有时间观念，"问今是何世，乃不知有汉，无论魏、晋"③，空间的封闭固然带来了精神世界的安宁，但也在另一种意义上造成了精神世界的阻滞与闭塞，陶渊明建构的"桃花源"是不为人打扰的虚幻世界，这一世界中的风情种种是"不足为外人道"的。

汪曾祺在《受戒》中的时空建构完成了对桃花源母题的丰富与重构，作家在面对现代化的同时不忘思考当下与过去、新时代与旧社会的关系，在向后看的同时给予当下以面向未来的勇气和启发，在接续桃花源母题的同

① 汪曾祺：《北京文学创作丛书·汪曾祺短篇小说选》，第 198 页。
② 汪曾祺：《北京文学创作丛书·汪曾祺短篇小说选》，第 205 页。
③ 曹旭、高智：《陶渊明诗选》，商务印书馆 2022 年版，第 313 页。

时，为文学创作打开了新的空间。《受戒》中的"桃花源"空间具有了"民间"的特征，汪曾祺将世外桃源这一"绝境"置换到了自己熟悉的故乡空间，将"黄发垂髫，并怡然自乐"的生活场景拓展到了世俗空间以及世俗化的寺庙空间，纯洁美好的爱情、自由洒脱的人性、热气腾腾的劳动场面在具有"民间"特征的空间中延伸开来，延展成了一个平等的、舒适的、健康的、可流动的人类生存空间，原本与世隔绝、具有崇高性的桃花源空间回归到了日常生活的自然状态。

庵赵庄的空间中孕育着独特的文化氛围，其中洋溢着健康与平凡的人性，在"桃花源"的理想世界之上增添了世俗空间的建构，不去回避柴米油盐的琐碎，用"闲笔"展现市井中的叫卖场景，不吝笔墨去刻画逢年过节时的杀猪场面，营造了富有烟火气息与朴实质感的世俗生活空间。空间中的人用自己的辛勤劳动延续着安居乐业的生活，人们干着脏活儿、累活儿，但在汪曾祺的笔下，这些日常劳作也充满了美感与价值，人物娴熟的动作串联成劳动的印记，人即使被一茬又一茬的重活所累，但他们依旧可以轻轻地唱着各处的山歌，在晚上看萤火虫翻飞，看流星划过天际……《受戒》中的桃源空间通向了民间生活中蕴含的内在欢乐。

庵赵庄被自然环绕，其地理空间与外界有着一定的距离，但是根植于民间的空间并不排斥与外界的沟通，在时空建构上呈现出远距离之感，但并非一种断裂之态，空间与空间之间虽存在一定的距离，但其间没有强烈的界限感，具有"民间"特征的空间是一种打开的空间，空间本身具有打通的可能性，人与空间也显示出和谐共存的状态，人物可以通过"船"去往外部世界，可以往返于两地之间，市井闹巷与宁静村庄之间得以互通有无，就连宗教空间也可以向世俗空间靠拢，在这一层面，《受戒》中的空间建构则不同于《桃花源记》中的单一封闭模式，而呈现出了向外延展的倾向，具有向不同方向打开的可能性。

明子经常搭乘赵家的船来往于荸荠庵与县城之间，会给庵里买香烛、油盐等日用品。明子从庵赵庄来到县城，通过明子的视角，我们可以看到热闹的县城空间，"官盐店，税务局，肉铺里挂着成边的猪，一个驴子在磨芝麻，满街都是小磨香油的香味，布店，卖茉莉粉、梳头油的什么斋，卖绒花的，卖丝线的，打把式卖膏药的，吹糖人的，耍蛇的……他什么都想看看。"①

这一打开的空间也孕育出了人与人之间真挚的感情，明子与小英子之间的爱情为原本的桃花源母题增添了浪漫的色彩与浓浓的温情，二人之间的感情形成了一个独立的小世界，这份感情含蓄委婉却又不失张扬，这一独立的小世界也呈现出了一种超脱与开放。小英子把明子请到家中画画，小英子在一旁像参谋一样指挥明子，明子画得活脱脱的，赵大娘也发自内心地夸明子，热情地让明子当她的干儿子。明子跟小英子一起下地干活，一起在夜晚看场……小英子划船送明子去善因寺受戒，回来的路上，在一片芦花荡里趴在明子的耳朵旁边小声说想当明子的老婆，明子从眼睛鼓得大大的到大声地回应小英子，真实的欲望与人类的私情流动在世俗空间与宗教空间中，纯洁而又浓烈的情感与人性的本真交织在芦花荡里，弥散在汪曾祺笔下别样的桃源空间中。

汪曾祺的空间书写中更为苦心经营的是其中的宗教空间，《受戒》中的宗教空间与现实中的宗教空间之间保持着一定的审美距离，是更为独特的空间维度。小英子送明子去善因寺受戒，通过小英子的视角，我们可以观看全县第一大庙——善因寺，即使是善因寺这一庄严肃静的空间，也呈现出了"任人游看"的对外开放之态。出家人与世俗百姓相似的生活方式更是在一定程度上消解了宗教的神圣性和神秘感。小说一开头就交代了"庵叫苦提庵，可是大家叫讹了，叫成荸荠庵"②。单是"荸荠庵"这一名称就隐去了寺庙空间的庄严性，文中多次出现的"荸荠"是一种田间作物，同时也是小英子情有独钟的食物。荸荠庵在小说中更多地表现为与寻常人家并无二致的居所，当和尚也是百姓谋生的一种职业，寺庙空间里也没有"持戒"的观念，和尚可以娶老婆，可以在过年的时候杀猪吃肉，和尚会放焰口、

---

① 汪曾祺：《北京文学创作丛书·汪曾祺短篇小说选》，第197页。
② 汪曾祺：《北京文学创作丛书·汪曾祺短篇小说选》，第195页。

打牌、唱民间小调。小说的题目明明是"受戒"，但行文中却处处不受戒，受戒仅仅是领一张和尚的合格文凭，这一命名看似荒诞，实则入情入理，无论是在世俗空间中，还是在宗教空间中，没有人受到清规戒律的束缚，但人物的行为举止却处处显得恰到好处，达到了自由而有度的境界，人们可以自由挥洒却不超越健康的、自然的人性范围，积极入世而又不违背自然与人性，在这个意义上来看，人物又仿佛自然而然地处在"受戒"的状态之下，恰恰深化了主题。

五、空间书写与精神安放

20世纪70年代末，"文革"的创伤尚未弥合，都市崛起的进程呈现加速之势，物质和精神进程不和谐的矛盾进一步凸显，中国当代作家试图通过文学的方式寻求精神上的自赎与拯救，采取了诸多关于"文学重建"的努力，文学作品具有精神探索的内在倾向。在"百花齐放，百家争鸣"的倡导声中，文艺也获得了一定程度的解放，"文学为政治服务"的口号转换为"文学为人民服务、为社会主义服务"。而汪曾祺的《受戒》正贴近于"文学多样性"的政策，以去政治化、不含怨愤的文学叙事治愈着人们的精神创伤，桃花源母题被重新唤醒一般，在《受戒》中以时空置换的方式重现，并被赋予了新的时代语境下的精神疗愈意义。

"我们除了可以在时间中，也可以在空间中置换位置来寻求拯救。毋宁是去墨西哥或者南海，而不是去美第奇的佛罗伦萨或伯利克里的希腊。我们甚至可以在我们自己社会的不同阶层的生活中寻求逃避，可以去模仿农民、电影明星或者匪徒的生活方式。"①这段话可以解释有的作家为何倾向将笔下的时空转向偏僻的乡村，指向遥远的记忆。从人类的精神意向来看，故乡这一空间场域是人们生命的起点，不仅是给予人类最初保护的空

---

① [美]菲利普·巴格比：《文化：历史的投影》，夏克译，上海人民出版社1987年版，第18页。

间场所，更是给予人类安全感、归属感的精神领地，构成了足以阻挡外界纷扰的精神力量，在许多作家的情感深处都无法将关于故乡的记忆甩去，精神返乡在中国文学中有长久的生命力。

洪子诚先生在《作家姿态与自我意识》中提道："我们都很清楚当代中国小说，尤其是六七十年代小说中的地域、民俗的特征、色彩已相当模糊，淡化、褪色得几乎难以辨识。如果写的是城市，可以理解任何城市；是乡村，也可以看作是任何一个村庄。"①汪曾祺对当时的文学思潮表示疏离，向前接续乡土抒情小说的文学史传统，表现了对地域文化、风俗的重视，在独特的地域文化中考察人的性格心理和思想情感，将自然空间与人文空间巧妙地融为一体，人物的行止与空间形成了互动关系，为80年代的文学书写打开了新的空间，在之后的文学创作中，越来越多的作家开始关注地域空间的建构，关注到了地域空间中的风土人情与民族文化心理，例如贾平凹以商州为背景建构了商州的历史空间与人文空间，李杭育的"葛江川系列"小说也立足一方水土探究了文化心理冲突，莫言以高密为"基地"打造了"高密东北乡"的叙事空间。

《受戒》除了对地域、民俗的重视外，还表现出了对日常生活的观照。李泽厚于1985年在《文艺报》发表的《两点祝愿》中提出了这样的疑问："为什么一定都要在那少有人迹的林野中、洞穴中、沙漠中，而不是在千军万马中、日常世俗中去描写那战斗、那人性、那人生之谜呢?"②显然，发表于1980年的《受戒》对这一问题具有一定的预见性，汪曾祺在《受戒》中所建构的"桃花源"看似是封闭的、遥远的，这一作品区别于《班主任》这类富有时代感的"时尚"作品，作品中建构的寺庙空间、世俗空间也游离于文学主潮之外。汪曾祺消解了磅礴的时代氛围，回归到布满柴米油盐的生活日常中，观照人与自然、人与空间的关系，恰恰是汪曾祺的疏离意识和作品呈现的另类姿态，反而使得其空间书写呈现了一种自由与不息，以自身的

---

① 洪子诚：《作家姿态与自我意识》，北京大学出版社2010年版，第49页。
② 李泽厚：《两点祝愿》，《文艺报》1985年7月27日，转引自洪子诚：《作家姿态与自我意识》，北京大学出版社2010年版，第35页。

"另类"姿态流淌在文学史的脉络之中，在当时的主流叙事之外，为文学话语提供了另一种可能性。

校订：刘佳韵　刘方圆

胡绍轩在汉三次办刊活动

尹　雪*

摘　要：报刊在近代思想变革中发挥着重要作用。20 世纪 30 年代是武汉文艺刊物发展的重要时期，其中湖北大冶人胡绍轩主编的《轮底文艺》《文艺(武昌)》和《文艺战线(武昌)》可视为该时该地文艺刊物的发展缩影。这三种刊物在内容编选都具有包容自由的特点，均采用简洁大方的排版设计，聚集了诸多在汉文艺人士和文艺爱好者，其中包括一批女作家。伴随时间流转、经验累积和局势变化，这三种刊物在办刊策略、稿件规模和刊物定位都有所进步，显示出武汉文艺发展与出版水平的提升。胡绍轩的这三次办刊活动对反映 20 世纪 30 年代武汉文艺的发展状况，培养武汉文艺人才，催升地方文艺认同感，扩大武汉文艺在全国的影响力等方面有重要作用。

关键词：胡绍轩；武汉；文艺刊物；20 世纪 30 年代

一、问题缘起

论及近代思想变革，报刊留下了浓墨重彩的一笔。梁启超曾言："去秋武汉起义，不数月而国体丕变。成功之速，殆为中外古今所未有……问

---

　*　尹雪，武汉大学文学院 2021 级中国现当代文学专业硕士研究生。本文系武汉大学文学院第三届研究生学术论坛"现当代文学"分会场发言论文。

其何以能如是，则报馆鼓吹之功最高。此天下之公言也。"①

1861 年，汉口开埠，逐渐向现代化城市演进。其中，报刊的产生和发展成为一个显著标志。开埠后，武汉凭借"九省通衢"的地理位置和优越的交通条件，积聚大量人口，发展商贸教育，思想观念日渐开放，报业顺势兴起。初期，外报林立、官报出现，但或受限于官方严厉的新闻政策，或受制于严格的舆论控制，传播效果有限。辛亥革命后，民报涌现，种类丰富，具有鲜明的时代色彩。② 根据留存的报刊资料，出版于湖北（主要包括武汉等地区）的文艺报刊可以追溯到创刊于 1909 年的《扬子江小说报》；初期主要是一些学报，如 1923 年武昌高等师范学校文学会编辑并发行的《文学季刊》、1929 年由武昌美术专门学校发行的《歌笛湖》，整体发展较缓慢；进入 30 年代，各种文艺刊物如春笋般次第出现，如 1932 年创刊的《武汉文艺》、1934 年创刊的《辘轳季刊》等；1937 年，随着抗争局势演变，国民政府的部分机构由南京迁至武汉，武汉成为全国重要的战略重心，涌现出一批抗战性文艺刊物。武汉文艺报刊成为观察其文艺发展状况的一面镜子，但相关研究却并不充足。③

在武汉文艺报刊发展初期，有一位主编胡绍轩值得注意，他在 30 年代先后主编《轮底文艺》《文艺（武昌）》和《文艺战线（武昌）》三种文艺刊物，是发展武汉地区文艺刊物事业的重要人士。胡绍轩，原名胡汉华，字绍轩，1911 年出生，湖北大冶人。1931 年"九一八"事变发生后，正在湖北

① 梁启超：《鄙人对于言论界之过去及将来》，《庸言》1912 年第 1 卷第 1 号，第 71~77 页。

② 荆蕙兰、刘东：《报与城的互动：近代汉口报业发展与城市空间形塑》，《江汉论坛》2022 年第 7 期，第 100~109 页。

③ 有关武汉近代文学报刊的研究，可参见邓集田：《中国现代文学的出版平台——晚清民国时期文学出版情况统计与分析（1902—1949）》，华东师范大学 2009 年博士学位论文，第 105~106 页；付登舟：《清末民初武汉报刊研究》，武汉出版社 2015 年版；喻越：《全面抗战爆发前武汉文艺的现状与原因分析——以〈武汉日报〉为考察对象》，武汉理工大学 2020 年硕士学位论文。

省立武昌实验学校执教的胡绍轩有感于局势，以笔为枪，创作了民众歌颂剧《斗争》，并于次年在他自己组织的"晶底剧社"排演，后来该剧也在《文艺(武昌)》上刊出。① 胡绍轩由一名戏剧爱好者成长为文艺刊物主编，不断发表散文、话剧、论著、小说等作品，后来还参与筹备文协工作，可谓冲锋在武汉文艺事业前线。

《轮底文艺》，1934 年 12 月创刊于武昌，半月刊，由轮底文艺社编辑发行，1935 年停刊，目前留存第 1 卷第 2 期。《文艺(武昌)》，1935 年创刊于武昌，月刊，初由轮底文艺社编辑发行，1937 年因战争等因素停刊。1937 年轮底文艺社更名为武汉文艺社，继续负责其出版事宜，停刊时间不详，目前留存 1935 年 4 月至 1948 年 4 月发行的 21 期。《文艺战线(武昌)》，1937 年 11 月创刊于武昌，十日刊，由文艺战线社出版，1938 年 3 月武汉沦陷后停刊，目前留存 1937 年 11 月至 1938 年 3 月发行的九期。梳理这三本刊物发展状况，或可一窥当时武汉文艺的发展状况。

二、三次办刊的共同点

纵观《轮底文艺》《文艺(武昌)》和《文艺战线(武昌)》的留存本，可以发现胡绍轩三次办刊在期刊内容、作者群体、外形设计和刊物内容等方面具有一致性。

首先，三本期刊在内容方面呈现自由包容的特点。作为主编的胡绍轩自身就热衷于文艺创作，他的作品除发表在自己所主编的三本刊物上，也常见刊于武汉和外省市其他重要刊物，这使其有机会接触其他文艺人士。笔者尝试考察三本期刊的作者身份，统计结果如下(每本刊物各举 1 期为例)。

---

① 参见胡绍轩:《斗争》，《文艺(武昌)》1938 年第 5 卷第 1~2 期，第 125~139 页。

表1　　　《轮底文艺》1935 年第 1 卷第 2 期作者及其身份信息

笔　名	身　　份	笔　名	身　　份
苏雪林	武汉大学教授	刘绪贻	武昌省立高级中学学生①
冰　子	女性，创作诗歌	史　左	创作小说
流　云	（不明）	丁　韬	创作新诗
张惠良	武昌艺术专科学生② 轮底文艺社戏剧组主任③	胡绍轩	省立武昌实验学校教师④
胡炼精	（不明）	韶　僡	（不明）
沈　默	女性，创作散文、诗歌⑤	杨　琠	女性，创作诗歌
唐一禾	武昌艺专教务主任		

表2　　　《文艺(武昌)》1935 年第 1 卷第 2 期作者及其身份信息

笔　名	身　　份	笔　名	身　　份
沈　默	女性，创作散文、诗歌	严振开	小学教师⑥，武汉文艺社社员， 创作小说、散文等
康　驹	创作诗歌、小说等	万启宇	长期在《中兴周刊》发表小品文⑦

---

① 参见刘绪贻口述，余坦坦整理：《刘绪贻口述自传》，广西师范大学出版社
2010 年版，第 61~75 页。

② 参见王紫平：《三十年代的武汉作家和文艺作者记略(三)》，武汉市文化局史
志办公室编：《武汉文化史料》第 4 辑，武汉文化志办公室 1984 年版，第 132 页。

③ 张惠良：《舞台人自述之一：我的戏生活(上)》，《戏世界月刊》1935 年第 1 卷
第 1 期，第 57 页。

④ 胡绍轩：《〈文艺〉月刊出版始末记》，重庆出版社 1991 年版，第 275 页。

⑤ 参见胡绍轩：《编辑后记》，《文艺(武昌)》1935 年第 1 卷第 2 期，第 110 页。

⑥ 参见王紫平：《三十年代的武汉作家和文艺作者记略(三)》，武汉市文化局史
志办公室编：《武汉文化史料》第 4 辑，第 138 页。

⑦ 参见胡绍轩：《编辑后记》，第 109 页。

续表

笔 名	身 份	笔 名	身 份
萧治梁	木刻爱好者，后为50年代初期成立的武昌艺术师范学校的首任科主任①	马鸣尘	《沙漠》杂志主编，创作诗歌、小说、散文等②
胡绍轩	省立武昌实验学校教师	陈嗣音	专于欧美文学③
徐鉴泉	即丁韬(见表1)	王一心	青年诗人，1936年先后出版三本诗集④
曾今可	主要在上海进行文学活动，当时留学日本⑤	梅 楷	女性，创作散文
逸 民	创作散文小品	陶 里	儿童文学研究者
王道胜	武汉大学学生⑥	陶 鼎	研究书法、碑帖，爱好摄影
邵冠华	诗人⑦	石 勒	青年，在此发表处女作
拾 名	即惠留芳，女性，出版诗集、影像集		

① 参见毛君为：《我的艺术生涯》，湖北省志《文艺志》编辑室编：《〈文艺志〉资料选辑(七)》，武昌中山美术印刷厂1986年版，第721页；张传慈：《武昌艺术师范学校琐记》，中国人民政治协商会议武汉市武昌区委员会编：《武昌文史》第10辑1994年版，第114页。

② 参见胡绍轩：《编辑后记》，第107页。

③ 参见胡绍轩：《编辑后记》，第108页。

④ 参见王紫平：《三十年代的武汉作家和文艺作者记略(三)》，武汉市文化局史志办公室编：《武汉文化史料》第4辑，第133页。

⑤ 参见胡绍轩：《编辑后记》，第109页。

⑥ 参见胡绍轩：《编辑后记》，第108页；王紫平：《三十年代的武汉作家和文艺作者记略(三)》，武汉市文化局史志办公室编：《武汉文化史料》第4辑，第138页。

⑦ 参见王紫平：《三十年代的武汉作家和文艺作者记略(三)》，武汉市文化局史志办公室编：《武汉文化史料》第4辑，第133页。

表3　　《文艺战线（武昌）》1937年第1卷第2期作者及其身份信息

笔　名	职　　业	笔　名	职　　业
甘运衡	诗人，《诗座》主编	蒋山青	创作新诗、戏剧等
胡绍轩	省立武昌实验学校教师	严振开	小学教师，武汉文艺社社员， 创作小说、散文等①
邵冠华	诗人	胡庶华、 熊务民	胡为教育家， 熊为歌咏协会负责人②
席　珍	（不明）	殷　勤	（不明）
干　戈	发表多篇战争随写、通讯、报告等	路易士	诗人
黄洪滔	曾于《文艺（武昌）》上发表散文③	钱一苇	发表多篇小说、评论
隆　雁	（不明）		

　　观察可得，这三本期刊的作家职业中，既包括专于文艺的诗人、评论家、研究者，也涵盖接触文艺较多的杂志主编、学者、教师、学生，还容纳了爱好文艺的职员职工等；作家地域中，以在汉人士为主，也收到了岭南、上海甚至海外来稿；作家类型中，既有初出茅庐的文学新人，也有已出版诗集、作品集的文艺家；作品类型十分丰富，从小说、戏剧、散文、诗歌到版画、摄影、音乐等文艺体裁，都有呈现。三本杂志都公开征稿，兼采约稿形式，整体来说对稿件的限制较小。值得注意的有三点：第一，许多作家都反复在这三本期刊上发表作品，如唐一禾、沈默、严振开、蒋山青等人，这说明主编胡绍轩很可能和这些人有着持久往来。第二，很多作家的生活圈都是重叠交错的，比如同在武大工作或学习的苏雪林和王道胜，同在武昌艺专的唐一禾、张惠良等，武昌作为教育重心，涌现出大量

---

　　①　参见王紫平：《三十年代的武汉作家和文艺作者记略（三）》，武汉市文化局史志办公室编：《武汉文化史料》第4辑，第138页。

　　②　参见龙发济撰辑：《全国歌协在汉成立及其活动》，湖北省志《文艺志》编辑室编：《文艺志——资料选辑（六）》，新华印刷厂综合车间1985年版，第157页。

　　③　参见黄洪滔：《流月曲》，《文艺（武昌）》1937年第3卷第4期，第83~85页。

文艺人士。第三，《诗座》主编甘运衡、《沙漠》主编马鸣尘等杂志主编都曾在此发文，体现出武汉文艺出版业界可能存在交流合作。特别值得一提的是，胡绍轩主编的这三本期刊推出了一批女性作家。除了较有名望的大学教授苏雪林，还有擅长散文、诗歌的冰子、沈默、杨珪、惠留芳、梅楷等人。这在繁荣当时武汉文艺的同时，有效记录了女性文学家的发展状况。整体来说，在缺乏专门性文艺刊物的当时，胡绍轩主编的期刊给武汉的文艺界开辟了一处精神园地。三本期刊包容、自由的特点使其成为文艺从业者与文艺爱好者的集结地，在汉人士很可能以刊物为中心建立起长期沟通。

其次，在外形设计上，三本期刊均是简洁大方，实用为主。目前留存的唯一一期《轮底文艺》，目录页尚装点有与期刊名（也即社团名）相符的图案，正文则一律是竖版铺陈，文章标题和作者以改变字号和空行的形式凸显，长文每段在排版时略作区分；每页一侧以竖线分隔正文和期刊名称、刊号和文章标题；全刊 29 页，除封面、封底、目录、刊物及投稿信息外，全为作品，无广告。

图 1　《轮底文艺》第 1 卷第 2 期第 12 页

　　《文艺(武昌)》整体风格亦简洁大方。相较于《轮底文艺》，《文艺(武昌)》内容更扎实，每期几乎都突破 100 页，甚至有逼近 200 页者。观察可发现，《文艺(武昌)》注重通过微调细节来扩充版面，如使用不同的字体凸显标题和作者，再如从第二卷起，每页除去了四围的线条，并扩充了九十余字，这样"每期可以多刊一万字以上的文章"①。

图 2　《文艺(武昌)》1935 年
第 1 卷第 2 期第 1 页

图 3　《文艺(武昌)》1935 年
第 2 卷第 1 期第 90 页

　　《文艺战线(武昌)》在继承简洁风格的同时，排版更为紧密。页面多由上至下分为三个板块，页面整齐，文字紧凑。或与战时成本更紧缩且为求方便传播相关。

　　最后，在刊物内容上，三本刊物栏目丰富，体裁自由。留存的《轮底文艺》中包括论文、小说、现代诗、散文随笔、剧评等文学作品和评论。《文艺(武昌)》栏目不定，刊登过小说、文坛消息、戏剧、散文、现代诗、

---

　　① 　胡绍轩：《编辑后记》，第 152 页。

图4 《文艺战线(武昌)》1937年第1卷第4/5期第1页

翻译、散文小品、文艺画报、照片、图画等各种文艺作品，每期都有多个栏目，也有专刊，正如胡绍轩在复刊序言里所言："本刊向无地域观念及文艺宗派成见，敬祈全国各地作家多多予以协助，俾本刊有所发展。"①《文艺战线(武昌)》同样体裁丰富，适用于战时宣传的通讯、报告、速写、漫画等体裁比例相对较高。

整体来看，三本报刊包容自由，体现出文艺发展初期限制小、开放度高的特点；样式简洁，满足文艺交流和传播的基本要求；栏目丰富，反映出20世纪30年代武汉文艺在各项领域的蓬勃发展，但这些也侧面反映出一些问题：各类型各领域的文艺均已出现，但专于某一种文艺类型的杂志很少，说明发展水平和深度有限；排版设计便于观看，但欠缺观赏性；创作者来源广泛，但少见具有全国影响力的武汉文艺家，这些反映出当时武汉文艺欣欣向荣但前进空间广阔的状况。

---

① 胡绍轩：《复刊的喜悦》，《文艺(武昌)》1947年第6卷第1期，第4页。

三、三次办刊的发展与影响

随着时局和形势的改变，以及主编胡绍轩等人办刊经验日渐丰富，《轮底文艺》《文艺(武昌)》和《文艺战线(武昌)》在办刊策略、稿件质量和刊物定位等方面也呈现出变化。

首先，三本刊物的办刊策略不断优化。《文艺(武昌)》发行时间较长，现存刊物数量较多，可以反映办刊策略的显著变化。

第一，《文艺(武昌)》均设有"编辑后记"栏目，以介绍作者、推介作品、预告下期内容、对话读者、给定征稿方向等。该栏目能拉近刊物与读者的距离，既有宣传功用，也有助于建立良好的文艺生态环境。该栏目未见于现存的《轮底文艺》，后来的《文艺战线(武昌)》则有继承。

第二，《文艺(武昌)》每期封面开始有所设计，并通过广告进行宣传。封面一般都用到图片元素，且采用彩印，更具吸引力。刊列出"华中图书公司总发行定期五大刊物"，《文艺(武昌)》自身赫然在列。销量是投放广告时最重要的考虑因素之一，《文艺(武昌)》中就包含宣传其他报刊或百货商店的广告。这些可能与其办刊经费和刊行状况向好相关。第4卷第1期中，编辑后记即言"承蒙各位读者的爱护，本刊在销数上有了长足的发展"[1]。

第三，成立"武汉文艺社"来开展《文艺(武昌)》的编辑工作。该刊目前留存最早的一期为第1卷第2期(1935年)，其出版发行方均为轮底文艺社。目前该社相关资料较少，但根据相关描述，轮底文艺社很可能是一个同人社团，人员自由度高，不利于刊物稳定发行；改组为武汉文艺社后，设立章程，便于规范、有序、持久地开展活动。总而言之，从封面设计与印刷改进、广告的投放、编辑后记的开设、发行方的变革等方面，可以看出《文艺(武昌)》在设计编辑和推广策略上的进步。

---

[1] 胡绍轩：《编辑后记》，第94页。

其次，刊物及稿件质量也呈现出一定的变化趋势。现存的《轮底文艺》一期只有 29 页，根据作者的重要性和文章的影响度，其中有两篇论文颇为重要：苏雪林的《文化复兴与青年之使命》和唐一禾的《中国艺术新机运》。《文艺（武昌）》在 1935 年、1936 年初创年间，作者群体虽然较《轮底文艺》多有扩张，但多数人影响力有限。但随着刊物发展，凌书华、路易士、罗念生、胡适、余上沅等人均有来稿。1937 年《文艺（武昌）》因战争停刊半年，待到 1938 年出版复刊号第 5 卷第 4 期时，作者名单里赫然同时出现了老舍、穆木天、臧克家、郁达夫、路易士、赵清阁等文艺界人士。1938 年复刊后的几期，主题紧紧围绕抗战，众多文艺人士的加入证实了《文艺（武昌）》在武汉地区的影响力。《文艺战线（武昌）》则完全是抗战文艺刊物，所载文章或意在反映前后方状况，或意在鼓舞志气，或探讨战时文艺建设问题，也设有抗敌和战争的特刊。整体定位鲜明，用于战时宣传，具有鲜明的时代色彩。

最后，胡绍轩所编刊物的定位有着明显的扩大趋势，从"社团"渐至"武汉"，最后成为"全国"文艺工作者和文艺爱好者的园地。《轮底文艺》刊出时，由"轮底文艺社"负责出版，代售处为武汉各大书局。《轮底文艺》的《新年缀言》载："假如不切事实的夸大，那是一种不详的劣根性，则我们于 1935 年的新年开始，当首先无忌讳的来检查我们自己散漫的阵容，无忌讳的来供认那些从时间上跌落下来的罪咎。"[1]"我们自己散漫的阵容"，结合上下文看，应指当时相聚于此的青年群体。1936 年 6 月，轮底文艺社改组，更名为"武汉文艺社"，并在《文艺（武昌）》上公布《武汉文艺社简章》，表明该社"以研究文学艺术发扬民族文化并唤起民族意识为宗旨"[2]。同期刊登的《写在本社第一次戏剧公演的前面》一文指出："本社不是少数私人所主持的团体，我们其所以由轮底文艺社改组为武汉文艺社的原因，就是要使这个团体成为武汉从事文学艺术者大家的园地，使将来不致因人

---

① 丁韬：《新年缀言》，《轮底文艺》1934 年第 1 卷第 2 期，第 1 页。

② 《武汉文艺社简章》，《文艺（武昌）》1936 年第 3 卷第 4 期，附录，第 1 页。

的变动，而使基础动摇。"①可见在 1936 年，胡绍轩等一众人已有了强烈的地区共同体意识，并通过章程使办刊及相关文学活动规范化。该时期的文艺活动丰富，有姊妹刊《诗座》出版、社团公演、笔会座谈会等相关文艺事件，在《文艺（武昌）》上均有记录。《文艺（武昌）》的影响力也有所扩大，代售处为全国各大书店（书局），总经售先后有无变为汉口良友公司、汉口现代书局再变为上海杂志公司。1938 年，中华全国文艺界抗敌协会的成立，《文艺（武昌）》认为这一事件"昭示了中华全国的文艺工作者为公赴国难而精诚团结起来，今日的武汉，已成为全国文艺界统一的中心，今后的本刊，也将不仅为武汉文艺社的产物，而是全国文艺工作者的心血所共同灌溉的天地"②。之后的《文艺战线（武昌）》，更是沿着此路径，要"站在第二道防线""拿起我们手中的笔杆，大家联合起来，建设一道文艺的战线"③。

从办刊策略、刊物质量和刊物定位的变化，可以发现胡绍轩办刊理念的进步，也能看出 20 世纪 30 年代的武汉文艺对世界文艺的接受和理解。胡绍轩办刊眼界开阔，关注世界各国文艺消息、文艺理论和文艺作品，刊物中各种体裁的译文译诗、原创作品、理论探究等文艺课题均有所涉猎。三次办刊，有未曾改变的坚持，也有发展和进步，对其个人、对武汉乃至全国文艺事业都有一定影响。

首先，胡绍轩三次办刊反映了 20 世纪 30 年代武汉文艺的发展状况，是研究武汉现代文艺的重要材料。如《轮底文艺》和《文艺（武昌）》前期，作者中有不少人是武汉地区教师、学生，因此颇多反映武汉学校状况的作品：严振开作为小学教师，发表了多篇小说，《决心》描写一个热爱读书以至于要过苦行僧生活的教员的失败尝试，《等待》描述中年知识分子的烦闷，《砥柱》讲述无法接受教育的女子的苦闷；万启宇的《写生画》讽刺美术

---

① 魏韶蓁：《写在本社第一次戏剧公演的前面》，《文艺（武昌）》1936 年第 3 卷第 4 期，第 2 页。

② 邵力子：《复刊词》，《文艺（武昌）》1938 年第 5 卷第 4 期，第 4 页。

③ 《语社：建设文艺战线》，《文艺战线（武昌）》1937 年创刊号，第 1 页。

老师的不称职；拾名的《蝉》讲述教师被自然和学生治愈；陶里的《恶梦》回忆弟弟在大学里去世的场景；王道胜通过诗歌和小说，记录学生生活……《文艺(武昌)》对手稿、作者照片、摄影等图片的使用，反映出现代武汉出版业对影像日益重视；推介作家以提升其知名度，也是宣传报刊、扩大销量的一种方式。1937年"七七事变"后抗战精神高涨，报刊内容和主题也顺应时局有所转变。三本报刊因侧重点和时局不同，展现出武汉不同历史时期文艺发展的不同状况。

其次，胡绍轩三次办刊团结、培养了一批武汉文艺人才，促进了武汉文艺的进步和长足发展。且不谈胡绍轩自身就成为"中华全国文艺界抗敌协会"的常务理事，在以老舍为主任的总务部里积极工作，三本刊物作为文艺人士的集结地，必然会增进在汉文艺人士交流来往。三本期刊所联系的文艺人士中，有的是比较成熟的文艺家，频频在各种报刊上发表作品，有的是文学新人、文艺爱好者，借此锻炼能力、开阔眼界，胡绍轩所在的轮底文艺社、武汉文艺社举办过戏剧公演和笔谈会，也有利于在汉文艺人士的聚集。木刻艺术家萧治梁、当时还是武昌艺专学生的陈碧茵、张惠良，《轮底文艺》和《文艺(武昌)》的另一位编者魏绍徵……这三本刊物联系的许多文艺人士都继续在文艺界奋斗，推动武汉及全国各地文艺事业发展。

最后，胡绍轩的三本刊物，催发了地方文艺认同感，也间接扩大了武汉文艺的全国影响力。1937年7月七七事变，8月上海陷入战火，在一批出版机构的内迁过程中，武汉成为"中转站"，一时成为全国文化出版行业中心。随着战局的发展，武汉文艺发展高潮近乎昙花一现，但武汉人士由此积聚的凝聚力、对地方文艺的认同感却不曾消失，当遇到合适时机时，便具化为实际行动，推动武汉地域文化的建设，如胡绍轩在20世纪40年代主编《武汉文化》，其创刊号言其旨趣为"开展武汉文化"①，集结了不少

---

① 张铁君：《开展武汉文化的几点要求(代发刊词)》，《武汉文化》1947年第1卷第1期，第3页。

之前便有所来往的文艺人士。

四、结论

胡绍轩在 20 世纪 30 年代所创办的三种文艺刊物，既存在共同点，也有所发展。三种刊物风格包容自由，囊括各类文艺作品，在文艺宗派及地域上不存成见不设偏好，均采用简洁大方的排版设计，聚集和培养在汉文艺人士和文艺爱好者，尤其是推出了一批女性创作者的作品，促进了武汉文艺界的交流和发展。伴随时间流转、经验累积和局势变化，三种刊物在办刊策略、稿件规模及质量和刊物定位上展现出进步，显示出武汉文艺刊物出版界的发展和武汉文艺在全国影响力的提升。在历史中，胡绍轩三次办刊为武汉文艺的发展和地方文化认同感的建设发挥了效力，在当下，这三种期刊的留存资料也为研究武汉及全国各地的文艺状况提供了帮助。

值得注意的是，《轮底文艺》《文艺（武昌）》和《文艺战线（武昌）》对各种体裁、形式的文艺都很关注，小说、散文、诗、戏剧、评论、理论、摄影、木刻等等均有刊登；对表现反映各地的文艺作品和文艺消息都很关注，广至欧美日本，近至乡野村庄；对原创作品、译作、最新理论和文艺实践等都加以关注和刊登，因此这三种文艺刊物，可谓是当时武汉获取各方文艺思想、获知各地文艺活动、表达和讲述自身的重要平台。武汉作为较早开放并向现代化演进的城市，必然充满了巨大的变化，其间历经种种，或能在这三种刊物的留存资料中找到印证，这是本文未探讨之处，由此也知各种刊物所蕴含的巨大可能：中国如何和世界发生对话、如何转变自身、如何选择后来的发展之路。

校订：陈景月　敬知玉

"始原创伤"的重述

——精神分析视域下对张爱玲《怨女》的解读

雷思雨*

摘　要：《怨女》作为张爱玲最具有影响力的长篇小说之一，融合了作者对以弗洛伊德为代表的精神分析理论的学习与实践。通过分析张爱玲从《金锁记》到《怨女》这一"重写"的创作心理，解读《怨女》中人物的精神创伤与心理活动，可以了解张爱玲笔下"始原创伤"的书写状态，进而指认张爱玲小说创作中弗洛伊德精神分析学的思想烙印。

关键词：张爱玲；《怨女》；精神分析学；创伤

在《作家与白日梦》一文中，弗洛伊德认为富有想象力的作家通过创作来释放潜意识中受压抑的愿望与幻象，而弗洛伊德所做的实验研究进一步强调了作家童年记忆在创作中的重要地位，"一篇具有创见性的作品像一场白日梦一样，是童年时代曾经做过的游戏的继续，也是这类游戏的替代物"①。在张爱玲的早期创作中，"白日梦"与旧日回忆的痕迹十分鲜明，如十八岁的张爱玲在第一篇征稿中所写，这个古怪的女孩读课外书，写乌托邦式的小说，在自己的文章中安排鲜艳的音符般的字眼，在自己的小世

---

*　雷思雨，武汉大学文学院 2021 级中国现当代文学专业硕士研究生。本文系"2023 文言樱花会"暨武汉大学文学院第四届研究生学术论坛"现当代文学（一）"分会场发言论文。

①　[奥]弗洛伊德：《作家与白日梦》，孙庆民、乔元松、索宇环译校，车文博主编：《弗洛伊德文集》第四卷，长春出版社 2004 年版，第 433 页。

界里享受细腻的欢悦与痛苦，"在没有人与人交接的场合，我充满了生命的欢悦，可是我一天不能克服这这种咬啮性的小烦恼"①。这种一边做"白日梦"一边在创作中打捞回忆的创作方法在张爱玲的创作谱系中得到了延续，从早期来自古典小说的改写、出身旧贵族的少女到晚期创作中《易经》《雷峰塔》《小团圆》构成的"自传三部曲"，在她哀矜、苍凉的笔调中，随处可见因性压抑而变态的母亲、浪子式的父亲、抽大烟的男人女人、满清的遗老遗少们等人物形象，这块名为"老旧中国"的已然坍塌的墓碑上注定要刻下属于她的几行铭文。

张爱玲在小说叙事中十分注重对人物复杂心理的刻画，她明白"艺术并不是对真实与真理的追求，而只是一副心灵镜像的呈现"②。在回忆性散文《对照记》中，张爱玲回忆海关官员将她的身高写错的失误，"五尺六寸半会写成六尺六寸半。其实是个 Freudian slip（弗洛依德式的错误）。心理分析宗师弗洛伊德认为世上没有笔误或是偶尔说错一个字的事，都是本来心里就是这样想，无意中透露的"③。对攻英美文学专业的张爱玲来说，以弗洛伊德为代表的精神分析学说并不陌生，运用于自己的写作中亦是常事，例如有评论家指出《金锁记》的心理描写受西洋小说影响颇深。④ 虽然不能笃定张爱玲笔下的形象，尤其是女性形象，皆投射或复现了张爱玲本人或她的旧式小圈子中的没落贵族的一言一行，但我们可以将《怨女》置于既非自叙传式又非全无依凭的虚构式的位置，由此将其当作一个精神分析的文本。

一、从《金锁记》到《怨女》：张爱玲反复书写的创作心理

张爱玲的文学创作谱系基本可以用地域来划分，1943 年从港返沪后，

① 张爱玲：《天才梦》，《张看》，花城出版社 1997 年版，第 264 页。
② 孟悦、戴锦华：《浮出历史地表：现代妇女文学研究》，北京大学出版社 2018 年版，第 261 页。
③ 张爱玲：《对照记》，花城出版社 1997 年版，第 74 页。
④ 见夏志清：《中国现代小说史》，刘绍铭等译，中文大学出版社 2001 年版，第 343 页。

张爱玲先后在《紫罗兰》月刊、《杂志》月刊、《万象》月刊、《天地》月刊上发表了一系列先后编入小说集《传奇》的短篇小说，1944 年发表于《天地》的《金锁记》就在其中。《金锁记》讲述了小商人家庭出身的曹七巧嫁入书香世家姜家，在长期的压抑中逐渐走向疯狂，恶毒地逼死了儿媳与儿子的姨太太，又亲手葬送了女儿的终身幸福。七巧死后这种控制狂式的阴影依然笼罩在长安与长白身上，"三十年前的月亮早已沉了下去，三十年前的人也死了，然而三十年前的故事还没完——完不了"①。

而《怨女》(The Rouge of the North)则是张爱玲 1966 年在美国定居后将《金锁记》改写而成的作品，与 1955 年离港赴美后的创作序列《秧歌》《赤地之恋》相比，《怨女》似乎回到了上海阶段的创作风格，更有老旧中国的气息，"这部小说将焦点自国再转回到家；远离夏志清所谓的'感时忧国'的正统，挖掘了老中国的阴暗面"②。《怨女》讲述的故事与《金锁记》类似：麻油店的姑娘柴银娣嫁给了姚家残疾的二少爷，将健康的三少爷视作一种代替和补偿，她的掌控欲日益膨胀，为了掌控儿子便做主给儿子娶妻，婚后又慢慢将儿媳折磨至死。值得注意的是，40 年代张爱玲在写作《金锁记》后亲自译成英文，六十年代用英文完成《怨女》后又译回中文，显然，她对《金锁记》《怨女》所诉说的这一套故事情有独钟，在二十余年内用两种不同的语言将同一个故事反复书写了四次。在这两篇作品的比较分析中，王德威敏锐地注意到张爱玲的重复写作手法，他将其称之为"'踵事增华'的叙事学"③。

张爱玲对这个故事如此钟爱，一个原因是与她热衷于书写有真实感的"人生味"小说相合，《谈读书》中她提到西方对传记与写实的追捧，说"实事不过是原料，我是对创作苛求，而对原料非常爱好，并不是'尊重事

---

① 张爱玲：《金锁记》，《倾城之恋》，花城出版社 1997 年版，第 122 页。

② 王德威：《落地的麦子不死：张爱玲与"张派"传人》，山东画报出版社 2004 年版，第 3 页。

③ 王德威：《落地的麦子不死：张爱玲与"张派"传人》，第 21 页。

实'，是偏嗜它特有的一种韵味，其实也就是人生味"①。而从《金锁记》与《怨女》中显然可以挖掘出张爱玲旧日生活中的人物与环境：张爱玲出身显赫，曾外祖父是清末名臣李鸿章，祖父是同光年间清流党中的船政大臣张佩纶，而她的父亲则是一个典型的遗少，具有抽鸦片、逛堂子、挥霍祖产等一切纨绔子弟的恶习，小说中逐渐败落的姜家、姚府是正是走向衰败的张家的写照；父亲在张爱玲的回忆中并没有留下多少美好的记忆，父亲所代表的不容置疑的家庭统治与权威属于已逝去的封建时代，在孩童的视角里显出一种骇人的暮气沉沉之感，"父亲的房间里永远是下午，在那里坐久了便觉得沉下去，沉下去"②。父亲的形象在《怨女》中既是姜家不事生产、游手好闲的老爷们，又是倚靠在母亲身边的婴孩，始终像个长不大的孩子、永远承担不起责任的子一辈。

与父亲、与家庭之间的矛盾在张爱玲与继母发生冲突、被父亲责打并幽禁在家后达到了顶峰，在家庭关系中长期受到压抑以及在父爱母爱方面的匮乏，使张爱玲在禁闭中产生了类似早期神经分裂症的认知扭曲，"我生在里面的这座房屋忽然变成生疏的了，像月光底下的，黑影中现出青白的粉墙，片面的，癫狂的"③。这段病中的囚禁生活显然成为她"家庭罗曼史"（family romance）之阴暗一面的取材来源，正如王德威所说，"我们可以推敲张爱玲一再'重写'的冲动，在于为她的始原创伤（trauma）找寻自圆其说的解释"④。

在《超越快乐原则》一文中，弗洛伊德曾分析过创伤性神经症（traumatic neurosis）的临床表现与梦的研究，"现在在创伤性神经症里梦的生活就有这种特性，它不断地把病人带回到他遭受灾难的情境中去……至于创伤，可

---

① 张爱玲：《谈读书》，《张看》，花城出版社1997年版，第205页。
② 张爱玲：《私语》，《流言》，花城出版社1997年版，第113页。
③ 张爱玲：《私语》，第116页。
④ 王德威：《落地的麦子不死：张爱玲与"张派"传人》，第5页。

以说病人已经对此进行了精神固着"①。不断返回的创伤使弗洛伊德感到惊讶，这种创伤经验在创伤者内部形成了"不能完全把握的历史的症状"，"始原性创伤是由某一事件所引发的一种不断重复的痛苦，但这种创伤又体现为从这一事件现场的一种不断离别"②。张爱玲的童年家庭生活，即满清没落贵族的出身、抽大烟养小妾的父亲与决然离家出国留洋的母亲，正是夏志清所谓"一个衰颓中的文化"③的缩影；来自父母亲人的冷落、责罚与抛弃给她留下了始原性创伤，她对过往事件产生了一种难以磨灭的"精神固着"，更乐意"把被压抑的东西作为一种当前的经验来重复（repeat）"④，这份潜意识中被压抑的成分需要某种真实的行动以到达意识或实现释放之处，发诸笔端便参与塑造了张爱玲的作品与重写现象。因此，每当我们看见她在小说中描写凄清的月亮、高锁的宅院与被围困的女性时，几乎要疑心当年那个遭到父亲毒打的少女是否还未从牢笼里挣脱而出——只是《怨女》的文本告诉我们，作者已然离开了，但那份不断返回的创伤性的欲望、恐惧与忧虑，依然停驻在她所塑造的人物身上。

二、被虐与施虐：精神分析角度下的小说人物心理

剖析《怨女》的主要情节，可以将女主人公柴银娣的人生划分为三个阶段：出嫁前—婚姻中—分家后。银娣因不想受穷受苦、美貌不被辜负的心理甘愿嫁给姚家身体虚弱的二少爷，在姚家的高墙深院里，银娣始终处于极其压抑的状态，遭受着来自婆母、丈夫或有意或无意的精神虐待，与小叔的不伦更加重了癫狂的砝码，而她也在压抑与虐待中走向疯狂，变成了

---

① ［奥］弗洛伊德：《超越快乐原则》，杨韶刚译、高申春校，车文博主编：《弗洛伊德文集》第四卷，长春出版社2004年版，第9页。

② Cathy Caruth（ed.），*Trauma*：*Explorations in Memory*，The Johns Hopkins University Press，1995，p.11.

③ 夏志清：《中国现代小说史》，刘绍铭等译，第342页。

④ ［奥］弗洛伊德：《超越快乐原则》，车文博主编：《弗洛伊德文集》第四卷，第13页。

掌控儿子、逼死儿媳的施虐者。银娣在"欲望的隐秘的饥渴、精神上的被虐与施虐中成了一位死亡天使，一个恶魔母亲；成了古宅之中一个无所不在、令人窒息的狱卒"①。男性则在这场虐杀中扮演着一个不可逃遁的诱惑、一个共同沦亡的帮凶。

(一)被压抑的性本能

弗洛伊德将人的本能分为两类，一类是爱欲(Eros)或性本能(sexual instincts)，一类是以施虐狂(sadism)为代表的死的本能。性本能或者说是性欲，是幼儿与生俱来的力比多(libido)，性本能的压抑是产生神经症的主要原因，也是性本能的解离和死本能的明显出现，"我们发现，出于发泄的目的，破坏性本能习惯上是为爱欲服务的"②。麻油店的穷苦与不堪使银娣放弃了与同为穷苦人家的药店小刘结婚的机会："没有钱的苦处她受够了。无论什么小事都使人为难，记恨。"③对金钱的欲望使她要奋力抓住姚家二少爷这根稻草以挣脱贫困的、不体面的出身，但付出的代价却是自己将几十年如一日地生活在这不见天日的地方。与姚家相比，麻油店反倒成了有阳光的"日常"生活，而这种平凡生活在回门时也已然变成不可企及、令人憎恨的存在："她认识的人都在这里——闹轰轰的都在她窗户底下，在日常下午的阳光里。她恨不得浇桶滚水下去，统统烫死他们。"④

银娣的欲望世界里，钱与性是两个永恒不变的主题。攫取金钱的欲望来自银娣少时忧虑被兄嫂卖嫁换钱的始原创伤，也来自作者张爱玲反复回忆自己上学时家境颓败、经济窘迫的创伤性情境。无论如何，对金钱的渴望都指向自我满足甚至掌控他人的欲望，而由于丈夫的残疾，银娣在性与

---

① 孟悦、戴锦华：《浮出历史地表：现代妇女文学研究》，北京大学出版社2018年版，第268页。
② [奥]弗洛伊德：《自我与本我》，杨韶刚译、高申春校、杨韶刚修订，车文博主编：《弗洛伊德文集》第六卷，长春出版社2004年版，第138页。
③ 张爱玲：《怨女》，花城出版社1997年版，第21页。
④ 张爱玲：《怨女》，第28页。

爱方面的双重缺失使她在性本能的压抑下有了初步的神经症，她故意将丈夫的念珠在他眼下一颗颗夹碎，如一种无声的报复性施虐。面对小叔的引诱，性本能的压抑与亟需释放的欲望在银娣心中左冲右突，"而他们俩魇住了，拿他毫无办法。只有最原始的欲望，想躲到山洞里去，爬到褪色的杏子红桌围背后，挂着尘灰吊子的黑暗中"①。奸情的延宕与中断使压抑占据上风，导致了银娣其后的自毁倾向——上吊，也使她产生了性变态心理。后来，她将这种羞怯与厌恶的心理②转化为行为发泄到儿子与儿媳身上，对无辜的儿媳进行编排、羞辱与精神虐待，草草葬送了一条年轻的生命。从受虐到施虐的转变，是银娣"本能的解离和死的本能的明显出现"③的表现，银娣年轻鲜活的生命力逐渐被幽深诡谲的姚府吞噬殆尽，如七巧死时那只套在腕上一直推到腋下的翠玉镯子，徒劳地锁着一具空落落的躯壳。

(二) 被阉割的男性

根据弗洛伊德的性学理论，性器官的不同与力比多的量化对比是男女分化的重要标志，而在《怨女》中，我们所见的丈夫、儿子都不具备"更强壮的肌肉、侵略性以及更强烈的力比多"④这一男性特征。《怨女》中的丈夫在媒人的描述中"学问又好，又和气又斯文，像女孩子一样"⑤，然而成婚后银娣发现她所嫁之人是个需要男佣抱着代行的残疾人，"前鸡胸后驼背，张着嘴，像有气喘病"⑥，气喘病与软骨症对姚二少爷进行了男性主体的阉割，他从此成为了躺在那四面遮掩的床上的一具尸体，一个叙述中的空白，一个缺位的丈夫与父亲。

---

① 张爱玲：《怨女》，第82页。
② 见[奥]弗洛伊德：《性学三论》，车文博主编：《弗洛伊德文集》第三卷，第531页。
③ [奥]弗洛伊德：《自我与本我》，杨韶刚译、高申春校、杨韶刚修订，车文博主编：《弗洛伊德文集》第六卷，长春出版社2004年版，第138页。
④ [奥]弗洛伊德：《性学三论》，车文博主编：《弗洛伊德文集》第三卷，第572页。
⑤ 张爱玲：《怨女》，第19页。
⑥ 张爱玲：《怨女》，第23页。

儿子玉熹作为血脉的延续与在姚家立足的依靠,被银娣牢牢掌握于手中,这与弗洛伊德提出的"他开始希望母亲成为他刚刚熟悉的'对象',并仇恨父亲成为他愿望的障碍"①的俄狄浦斯情结(Oedipus Complex)并不相同,因为玉熹的父亲完全是缺位的,早已定格成"一张大照片配着黑漆框子挂在墙上"②。但母子之间另有一种强制性的联结,银娣对儿子的笼络与掌握达到了变态的地步,她不满足于单单将玉熹一人拘在身边,"现在家里就是母子俩对瞅着……整天厮守着也还是若即若离"③,将所有可能与儿子发生关系的女性都视作敌人,"现在她就这一个儿子,剩下这么点,她们也要拿去了"④。关于阉割的恐怖症看似使儿子玉熹"退行到病人在其母亲的子宫里,受到保护"⑤,"本能退行"却在实质意义上造成了比压抑更严重的伤害。于是,通过儿子这一身体的菲勒斯的延伸,母亲由此拥有了宰割他人的快感,银娣用鸦片烟与娶妓女的许诺为儿子编织了约束的圈套,通过不断对儿媳的相貌与性情进行贬低,将儿子拉入虐杀的同谋。"母亲将通过把媳妇(或儿子的任何女人)变为肮脏的客体,来完成她对儿子的阉割。如果这还不足够有效,那她将借助鸦片,直到他完全胎化,成为一具死样的孩尸。"⑥玉熹少奶奶得痨病死了,新的冬梅又成了虐待的对象,银娣依然捏着钱每天给玉熹三毛的零用,仿佛能以这种宰制与掌控的权力洗刷年轻时的不堪与创伤,让已有了儿子的儿子长长久久地做母亲跟前的一个婴孩。

---

① [奥]弗洛伊德:《爱情心理学》,宋广文译、戴淑艳校,车文博主编:《弗洛伊德文集》第三卷,长春出版社 2004 年版,第 624 页。

② 张爱玲:《怨女》,第 89 页。

③ 张爱玲:《怨女》,第 104 页。

④ 张爱玲:《怨女》,第 148 页。

⑤ [奥]弗洛伊德:《抑制、症状与焦虑》,杨韶刚译、高申春、彭运石译校、杨韶刚修订,车文博主编:《弗洛伊德文集》第六卷,长春出版社 2004 年版,第 195 页。

⑥ 孟悦、戴锦华:《浮出历史地表:现代妇女文学研究》,北京大学出版社 2018 年版,第 269 页。

三、自卑与复仇：七巧、银娣与"铁屋中的疯女人"

追溯七巧、银娣的始原创伤，都指向以贫穷为代表的物质的匮乏以及麻油店中美貌的女主人公应付调笑的不堪，从此，深刻的自我的卑贱（abject）就植根于女主人公心中，"没有任何东西比自我的卑贱更清楚地表明，任何卑贱实际上是对缺乏的承认，而缺乏是一切生灵、意义、言语活动和欲望的缔造者"①。金钱的缺乏使七巧和银娣将经济大权牢牢把握在手中，不肯接济兄嫂，更不肯使儿子有一掷千金的自由；而性本能与爱欲方面的自卑使她们将屠刀举向自己的儿子女儿与儿子的女人们，斩断他们通向幸福的可能。

与《金锁记》的文本相比，《怨女》抹除了长安，即女主人公的女儿的存在，在重写后的故事里，银娣只生育了一个儿子。在姜家、姚府这个等级森严、规矩林立的封建家庭里，婆母因老太爷的死亡成为权力的代行者与化身，她的金钱调度、规训与羞辱必须一一为儿媳们恭顺地接受。当婆母去世后，封建大家庭的繁复结构出现崩解，碎裂为几个小家庭——依然是封建的运行法则。在封建小家庭中，七巧与银娣如同死后还魂，从父权的受害者摇身一变，成为权力的执行人。"作为父权社会的结构与规则，似乎只有女儿可以通过与一个异类的男子的通婚逃离死亡之国"②，在张爱玲的故事中，唯有白流苏成功地逃离了白公馆，《金锁记》中长安的逃离失败了，她被母亲从获救的边缘重新拽回到弥漫着鸦片烟雾的枷锁中。而《怨女》则从文本中彻底抹除了逃遁的可能，如果说长安的存在还能使作为女儿的女性们看到一点希望，那么《怨女》中的小家庭里的唯一女性银娣——一个自我卑贱的象征符号，将永远与这个变态扭曲的家庭结构一同沉沦。

克里斯蒂瓦在《恐怖的权力》中再次论述了小说与戏剧中母亲形象的复

---

① ［法］克里斯蒂瓦：《恐怖的权力：论卑贱》，张新木译，生活·读书·新知三联书店2001年版，第7页。

② 孟悦、戴锦华：《浮出历史地表：现代妇女文学研究》，第267页。

体化，一方面是理想的、艺术的、美的对象，一方面又是自我虐待狂式的、痛苦与衰弱的象征。这延续了吉尔伯特等人在分析十九世纪女性写作时归纳的"天使"与"怪物"两种男性作品中僵死的女性自我，呈现了与前现代几无差异的"身为镜子/文本中的形象的囚徒的女性'没法说出自己的恐惧'"①的无言处境。克里斯蒂瓦进一步指出，"从她撕去儿童和无他人(性别)女性的面纱时起……出现了一个放纵的女人，一个贪婪性欲和权力的女人，一个卑微的、但又是受害的女人"②。她所举例的《长夜行》《分期死亡》中滥用权力的寡妇形象与七巧、银娣汇聚一处，是同一种面目的"铁屋子"中的疯女人，她们与奸情、仇恨、凶杀为伍，塑造了格外成功的歇斯底里的偏执狂形象，将死亡的冲动暴露无遗。

《怨女》作为中国传统女性之"怨"的集中体现，也许会被批评为过于保守，因为只是深刻地写出了女性的惨烈经历与不堪处境，而未能提供一条解脱的、上升的路径。银娣只使我们感到对疯狂的惧怕，而不能得到我们完整的同情，她在姚家所受的精神虐待在人到中年后变成她举向别人的刀、打向别人的柳。

张爱玲笔下的女性沾染了她的一部分欲望寄托与人生经历，她希望逃离父亲的家，对金钱有着本能的迷恋，于是她笔下的七巧与银娣从父亲(或兄长)的家中快速抽身，在没有丈夫(或等同于没有)的家里掌管起金钱。在她的女性观中，女性不应该是银娣在寺庙的大铁香炉上看到的一排排"看着使人透不过气"③的没有名字的女人，而是再扭曲也要狡猾求存的生存者。她用最犬儒的方式写出了女性的权力欲与生存术。张爱玲在《谈女人》中说：

　　女人的活动范围有限，所以完美的女人比完美的男人更完美。同

---

① [美]桑德拉·吉尔伯特、苏珊·古芭著：《阁楼上的疯女人：女性作家与19世纪文学想象》，杨莉馨译，上海人民出版社2015年版，第21页。

② [法]克里斯蒂瓦：《恐怖的权力：论卑贱》，张新木译，第238页。

③ 张爱玲：《怨女》，花城出版社1997年版，第79页。

时，一个坏女人往往比一个坏男人坏得更彻底。事实是如此。有些生意人完全不顾商业道德而私生活无懈可击。反之，对女人没良心的人也有在他方面认真尽职的。而一个恶毒的女人就恶得无孔不入。①

这句评断的前提是父权社会中女性的形象是由男权规训一手打造的，如同七巧、银娣的行事是从姜家与姚府男人们的眼光下、婆母与妯娌的驯化中形成的。与其将银娣对儿媳的虐待看作女性嫉妒的"劣根性"，不如视为一个从棺木中还魂的幸存者对父权家庭中其余成员的谋杀，"这谋杀是一阕回声，一场复仇，它针对着已然久远的过去、父权社会对一个纯真的、充满逃遁希望的少女无血、无声的虐杀"②。可悲的是，其中女人那点可怜的权力只是来自夫权的遗存，"只是借助堕落，借男人衰败之际——父亲的破产和男性权威的倒塌之机才能释放出来"③。这个家庭中代表父权的父亲是一个空白的符号，女性的结局如果不是一出绝望的悲剧，便是失去了时间感的、令人窒息的禁锢与死亡。

通过以弗洛伊德为代表的精神分析理论，张爱玲的创作心理与《怨女》中的人物心理可窥一斑。写作作为一种释放压抑、逃避痛苦的方法，将张爱玲童年、少年时期在父亲的家中受到的心理创伤，落实为《怨女》中暮气沉沉、使人变态发狂的姚府，塑造出在压抑中扭曲自我、残害他人的女性形象，呈现了中国旧式家庭结构中恶魔般的母亲与孱弱的儿子这一母一子关系形式。张爱玲细腻且冷酷的笔法展现了人潜意识中的内心世界，为文学史中心理小说的研究提供了更多的文本，同时亦从文本内外的双重角度印证了始原创伤的理论。

校订：潘灏　程楚桐

---

① 张爱玲：《谈女人》，《流言》，花城出版社1997年版，第74页。

② 孟悦、戴锦华：《浮出历史地表：现代妇女文学研究》，北京大学出版社2018年版，第269页。

③ ［法］克里斯蒂瓦：《恐怖的权力：论卑贱》，张新木译，生活·读书·新知三联书店2001年版，第242页。

论《流俗地》书写地方的空间向度

刘方圆*

摘　要：《流俗地》放下宏大历史叙事，聚焦于小人物命运的浮沉交织以及锡都的日常风物，利用多层次的空间设置描摹出当地华人的本土性生存经验。近打组屋是人物活动的主要场所，拥挤的空间一方面促进了地方情结的形成，但也意味着个体，特别女性是精神的困顿和萎靡。其中盲女银霞对空间具有独特的感官知觉，打破了视觉的主导地位，代表自由独立的主体从生存困境突围的可能。日常生活经验之外，《流俗地》也插入了文化空间的线索，将锡都的华人社会置于大的文化圈层之中，这是另一维度何所从"流"的思考。

关键词：《流俗地》；地方；空间

黎紫书是土生土长的马来西亚华人，和前代作家相比，对中国的情感已有所不同。在诸多言谈中，黎紫书反复提到随着时间流逝，马华与中国的影响渐行渐远，而不断本土化的趋势："以前我们说很多前辈有一种祖国情结，觉得自己是中国人。然而这个情结随着时间的流逝已经慢慢淡化。"①黎紫书想要穿过那堵粗砺厚重、痕迹斑驳的历史之墙，来透视华人在

---

　*　刘方圆，武汉大学文学院 2021 级中国现当代文学专业硕士研究生。本文系"2023 文言樱花会"暨武汉大学文学院第四届研究生学术论坛"现当代文学（二）"分会场发言论文。
　①　黎紫书、龙扬志：《世界行旅与南洋经验——马华作家黎紫书访谈》，中国世界华文文学学会编：《生命行旅与历史叙述》，暨南大学出版社 2014 年版，第 128 页。

马来西亚土地上扎根后的日常生活，为马华人的生存经验提供更多面的观察视角，写出为人的一份普遍的苦辛。因此，《流俗地》一书基本上无关"望国"，而是意在"怀乡"，所怀念的乃是"锡都"或者说怡保这个华人聚居、繁衍的城市。那么如何书写华人的地方感以及背后矗立着的中国的"高山的影子"，意味着全球化时代背景下表达华人民族性格特征及其通变的可能性。

在《流俗地》中，建构空间是组织人物与事件的一个重要方式。既有集体的空间，如华人聚居的近打组屋、银霞脑海中蛛网般的锡都城市线路；也有私人的空间，如印度人巴布的理发室、何门方氏蜗居的小房间；既营造文化的地域，如锡都的岩壁上有许多的神佛洞，当地的坝罗华文小学；也开发人的精神空间，如银霞、细辉、婵娟等人梦境中的场景。空间的搭建与细密的感官描写糅合在一起，写出了华人如何建立起地方感以及个人精神的左冲右突。段义孚区分了"空间"（Space）和"地方"（Place）两个概念，两者具有相对举的阐释关系。空间意味着自由，地方意味着安全，后者与故乡和家庭等熟稔的空间相关联。在地理和时间上远离祖国大陆之后，华人在马来西亚扎根生长，必然建立起新的"地方"感受，《流俗地》描摹的正是这种生存图景。但区别于段义孚，所探讨的不同层次的"空间"描写并非与"地方"对举的概念，而是广泛意义层次上的一种存在的维度。

一、近打组屋：聚居空间形成地方依恋

对于黎紫书来说，无论怡保在时代的变迁中发生怎样的衰退或固守其生活方式，无论她在外积累多少游历的经验，怡保，也即小说中的锡都，永远是让她眷恋而思归的故乡："我的条件是我绝对不放弃马来西亚护照，因为我总想着有一天我要死在马来西亚。如果要养老的话，我还是想回去那个地方，我不能够失去那种便利。"①这种华人在地化的情结的生发，意

①　黎紫书、吴琦：《小老百姓的生活，不可磨灭》https：//weibo.com/ttarticle/p/show？id=2309404763289791103715．2023-05-18。

味着随着时代变迁华人与当地渐渐融合，并寻找到心之所寄。小说中人物的地方感受主要是在近打组屋这个空间中凸显的。

近打组屋的空间逼仄而简陋，居民们因为生活其中而生出种种同病相怜、互帮互助的群体依恋，不分种族像是感情甚笃。在拥挤的空间中，人们会富有包容性，能"形成一种不分高低贵贱的、群体生活的人间温情"①。小说中的近打组屋是下层人居住的格子式的廉价租房，空间拥挤，组屋"上下二十六，接近三百户人"。空间拥挤直接的影响是信息的快速流动和共享，各家之间声息相通，气味相闻，往往一家的事很快就能传遍整座楼。比如细辉得知大辉辜负了一个怀孕的女孩，导致她在组屋跳楼身亡后就突然病倒，他家请来方士做法事治病。这桩古怪病情后的秘闻吸引着全楼人的注意："楼上楼的人们全肃静下来，都在屏息以待。"②仿佛每家每户都是血管上的一个节点，一家的"搏动"会影响到楼上每一个人。细辉的母亲何门方氏和银霞的母亲梁金妹各自有着算计，但是两人依然会在一起互诉日常的琐事与艰辛。马票嫂是一个热忱而具有号召力的角色，在楼里走门串户，消息灵通。马票嫂对银霞的成长有着至关重要的帮助：她给银霞介绍编网兜子的活计，也说："银霞你这样不行啊，成世流流长，就这么过吗?"③并引她到密山新村的盲人院学习知识和技能。她垂垂老矣、思维混乱时，还对银霞的命途念念不忘。马票嫂就是曾经的楼上楼生活的人格化象征，集底层、坚韧、善良互助等特质于一身，这也是诸多人物怀念楼上楼生活、生成地方感的原因之所在。

可一旦人生路上走到了宽敞地，就再不需要同病相怜者相濡以沫。空间的拥挤与宽敞对地方情感的影响呈现了吊诡的反向关系。虽然这里的住户都把近打组屋这个鸽子笼式的生存空间当做一个暂住地，但是除了银霞，离开这里的人们的生活色彩都逐渐暗淡——细辉娶了尖酸刻薄的婵

① ［美］段义孚：《空间与地方：经验的视角》，王志标译，中国人民大学出版社2017年版，第52页。
② 黎紫书：《流俗地》，北京十月文艺出版社2021年版，第107页。
③ 黎紫书：《流俗地》，第128页。

娟、梁金妹搬进的美丽园人情淡薄，邻居们老死不相往来，莲珠虽攀得权贵，但终究为人所弃。

二、拥挤居所：女性生存空间的退与进

聚居在近打组屋的华人群体依靠着高密度的空间建立起"有限""脆弱"的地方依恋，让梁金妹、马票嫂在搬离后怀念不舍。但依附于"有难同享"的联系终究是缺乏成长性的，对于大多数人，尤其是老一辈的女性来说，她们的前半生带着中国传统家庭的烙伤，从乡村走到城市；她们的后半生在逼仄的生存环境中汲汲营营，始终匮乏建立起自我主体性、追求的宽广空间的意识。这里的空间不仅是指人的生存活动空间，还意味着精神的自由度。拥挤虽在人口的密度方面拉近了人与人的距离，但也体现在空间的堆积物大量占据了活动范围，挤压人的精神世界。

拥挤的空间是黎紫书用来表现女性精神被维持生计榨取、情感因挫败而变得疲乏的一种具象呈现。何门方氏的房间是一个阴暗封闭的小空间，尽管细辉一家已经搬到五房二厅，但何门方氏依然坚持缩守在楼下的小房间："房里仅得一扇对着后巷的小窗，采光不佳，加上老妇人为防老鼠或野猫乘隙而入，终年将窗口的十多片毛玻璃阖上，故那房间在白日里看着仍像个幽深的洞穴"，"靠窗的墙角堆满了母亲囤来换钱的旧报纸，地上叠着许多准备拿来当擦脚垫用的故衣和破布。床底则是她的酒窖，除了几瓶她自己酿的黄酒以外，还有十来瓶原封不动的洋酒"①。蕙兰的住所比较大，但却十分杂乱。她的房间里，"地上遍布一层粉状物，不知是灰尘抑或是爽身粉。妆台旁角落头的收纳架堆满杂物"。床上是堆满的衣物："衣服晒干了收回来，始终未及整理，都像现在这般全扔到蕙兰的床上，仿佛用衣物堆了个坟头。"②印度姐妹花的家里到处都是猫，"侧过头瞥见母猫

① 黎紫书：《流俗地》，第62~63页。
② 黎紫书：《流俗地》，第39页。

仍然待在高高低低、堆积如山的报纸堆后头，像是被困在了愁城"①。无论是何门方氏、蕙兰还是印度姐妹花的母亲，她们的房间都杂乱堆积、空间狭窄，个人空间不能和代表家庭生活空间的事物分割开来，甚至被完全淹没。这些女性的命运也有着相似之处：婚姻生活不幸、为养家糊口而疲于奔命。何门方氏丈夫早逝，家庭生计要仰赖给拿督冯做情人的小姑子莲珠来供给，长子大辉流连花丛不务正业，她却唯唯诺诺不敢管教。何门方氏选择蜷缩在小房间，与旧衣旧报纸为伴，这样的空间对居住者来说，每一个角落都在自己熟知的、可掌控的范围内，最大程度保证了自己的安全感，是抵御新事物的固有阵地。蕙兰和印度姐妹花的母亲都是被男性所辜负，她们承担着养育孩子的重任，日常生活的空间没有让她们有自由喘息的余地。饶有兴味的是梁金妹对新房子的追求。梁金妹鼓动一家人买了美丽园的房子，便性情大变，"人变得刚强，与父亲说话也不像以前那样瑟缩，甚至有了胆子敢与他吵嘴"②。新房子并不是由梁金妹全部出资的，丈夫老古被逼着出资 5000 元。也许梁金妹出资比例较大给了她底气，但更深层的是她执意做出要买美丽园新房子的决定，这让她有了主导空间的权属感，借此，梁金妹仿佛借由空间的重新规划迈离了近打组屋里的困顿人生。但是时间不长，美丽园邻里之间相互猜忌，渐渐反让她怀念起近打组屋的日子。经济权和话语权不足以让她独自填补空洞的生活，梁金妹始终需要拥挤的、集体的空间来安置自己的精神活动，而不至于感到空旷无依。

与梁金妹等上一辈女性和无力的蕙兰相比，盲女银霞利用独特感官跳出日常经验的束缚，代表了在集体聚居空间中保持一己之独立、走向更广阔的空间的可能性。

三、感官描写：开掘人物的精神空间

《流俗地》以写实为主，王德威称其"俨然回到 19 世纪欧洲正宗写实主

---

① 黎紫书：《流俗地》，第 54 页。
② 黎紫书：《流俗地》，第 93 页。

义的路数""累积生活中有用无用的人事、感官资料，日久天长，形成绵密的'写实效应'"①。如果局限于写实，以日常生活为题材的作品难免分崩于琐碎的片段，《流俗地》显然不是这样。一方面，作者从不同人物的视角牵引出生活流，纵横交织，以无痕之工创造了柳暗花明的叙事效果。另一方面，黎紫书通过听觉等感官的描写，突破视觉的统治性地位，跨越从"看"到"想"这种直观、迅速的关联，引导读者在不常留意的感官想象中深入开掘的人的精神空间。

拥挤的空间中有居民高密度的活动，给盲女银霞带来了绵密的感官体验。黎紫书巧妙地利用盲人体验世界的方法，在空间描述中采用了大量听觉、嗅觉的细节。这和段义孚描述研究空间和地方的方法不谋而合。他在《空间与地方：经验的视角》中，用人具体的感官知觉来描述空间不同特质对于人的生存意义。因为"在关于环境质量的大量文献中，较少有作品尝试理解人们对空间和地方的感受，尝试考虑不同的经验（感知运动的、触觉的、视觉的、概念性的）模式"，而"艺术家已经做出了尝试——这样的尝试往往会取得成功"②。在现象学学者梅洛-庞蒂看来，知觉更容易抵达事物的真正本性，空间"就是通过我们的肢体及器官和我们结合在一起的"③，我们和空间的关联其实并不是一个不带肉身的主体与一个遥远的对象间的那种关联，而是一个居于空间中的主体和他所亲熟的环境或曰场所间的关联。

因为银霞目盲，她年少时除了近打组屋，鲜少能到其他地方，但是对银霞相关联的空间描写往往是超越了她所生存的空间本身。小说对银霞居住空间的具体细节描写并不多，只能得知她还在近打组屋的时候，不停地编织网兜，自己就像坐在盘丝洞里。但银霞的知觉空间远超过自己的房屋，她的听觉不仅能捕捉到楼上楼各家各户种种的家事的信息，更重要的

① 王德威：《盲女古银霞的奇遇》，《流俗地》，第4页。
② ［美］段义孚：《空间与地方 经验的视角》，王志标译，第4页。
③ ［法］莫里斯·梅洛-庞蒂：《知觉的世界 论哲学、文学与艺术》，王士盛、周子悦译，江苏人民出版社2019年版，第22页。

是能深入其他人的情感空间。一次中秋节细辉与大辉起了冲突，银霞听到楼上房门推开却无人摆放桌椅，料想是细辉在上面独自伤心。对她来说，细辉笑或者不笑，楼梯间里的气味都不一样。银霞的故事仍然"不脱以盲人与明眼人世界的对比，暗示众生无明的障蔽"①，她洞穿了日复一日梁金妹与何门方氏一边择菜、一边吟哦诉苦的背景声，捕捉到少男少女间懵懂而纯澈的情感。楼下的巴布理发室是三个少年最温馨的记忆所在，但细辉和银霞对这个空间的梦境回忆是完全不同的色彩。细辉的梦中呈现的是视觉感受：镜子里是一个进不去的幽暗之所在，棋盘上的棋子无法移动，滞塞的肢体活动空间正反映了细辉软弱、困窘的心理性格。银霞却相反，她梦到的理发室里，檀香、茉莉香、椰子油、薄荷味的剃须刀等在空气中混合，她对巴布理发室的空间想象没有边界的阻碍，只有萦绕的温馨气氛、安定的心情，以及丰腴的感官细节唤醒的身体对具体空间原初质感的体验。无论是对细辉情绪的敏感知觉还是对巴布理发室的温馨质感的回忆，银霞的感官体现了她如何在"楼上楼"这个拥挤、杂居的环境中寻找到安心之所，并将其储备为一生中成长、寻找皈依的起点。

感官体验的描写不仅体现了银霞在空间中感知到的与他人的关系，同时也发掘了人自我内在空间的广度。一次半夜下棋赢了拉祖，回家时她和细辉在楼梯间听到镇流器的声音。镇流器发出令人烦躁的声音，此时银霞虽然赢了棋，但心情低落。无数人说，她如果不是盲人该多好，这终究是无法选择命运，银霞的聪明和要强不允许她坦然面对他人的叹惋，命运的不公难免放大为笼罩一切行动的阴影。在一瞬间，无处不在的镇流器的声音让她感到了烦躁、一种被控制同时无法反抗的无力。但是在和细辉谈了漫无边际的日常生活的话之后，镇流器的声音又仿佛重新接通了她的想象，她感到自己的家和整个组屋连接在一起，这声音就代表着光明，她的情绪空间从收缩转变为宽广，阻塞的难言的潜流仿佛又缓缓向前流淌。银霞在声音的感官中打破盲视世界铸成的黑暗，感受到命运的神秘与叵测。

---

① 王德威：《盲女古银霞的奇遇》，《流俗地》，第9页。

相反却类似的写法被用在婵娟的身上。婵娟尖酸刻薄，这可以从她对待学生、佣人的行为态度中看出来，作者则借由感官描写深入她的精神空间。婵娟早上起来要听《大悲咒》，水龙头漏水、隔壁房间装修时工人声音大，有尖锐和穿透性的听感。种种杂音形成一个混沌不安的梦境，婵娟在其中辗转挣扎而不得解脱。

可以说，感官的描写跳出了"现实"笔下的阻滞，将丰腴的日常生活经验和人物的思考活动联结起来，为人物延展出一个更广阔的精神活动空间，也隐隐意味着命运的选择与前途。

四、向前与向后：模糊的来处和被质疑的去处

在对小人物命运的叙述中，《流俗地》以浅笔带出马华人族群之根的来历，并不刻意追叙创伤或历史痕迹。黎紫书在描述《流俗地》与马华历史的关系时说："我不以为《流俗地》是在写马华历史，小说里头确实贯穿着一种不明显的'历史意识'，但它融入在小说里，与流动的时光融为一体。我不是以文学的方式在处理马华历史，也不认为评论者应该把融化掉的历史从小说里硬硬萃取出来，把它当作小说的主题。"①虽然黎紫书意在描述故土坊间平凡琐碎的人和事，不以宏观的论史为主题，但是并不回避故事背后的文化历史空间，稀薄却笼罩着整个背景，使小说有着纵向的景深。比如马票嫂的母亲邱氏是从广东沿海被拐到南洋，被卖给两任丈夫，马男因思乡最终一去不返，这是华人移居海外的沉重记忆。如果说锡都华人的血脉渊源在大陆，那么他们受到的华语世界的影响，主要来自港台。比如形容大辉长得英俊，是说他像《龙虎门》里的"王小龙"；银霞听的歌曲，是收音机里的粤语歌曲《今宵多珍重》，甚至是黎紫书自己创作《流俗地》追求群像的刻画，也是受到《水浒传》和金庸的作品影响。小说中对当时流行的通

---

① 黎紫书、龙扬志：《从观念拯救时光——关于〈流俗地〉的对话》，《山花》2021年第12期，第132页。

俗文化产品的选择性摘取有着极强的回忆意味，因为流行文化迭代更新最为迅速，也最能唤醒集体对某一个时间段的特殊氛围的感受，这就为小说的社会场景铺垫了生动的文化空间。

大陆是遥远的根脉所在、流行文化产品是带来群体慰藉的精神共鸣，是锡都人的"来处"。同时，《流俗地》还存在着由乡到城的空间流动格局。在近打组屋居住的老一辈人，他们大多是从乡村搬迁到锡都城区的，银霞的母亲梁金妹来自小埠布仙镇，莲珠"只是一般的市井的口吻，莲珠说话还带着渔村的乡音"①。银霞一家最开始是住在文东新村，马票嫂和母亲最早住在密山新村，他们从周边村镇搬到近打组屋生活。但近打组屋又不过是困顿时的一个临时落脚点，发达之后家家户户分散离去。因此，去往哪里始终是个令人心生动荡的问题，从人物的出生地到锡都，是从乡村到都市的"上升式"发展；从近打组屋到搬离独居，是生活水平的进一步提高。在更大的层面上，作者将锡都和日本的关系进行类似的同构。黎紫书常说怡保是个没落的城市，甚至"在我很年轻的时候，我也看不起这个地方，觉得它都不配叫做城市，会心里面期盼要离开这个地方"②。锡都面向日本，就像村落的人面向锡都，日本在小说中有着暧昧的象征意味。日本是发达地区的代表，大辉去到日本赢得人们的一致夸赞，人们认同他美丽的外表和优美的气质，定然和日本那片土地的熏陶分不开。人们对大辉的欣赏俨然是因为对日本心向往之，发达的经济水平伴随着人们对文化梯度层次想象的建构。可大辉依旧不过是个浪荡公子，惹了一身风流债才回来。幻景和现实形成了讽刺性的落差，那马华人向往的"前方"的空间，究竟该如何安置？小说将解答的可能性寄托于在银霞这个锡都土生土长的华人身上，有着深长的意味。

---

① 黎紫书：《流俗地》，第 17 页。
② 黎紫书、吴琦：《小老百姓的生活，不可磨灭》，https://weibo.com/ttarticle/p/show？id=2309404763289791103715.2023-05-18。

五、小结

　　密集地描写感官体验成为塑造空间感受的一个重要方式，现当代文学中也诞生了大量以感官描摹空间，以抵达生存本相的作品。从这个意义上来说，黎紫书的《流俗地》聚焦于近打组屋及其周围相关的空间，反而更接近华人现代生活的共通性经验。中国古代的诗歌中有大量描写"地方"题材的作品，但是基本上是鸡犬相闻的农村。农村的人口密度相对较低，对"地方"的回忆以描写熟悉的"地标"为主，比如小桥流水人家、明月、大雁、南山等。相比较而言，都市的人口密度较大，地方情结脱离了人面对自然的静思和冥想，人与人、人与物的距离被极大拉近。一方面人对空间界限有了更敏感的知觉，另一方面不同的感官体验充斥、弥漫在空间之中，也就形成市井烟火与人情的寄托。《流俗地》借盲女的角度来描写地方感受，既具其时其地的特色，同时她在视觉的"空"境中持有一份灵悟，不能不说又带有中国传统哲思的特点。《流俗地》在多层次的空间描写中，以从容的笔调勾勒出锡都华人社会的风貌，寄托了对马华普通人命运的思考。

校订：潘灏　程楚桐

灵魂的栖所

——论昌耀《慈航》

王特尼格尔 *

摘　要：梳理《慈航》研究，发现两个时期研究的不同及偏颇之处；对诗歌中的两个人称进行解读，发现诗歌两个叙述主体，继而完成回忆者与经历者的辨析；宗教、民族和地域特点共同构成了诗歌的异质性，政治抒情诗与朦胧诗的耦合则是重要的构成方式。最终，发现昌耀通过以《慈航》为代表的"流放四部曲"完成对过去的剥离，从而发现《慈航》在诗内诗外都是作为昌耀灵魂的寄所。

关键词：昌耀；慈航；流放四部曲；叙述分层

昌耀被认为是中国当代诗歌史上的一位"大诗人"①。在其诗歌创作同期，因诗歌异质性而没有得到足够的阐发，也因时代及社会缘故处于被冷落的状态。在诗人去世的 2000 年前后，学界曾对其出现过短暂研究热，但这些文章大多以诗人研究为主，对于其诗歌的研究被搁置。《慈航》这首长诗是诗人自己承认的代表作，尽管这一结论有待商榷，但这一长诗足以代表他的前期创作（1979 年至 1985 年）。因此想对昌耀的诗歌创作进行研究，

　＊ 王特尼格尔，华中科技大学文学院 2021 级现当代文学专业硕士研究生。本文系"2023 文言樱花会"暨武汉大学文学院第四届研究生学术论坛"现当代文学（二）"分会场发言论文。

　① 骆一禾、张玞：《太阳说：来，朝前走——评〈一首长诗和三首短诗〉》，张颖编：《怀春者的信笺：昌耀研究集》，华文出版社 2022 年版，第 19 页。

《慈航》必须要得到足够的重视。

一、《慈航》及《慈航》研究

《慈航》创作时间为 1980 年 2 月 9 日至 1981 年 6 月 25 日，诗歌首发于 1983 年 7 月的《文学报》，发表的是《彼岸》与《记忆中的荒原》①，整首长诗首发在 1985 年第 8、9 期合刊特大号《西藏文学》。因为诗人一直存在的"旧作改写"②，《文学报》上的发表诗歌与《西藏文学》中所刊载的内容也有一些不同。因此可以认定，这一首诗的创作时间 1980 年至 1981 年，而其修改时间直到 1985 年发表为止。昌耀研究随着他的复出一直在进行，也取得了可观的成果，以骆一禾与张玞写下的万字评论文章《太阳说：来，朝前走》为代表。对于《慈航》这一首诗的研究开始较晚，按照时间先后顺序，对《慈航》的研究分为两个时期，即在现场的批评以及离开现场之后的批评。由于时代、史料以及人际关系等因素，这些研究都存在一些偏颇之处，要完成对于这首诗的解读，需在已有研究的基础上补足。

开始在学理上对《慈航》进行解读是 1991 年李万庆的《"内陆高回"——论昌耀诗歌的悲剧精神》。"诗人反复歌咏'不朽的荒原'，就是歌咏荒原母亲般博大的含纳精神，荒原同化了这个'服役苍头'的性格，使他具有了荒原的野性、荒原的襟怀。然而，荒原对他的同化，正是他作为人的本质的异化，即动物化、原始化。"③作者借助《记忆中的荒原》，着重要表现昌耀诗歌中的悲剧精神，因此诗歌意象被简单处理，对荒原意象的认识也存在偏差。荒原与荒原上的动物是天然存在的，并非诗人为了表现生存欲望创造的，诗人创作的是"焦躁不安""惊犹未定"的生存状态。"构成昌耀崇高

---

① 姜红伟：《一场发现之旅》，《文学报》2021 年 3 月 4 日，第 15 版。

② 燎原、王清学：《旧作改写：昌耀写作史上的一个"公案"》，《诗探索》2007 年第 1 期，第 190~201 页。

③ 李万庆：《"内陆高回"——论昌耀诗歌的悲剧精神》，《当代作家评论》1991 年第 1 期，第 75 页。

人格追求的最初动因，是土伯特老人和他的女儿们对他苦难身心爱的超度。《慈航》这首写于前期的抒情长诗，就是写的这种向"爱的天国"的慈航以及他以戴罪之身所享有的殊荣，也是他唱给爱人——土伯特女儿的最好恋歌。全诗以真挚、淳朴的恋情，写出了自己从炼狱走向天国的心路历程。"①作者解读诗歌时，着重分析故事以及故事体现的悲剧精神，对《慈航》没有完整合理的分析，"土伯特女儿"单纯理解为爱人显然是不够的，更重要的是他混淆了昌耀本人与诗歌主人公，混淆了现实与诗歌所呈现的内容。对于悲剧精神的分析，作者已推论至"昌耀诗歌悲剧精神的悲壮美，集中体现于生命受到社会外力摧残或对宿命抗争所造成的人格升华即崇高人格的养成"①，却并未能和《慈航》这首诗进行很好的结合。这一首诗的悲剧精神体现在流放归来之后，追溯并制造出浪漫的救赎，使自己得以接受整个过程。叶橹的《〈慈航〉解读》发表于 1991 年《名作欣赏》第 7 期，从"形而上""结构""语言与意象"三个角度分析这一长诗，最终得出"《慈航》是二十世纪发生在中国大地之上的一幕《神曲》"②的结论。首先是形而上的分析，作者放弃对于故事的解读，着重分析诗歌所展现出来的精神气质，文中所说的"细读"也随着精神气质的挖掘而消失。具体内容而言，"诗中主人公在历难中所深切感悟到的普通善良百姓那种不为权势者所左右的是非观念，正是……专横的意志"③，这一结论在诗歌中找不到文本支持。在"结构的艺术"一节，作者发现了"《慈航》所采用的某种'倒叙'和灵性片段的生活场景的组构，势所必然地会形成很多'空白'和'短路'"④。在这之后，作者再次回到对于形而上的探索中，所谓的结构的艺术变成理想与命运的讨论。"语言和意象"一节中，作者对于这两者的解读，没有对"古语特征"进一步阐发，而是继续对诗歌的形而上的部分进行解读。整体而言，叶橹对于《慈航》的解读，完成了对昌耀诗歌内蕴的分析，但将诗歌

---

① 李万庆：《"内陆高回"——论昌耀诗歌的悲剧精神》，第 79 页。
② 叶橹：《〈慈航〉解读》，《名作欣赏》1991 年第 3 期，第 101～102 页。
③ 叶橹：《〈慈航〉解读》，第 101～102 页。
④ 叶橹：《〈慈航〉解读》，第 101～102 页。

提升高度的同时无法拿出相对应的分析进行支持，为之后的《慈航》研究甚至昌耀研究留下了隐患。

叶橹和李万庆二人的文章属于在现场的文学评论，距离昌耀及昌耀的诗歌创作很近，导致两者都走向对诗歌内蕴的剖析，急于对诗人做出历史定位，并因此给出了过高的评价。耿占春的《作为自传的昌耀诗歌——抒情作品的社会学分析》发表于2015年，是远离诗歌现场的研究。作者借用《爱的史书》剖析出昌耀特有的命运感，这种命运感是"在这个叙事传统中，一向有把地质灾难视为神义裁判的启示录叙述，也有把社会压迫视为宗教惩罚的叙事。人类的苦难总是伴随特有的命运感，人类的恐惧总是唤醒宗教和神学的对应物"①。昌耀在《慈航》确实展现出了命运感，但论文所选取部分展现的是诗歌主人公的命运感，而非作为叙述主体昌耀的命运感。昌耀所秉持的都是那两句："我不理解遗忘。也不习惯麻木。"这一偏差的出现是作者没有区分出故事主人公和叙述主体，直接将诗歌当做昌耀的自传进行解读。胡少卿的《评价昌耀诗歌的三个误区》对于《慈航》研究勘误有着重要的作用。作者以"从镀金到铸金"为题，质疑《慈航》的价值，将这一长诗归入伤痕、反思文学行列，确定"这一长诗就是那个时代带有类同性特征的产物"。作者认为昌耀"将过去的经历浪漫化，在即将过去的经历浪漫化，在讲述中将自我塑造为英雄，并将这个英雄安置在一个美丽新世界"②。作者在论证经历浪漫化的过程中，举例的内容是"他独坐裸原。/脚边，流星的碎片尚留有天火的热吻"。以及"墙壁贴满的牛粪饼块/是你手制的象形字模。/轻轻摘下这迷人的辞藻，/你回身交给归来的郎君，/托他送往灶坑去库藏"。前者是《邂逅》中与土伯特女儿相遇的情形，后者是土伯特女儿日常生活场景，作者所说的将经历浪漫化指的是将苦难的经历浪漫化，而在这两节中，浪漫化的内容是救赎的部分。昌耀对于过去经

---

① 耿占春：《作为自传的昌耀诗歌——抒情作品的社会学分析》，《文学评论》2005年第3期，第71页。
② 胡少卿：《评价昌耀诗歌的三个误区》，《中国现代文学研究丛刊》2017年第1期，第121页。

历(苦难)的浪漫化是存在的，在辨析清楚叙述主体与故事主人公之后，才可以更好地了解其浪漫化的过程以及用意。

受限于时代以及当时诗坛环境，这些文章存在一些不足，但它们依旧是《慈航》研究中最值得借鉴的文章，可以代表《慈航》研究的整个脉络。除此之外也有文章涉及《慈航》，也有以《慈航》分析为主的文章，但学理性不足。作为昌耀研究专家的燎原，致力于对于诗歌和人物生命历程的对应，成为昌耀史料的整理者，没有对于《慈航》的解读文章。叶橹和李万庆的文章成为解读之后《慈航》及昌耀诗歌研究的基础，后两者各自选取不同的角度，《慈航》只是作为材料出现，并没有对其进行系统解读。这些文章的共性是将《慈航》作为昌耀的自传，将昌耀等同于《慈航》故事主人公，这就使得诗歌解读变成了人物分析。诗歌不是人物传记，即使对应程度很高，但是一首诗歌能够获得认可，更多是因为其作为诗歌的部分。

二、回忆者与经历者

纵观昌耀诗歌整体创作，《慈航》中"他"的使用是反常的，放在同一时期创作的"流放四部曲"中也很特殊。《大山的囚徒》《山旅——对于山河、历史和人民的印象》都是以第一人称"我"完成叙述的，《雪。土伯特女人和她的男人及三个孩子之歌》中，主要使用的是代指土伯特女人的她，但也有对于"我"的使用。四首诗处理都是昌耀流放归来的记忆，第一人称讲述是最自然有效的方式，能使得这种抒情获得最佳效果。《慈航》中也有"我"的使用，只占据了极小的部分，分别位于《爱与死》《不朽的荒原》结尾处、《众神的宠偶》前半部分与《极乐界》的结尾处。放在长诗中分别处于前、中、后三个位置。作为主旋律的"爱与死"诗句，在诗中反复出现六次，除此之外，唯一重复的内容就是对于"失道者败北"的期待。

我不时展示状如兰花的五指
朝向空阔弹去——

触痛了的是回声。

然而，

只是为了再听一次失道者

败北的消息

我才拨弄这支

命题古老的琴曲？ ——《爱与死》节选

而我，

展示状如兰花的五指

重又叩响虚空中的回声，

听一次失道者败北的消息，

也是同样地忘怀不了那一切。 ——《极乐界》节选

对比节选内容，可以看到相互之间的关联。"我"在前后有着严格的一致性：等待失道者败北并且难以忘却曾经遭受的苦难。这种一致性也出现在《爱与死》和《不朽的荒原》中，也是全诗的核心："我不理解遗忘。/也不习惯麻木"。《众神的宠偶》部分和"惜春的花冢"相联系，第一人称创作的诗歌就组成了一首完整的短诗。《慈航》也就可以被分成两首诗，第一首诗是第一人称表达的不理解遗忘，第二首诗是第三人讲述关于流放救赎的故事，两首诗相互联系，也存在一些矛盾。

"叙事讲述的任何事件都处于一个故事层，下面紧接着产生该叙事的叙述行为所处的故事层。"①按照叙述分层的理论，《慈航》的两首诗处于两个叙述层。以"我，就是这样~一部行动的情书"这一句诗为转折，第一首诗(我)是在第一层完成的叙事行为，是故事外层。第二首诗(他)中讲述的事件时第一叙述的内容，即行动的情书，因此是故事内事件。因为整首诗

①　[法]热拉尔·热奈特：《叙事话语 新叙事话语》，中国社会科学出版社1990年版，第158页。

中始终存在的主旋律"在善恶的角力中/爱的繁衍与生殖/比死亡的戕残更古老、/更勇武百倍"。两个叙述层之间存在着人格延续性，即"他"作为主人公经历整个事件，"我"作为回忆者回忆事件。人格延续性不代表着两个故事主题是一致的，两个故事层之间存在着跨层冲突。"我"的态度是不理解遗忘的，是坚定反抗，而"他"则是企图接受，将这一流放与归来当做必经之路，即上文所说的"命运感"。这一冲突直接表现在整首诗的末尾处。

> 而他——
> 摘掉荆冠
> 从荒原踏来，
> 走向每一面帐幕。
> 他忘不了那雪山，那香炉，那孔雀翎。
> 他忘不了那孔雀翎上众多的眼睛。
> 他已属于那一片天空。
> 他已属于那一片热土。
> 他已属于那一个没有王笏的侍臣。
>
> 而我，
> 展示状如兰花的五指
> 重又叩响虚空中的回声，
> 听一次失道者败北的消息，
> 也是同样地忘怀不了那一切。——《极乐界》节选

"我"出现在诗歌的重要位置，即开始与结尾，"他"占据整首诗的大部分内容，两者达到了平衡。"他"在经历的过程中，认定苦难的合理性及其对人的塑造，有意将救赎过程浪漫化，使这经历更容易接受。将苦难经历哲理化的目的，是使这一救赎囊括同时代人，指向所有遭受苦难的人。《爱的史书》中诸种元素到昆虫，再到生物，这一人类进化过程被完整地展

示,用整个人类的幸运对比自己遭受的苦难,使后者显得渺小。虽然诗中所写的是"你既是牺牲品,又是享有者,/你既是苦行僧,又是欢乐佛"。在前面完整的铺垫之下,作者所要说的明显是后者,"你"是享有者与欢乐佛。此处出现的第二人称是"我"与"他"的一种调和。值得注意的是,虽然两者存在一些矛盾,但在爱与死的主旋律中,两者达到了统一,即"我"承认在特殊时期产生的特殊体验,但也不放弃自己的态度,这其中隐含一种历史辩证法。两个主体所处时代与政治环境的不同,导致诗歌内部存在一种矛盾,增加了这首诗歌的复杂性,两个叙述主体的人格一致性又使得诗歌获得了足够的统一性。

三、异质性的构成与形成

《慈航》标题取自佛教用语"苦海慈航"、彼岸是佛教用语、净土与极乐界意思相近,指佛、菩萨等居住的没有尘世污染的世界。诗名为佛教用语,十二首短诗中五首标题使用的是佛教用语,诗歌中也经常会有与佛教相关的意象的出现。"荆冠"取自基督教,指用荆条编制的帽子,在这首诗中代指受难。对比昌耀其他诗作会发现,这种频繁地引用宗教用语的做法是罕见的,有论者在辨析宗教用语的使用时认为"在宗教修辞中人的受难必将获得拯救;当代的革命意识形态修辞也总是强化着这样的逻辑:(蒙冤的革命者)只有经过艰苦、'脱胎换骨'的改造才能重新回到'党'和'人民'的怀抱。意识形态修辞和宗教修辞在昌耀的诗歌中殊途同归始终指向皈依主题"①。在这首诗歌中并未出现革命意识形态修辞,也不存在皈依的主题。诗人借助宗教完成的是对于自己的救赎,在遭受戕残惴惴不安时,信仰佛教的人(土伯特人)接纳了他,大经纶转动叶片的声音安慰了他,使他得到救赎,同时他也融入了这个群体之中。因此宗教用语并非仅是修

---

① 马绍英:《昌耀自传性长诗的意识形态话语分析》,《青海师范大学学报》(哲学社会科学版)2009年第1期,第112页。

辞,而是真实地作用于他的。"荆冠"这一基督教用语的使用,在众多的佛教用语中十分突兀,这也证明昌耀诗歌中的宗教意识是很弱的,这些词语更多是为了契合诗歌主题。

高原意象与土伯特民族习俗是异质性生成的次要因素。从《高车》开始,昌耀诗歌就开始了对于高原意象的开发与使用。"我欣赏那种汗味的、粗糙的、不事雕琢的、博大的、平民方式的文学个性。起始于1957年的这种气质的变化中经大跃进运动、三年饥荒、'文革'……而日趋深沉。"①这一文学个性的形成与当时的对民歌的倡导有深刻联系,而昌耀对这一风格的持续探索更值得注意。这探索是出于主客观两方面的原因,作者在高原度过了长达二十几年的时间,这就使得其诗歌不可避免去书写高原。主观来讲,青年的昌耀主动调到西部建设边疆,《慈航》中的昌耀在高原流放与救赎,这种对高原的渴望是自始至终的。高原意象的使用分为真实与虚构,前者包括旱獭、红狐、雪豹等动物、也包括雪山、峡谷、草原的景物,这些意象都是为了勾勒出真实的高原,这一部分可以体现异质性,但并非主要方面。虚构的意象并非完全虚构,是诗人联想与想象出来的,或者是诗人从别处得来的。"背后,大自然虚构的河床——/鱼贝和海藻的精灵/从你喷剂脱颖而出/追戏于这日光幻变之水。""但在墨绿的林莽,/下山虎栖止于断崖,/再也克制不了难熬的孤独,/飞身擦过刺藤。"这样成段的意象描写并不多,更多的是偶尔在诗句中出现的令人惊奇的景物,"白鹿唇""金环""象牙"等。在燎原的回忆中,我们可以知道"从虎背拖出一道嘛啪的火花"来自昌耀友人在东北森林的所见,而非昌耀在西北高原看见的。这些意象就是为了创造出介于真实与虚构的高原,并在这高原之上完成真实与想象的构造。《沐礼》中对于土伯特人婚礼完整的呈现,可以视作高原真实意象的延伸。"一个牧羊妇捧起熏沐的香炉/蹲伏在他的足边,/轻轻朝他吹去圣洁的/柏烟""在一处石砌的门楼他翻身下马/踏稳那一方/特为他投来的羊皮"。在对高原意象延伸的同时,也是对土伯特族习俗的

---

① 昌耀:《艰难之思》,《飞天》1987年第7期,第124页。

呈现。前文中所论述的高原的异质性是自然的客观的差别，而此处所展现的是动态的关于民族、习俗差别的呈现，民歌形式的使用则是在另一方面展示这一区别。借助《沐礼》中的描写，"他"已经成为土伯特人的一分子，由此产生"他"的异质性，也证明了"他"与"我"的不同。以地域差异为基础，以民族特色与宗教色彩为内容，《慈航》很自然地完成了对于"净土"异质性的构造。

关于昌耀"旧作改写"的文章已经证明昌耀五六十年代的诗歌与时代共频，从《大山的囚徒》可以看到其政治抒情的痕迹与宏大叙事的色彩，《慈航》中箴言般的诗句也使读者看到颂歌的影子。正如众多归来诗人的创作，颂歌式的写作无法形成异质性。在那个时期，颂歌式的写作是无法避免的，无论从诗歌创作本身还是社会而言。颂歌式写作与朦胧诗的耦合才是《慈航》异质性形成的原因。诗歌的大部分内容都是叙事，讲述流放与救赎的过程，在抒情的部分展示出了颂歌的意味。"我不理解遗忘。/当我回首山关，/夕阳里覆满五色翎毛，/——是一座座惜春的花冢。""我把微笑的明月，/寄给那个年代/良知不灭的百姓。""——众神！众神！/众神当是你们！"除了这些鲜明的带有歌颂性质的内容之外，颂歌更多表现在整首诗的表达中。颂歌"重视诗歌的情感效应，强调它在社会生活和群众中的战斗性和鼓动宣传作用，与之相应的是对所表现的感情的激越、豪壮的追求，以及感情表达上的明快、直接和彻底"①。这与昌耀诗歌创作中以情感为导向的风格一致，在《慈航》这首长诗中，"爱与死"就是在重复之中增强情感表达，"净土"的两次呈现也是以重复来突出感情。此外，对流放经历、自我战斗与劳动场景的描写也与颂歌保持着一致。昌耀与公刘、邵燕祥、白桦、流沙河等人共同被称为"归来诗人"，与杨牧、章德益、李瑜等人一起被称为"西部诗群"，前者是按照诗人的政治遭遇分类，后者是按照地域以及诗歌内容分类，这些分类使昌耀研究被局限，从而未能发现其诗歌与

---

① 张志成：《中国现当代政治抒情诗流变论》，《江西社会科学》2006年第5期，第66页。

"朦胧诗"的相似之处。"朦胧诗"的特点被徐敬亚总结为"扑面而来的时代气息，痛切中的平静，冷峻中的亲切。时代的大悲大喜被它们转换成独白式的沉吟。感受生活的角度与中华人民共和国成立以来的传统新诗迥然相异——诗中，细节形象鲜明，整体情绪朦胧：内在节奏拨动性大，类似小说中的意识流手法；结构奇兀闪跳，类似电影中的蒙太奇；语言，似乎可以擦亮读者的眼睛"①。《慈航》十二首短诗中，《邂逅》《净土》两首以及《爱的史书》都可以很明确地看到"朦胧诗"的痕迹，尤其是《爱的史书》中"难产的母牛"类似电影中的蒙太奇；"该出生的一定要出生！/该速朽的必定得速朽！"则是与北岛《回答》中的诗歌极其相似；"为了遗传基因尚未透露的丑恶，/为了生命耐力创纪录的拼搏，/你既是牺牲品，又是享有者，/你既是苦行僧，又是欢乐佛"则是更加凸显了朦胧。颂歌与朦胧诗的交错，使得后者的朦胧意味减轻，整首长诗看似是清晰的表达，但是在对每一首短诗进行分析时，又会陷入一种朦胧的境地。这种融合了两种迥异风格的诗歌，即使是在昌耀的诗歌创作中也是极为少见的，"归来诗人"与"朦胧诗派"之间的巨大分歧也证明了这一点。正是两者之间看似不存在的兼容性，以及民歌形式的融入，使《慈航》这首诗呈现出一种异质性。

四、"慈航"之于昌耀

"流放四部曲"是对于公共记忆的处理。《大山的囚徒》是记录，携带浓重的政治意味；《山旅》同样处理流放的历程，其中展现的是悲剧精神与生命意识；《雪。土伯特女人和她的男人及三个孩子之歌》内容更加个人化，完成的是对生活的赞颂。《慈航》特殊之处是没有具体所指。《大山的囚徒》在诗歌之前大段的介绍，《山旅》的副标题为"对山河、历史和人民的印象"，《雪。土伯特女人和她的男人及三个孩子之歌》感慨的是"时间啊/你

---

① 徐敬亚：《崛起的诗群》，李建立编《朦胧诗研究资料》，百花洲文艺出版社2018年版，第241~242页。

主宰一切"。《慈航》不论是从诗歌标题，还是诗歌内容来说，都不存在一个明确的所指，这首诗中与现实相关的指称词就是"失道者"，这使得诗歌的指涉可以无限广阔，不只局限于公共记忆的处理。将时代背景隐去之后，《慈航》就是一首极具思辨性，同时赞颂土伯特人的长诗。正如作者所说，"这里面(指《慈航》)有自传的成分，但是也不完全是自传。这里涉及我的生活，也有我周围的一些同难者，对他们被当地牧民善待的经历，我都把这些素材糅合到一起融进了这首诗里。所以这首诗里表现的生活是综合性的，基本上是以我为中心，写出了我对于藏族群众的一种感激之情"①诗歌本身来说，是突破时代局限性的作品，写出了人类的善良与悲悯。这也就是为什么会将《慈航》与《离骚》放在一起讨论，它们涉及的都是超越时空的人类的普遍情感与精神。

"流放四部曲"几乎穷尽昌耀过去的经历，即昌耀通过这四首诗完成对自己的梳理，这其中以《慈航》为主。"在那样一个时代里，灵魂可能比肉体更需要一个安居的地方。所以我写的就是灵魂的栖所。"这个"时代"并没有明确说明是流放的年代还是归来之后，或者诗人故意用了含混的说法。那么这里的《慈航》就引申出了两种意味，一种是土伯特人对于昌耀的救赎，另一种是昌耀借助这首诗歌完成对自己的救赎。后者的救赎可以从诗歌中找到痕迹，首先是上文中所提到的"我"与"他"人称使用中"他"对于苦难的体认。其次是昌耀对于自己婚姻的合理化。现实中昌耀与杨尕三的结合几经波折，原本要娶的女人悔婚，结婚对象改为尖尖，随后尖尖被嫁到了舅舅家，最后尖尖的妹妹杨尕三被许给了昌耀。当时的杨尕三年仅十六，昌耀已经三十六，这一婚姻也并非是昌耀娶杨尕三，而是"入赘"，因此昌耀在《山旅》中称自己为"北国天骄的赘婿"。种种曲折在《慈航》中，变成了短短两句对话，"——我懂/我献与。/我笃行……"实际情况更应该是：我不懂，我献与，我笃行；另一处是"他"所说的"'我理解。/我亦情愿'"，"他"所说的内容是带着双引号的，是直接引语，这里所说的理解与

---

① 昌耀：《昌耀诗文总集》，作家出版社 2010 年版，第 712 页。

情愿所对应的就是入赘。那么这里所说的理解与情愿，是真实想法还是被迫的选择？双引号的使用，使得表达更倾向后者，也就是昌耀被迫入赘，所要完成的是"传宗接代"的任务①。昌耀通过《慈航》婚礼过程及两人对话的描写，使入赘浪漫化，切断自己与入赘"侮辱性"的联系。最后我们可以看到，《慈航》创造了一个纯粹的受难者，这与现实存在着极大差距。通过对比同一时期的伤痕文学、反思文学的人物，可以得出结论：昌耀是有意将这一切简单处理。通过制造纯粹的受难者形象，将自己从复杂的时代环境抽身出来，"我"与"他"的分裂与入赘的浪漫化都是昌耀作出的自我保护，企图拉开自己与时代之间的距离。通过对其诗歌书写对象以及呈现方式的分析，可以看到其在真实与想象中创造了一个间隔着地域、信仰、民族的新的昌耀。因此，昌耀是想借助"流放四部曲"与过去了断，借"慈航"获得新生。因此，不论是从诗中人物还是从作者昌耀来看，《慈航》都是灵魂的寄所。

校订：陈景月　敬知玉

---

① 燎原：《昌耀评传》，作家出版社 2016 年版，第 255 页。

比较文学与世界文学研究

笛卡儿的普遍怀疑与奥利维拉的"中心"探索

陈景月*

摘 要：科塔萨尔长篇小说《跳房子》中的主角奥利维拉一直在寻求"中心"，以希求对现存秩序的解释和超脱。据作家定义，"中心"是历史的、哲学的、形而上学的中心，该定义背后是作家创作时借小说提出哲学问题的理念。哲学问题的提出有赖于奥利维拉的"中心"探索，而后者又始终伴随着一种笛卡儿式的普遍怀疑。奥利维拉以审视的姿态对感官、理性和经验展开了普遍怀疑，却未能如笛卡儿那般建设起可信的部分，"中心"探索也以失败告终。探索的失败却并不妨碍作家意图的成功。创作时的历史背景以及作家自述表明，普遍怀疑本身就构成了作家的创作目的：在这本提出哲学问题的小说中，作为最终答案的"中心"探索的结局对作家而言并不重要；奥利维拉探索时的怀疑以及由怀疑引发的问题本身就构成了科塔萨尔眼中的全部意义。落脚于创作历史语境，《跳房子》中的普遍怀疑有功能上的意义：一方面，怀疑主义助力作品超脱个人主义和利己主义的局限，走向打破全人类思想限制的更高目标；另一方面，普遍怀疑是应对复杂历史进程的姿态，它号召读者以怀疑为起点展开对本民族乃至全世界荒谬现实的审视与反抗。

关键词：奥利维拉；笛卡儿；中心；普遍怀疑

---

* 陈景月，武汉大学文学院 2021 级比较文学与世界文学专业硕士研究生。本文系武汉大学文学院第三届研究生学术论坛"比较文学与外国文论"分会场发言论文。

　　谈及拉丁美洲文学爆炸的主将胡里奥·科塔萨尔（Julio Cortázar），恐怕谁也无法避开奠定其文学地位的长篇小说《跳房子》①（Rayuela）。充满隐喻与诱人解谜色彩的故事情节与作为普通人却流露出天马行空想法的主角相得益彰，使读者时而与主角产生共鸣，时而又陷入对故事细节的种种沉思。该作品的体裁仍是小说，与科塔萨尔先前所撰写的小说不同的是，《跳房子》的游戏性尤为突出。这不仅表现在非线性的呈现方式与任由读者自由跳跃的阅读顺序，还体现在跳读时作者用"偶然性"②穿插进小说文本的文学摘抄、诗歌片段、报纸广告、警方通报等阅读材料，甚至小说的情节中也常见一些荒谬的游戏。正如科塔萨尔自述自己的创作心态与创作方法充满了游戏性，小说名"跳房子"本身便是一种游戏，这种游戏从"地"开始，跳跃的最终目标是进入最前一格"天"。故事中，"天"有很多种别称，"中心""聚居区""yonder"③"远方"等，依据文意指向及多年后的作家自述，将"天"称作中心最为合适。科塔萨尔这样解释"中心"的含义："这不仅是历史的中心、还是哲学的、形而上学的中心，它引导人类走上自己正在贯穿前行的历史之路。"④

　　"中心"的含义指向作家创作时的基本理念，即用小说的形式讲出哲学家们用形而上学的方法提出的问题，提出一些重大的质询和疑问。哲学的、形而上学的"中心"吸引着主角奥利维拉，他试图通过思考、质询和实践进入跳房子游戏的中心，窥见人类"走向充满厄运的不公的道路"的原因。长篇小说的体裁使科塔萨尔的"语言实验"⑤成为可能，也使得他得以在《跳房子》中依靠人物对话、心理活动以及插入跳读中的辅助材料尽情表露自己在创作阶段的碎片化哲思。自然，这些哲思主要通过男主角奥利维

---

① ［阿根廷］胡里奥·科塔萨尔：《跳房子》，孙家孟译，重庆出版社2008年版。

② ［阿根廷］胡里奥·科塔萨尔：《文学课》，林叶青译，南海出版公司2022年版，第230~232页。

③ 意为在那边、在远处。

④ ［阿根廷］胡里奥·科塔萨尔：《文学课》，第9页。

⑤ ［阿根廷］胡里奥·科塔萨尔：《文学课》，第259页。

拉及其人物关系展现。

科塔萨尔借助人物诉之于口的哲学问题需要某个起点,该起点落脚于奥利维拉的中心探索。贯穿小说的中心探索始终被奥利维拉对一切事物的怀疑所萦绕。阅读时不难发现,奥利维拉在寻求"中心"的全程中时刻保持质询:怀疑眼前所见的日常现实、怀疑公众不假思索相信的知识、体系和主义,甚至公众对诸如此类十分可疑的事物麻木不仁这件事本身也值得怀疑。鉴于奥利维拉的"中心"探索全程伴随着高密度高频率的怀疑,我们很难不将奥利维拉中心探索的起点与笛卡儿哲学沉思的起点普遍怀疑联系在一起。

在《第一哲学沉思集》(Meditationes de prima philosophia)中,笛卡儿从自我出发展开对一切事物的普遍怀疑,而后通过层层递进的六个沉思确定上帝存在和物质存在。在笛卡儿的六个沉思中,自我与对象,即认识主体与认识对象的关系是贯穿他思考始终的主题。认识秩序的改变促成了哲学的认识论转向,人的主体性被突出和强调。① 这种主体性在《跳房子》中得到了充分的彰显。科塔萨尔将《跳房子》定性为"个人主义的"②,奥利维拉的中心探索也体现了这种个人主义③。他从自我出发,将世界作为认知对象,依托个人对世界的认知展开对感官知识、理性知识和过去以为是真实的所有事物的怀疑,这种普遍怀疑促使他在全篇一边怀疑、一边展开对至高无上的"中心"的寻求。

一、笛卡儿式的普遍怀疑:与中心探索并行

仔细阅读不难发现,奥利维拉既是中心的探索者,也是持续思考的怀

---

① [法]勒内·笛卡儿:《第一哲学沉思集》,庞景仁译,商务印书馆1986年版,第10页。

② [阿根廷]胡里奥·科塔萨尔:《文学课》,第254页。

③ 根据科塔萨尔在《文学课》的自述与访谈,此处的"个人主义"非中性词,更接近利己主义与自私的含义。

疑者。他以审视的姿态对感官、理性和过去以为可信的经验展开了普遍怀疑。

(一)感官的欺骗：第一重怀疑

在描述感官知识可疑时，笛卡儿使用的主要例证为睡梦时感官的欺骗使人误以为自己处于现实。《跳房子》中，奥利维拉也一直为光怪陆离的梦境所困扰，每次梦醒后他都会对梦展开思考。多次难以分清现实与梦境后，奥利维拉开始质疑感官：感官是否在欺骗自己？梦是否真的只是梦，眼前的现实是否是真正的现实？回归文本不难发现，奥利维拉对感官欺骗性的怀疑是逐步发展的。①

梦境困扰的伊始表现在故事的第 57 章，彼时奥利维拉因做梦而脸色憔悴，便对同在蛇社的好友奥西波谈及自己的混乱状态：梦境的回忆与现实生活中的回忆混合，令他混乱而无所适从。因此，奥利维拉在留恋美好梦境的同时质疑现实是否一击即溃："当一个人醒来，脑子里还隐约记得梦中见到的那座天堂的遗址……他就会感到一阵可怕的恶心、焦虑，感到一切都是一触即溃的、虚假的，特别是毫无用处的。"②此时的主角尚且是因为梦境过于美好且真实而抵触眼前所见的现实，并未直接表现对感官的怀疑。

在第 80 章，奥利维拉对疯癫与做梦关系的思考表露了他对感官更进一步的怀疑。该章节描述的是奥利维拉的心理活动，含有当日奥利维拉与好友谈及梦境时的回忆。彼时二人都发觉，"梦里的各种结构只要在醒着的时候略微延长一点点，就可能变成发疯的普通形式。我们在梦中可以廉价地施展发疯的才能，同时我们也可以设想一切发疯行为就是定了格的梦境"③。背后的含义即，沉浸于幻象的疯癫者并不觉得自己在发疯。在别人

---

① 由于"跳读"除了科塔萨尔给出的一种顺序还可以有读者自己任意跳跃产生的阅读顺序，本文涉及时间顺序的部分采取传统阅读方式展开分析。

② ［阿根廷］胡里奥·科塔萨尔：《跳房子》，第 370 页。

③ ［阿根廷］胡里奥·科塔萨尔：《跳房子》，第 417 页。

眼中，疯子沉溺于幻象；在疯子的认知中，眼前所见的情境却真实而可信。这与做梦时人不会质疑所处梦境的真实性道理相通。如果有人在现实中做出梦境中做出的举止或声称自己拥有做梦时才有的超能力，那么在他人眼里他就会沦为一个疯子。例如，奥利维拉曾谈及他在梦中能够无所不在、任意穿梭不同场景，且感觉非常真实，这在梦中是合理的，但在现实中只有被感官幻象所迷惑的癫狂者才会声称自己具有这样的能力。

可以推断，正是因为想通了疯癫与做梦在感官欺骗性上的一致，奥利维拉才将老百姓口中疯癫者等同于梦想家的说法称作一种"智慧"。这种智慧落脚在疯癫与做梦的共同点——处于这两种状态的人都无法认知到自己所处的情境并非现实，而是一种感官导致的幻觉。但还是需要指出，尽管此刻奥利维拉已然在思考疯癫与做梦在感官欺骗性上的共同点，却依然没有表露出他对现实以及清醒与梦境界限的怀疑。

奥利维拉直到第 122 章、123 章才直接展现了自己对于无法区分清醒与梦境的困惑及思考。彼时奥利维拉与好友艾蒂安正打算去医院探望老人，艾蒂安听奥利维拉分享了一个又一个梦境后感到十分不耐。艾蒂安提出，作为听奥利维拉分享梦境的交换，自己不再陪同奥利维拉一起去医院，因为这二者都过于费时。奥利维拉便这样打趣好友：

> "你正好说在了点子上，"奥利维拉饶有兴趣地看着艾蒂安说道，"问题是需要了解一下这两者是否能交换，这正是你今天对我说过的：是要蝴蝶，还是要蒋介石？① 没准儿在你听我讲梦而不陪我去看老人的时候，你实际上正在陪我去看老人而不听我讲梦。"

对此，艾蒂安回复：

---

① 译者孙家孟注此处应为科塔萨尔的误用，似应为庄子；但个人认为将庄子误记为蒋介石不合常理，也许存在这样一种可能：奥利维拉刚刚从朋友处听得典故，运用时还不熟练，故科塔萨尔有意让主角误用。

　　　　那边有个护士，她正在想我们两个人是梦，还是两个流浪汉。她
　　会对我们怎么样呢？她要是过来赶我们走，那她是一个想赶走我们的
　　护士，还是一个想赶走两个哲学家的梦呢？而这两个哲学家正在梦见
　　一家既有一个老人，又有一只发怒的蝴蝶的医院。①

　　二人的谈话始终紧紧围绕着庄周梦蝶②的典故。庄周梦蝶，一个讨论
清醒与梦境的中国古代经典故事。庄子做梦时变成了一只蝴蝶，醒来后不
知道自己是清醒后的庄周还是梦见自己是庄周的蝴蝶，因为他发现清醒与
梦境无法区分。在奥利维拉的语境中，艾蒂安要从看老人与听梦中二选一
实际上没有意义：尽管艾蒂安选择了听梦，他无法认知和判断自己当下是
否清醒，也就无法断定现实中他到底在陪好友看老人还是在听好友讲自己
的梦。在艾蒂安的语境中，扮演庄周的既可以是医院护士，也可以是他们
二人，在这个三人的环境中有双重不确定性：如果护士扮演着庄周的角
色，她无法认知眼前这两个人是否真实，因为梦中的感官会让你觉得你所
见所闻的一切都是真实的；如果奥利维拉与艾蒂安是庄周，他们便无法确
定护士是一个现实生活中的护士还是试图驱逐二人走出梦境的一个梦中人
物。二人的表述都指向清醒与梦境的界限无从区分。
　　庄周梦蝶的内涵与笛卡儿在无法区分清醒与梦境这一点上的困惑同频
共振，奥利维拉也借助这一典故达成了笛卡儿式的对感官知识的怀疑。在
第一个沉思中笛卡儿意识到，假象的欺骗可能来源于感官，在睡梦中的人
既没有确定不移的标记，亦没有可靠的迹象使人能够区分清醒和睡梦。他
在思考时甚至几乎能够相信自己现在依然处于不清醒的睡眠状态，因为
二者依靠感官无法区分。笛卡儿所谓梦中没有"确定不移的标记"和"可
靠的迹象"也是奥利维拉的思考。在与艾蒂安的这场探讨后，奥利维拉

---

①　[阿根廷]胡里奥·科塔萨尔：《跳房子》，第510页。
②　《庄周梦蝶》出自战国·庄周《庄子·齐物论》："昔者庄周梦为胡蝶，栩栩然
胡蝶也，自喻适志与！不知周也。俄然觉，则蘧蘧然周也。不知周之梦为胡蝶与，胡
蝶之梦为周与？周与胡蝶，则必有分矣。此之谓物化。"

对梦展开了更进一步的思索：清醒与做梦的绝对概念应该取消，因为这种"绝对概念"是"毫无意义"的，且没有任何"参照物"可以区分这两个绝对概念。与庄周的体验一致，奥利维拉即使在梦的中途醒来也无法摆脱梦境的纠缠。他试图用清醒的思维超越导致梦境真实感的感官欺骗，却还是失败：

> 他猛地作了一次努力来摆脱梦境的纠缠，不去想那骗人的地方，他想让自己清醒得能够区别骗人、梦境和不眠这三个概念。但当他甩光了最后几滴尿，关上灯，揉着眼走过楼梯拐弯处，再次钻进房间里的时候，一切都显得不尽如人意了，一切都成了不如人意的象征了。①

上述论证清晰地展现了奥利维拉对感官的怀疑经历了一个层层铺垫、逐步发展的过程，他对理性知识的怀疑则不然。尽管奥利维拉对理性知识的怀疑与感官怀疑相辅相成、同时发生，前者却大多直接地显露于奥利维拉的心理活动中。

（二）理性的伪装：第二重怀疑

笛卡儿对理性知识的怀疑涉及对考察组合物的科学的怀疑以及对算术、几何学等讨论本质和普遍的科学的怀疑。他指出，考察组合物的科学由于组合物中会产生不确实的东西，因而是可疑的；算术、几何学等讨论本性上一般简单的科学也是可疑的，因为上帝有时允许人受骗，那么人在理性上被骗是可能的。仔细阅读不难发现，奥利维拉对理性的质疑与笛卡儿的认知共同指向对现存的科学知识体系的怀疑，在他们眼中，凡是理性建构之物都可能是魔鬼以理性外壳建构的欺骗世人的伪装。

《跳房子》在开头几章就展现了奥利维拉困惑于理性陷阱的心理活动。奥利维拉发觉自己总是并不真正理解自己在表达时的所指，也很容易"落

---

① ［阿根廷］胡里奥·科塔萨尔：《跳房子》，第513页。

入我们西方人用来安排生活的那个几何陷阱之中，什么轴心、中心、存在的理性、中枢，以及印欧人怀念的种种名词"①。也正因为此，奥利维拉拒绝融入阿根廷当时的文化潮流，谈论一些无意义的、与事物本质毫无关联的问题。他认为时下阿根廷流行的看似围绕理性展开的探讨是简易的骗人手法，被人们不假思索接收的知识体系则是"集体的谎言"。谎言的形成是因为：阿根廷的所谓中产阶级总是懒惰于使其感到安全的现有知识体系，仅仅积累现有的"文化"装点自己，而非真正地进行思考与质疑。

  如果说他在青年时期有过选择的话，那么他所选择的是不通过如饥似渴地快速积累"文化"来进行自卫，积累"文化"是阿根廷中产阶级为了探索本国和他国的躯体，或是为了在周围一片空虚中自我感到安全而惯用的伎俩。正如他的朋友特拉维勒所说，也许正是由于这种刻板的懒惰，他才没有加入到法利赛人的圈子里去（他的许多朋友都进入了这个圈子，一般说来，这些朋友都是些诚实的人，这也是可能的，因为有例可援）。这个圈子的活动是专门发放各种阿根廷精神的最高证书，并以此来回避问题的实质。此外，他觉得把诸如是阿根廷人还是爱斯基摩人这类的历史问题同诸如行动还是无为的问题混杂在一起的做法是一种易如反掌的骗人手法。②

奥利维拉对知识体系的拒斥并非一日之功。读者在第 3 章中可以看到，童年时期他便逐渐认识到，所谓的知识体系（即便是文化的最高形式）都来源于权威及其影响，知识归根到底都是一句话："这话是我说的"（19）。苏格拉底"我只知道我是无知的"使奥利维拉陷入痛苦和分裂，他逐渐认为所有的理性知识都由一个个无知的"我"贡献和共同构建，无知的"我"又该如何构建不无知的知识体系呢？在他看来，现存的知识本质上是一种个体权

① ［阿根廷］胡里奥·科塔萨尔：《跳房子》，第 15 页。
② ［阿根廷］胡里奥·科塔萨尔：《跳房子》，第 18 页。

威的主观观点，以理性之名为精心的伪装欺骗世人。

人于外在所展现的理性与实质上的理性能否等同？出于不假思索地接受知识的习惯，人往往将外在理性等同于实质上的理性，奥利维拉的经历却反驳了这一点。他在巴黎曾为躲雨而前往室内静听一场钢琴演奏会，演奏者是一位技艺不佳、创作蹩脚却自我陶醉的老年女性，出于同情，奥利维拉坚持到了最后，并送这位女士回家。由于其同性恋丈夫正在室内行不轨之事，奥利维拉便建议她先前往旅馆住下。女钢琴家却愤怒起来，认为他对自己有不轨之心，并狠狠地给了奥利维拉一记耳光。对这段故事，西班牙语翻译学者孙家孟用"表明了虚伪的理性的破产"①来评价。所谓文化名流和知识分子——大众眼中知识体系和理性的塑造者所拥有的竟也只是伪装而非理性本身。

从主角的心理活动和生活经历中不难发现，笛卡儿所谓"妖（demon）"在《跳房子》中以权威学者和知识精英的面貌出现，令公众受其愚弄和欺骗。笛卡儿与奥利维拉在理性怀疑方面的不同之处在于，后者因为感到理性不可靠逐步走向对一切事物的怀疑，其怀疑漫无目的，并不为论证某某可信；而笛卡儿的理性怀疑作为普遍怀疑的一部分是为了论证上帝可信，并进一步得出物质世界可信。

宣称"理性就是光彩夺目的错误"的奥利维拉逐渐将炮火集中于自己所习惯的那一套"西式理性"，但同时他发觉自己陷入了思考的困境：尽管他不信任自己的理性，但他在思考时所使用的却又不得不是这一套理性思考的模式，因为他别无选择。该困境引发了奥利维拉的最后一重怀疑，即笛卡儿在怀疑感官体验和理性知识之后的怀疑——旧习惯、旧观念"不由我的意愿占据了我的心"②。

---

① 孙家孟：《科塔萨尔：不倦的探索者》，《世界文学》1995 年第 6 期，第 128 页。

② ［法］勒内·笛卡儿：《第一哲学沉思集》，庞景仁译，商务印书馆 1986 年版，第 19 页。

(三) 经验的推翻：普遍怀疑

我们为什么离神仙这么远？这大概不过是问问而已。

那又怎么样？人本来就是会提问题的动物，但是等有一天我们真正会提问题了，那时才会有真正的对话。在眼下，问题只能使我们晕头转向地远离答案。既然我们正在溺死在最虚伪的自由里，溺死在犹太基督式的辩证法里，那我们还怎能期待耶稣显灵呢？我们需要一种真正的新的研究原则①，应该把窗子打开，把一切抛到街上，尤其是把窗子本身连同我们自己一起抛出去。这就意味着要么死亡，要么腾飞而去。必须这样做，反正是必须这样做。(567)

没有任何标记可以确定 147 章中这段思考的归属：是科塔萨尔的化身莫莱里的随笔，还是奥利维拉的思索？鉴于思考内容和表述风格与之前的情节中奥利维拉展现的个人风格有着相当高程度的一致，有理由相信这是男主角奥利维拉的思考。该段心理活动质疑当下人类提问题的能力，并将矛头指向人类对虚假与错误的沉溺中。道理也解释得简洁生动：正如信仰犹太基督的人不能见到耶稣显灵，不会怀疑的人类沉溺于错误的研究原则，自然也无法见到真理。结合译者注释并对读原版及中文译本不难确定，研究原则在原文中指向的是亚里士多德的工具论；而莫莱里所谓"真正的新的研究原则"是要超越工具论所代表的旧有体系，后文对窗户的描述论证了这一点。奥利维拉所谓"窗"即束缚人类展开真正思索的网，他认为，应该把束缚连同旧认知、不假思索就接收所谓知识的习惯甚至发出这样动作的主体(自我)都抛开。

"把一切抛到街上"的号召有着这样的精神内核：一个个"我"共有的旧

---

① 译者孙家孟注"此处原文为拉丁文，指亚里士多德的工具论"。据西班牙语版原文，译为"新的研究原则"的原短语为 Novum Organum，对应的英文为 new method，亦即新工具论。

有的思维习惯与模式可能一直在导致人类偏离正确的方向。尽管自以为是正确的，自我依然难逃错误与欺骗自己的缺陷，因此一直以为是真实的事物可能是自我欺骗。这便达成了笛卡儿意义上的对过去以为是真实的一切的怀疑。就此，笛卡儿的普遍怀疑完全体现在了《跳房子》中奥利维拉展开中心探索的全程。

当然，奥利维拉的中心探索体现了笛卡儿的普遍怀疑过程并不意味着它与笛卡儿的普遍怀疑等同；将主角的中心探索等同于任何一种哲学思想的发展或是逻辑的推演都是草率而不负责任的，本文无意证明这一点。但既然奥利维拉的中心探索源于且一直伴随着对世界的不信任，这种不信任又与笛卡儿对感官、理性和经验的普遍怀疑有着惊人的吻合，那么我们是否可以顺着笛卡儿哲学沉思的逻辑进入《跳房子》，借此观看奥利维拉的探索乃至科塔萨尔的创作呢？

二、普遍怀疑之后："中心"探索的失败 与创作意图的成功

针对《跳房子》的研究和评论往往以失败、幻灭、失望一类的词定性奥利维拉的探索与寻求。恰如其分地说，奥利维拉的中心探索确实是无望的困兽之斗，他在行进的过程中愈发意识到自己对世界的格格不入，又无法不被自己所怀疑的世界所困。鉴于前一部分探讨了奥利维拉笛卡儿式的普遍怀疑，我们会很自然地想到笛卡儿哲学沉思的下一个步骤：在展开普遍怀疑作为一种对现存秩序的破坏后，奥利维拉应该用逻辑推演建设起对现存秩序的信任。① 但回归文本，我们无从看出奥利维拉完成了笛卡儿在建设性部分的论证。与之相反，他态度坚决地拒绝走上笛卡儿意义上的下一步。

① 此处"破坏""建设"的说法参考罗素在《西方哲学史》中的观点。他将笛卡儿的六个沉思分为破坏性部分和建设性部分，普遍怀疑为破坏性部分，其余的为建设性部分。

奥利维拉在思考与行动两个维度上都拒绝笛卡儿式的建设。在思考这一维度，笛卡儿的著名论断"我思故我在"直接被他否决。"我思故我在"是笛卡儿第二个沉思的结论，也是笛卡儿得以展开后续沉思的基础。他延续了第一个沉思中对可能欺骗自己的恶魔的构想。他进一步思考到，虽然自己可能被一个与上帝同样强大的恶魔欺骗，但自己在思考或真或假的事情这件事本身一定是真实的，因为既然他要欺骗我使我思考，那么我作为思考的发出者和欺骗的承受者必须存在。然而，奥利维拉在第2章说：

> 对我来说，思考比存在更为省力；在我身上，那个句子中的"故而"并不那么"故而"，也不是什么类似的东西。①

"那个句子"，据译者孙家孟所注，就是"我思故我在"。鉴于二人在"我思故我在"这一观念上已经产生明显分歧，且笛卡儿的沉思是一个层层递进的结构，那么对于后续沉思的对比和分析似乎也就不再必要了。

而在行动这一维度，如果与笛卡儿论证上帝可信或物质世界可信的建设类比，"中心"探索的结局也是失败的。故事的结尾即，奥利维拉在拒绝好友特拉维勒让其离开窗户边的劝告后，坐在窗台上看着楼下站在跳房子游戏不同格子中的特拉维勒和塔丽姐。他的心理活动构成了寻求的结局：此时此刻最理想的应该是向外倾身，让自己落下去，一切就此结束。

对于这个结局，学者们的解读并未达成统一。译者孙家孟先生认为，这是奥利维拉继续探索直至失去理智的表现：一心想要进入"中心"的奥利维拉在此刻认为，跳下窗户后肯定会落入庭院中划的跳房子游戏的"天"格（即"中心"）中。② 该章节确实有奥利维拉思索"跳房子"游戏的极长情节，

① ［阿根廷］胡里奥·科塔萨尔：《跳房子》，第13页。
② 孙家孟：《科塔萨尔：不倦的探索者》，第127页。

作家展开细致的心理描写作为奥利维拉想要以生命为代价试探地进入"中心"的铺垫亦有其合理性。

若采取孙家孟先生的理解，则奥利维拉的探索在行动上是伪装为成功的失败。表面的成功在于，奥利维拉坚信自己只要往下跳可以落入庭院中跳房子的"天"格中，借此他得以到达他想要寻求的终极——中心。失败的实质在于，一直以来，他寻求的"中心"并不是任何一个跳房子游戏中的"天"，而是一种抽象概念中的"天"。在这个意义上，奥利维拉陷入了语言表述的陷阱：他确实通过自由落体进入了"天"，但他落入的是字面意思的跳房子游戏中的"天"，而非他汲汲营营追求的哲学的、形而上意义的"天"。鉴于奥利维拉在全书中都对语言(即表达事物的既定方式)持有不屈不挠的、本能的怀疑①，他在此处本不应该坠入这种简单的语言陷阱。就此我们也可以认为，在中心探索的结尾，由于无法直面自己的失败，奥利维拉采取了一种带有浓重自我安慰性质的精神胜利法。

事实上，无论对结局采取何种看法，故事都没有任何暗示奥利维拉即将抵达"中心"的先兆，也没有任何明确证据能够证实奥利维拉最终到达了"中心"。以进入"中心"为目标，奥利维拉的探索在对结局的所有理解中都是失败的。

探索的失败却并不妨碍作家意图的成功。创作时的历史背景及作家在《文学课》中的自述表明，普遍怀疑本身就构成了作家的创作目的。

从历史层面上看，五六十年代的大事件对科塔萨尔造成了深刻的影响。② 创作《跳房子》前，科塔萨尔近距离见证了阿尔及利亚的民族解放战

---

① "对表达事物的既定方式持有不屈不挠的、本能的怀疑"语出作家科塔萨尔对奥利维拉的评价。对语言的怀疑包含在奥利维拉的普遍怀疑之中，这一点在科塔萨尔的自述中也得到了论证："他很怕语言会欺骗自己，他害怕思考和批判的不是他，害怕语言替他思考……""他不接受既定的事物，不管是词语、物品，还是生命存在，他都会在做出选择之前，在继续行进之前，细致地观察它们、掂量它们。"见[阿根廷]胡里奥·科塔萨尔：《文学课》，南海出版公司 2022 年版，第 243~249 页。

② 见[阿根廷]胡里奥·科塔萨尔：《文学课》，第 10-12 页。

争，古巴革命的胜利亦对他造成了极大冲击。这二者的共通之处在于①，统治者都在残暴地展开血腥镇压，而反抗者意在反抗西方的种族歧视、殖民主义，推翻本国的独裁统治，并促使本国摆脱外来干涉，保持政治独立性。鉴于科塔萨尔承认作品的自传性，又用"每天都在经历政治角力、战争、不公与压迫"来描述奥利维拉，后者在巴黎幻想破灭失落离开，我们大致可以推断，科塔萨尔站在被压迫者一边，奥利维拉的对西方的幻想破灭便是科塔萨尔当时失望和痛苦心情的呈现。② 奥利维拉是"在最深的痛苦中"提出对世界的一连串质询，却没有任何确切的答案。

从作家层面看，创作时的科塔萨尔习惯于问而不答。《跳房子》中，各式各样的问题总是悬而未决，以一种抛砖引玉的姿态使读者陷入沉思。这样的设置源于科塔萨尔问而不答的创作理念，以托马斯·曼及其作品《魔山》为对标的反例，他这样表述自己的观点：

> 《魔山》一直在试图给出答案；而在《跳房子》这本书里，不论是奥利维拉还是描绘奥利维拉的作者，他们的目的从来不是给出答案，相反，他们所拥有的是提出问题的能力。

> 我无意冒犯托马斯·曼，但他的作品都像是答疑解惑的书，他在书里讨论问题，并试着给出解答，他不需要读者给出自己的观点：一切都在书里，读者并不重要，他们要做的就只是阅读，然后找到问题

---

① 有关两次战争战争的叙述主要参考了如下文献：张庆海：《阿尔及利亚战争前后的法国种族主义——以阿尔及利亚移民在法国社会地位的变化为例》，《世界民族》2003 年第 1 期，第 11~20 页。宋晓平：《古巴革命的历史意义和成就》，《拉丁美洲研究》2009 年第 31 卷第 1 期，第 27~31 页。龚俨：《独立精神、种族融合与革命孤岛——读理查德·戈特的〈古巴史〉》，《世界近现代史研究》，2021 年第十八辑，第 294~309 页。

② 科塔萨尔承认自己小说的自传色彩，因此奥利维拉在极高程度上承载了科塔萨尔在创作《跳房子》时期的所思所想。

和答案。而我站在提问的这一边，读者在问题和答案的另一边。①

类似的表述还有很多。托马斯·曼是否真的是科塔萨尔描述的那样我们姑且不谈；这些材料至少都能证明一点：身为作家的科塔萨尔不认为自己需要提供标准答案，充当读者的"人生导师"；书中每一个问题的答案都应该由读者参与思考后书写。

在这样的创作理念下，《跳房子》的重点自然在于提问而非解答。因此，尽管在这本提出哲学问题的小说中，"中心"探索可以说是最终的问题，但它的答案——无论成功、失败还是未知都与作家科塔萨尔无关：提问是他的事，解答是读者的事。对科塔萨尔来说，奥利维拉探索时的怀疑以及由怀疑引发的问题本身就构成了他眼中的全部意义。

三、普遍怀疑的功能指向

科塔萨尔指出，他事后意识到《跳房子》总共有三个层次，但本质上，它只有一重意图。第一个层次使得《跳房子》被他归类为"形而上学式"的书，主人公和周围人物为个体性问题感到深切忧虑，它们有关人性本质、人类命运和生命的意义。第一个层次决定第二个层次（即写作的层次）②，后者有关表达和语言：作者该如何阐述第一层次中的所有内容，用何种表达方式搭建连接读者的桥梁。作为传达哲学思考的方式，第二个层次被这样构建："奥拉西奥·奥利维拉质疑他看到的一切，听到的一切，读到的一切，被灌输的一切，因为他觉得不该不假思索地接受别人灌输的想法和成规，必须先用自己看待世界的方法审视它们，然后再决定接受或拒绝

---

① ［阿根廷］胡里奥·科塔萨尔：《文学课》，第235~250页。

② ［阿根廷］胡里奥·科塔萨尔：《文学课》，第240页。根据科塔萨尔的叙述，《跳房子》有三个层次，写作的层次是第二个层次。但他同时指出，创作时他并没有意识到这三个层次的存在，绝对不可以把这三个层次视作他创作时的明确意图。

它们。"①

这两个层次有一定的逻辑先后之分，但正如科塔萨尔指出的那样，这两个层次都在试图批判：第一层次批判的是经由历史和传统的灌输所接收到的现实，第二层次则是在批判表述和传达这种现实的方式。这种批判有赖于质疑和推翻现存的一切，一种笛卡儿式的普遍怀疑。

落脚于创作历史语境，普遍怀疑对《跳房子》而言有功能上的意义。一方面，怀疑主义助力作品超脱个人主义和利己主义的局限，走向打破全人类思想限制②的更高目标。奥利维拉的思考往往是私人的，每次思考和质询几乎都从自我出发；思考中少部分涉及人类命运的只是思考自我命运的衍生物。主角的自我表现与当时流行的个人主义小说契合，但意识到自己创作责任的科塔萨尔③同时表示，小说要在一定程度上挣脱奥利维拉探索过程中存在的个人主义和利己主义。为此，作家试图涉及对更广泛的个体的关切，而非局限于"我"这个个体："还需要跨出下一步：不仅得把他人看成我们了解的个体，还得把他们看作社会整体、民族、文明和人类群体。"④

作为奥利维拉探索之旅中最清晰可见的一种精神，普遍怀疑在客观上起到打动读者的效果。他们写信给作家反馈自己因奥利维拉在"怀疑—思索—无解"的过程中痛苦、彷徨而深受感染，这种感染助推读者走上怀疑与思考的道路。普遍怀疑对广大读者的触动使得作品在"打破思想的限制"这一目的上超脱了个人主义和利己主义，走向"社会整体、民族、文明和人类群体"。

另一方面，普遍怀疑是应对复杂历史进程的方式与姿态，它号召读者

① ［阿根廷］胡里奥·科塔萨尔：《文学课》，第 239~242 页。
② ［阿根廷］胡里奥·科塔萨尔：《文学课》，第 260 页。
③ "我意识到，成为一名拉美作家意味着首先要成为一名书写拉美的作者：除了承担一切责任与义务之外，我还得将写作重心放在拉美人的生存境况上，并将此展现在文学作品当中。"见［阿根廷］胡里奥·科塔萨尔：《文学课》，第 11 页。
④ ［阿根廷］胡里奥·科塔萨尔：《文学课》，第 10 页。

以怀疑为起点展开对本民族乃至全世界荒谬现实的审视与反抗。受历史事件冲击，科塔萨尔创作《跳房子》时将文学当做了参与本国历史进程的途径。而在科塔萨尔的认知中，广泛存在于拉美大陆的独裁、阿尔及利亚民族解放战争等动荡变革都让他深感历史现况荒谬：

> 人，作为一个物种，作为各种文明的集合，怎么会走到当下的境地，人们选择的这条道路完全无法保证自己最终能获得和平、正义与幸福，这条道路充满了厄运、不公和灾难，人对人是狼，一些人攻击、迫害另一些人，正义和不公常常像打扑克牌一般被随意处置。①

出于科塔萨尔对人类群体的关注和对现存历史的不解，普遍怀疑在打破思想限制的基础上有着更深一层的功能：号召读者从怀疑开始重新审视这个世界，反抗独裁、灾难与人为的厄运。反抗不仅是作家科塔萨尔以文学作品为媒介展开对历史和社会的质疑，更是读者在作品的影响下参与到全世界奋斗、抗争、探讨和应对危机的进程之中，以实际行动展开对不公的抗争。

结　　语

我们无法得出科塔萨尔有意识地在创作过程中融入了笛卡儿式怀疑精神的结论。因为就如他坦言的那样，作品往往在一定程度上脱离作家的掌控。科塔萨尔经常在创作时并未察觉到故事中的某些元素（如创作完成很长一段时间后他才意识到《跳房子》有三个层次），但回看时又发觉这些元素导致了某种呈现效果，以至于读者可能认为作家创作时在这一领域有明确的设计意图，② 尽管这与创作时的实际情况完全不符。

---

① ［阿根廷］胡里奥·科塔萨尔：《文学课》，第9页。
② ［阿根廷］胡里奥·科塔萨尔：《文学课》，第240页。

　　本文试图完成的工作即科塔萨尔定义中的"回看"：在适当结合作家自述与时代历史的前提下，以文本为主体展开分析，分析《跳房子》中的普遍怀疑以及其呈现效果。在作品影响上，该作品以精英的立意、非精英的面貌传达了怀疑精神——对现存秩序的拒绝与审视。"中心"探索的意义指向不在于结果，而在于从始至终贯穿全程的普遍怀疑精神。这种普遍怀疑既指引着故事主角不断探索向前，也指引着读者昂首直面不安定的、充满灾难与厄运的现实。

校订：杨鸿宇　雷思雨

从"荒野"到"幻野"

——论安房直子的幻想建构与生态书写

王梦潇*

摘　要：借由童话与幻想小说的体裁，安房直子为儿童构筑了独特的幻想空间，并在其中进行了数场生态实践。她运用使自然"复魅"、映射现实和建构极端情境等写作策略，批判了当下生态问题和反生态思想。其中，"复魅"使自然得以成为审视人类的另一主体，其回应冲突的态度则形成了唤醒儿童生态意识的两种方式。而到了写作后期，安房直子刻意回避冲突，致力于探索理想的生态模式，最终勾勒出了完满的生态空间。

关键词：安房直子；生态思想；童话；幻想小说；儿童文学

与原始思维的渊源使童话遵循着万物有灵的世界观，因此童话可以用"复魅"的方式抵抗现代性"祛魅"带来的人类中心主义。而儿童和童话的思维模式又有着高度一致性。皮亚杰指出，儿童时期的泛灵论将客体视为有生命的①，和列维·布留尔的"原始人思维"相近，对他们而言"思维与客体交融"②，是非二元论的，当儿童认知的主体渗透到客体之中，便会产生

---

　* 王梦潇，武汉大学文学院 2021 级比较文学与世界文学专业硕士研究生。本文系武汉大学文学院第三届研究生学术论坛"比较文学与外国文论"分会场发言论文。
　① ［瑞士］让·皮亚杰：《儿童的心理发展》，傅统先译，山东教育出版社 1982年版，第 46 页。
　② ［法］列维·布留尔著：《原始思维》，丁由译，商务印书馆 1981 年版，第 429页。

客体有灵性的认识。因此，孩童会将自然万物看作可以与他们平等对话的另一主体，从而建立起平等的生态意识。故而，泛神论思维模式使得童话成为传播生态意识的极佳载体，其主要读者群体儿童则能很自然地接收作品的生态意识——他们能够毫无障碍地感受到自然的苦痛，与童话中的自然万物同呼吸、共悲泣。而当童话的读者是成人时，他们也会被唤起童年的体验，感受到生命原初的气息。

如果从时空的"多元性"和"一次元性"①的角度划分幻想小说和童话，那么安房直子的作品则两者皆有：部分作品的主人公在通过某一渠道进入另一幻想世界时有惊异感，而另一部分作品则仅存在一元时空体。由于她在《童话与家务》中将自己的作品称为"幻想童话"，故本文也将以"幻想童话"定义她的作品。不过，无论是在哪一类作品中，泛神论的思想都充斥在她的字里行间。

孩时的人类具有自然性、原初性，他们在生命的进程上有着与大地的亲近性，而森林、深山、大海、原野则常常是安房直子构建幻想世界的背景，它们均显示了她对"野地"和童年的眷恋。安房直子从"荒野"走向"幻野"，在幻想世界中构建极端生态空间，并在幻想时空体中进行着生态实践。幻想空间的构建并非是安房直子躲避现实的方式，反而是她映射现实的途径。在这些最贴近自然的幻想童话的背后，我们能看到安房直子动人的生态关怀。通过一个个"幻野"的搭建，她使自己和小读者们都与现实拉开了一定的距离，并从中获得了全新的出发点，她试图以此瓦解现实中的反生态思想，引导下一代关注草木的流逝。

一、"复魅"与建构——生态反思的写作策略

20世纪70年代，安房直子开始了她的写作生涯，彼时正值日本高速发展时期。"二战"后，日本为了恢复经济，加速了工业化的发展。工业文

---

① 彭懿：《世界幻想儿童文学导读》，21世纪出版社1998年版，第14页。

明推动了城市化进程,却也加速了环境的破坏。随着城镇化对自然生存空间的挤占,人与自然逐渐疏离,水俣病""哮喘病"充斥了日本民众的生活,安房直子也深受其害。她希望通过童话的方式唤起孩童和成人对自然的眷恋,以提醒人们跳出时代局限观照现实问题。她采用了三种不同的写作策略对眼前的生态问题和反生态思想展开了批判。

首先,她在去魅的时代让自然"复魅",试图用一种回归"万物有灵"的方式反抗"现代性祛魅"带来的对自然的控制欲。安房直子生态意识的建立和日本森林文化的"泛神论"思想有很大关系,然而,日本明治维新以后,"泛神论"的思想逐渐被工业文明带来的"现代性"思想所取代。日本民众开始认为自己有能力也有权力征服、控制、占有自然,进而从敬重自然转向征服自然。安房直子在幻想小说《绿蝶》(1975)中就表现了人类对于原属于自然的绿蝶的占有欲。然而,在"我"快要抓住绿蝶之时却看到了化身为人的蝶交谈的场景,并为之感到恐惧。这种恐惧一方面来源于以己度"蝶",担心绿蝶也会对自己产生占有欲;另一方面则来源于对"低等"生物拥有意识的惊异。安房直子以"复魅"的方式颠覆了人类对自然的认识,也以此批判了人类自视高于其他存在的思想。

"生态批评理论首先认为,自然生命网中所有的存在实体都应该得到承认,并且应该有自己的声音。"①安房直子将自然拟人化,这无疑是让所有实体都拥有自己的声音的极佳方式。这种"拟人化的自然"或许会有些许力不从心,容易让人觉得,自然只有通过"类人"的方式,才能获得与我们平等交流的方式,但若非如此,自然更难找到发声的途径。此外,正是动物"'类人'的特点,使人类对这些非人的生物生发出浓郁的'亲近感'"②。"复魅""拟人"的手法在引起人类共鸣上可能会产生更好的效果,而这正是安房直子借以传达她的生态观念的方式。

其次,安房直子还通过构筑幻想世界反映了现实问题。随着消费主义

---

① 胡志红:《西方生态批评研究》,四川大学 2005 年博士学位论文,第 132 页。
② 刘绪源:《儿童文学的三大母题(第四版)》,复旦大学出版社 2015 年版,第 297 页。

盛行，人类的物质需求逐渐高涨，安房直子的作品就影射了现代人的高欲望并对之进行了批判。在童话《雨点儿和温柔的女孩》中，安房直子刻画了一个单纯、大方的雨点儿妈妈，与之相对的是自私、贪婪、竭尽全力地从自然身上获利的人类。而在《鼹鼠挖的深井》(1972 年) 和《冬姑娘》(1977年) 中，她以鼹鼠和马的故事以映射人类的贪欲：鼹鼠将自然资源占为己有并以此谋利，而马则不断向冬索取以满足自我。生态冲突其实是人的内在冲突的外在表现。人类有着超越冲动，有着对无限性的追求，当这种无限性错误地指向物质的时候，就产生了人的人类欲望的无限性与自然资源的有限性之间的冲突。安房直子用童话的方式向我们展现了人类无限的物质欲望指向有限的自然存在带来的恶果。

再次，工业文明带来的城镇化也让安房直子无比心痛。在她所处的时代，日本已经高度发达了，但她还是更愿意远离城市的喧嚣，与自然朝夕相处。在安房直子为自己写的年谱中，她提到自己在 29 岁 (1972 年) 时，于轻井泽的山林中盖了一所小房子，并时不时去那里居住。可见，她"幻野"的构建不是凭空想象的，而是从真实的野地之中汲取了能量。她用心感受过自然，因而能达到"知物哀"的境界。与自然的亲密接触是安房直子创作的原初动力之一，也是安房直子生命力量的源泉。但随着城市的迅速扩张，高楼大厦逐渐挤占了自然的生存空间，许多自然生态景观也因此被摧毁。在童话《原野之音》(1973 年) 中，她表现出了对于工业文明破坏自然美的担忧。随着工业化、城镇化的推进，原野上的自然景观逐渐被工厂和高楼大厦取代，广玉兰也变得光秃秃的。城镇化让人与自然渐行渐远，曾经原野上诗意的生存方式也不复存在。当现有的生产与制造空间无法满足民众的需求时，人们便会向原野、村镇伸出魔爪。因此，城镇化对于自然生存空间的挤占，从另一个角度显示了人类日益膨胀的物质欲望。

最后，安房直子还充分利用了童话与幻想小说的体裁，她在文本中或是设置一个有着极端环境的生态空间 (如《原野之音》)，在其中表现人与自然的互动模式；或是建构一个有着极端特征的物种 (如《绿蝶》《有天窗的屋子》等)，书写人类在面对其极端特征时的反应。在幻想小说《有天窗的屋子》(1977年)中,小花的影子是大树生命的源泉,"我"出于独占美好的心理,在得知此事后仍然没有将它"还回去",以致树倒房塌。出于对于美好事物的占有欲,"我"不顾树的死活,一心只想着征服美、控制美,让自然的美为自己的服务,最终却失去了生产美的"树"和观赏美的"窗"。

"如果为了人类的利益可以牺牲动物的利益,那么实际上就犯了一种与种族歧视和性别歧视相类似的错误。"①童话《天空颜色的摇椅》(1972年)也通过构建极端情景演绎了人类物种歧视主义的错误。风孩子为了让失明女孩看到花的颜色,而采完了玫瑰园所有的花瓣,致使玫瑰全部枯萎。安房直子以此表明,正是因为有人们将自然的价值依附于人类的利益,认为美都应为人类服务,而未曾考虑过其他生命形式自身的价值,人类与自然之间的冲突才会愈演愈烈。她指出,人类的欲望是无止境,即便是为了满足合理的欲望,也不能以牺牲其他的生命为代价,这体现出了安房直子深层的生态思想,即"每一种生命形式都拥有生存和发展的权利"②。

人类不知疲倦地向自然索取,将自己不断膨胀的物质欲望指向有限的自然存在,这本质上是一种人类中心主义的思想,这也是生态冲突产生的最根本的原因。而在这种人类中心主义的统摄下,人们产生了征服和控制自然的心理,并以征服自然为乐。为了满足这种征服欲,人们将自然万物降格为没有生命的客体,认为人类之外的实体都是被动受人操控的。安房直子充分利用了童话与幻想小说的体裁,将人类置于极端情景之下,撕开了人类的丑恶嘴脸,同时也反驳了人类对其他存在的客体化,设想了自然可能作出的回应。

二、警示与感化——自然主体回应的方式

在日本"泛灵论"思想和森林文化的影响下,安房直子笔下的花、鸟、

---

① 胡志红:《西方生态批评研究》,第21页。
② 雷毅:《深层生态学思想研究》,清华大学出版社2001年版,第44页。

鱼、虫皆能自然地从文字中流淌出生命。她抛弃了人类中心主义的观念，平等地观照所有的生命，在人与自然之间建立起了主体间性。可见，安房直子的幻想童话中暗含着大地伦理学的思想——她赋予了所有生命形式同等的道德的地位，有着"土地是一个共同体"①的价值观念。因此，在她笔下，大自然不是无生命的客体，而是既与人类心灵相通，又能够审视人类的另一主体。她也借由这种方式，试图以自然对生态冲突的回应来引起人们对生态问题的重视。从这个角度上，安房直子运用了"警示"和"感化"两种不同的写作策略来唤醒儿童的生态意识。

恰如生态文学兴盛于自然惨遭浩劫之后，人们也只有在遭受了自然的报复后，才开始懂得反省自己错误的生态观。安房直子的第一种写作策略就是以警示类的作品激起人类的生态良知。在这一类作品中，自然面对人类制造的生态问题给予了强烈的报复，人类也为自己的行为付出了惨痛的代价。如在《雨点儿和温柔的女孩》（1972年）中，雨点儿宝宝为了替妈妈报仇，以暴雨冲毁了甘蔗地，还带走了骗雨点儿妈妈那户人家的小孙女。而于《野玫瑰的帽子》（1973年）中，在身边鹿群惨遭猎杀之后，出于报复和自我保护，母鹿用魔法将前来的人全部变成了野玫瑰。"生态文学家想象灾难，恰恰是为了逃脱灾难，其根本目的是"使他们懂得自然生态保护与人类自身的根本利益是一致的"②。安房直子设置这一类结局就是为了警示我们：人类只是生态系统中的一环，我们对生态系统中其他生物所做的一切，最终也会作用于人类自身。人类征服、占有自然的快乐只是一时的，二者关系破裂后，带给人类的痛苦却可能是永久的。

然而，警示类的作品虽然能带给人类恐惧，让人类看到生态保护与自身利益的一致性。但这种生态良知是源自人类对自身命运的考量的，本质上仍然是人类中心主义，而不是生态中心主义，这种作品也容易让读者陷入"浅层生态学"的思维，即只关注环境危机的表象，试图解决生态问题以

---

① ［美］奥尔多·利奥波德：《沙乡年鉴》，舒新译，北京理工大学出版社2015年版，第3页。
② 胡志红：《西方生态批评研究》，第201页。

达成自救，而不从根本上关注其他生命形式的价值。可是"世界根本不是分为各自独立存在的主体与客体"①，作为人类，我们深处自然环境之中，是不可能脱离其他生命而单独获救的。

安房直子也认识到，不断轮回的报复是解决不了问题的，这只会让人与自然更加对立。因而，她绝大多数的作品都是和解、感化类的。这类作品也反映了安房直子的"深层生态学"观念，即认为生态危机的根源在于人类的价值观念，故而如果想彻底解决环境问题仍然需从价值观的改造入手。她在这些作品中塑造了宽容的、以德报怨的自然万物，渴望以此唤起人类内心深处残留的良知，让人类真正关注到除了自身之外的生命形式。比如，在《狐狸的窗户》（1972年）中，小白狐的父母都是被"我"的猎枪杀害的，但它没有选择报复，而是给"我"的手指染了颜色，让我看到记忆中美好的东西。临走前，它要走了"我"的枪作为报酬，这既是小白狐自保的方式，是避免更多动物受到这把枪伤害的方式，也是救赎"我"的方式。小白狐用魔法唤醒了"我"心中的美好，让"我"放下枪支，停止杀戮，走向了追忆爱与美的道路。安房直子似乎在寻求一种和解的方式，她在探求生态出路的同时，也在反思人性的出路。

在安房直子笔下，一些看起来是报复人类的行为，也可能是自然呼唤人类的方式。比如，在《原野之音》（1973年）中，被城镇化困扰的广玉兰树精把前来买衣服的女孩都变成了树叶，并让她们在她用魔法构建的原野的空间中锁扣眼。表面看起来这像是她对人类的报复，可实际上树精却把这些藏着原野声音的扣眼散发给了镇上的人们，以唤醒他们内心对原野的向往、对自然的憧憬。而那些女孩子们则在她建构的广阔的原野中，与自然快乐地朝夕相伴。安房直子通过广玉兰树精之手，构建了一个她理想中的生态世界，然而这个双重幻境构筑的"幻野"也含有一定的悲观底色：当我们意识到甚至在幻想世界的小镇上原野都没有立足之地，只能通过树精的魔法构建出另一个独立空间的时候，其背后悲哀也就可见一斑了。

---

① 雷毅：《深层生态学思想研究》，第27页。

可见，安房直子对于人与自然是否能达成真正的和解还是充满困惑的。《鹤之家》(1973 年)集中反映了安房直子的这种困惑与矛盾。猎人长吉无意间射杀了一只禁猎的丹顶鹤，为了逃避法律责任，他草草地把丹顶鹤埋了起来。在他结婚当天，化为人形的丹顶鹤却送来了祝福和一个盘子，而这个盘子可以让食物变得格外香甜可口。这一阶段丹顶鹤的回应与安房直子"感化"读者的作品类似，她仿佛试图通过丹顶鹤的宽容寻求人与自然的和解。但当读者正觉得丹顶鹤是以德报怨时，怪事发生了，长吉家十几年来接二连三地死人，盘子中的丹顶鹤图案也逐渐多了起来——那都是长吉和他的子孙的灵魂——丹顶鹤用这种方式报复着长吉一家人。这一阶段丹顶鹤的回应与安房直子"警示"读者的作品类似，以带给读者恐惧效应的方式让读者重视生态问题。

而在故事的最后，长吉的曾孙女春子在婚礼上不小心打碎了盘子，化为鹤亲人们纷纷从盘子中飞出给春子带来祝福。人与自然在某种程度上达成了和解，鹤对长吉一家的报复看起来就此结束了：长吉一家化身丹顶鹤，增加了濒临灭绝的丹顶鹤的数量，弥补了当年犯下的罪行，也以鹤的身份默默守护着自己的后代。可是，仔细想来，变成鹤长吉一家也可能会遇到下一个"长吉"，遭到新一轮的猎杀，他们的命运仍然是未知的。在这篇作品中，面对人类引发的生态冲突，鹤的反应可以从以德报怨、报仇、寻求补偿、引发新一轮的报复等多重复杂的角度解释。可见，安房直子这一时期的生态观是充满矛盾的，她对于人与自然是否能达成真正的和解也是不自信的。

不过到了写作后期，安房直子则很少再写人类与自然之间的冲突了。她不再通过自然的报复来警示人类，也不再通过自然的宽容来感化人类，而是试图构建一种人与自然和谐相处的生存图景。

三、从相融到敬畏——构建理想的生态模式

面对生态冲突，安房直子在她的故事中书写了人类应该持有的正确态

度。在童话的世界中，她试图在最大的限度上探索人与自然可能的相处形式，从而构建理想的生态世界。随着生态体认的深入，安房直子在经历了过于理想化和矫枉过正的写作阶段后，逐渐找寻到了人与自然万物应有的交往模式。

首先，对人与自然友好相处的美好想象贯穿了安房直子的整个写作生涯，在《雪窗》（1973年）中，杂烩店的老爹收下狸作学徒，并在狸的陪伴下走出了妻女离世的孤寂心境；在《小小的金针》（1977年）中，老奶奶帮白鼠太太缝补衣服，白鼠太太则以一根金针作为回报；在《来自大海的电话》（1977年）中，松原和螃蟹交换了吉他和海螺；在《遥远的野玫瑰村》（1981年）中，三只小狗獾化作人形，来陪伴孤独的老奶奶。这些人类与其他物种和谐友好、彼此陪伴的场景诉说了安房直子对人与自然相处模式的美好想象。与此同时，安房直子还在很多作品中塑造了具有生态人格的人物，比如在《红玫瑰旅馆的客人》中，音乐家冈本卓夫就将自己视为森林生态系统中的一部分，用生态整体观来审视人类与自然的关系，在森林中建立起了和谐、平衡的生态关系。

其次，安房直子还充分利用了幻想童话这一创作形式，试图通过人与其他物种的转换或结合，来展示人与自然相融的可能性。"人变成动植物的启示录一般内涵是：与自然融为一体是人类想要在这个星球上生存下去的唯一选择。"①安房直子就在文本中实践了这一想法，描写了人变成动物的桥段。在《长长的灰裙》（1973年）中，喜爱自然的弟弟阿修变成了一只鸽子，永远地留在了森林中。然而，这种转换虽然寄托了安房直子对人与自然融为一体的想象，但亲人的伤心却让阿修的这场"相融"带有了悲观色彩。

那么人与其他物种结为配偶，又是否可以达成人与自然的融合呢？安房直子带着这种思索进行了许多文本实践，而她对于这一融合方式的态度也随着她体认生态的深入而变化。在安房直子的早期作品中，她对于人与自然的结合是充满乐观态度的。在《天空颜色的摇椅》（1972年）中，风孩

---

① 王诺：《欧美生态文学（第三版）》，北京大学出版社2020年版，第269页。

子娶了盲人女孩为妻；在《野玫瑰的帽子》（1973年）中，鹿女儿化为人形嫁给了猎人的儿子；在《红玫瑰旅店的客人》中，音乐家冈本卓夫娶了理解他音乐的红胸脯鸟为妻。在这一时期，安房直子坚信，地球上一切的存在与人类毫无差别，人与其他实体的结合是人类融入自然的美好途径。

但安房直子的信心并没有延续太久，这在她对《熊之火》（1975年）的构思中初露端倪。小森因为迷失在森林而娶了熊为妻，但他时不时地会觉得仅满足于果腹的生活丧失了为人的意义。一天，他决心回到人类的世界看一看，可当他想回到熊媳妇身边时，却找不到回去的路了。小森与熊结合，过上熊的生活，其实是返回到了原始文明的生活状态。而简单地返回原始文明，对于人类而言可能是一种倒退。此后，在《夫人的耳环》（1977年）中，鲸娶了人类夫人，但当他们的秘密被小夜无意中发现后，连接鲸和夫人的耳环融化了，鲸见不到夫人了。人与自然的融合不能被其他人看到，意味着这种融合是不被认可的。安房直子意识到，即便人与自然万物有着同等的生态地位，但它们之间仍然有着不可逾越的差别种族。而她先前对人与自然结合的赞许，可能有着矫枉过正之嫌。

在这之后，安房直子的作品中即便出现人与自然结合的桥段，其重点也不再是探讨人与自然相融的方式，而借此表达其他的思想意蕴。比如，在童话《桔梗的女儿》（1983年）中，安房直子就借由新吉和桔梗的女儿的结合和后来她的离去提醒人类，即便走出了大山，也不能忘记自己的根，人们可以不在物理上回归自然，但不能在心理上嫌弃赋予自己生命的原野。

在安房直子生命的最后几年，她开始意识到，人与其他物种的结合，实质上不是一种融合的方式，而是人试图控制、占有自然的念头。人与自然终究是有别的，但区别不在于人类的高贵，而在于自然的强大。在童话《直到花豆煮熟——小夜的故事》（1993年）中，山姥的女儿虽然和山吉成婚生子，但很快就又变成山风回到了山姥身边，只是还是会时不时以风的形式回来探望。安房直子以此告诫我们，大自然不是为人而存在的，它有其自身存在的规律与根基。人类即便与自然结合，也不能控制、占有自然。自然的力量远高于人类，拥有绝对的自由。

因此，相较于带有控制欲与占有欲的融合，安房直子认为我们对待自然更正确的态度应该是常怀敬畏之心。人类总是以为自己有着强大的力量，但在自然面前，人类的力量不值一提。如果我们不懂得敬畏自然，必然会遭到自然的沉重打击。受到日本的森林文化影响，安房直子一直认为森林有着神秘的力量，她对森林的崇敬和畏惧展现在了童话《响板》（1977年）中：农夫信太对树精产生了非分之想，却被树精吸入了体内。安房直子以此警诫我们，自然的力量却是人所不能企及的，如果对自然没有敬畏之心，将自然存在看作人类的附属品加以玩弄，必将受到自然的反噬。

同样是以森林为背景，安房直子也书写了对自然怀有敬畏的正面例子。在童话《声音的森林》（1977年）中，安房直子刻画了喜欢学舌的槲树，女孩阿蕾因为心怀敬畏，尽力不打扰槲树，成为了第一个走出森林的生物。然而，这篇童话却也体现了安房直子颇为矛盾的生态观。虽然阿蕾唱摇篮曲的目的不打扰自然，但她唱摇篮曲的结果却是达成了对槲树的驯服。可以想见，当阿蕾走出森林，告诉更多的人"驯服"森林的秘密后，人们对这片森林畏惧的态度将会发生转变。而这种"驯服"也是人类征服自然的另一种表现，安房直子在无意识中透露出了对人类智慧的自信。当然，这种安抚的方式是轻柔且不伤害自然的，它显示出人类不必与自然对抗，也能达成与自然的共处。

在生态书写方面，安房直子早年和晚年的作品风格差异很大。在前期作品中，她表现出了对于人与自然能否达成真正和解的困惑，大自然报复人类的桥段也屡次上演。但在她写作生涯的后期，这种冲突逐渐减弱，她的笔锋也不再像先前那般尖利。这部分与她成为母亲后，内心变得更加柔软有关。与孩子的朝夕相处唤起了安房直子儿时的记忆，也唤起了流淌在她血液中的对自然的眷恋。

相较于早年尖锐的生态批判，晚年的安房直子开始更多地在童话中寄托自己的生态理想，营造一个人与自然和谐相处的童话世界。在安房直子的遗作《直到花豆煮熟——小夜的故事》（1993年）中，她几乎勾画出了一个完整的人与自然和谐相处的生态体系。那是一个和谐、自足、完满的独立时空体，在那里，自然万物肆意生长，人类只是生态系统中渺小的一环。于这片"童话森林"的背后，安房直子沉淀着她那深沉而隽永的生态意识。

四、结语

安房直子感受到了野地的召唤，又在野地之中呼唤着小读者们。她在原野、森林、深山与大海之中构筑了一个又一个幻想中的生态空间，带领小读者们共同感受野地的魅力。她的幻想童话能唤起人们对自然的眷恋，让人感受生命原初的自然气息，从而阻隔当代人的异化进程，也有助于治愈当下儿童因远离自然而感到孤独的心境。

当前，生态问题日趋严峻，而安房直子在作品中对破坏生态者发出了警示，并对生态危机进行了幻想式应答，为人类与自然的互动模式带来重大启示。与此同时，安房直子还在文本之中进行了多种生态实践的探索，为我们提供了构建理想生态模式的样本。虽然还原出安房直子笔下理想的生态空间，是一个任重道远的想法，但她的文本实践仍然为我们描绘出了努力的方向，为人类与自然的互动模式带来了重大启示。

校订：杨鸿宇　雷思雨

《应和》的物我关系与现代主义文学的美学知识型转向

汪　希[*]

　　摘　要： 统治西方长达几百年之久的主体哲学传统在人类社会第三次认识论变革时期呈现出穷途末路之态，一种新的认识论传统的形成正拉开序幕。以波德莱尔《应和》为其开端与美学思想基石的现代主义文学作为这一过渡时期出现的特殊流派，一方面有意识地通过文学形式与文本内容对传统文学加以反叛，另一方面也无意识地受到社会存在之部分变化的影响，这皆导致了西方文学的美学知识型转向。与此同时，由于社会存在的局限也使得现代主义文学还不足以引发一场美学知识型的根本性变革。究其原因，技术作为人的存在方式，它使得现代主义文学有意识地从存在论层面对主体哲学进行批判，也无意识地展现了当时的技术发展导致的人的社会存在之部分变化。但是，囿于现代主义文学的发生媒介依旧在印刷技术的统治之下，因此只能在一定程度上引发文学的美学知识型转向，而非根本性变革。

　　关键词： 波德莱尔；《应和》；现代主义；美学知识型；技术

引　言

　　现代主义文学作为一个十分特殊的流派，处于人类社会第三次认识论

---

　　* 汪希，华中师范大学文学院 2022 级比较文学与世界文学博士研究生。本文系"2023 文言樱花会"暨武汉大学文学院第四届研究生学术论坛主会场发言论文。

变革的过渡时期。在这一阶段，现代主义文学呈现出统治西方文学长达几百年的主体哲学传统的穷途末路之状，以及新的认识论传统还未形成的茫然境况。因此，现代主义文学从存在论层面导致了主体哲学逻辑框架下西方文学的美学知识型转向，但又不足以引发一场美学知识型的根本性变革，乃至隐匿地表现出向传统文学回归的趋势。

波德莱尔作为现代主义文学的开端与基石，其美学思想集中反映在了他的《应和》及"应和论"中，包含了"创造的逻辑"，是"象征主义的宪章"和"高级美学的教理"①。本文旨在通过对《应和》一诗"入乎其内"的研究，揭示波德莱尔美学思想中所展现出的美学知识型转向。再"出乎其外"地将这一美学知识型放置于西方文学传统中，以技术为切入点，探索现代主义文学美学知识型转向的发生原因，与局囿之处。如此，现代主义文学作为人类社会认识论变革过渡期的矛盾性将充分展现，有助于加深对新的认识论统治下的美学知识型的理解与建构。

一、现代性进程中主体认识论的变革

在古希腊德尔菲的神庙上镌刻着著名的"认识你自己"，这意味自人类诞生以来，人类的历史便是不断探索、认识自身的历史。放眼于历史长河，从古希腊至 20 世纪，人类关于自身的探索在西方世界已经发生了两次重大的认识论变革。第一次变革是从古希腊至中世纪。在古希腊时期，"不是人直观和面对万物，而是相反，是万物直观人，将人引入它的敞开性中，将人扣留，将他接纳，包涵和保存"②。在此，人类通过外物认识到自身在宇宙间的地位是何其渺小。可以说，在自然面前，人类不过就是奴仆而已。及至中世纪时期，自然由基督教中的唯一至真至纯上帝代替，人在上帝面前，同样不过奴仆而已。可以发现，从古希腊至中世纪，人类由

---

① 转引自刘波：《〈应和〉与"应和论"——论波德莱尔美学思想的基础》，《外国文学评论》2004 年第 3 期，第 5 页。

② 汪民安：《情动、物质与当代性》，山东人民出版 2022 年版，第 107 页。

从认识自然过渡到认识上帝，进而来认识自身于世间万物中的地位。在这前后两阶段，发生了认识客体的变革（从自然到上帝），以及人类地位的不变（人类地位的渺小性）。第二次变革是从中世纪至文艺复兴时期。随着马丁·路德宗教改革运动对"因信称义"的重新发现、资产阶级的悄然兴起、黑死病在欧洲的疯狂肆虐，以及文艺复兴运动的狂飙突进，人类逐渐将自身从神学的枷锁中解放出来，发现原来人类并没有过往历史中所认为的那么渺小。反而，人类开始发现自身是何其伟大，可以凭借自我的力量去认识上帝，去获得财富，去只争朝夕，去纵情享乐。认识论客体在此悄然发生了变化，即从认识外物，到认识自身，从对客体的关注转向了对主体的关注。

在福柯那里，现代性同主体构型相关。① 换言之，西方从文艺复兴至20世纪的现代化进程同样也是一种关于主体的认识论进程，一种有关主体的认识论传统随现代化进程的演进而逐渐建立。大致可以分为三个阶段。第一阶段从文艺复兴至17世纪。相较于中世纪，文艺复兴时期的人开始发现自己的主体地位在宇宙间原来并没有那么渺小，但也还未上升至17世纪之后的那种极度的自我膨胀，反而呈现出了一种相对复杂、中庸的姿态。这从文艺复兴时期的文学作品中可见一斑。莎士比亚在《哈姆雷特》第二幕第二场中有一句话十分有名，几乎成为了人文主义的宣言式存在，即人类是"宇宙的精华，万物的灵长"。但常常被人们遗忘的是，哈姆雷特随即在这句话的后面又说了一句"可是在我看来，这一个泥土塑成的生命又算得了什么？"再看马洛的《浮士德博士的悲剧》，其中的浮士德极尽人世间的一切欲望，内心却也不断在基督教道德的框架之下反复沉沦。相较于歌德创作于18—19世纪的《浮士德》，马洛版浮士德俨然不同于歌德版浮士德对于"大写的人"的诠释。第二阶段从17世纪至18世纪末、19世纪初。自笛卡儿提出了著名的"我思故我在"后，便开启了现代西方哲学的主流传统，即主体哲学与心物二元论，强调了主体与客体的对立，以及主体的中心地

---

① 米歇尔·福柯：《福柯集》，上海远东出版社1998年版，第534页。

位。这一现代性主体哲学传统在康德那里发展至巅峰。在《纯粹理性批判》中，康德在谈到主体如何认识客体时说道："盖若直观必须与对象之性质相合，则我实不解吾人关于对象何以能先天的有所知；但若对象（所视为感官之对象者）必须与吾人直观能力之性质相合，则我自易思及此种可能性。诚以直观成为所知，我即不能止于此等直观，而必须使成为表象之直观与为其对象之某某事物相关，且由直观以规定此对象，故或我必须假定为我借以得此规定之概念与对象相合，或假定为对象或经验与概念相合。"①在这里，康德与在他之前的唯物论走向了不同的道路，后者认为认知主体对于客体的知识的获取，有赖于客体本身的性状，而前者则表示主体对于客体的认知是主体先天的关于自我的投射。"现在，不是让主体去适应对象，而是让对象来适应主体，让物围绕着主体来转动……物被夺去了自主权，成为主体的受动对象。自此，物总是在主体的参照下来书写自己的命运。"②但随着现代化进程中主体自我意识的逐渐膨胀，人类对自然的疯狂改造，以及资本主义、工业主义、科学技术的飞速发展，反过来却也造成了人的异化与严重的生态危机。这表明，现代性危机一直潜伏于现代化进程之下，正等待着一触即发的时刻。

第三阶段始于18世纪末、19世纪初。可以发现，在这一时间节点，在西方统治长达几百年的主体哲学到达至奇点阶段，关乎主体的认识论传统在此正面临剧烈的变革。海德格尔首当其冲地对之前的主体哲学传统进行了一针见血的批露："对世界作为被征服的世界的支配越是广泛和深入，客体之显现越是客观，则主体也就越主观地，亦即越迫切地突现出来，世界观和世界学说也就越无保留地变成一种关于人的学说，变成人类学。"③于是，他从一个壶出发开始了他的物性思考。他认为壶的本质在于聚集，作为物的壶并非主体去认知的对象，而是将天地人神聚集、容纳在一起的

①　康德：《纯粹理性批判》，邓晓芒译，人民出版社2004年版，第16页。
②　汪民安：《情动、物质与当代性》，第106~107页。
③　海德格尔：《海德格尔选集》，孙周兴译，上海三联书店1996年版，第902页。

栖息之地。海德格尔之后的法国哲学家布鲁诺·拉图尔与他采取了相同的思考进路，他以类似于海德格尔的"壶"的"准客体"为中介，认为主体与客体都是围绕着这一准客体进行活动的。因此，主体与客体之间的二元对立关系，以及主体之于客体的压制性地位在海德格尔与拉图尔这里得到了缓解。相较于前两者，甘丹·梅亚苏的思辨实在论则更为激进，他将康德这种总是将物放置于人的观照之下的哲学称为"关系主义"，认为"关系主义断言，不可能将主体性和客体性分割开来进行思考。它不仅坚称，如果脱离主体，我们就无法把握客体本身，而且同样坚称，如果脱离一个客体的话，我们也无法把握一个主体"①。于是，他以"原化石"为例证，旨在表明在没有人类之前，地球上就早已有了物的存在。换言之，我们可以进行一种在一切人类活动之外的物的思考。在梅亚苏的基础之上，格拉汉姆·哈曼则进一步指出，人类活动之外的物并非孤立的、封闭的存在，物总是存在于关系之中，这种关系既包括人与物之间这种不分高低主次的互动，也包括物与物之间的不在人类认知范畴的互动。即，客体"存在于所有的那些意欲彻底取代客体的现实——包括其特性、其组成部分、其时刻、其关系、其偶性、或者其与人的可接近——之永恒张力中"②。在经由海德格尔与拉图尔的缓和策略，以及梅亚苏、哈曼等人的激进工作之后，从笛卡儿到康德以来的那个之于客体而高高在上的、独具中心的主体逐渐让位，而客体又开始踏上了回归之路。当然，这样的回归并非重新将人放置于古希腊、中世纪时期的万物之下，而是要将人置身于万物之网中开启一段关于人的新的认识论传统。

在此，一段与现代性紧密相关的主体认识论传统显现其穷途末路之态。而现代主义文学正是于这样的"末日"氛围中诞生，从美学角度以一种反叛的姿态对现代性发起批判。可以说，现代主义文学于现代性危机中生

---

① Meillassoux, Quentin. *After Finitude*：*An Essay on the Necessity of Contingency*, Continuum, 2008, p. 7.

② 格拉汉姆·哈曼：《论对客体的贬损：格兰特、布鲁诺与激进哲学》，蒋洪生译，《生产：第 10 辑》，江苏人民出版社 2014 年版，第 126 页。

发,试图探索一条解决现代性危机之路,它以波德莱尔为开端,其《应和》及"应和论"作为他的美学思想之基石,集中反映了上述哲学思潮之变革,对他之后的现代主义文学产生了深远的影响。

二、《应和》与现代主义文学的美学知识型转向

在福柯的《词与物》中,他提出了"知识型"(episteme)的概念。关于这一概念,学者汪民安清晰明了地解释道:"知识型就是不同经验学科的深层'语法',它制约着同时代的学科构型","正是因为知识型的决定性控制,一个时期内的不同的知识和学科分享共同的形式原则,就如同一个语法控制着内容不同的句子一样"。①可以发现,在上述的第二次认识论变革中,西方文学的美学思想同样"去就有序,变化有时"。虽然也都遵循着主体哲学的认识论逻辑,反映着同一时期的美学知识型原则,但在现代主义文学肇始之初,却显现出了西方文学的美学知识型转向,这与上述认识论的变革息息相关。

浪漫主义时期华兹华斯的诗歌《水仙》。作为浪漫主义时期的闻名之作,《水仙》可谓代表了那一时期美学思想的具体形态,是西方现代化进程发展至奇点阶段的典型文化标志,集中展现了奇点之处平静湖面之下的暗流涌动。在《水仙》这首诗作中,华兹华斯将浪漫主义时期的那种矛盾状态表现得淋漓尽致。一方面,从整首诗的题材风格来看,《水仙》表达了浪漫主义诗人渴望逃离工业社会,而回归自然的愿景。这反映了西方人随着主体自我意识的不断膨胀,资本主义的迅猛崛起,人们大力发展技术、开疆拓土。火车、工厂、城市的出现反而造成了马克思所说的人的异化,成为了马尔库塞所谓的"单向度的人"。浪漫主义诗人之所以产生了逃离城市、回归自然之情,是人的主体地位不断上升后的果。另一方面,从整首诗的

———————

① 汪民安:《情动、物质与当代性》,山东人民出版社 2022 年版,第 106~107 页。

深层逻辑来看，浪漫主义诗人的美学思想却又不断困顿于主体哲学的泥泞之中，反而愈演愈烈、难以察觉。

《水仙》中的自然之物成为了在主体凝视之下的客体。首先，华兹华斯将自己与云作喻。但云在此并非诗人的对应物，而是诗人借以描述自身状态的辅助性工具，他的漫游正如云朵的飘浮一般。在此，诗人与云之间，可谓正文与注脚之关系。在《水仙花》中，本体和喻体之间的关系已经有了高下、主次之分。其次，在诗人凝视之下的水仙花显然是没有能动性的客体，无论其"随风摇曳""舞姿潇洒""轻盈飘舞"①，都只是诗人主观意识的投射。而其中那段最著名的"每当我倚榻而卧，/或情怀抑郁，或心境茫然，/水仙呵，便在心目中闪烁——/那是我孤寂时分的乐园；/我的心灵便欢情洋溢，/和水仙一道舞蹈不息"，集中代表了浪漫主义诗人的诗学观，即华兹华斯浪漫主义美学宣言《〈抒情歌谣集〉序言》中所说的"一切好的诗歌都是强烈情感的自然流露"②。艾布拉姆斯在《镜与灯》中指出："从18到19世纪初，人们对于心灵是什么，在自然中居何地位的认识发生了转变，这种转变表现在隐喻的变化上"③，浪漫主义诗人"很喜欢以灯之发光来比喻心灵的感知活动"④，认为"'看上去是存在于外界的东西，至少有十之八九是我们创造的……'那些对着'自然的活书本'沉思的人，'看到了全部的俊美和崇高，这本是他们自己的永恒精神所创造，又返照在创造者身上的'"⑤。这表明，浪漫主义诗人美学思想中强烈的主体意识，已经与

---

① 本文所引用的华兹华斯的《水仙》皆出自杨德豫译版《华兹华斯抒情诗选》，湖南文艺出版社1996年版。下文不再一一作注。

② Wordsworth, William. "Preface to Lyrical Ballads". *The Critical Tradition: Classic Texts and Contemporary Trends*, ed. David H. Ritcher, Bedford/ St. Martin's, 2007, p. 308

③ Abrams, M. H. *The Mirror and the Lamp: Romantic Theory and the Critical Tradition*. Oxford University Press, 1953, p. 57.

④ Abrams, M. H. *The Mirror and the Lamp: Romantic Theory and the Critical Tradition*. p. 60.

⑤ Abrams, M. H. *The Mirror and the Lamp: Romantic Theory and the Critical Tradition*. pp. 60-61.

康德所谓的主体对客体的凝神观照别无二致，与海德格尔的"作为图像的世界"①又何其相似。

正所谓"反者道之动"②，一场美学知识型转向即将呼之欲出，这便是波德莱尔的工作。1857年，法国诗人夏尔·皮埃尔·波德莱尔带着《恶之花》于彷徨之际走来。这部诗集集浪漫主义、现代主义于一体，是"伟大的传统业已消失，新的传统尚未形成的过渡时期里开放出的一丛奇异的花"③。其中，《应和》一诗更是其"应和论"的集中展现。因此，对于现代主义文学所开启的美学知识型转向之发掘，从《应和》开始，是应有之义。

在《应和》一诗中，可以发现三个方面的重大变化，这与本文第一部分所谈到哲学领域的主体认识论变革现象正相契合。可谓"任何哲学都是自己时代精神的精华"④，正是如此。首先，在《应和》一诗中，客体摆脱了主体的凝视地位，其物质性浮现出来。可以发现，不同于前面所谈到的两首诗歌，《应和》中几乎所有的意象，如"庙宇""话音""芳香""颜色""声音"⑤等之间并没有强烈的先后顺序与彼此关联，意象与意象之间也并不构成特殊的意义。这首诗无论从哪一段、哪一句，或哪一个意象开始阅读都可以，因为至少从表面上来看，这首诗是散乱无序的，且没有一个宏大的意义指涉。这是现代主义文学从形式上对于传统文学中的那种具有稳定秩序、中心凝视的反叛。其次，从具体意象来看，《应和》中的事物是具有能动性的，而非静止的客体。例如，在《应和》一诗中，"柱子"是"活的"，能主动传出"模模糊糊的话音"。"森林"可以"注视"人，并投以"熟识的目

---

① 海德格尔：《林中路》，孙周兴译，上海译文出版社2004年版，112页。

② Yu-lan, Fung. *The Short History of Chinese Philosophy*. The Macmillan Company, 1948, p. 19.

③ 波德莱尔：《1846年的沙龙》，郭宏安译，广西师范大学出版社2002年版，第263页。

④ 马克思、恩格斯：《马克思恩格斯全集：第一卷》，中共中央马克思恩格斯列宁斯大林著作编译局，人民出版社1995年版，第219页。

⑤ 本文所引用的波德莱尔的诗歌皆出自郭宏安译版《恶之花》，北京燕山出版社2005年版。下文不再一一作注。

光"。波德莱尔笔下这些具有能动性的客体不由得让人想起法国解构主义代表人物德里达在一次洗完澡后看着家中的猫所进行的思考：人类总是凝视着猫，以自身的知识去认识猫，但是在猫的眼里，人类又是如何存在的?① 在此，德里达显然意识到了客体所具有的自主性，在主客体的交往中，客体不仅被主体凝视，客体同样也在凝视着主体。过往，客体在现代性的建构中完全丧失了其能动性，人们认为对客体的认识是主体知识的投射，没有被主体知识建构的客体将是沉默的客体。于是，之后的拉图尔、梅亚苏等哲学家便致力于恢复客体的自主性问题。例如，在拉图尔的"行动者网络"理论中，客体就是具有能动性的客体，在积极地与主体进行着交互行动。显然，波德莱尔《应和》中这些具有能动性的事物与时代哲学思潮中的认识论转向是一脉相承的，并且他将这种转向付诸于文学创作实践之中。最后，从文本内容来看，《应和》中的各种具有自主性的事物也并非孤立的存在，而是不停地在与其他事物发生着关联，这也清晰地彰显了其标题"应和"二字的具体内涵。在这首诗中，所有的事物都在进行着"悠长的回声遥遥地汇合/在一个混沌深邃的统一体中"，其中"芳香、颜色和声音在互相应和""龙涎香、麝香、安息香、乳香/那样歌唱精神与感觉的激昂"。英国批评家查德威克曾在《象征主义》一书中以"水平应和"和"垂直应和"对这首诗中事物间的交互关系进行了明了的概括②。概言之，"水平应和"即同一水平事物间的相互沟通，如各种香气之间的应和，或是感官与感官之间的交织。"垂直应和"即主体与客体、形式与本质在不同层面的应和关系，如森林对人的投视、香味与精神的热狂。

《应和》一诗所表征的以上三方面变化与我国的庄子哲学发生了遥远的"应和"。在《庄子》内七篇中，首篇为《逍遥游》。在其中，庄子刻画了一

---

① Derrida, Jacques. "The Animal That Therefore I Am (More to Follow)", translated by David Wills, *Critical Inquiry*, Vol. 28, No. 2, 2002, p. 373.

② 查尔斯·查德威克：《象征主义》，周发祥译，昆仑出版社1989年版，第17页。

只展翅翱翔的大鹏，能"抟扶摇而上者九万里"①，于苍穹之上自在逍遥，"乘天地之正，而御六气之辩，以游无穷"②。正是借助于这一只鹏鸟的俯视、移动视角，庄子才得以将世间万物等量齐观，便得出了《逍遥游》下一篇《齐物论》中的重要观点："物无非彼，物无非是。自彼则不见，自知则知之"③，是故"天地与我并生，而万物与我为一"④。在此，庄子借助鹏鸟的视角跳脱出原有的局囿之境，得以看到万物齐一、主客交融的状况。巧合的是，在波德莱尔《恶之花》的多个版本中，排在《应和》之前的正是一首名为《高翔远举》的诗歌。在《高翔远举》中，波德莱尔表示：思想要像"那百灵鸟一般，/在清晨自由自在地冲向苍穹，/——翱翔在生活之上，轻易地听懂/花儿以及无声的万物的语言"。随即，《应和》中的万物便携带着自我的语言面向彼此和主体走来。可以发现，波德莱尔与庄子一样试图跳出主体的视角与现代性的局限，于另一个"异托邦"中辨析出客体的自主性，和万物齐一、主客交融的真相。

这便是以波德莱尔《应和》为代表的现代主义文学的美学知识型转向，这一转向在波德莱尔所十分推崇的现代主义画家马奈那里同样得到了回应。相较于福柯在《词与物》中所辨析出的文艺复兴时期的"相似"知识型，与古典时代的"再现"知识型，以马奈为开端的现代绘画则展现了另一种知识型的转向。可以发现，这些知识型的流变与上述文学中的美学知识型流变过程是一致的。因此，支配着以波德莱尔为开端的现代主义文学与以波德莱尔所喜爱的马奈为开端的现代主义绘画背后的美学知识型是如出一辙的，这是主体哲学发展至巅峰之后的衰退趋势，是时代发展所促成的一场美学知识型转向。具体来看，与马奈之前的透视主义画法相比，后者在绘画时预设了一个画面之外的看不到的视点，并以这一视点为中心进行构

① 庄子：《庄子集解·庄子集解内篇补正：卷一》，王先谦、刘武译，中华书局 1987 版，第 1 页。
② 庄子：《庄子集解·庄子集解内篇补正：卷一》，第 4 页。
③ 庄子：《庄子集解·庄子集解内篇补正：卷一》，第 14 页。
④ 庄子：《庄子集解·庄子集解内篇补正：卷一》，第 19 页。

图，试图呈现出一种空间上真实状态，让绘画的物质性隐身，从而使人有一种身临其境之感。正如福柯在《马奈的绘画》中指出："绘画的这种物质性、这个长方形的、扁平的、被某些光照亮的、人们可以围着它或者面对它可以位移的平面，这一切都被画本身之中所表象的东西掩盖和隐藏。"①而在马奈的诸多画作中，他则取消了景深的画法，使所有场景、物件、人物等绘画元素共存于同一平面空间之中，以突出画作上所有元素的物质性。这样的画法在他的《歌剧院化装舞会》《在温室》《吹笛者》中都清晰可见。人们在观看马奈的画作时，首先看到的是一幅物质性的画，而非一幅"真实性"的画。

马奈之后的现代主义画家保罗·克利则进一步在绘画元素物质性凸显的基础上展现了绘画行动。福柯表示："克利把能够构成绘画的所有姿势、动作、笔画、轮廓、线条、平面都植入可见的形式中，这样他就把绘画行动本身变成了绘画本身的灿烂夺目的知识。"②因此，绘画中有哪些要素，以及绘画是如何进行的，在克利的画作中表现得淋漓尽致，而画作背后的宏大意义指涉则消退了。在西方盛行已久的肖像画传统中，画家在绘画时旨在通过人物画像的外在性展现人物的内在性，即通过外在的色彩、表情、姿势、服装等要素揭露人物内在的性格、经历、身世、地位等内容。这样的绘画传统则意味着一种本体论的预设，正如柏拉图所说的理念世界与现实世界、艺术世界之区分，后两者不过是对理念世界的模仿式呈现，艺术的存在意义在于通过艺术而体悟理念世界的真理。在此，艺术的存在被拉进了康德、黑格尔式目的论、因果论的逻辑框架之中，艺术的存在目的在于其符号背后的指涉。而克利的绘画显然颠覆了这一传统，绘画行动本身得以凸显，且构成了绘画的全部内容，正所谓能指之下没有所指便是如此。这颇类似于加缪在《西西弗神话》中所讲述的那个西西弗的故事，存在的本身在于推石上山的过程，若一味追求推石至顶的目的，最终只能发

① 米歇尔·福柯：《马奈的绘画》，谢强、马月译，湖南教育出版社 2009 年版，第 15 页。

② 米歇尔·福柯：《福柯集》，上海远东出版社 1998 年版，第 82 页。

现虚无、荒诞的面貌。

以上，通过将《应和》一诗放置于西方文学传统中进行对比，以及与中国庄子哲学、西方现代主义绘画相互印证，可以清晰地发现以波德莱尔《应和》及"应和论"为开端的西方现代主义文学的美学知识型转向，这皆与现代性进程中主体认识论的变革休戚相关。这样的美学知识型转向可以概括为两大特征：第一，主体的退位与客体的回归。这意味着西方现代主义文学首先呈现出来的并非叙事情节本身，而是各种叙事要素的浮动。例如，在现代主义作家乔伊斯的作品中，最先映入眼帘的是一个个支离破碎的片段，是杂乱无章的秩序，是人物、场景、事件的漂浮，而非一个有机、统一的叙事整体。第二，目的的消解与过程的凸显。这是对于文学阐释传统的一种巨大冲击，文本的深层内涵、宏大意义好似被消解了，而意识的真正过程却得以呈现。在伯格森的生命哲学与弗洛伊德精神分析理论影响之下而诞生的意识流小说就是明证。因此，伊格尔顿在《二十世纪西方文学理论》的精神分析理论一节中指出："文学批评不仅可以去注意文本所说的，而且可以去注意它怎样工作。"[①]在此，伊格尔顿显然已经敏锐地感知到了西方文学背后美学知识型的悄然变化。

三、技术与现代主义文学美学知识型的"应和"

马克思曾有过一个非常著名的论断，即"不是人们的意识决定人们的存在，相反，是人们的社会存在决定人们的意识"[②]。因此，在本文第一部分所谈到的现代性进程中主体认识论的变革是人们社会意识流变的集中反映，是哲学家们敏锐地、有意识地发现了社会存在之变化的结果。而第二部分所谈到的现代主义文学的美学知识型转向则是文学家们在有意识与无

---

① 特里·伊格尔顿：《二十世纪西方文学理论》，伍晓明译，北京大学出版社2007年版，第182页。

② 马克思·恩格斯：《马克思恩格斯选集：第二卷》，中共中央马克思恩格斯列宁斯大林著作编译局译，人民出版社2012年版，第2页。

意识混合情况下所生产出的具体文学现象。这皆表明，在从文艺复兴至 20 世纪的西方世界，人们的社会存在随着现代性进程的进行在不断地发生着改变。对这一社会存在的改变的追溯，除了能发掘现代主义文学美学知识型转向的动因，更能明晰现代主义文学美学知识型转向的局囿。这无论对于现代主义文学，还是其之后发生巨大改变的文学形态、观念、批评的认识，都具有举足轻重的作用。

正所谓"随着经济基础的变更，全部庞大的上层建筑也或慢或快地发生变革"①，马克思从经济出发对现代社会进行诊断。可以说，经济是社会发展最底层的动因，与利益、欲望、生存进行了最为直接的挂钩。无论是阿奎那自然法第一指令"趋利避害以求存"，还是达尔文《进化论》中"物竞天择，适者生存"的科学论断，或是弗洛伊德精神分析理论中的"力比多"，皆符合马克思的这一敏锐洞察。因此，经济的发展会决定人们精神世界的变化，并具象化在具体的文学创作实践之中。不过，经济对于人们精神世界的影响并非最为直接的，它以技术为媒介润物无声地改变着人们的意识形态。可谓人本质上在技术之中存在②这种说法实际上是毫不夸张的。以技术存在论作为切入点，可以清晰地明了现代主义文学的美学知识型转向为何发生，以及为何衰落。

技术对于人类思维的影响作用于有意识与无意识的层面。于现代主义文学而言，其有意识的部分体现在现代主义作家们的反叛行径之中。当然，这种反叛在浪漫主义那里就已初见端倪。"作为革命氛围的浪漫主义是对技术现代性的第一个逆动……一种现代人模式，沿着波德莱尔和福柯的路线得以传承，这种现代人在人群中表现得冷漠、孤独而高傲……这样的现代英雄，恰恰冲破了技术现代性的奴役，开放出一朵朵'恶之花'。"③不过，相较于浪漫主义作家的反叛路径，现代主义作家的反叛是更为深入

① 马克思·恩格斯：《马克思恩格斯选集：第二卷》，第 3 页。

② 贝尔纳·斯蒂格勒：《技术与时间 1：爱比米修斯的过失》，裴程译，译林出版社 2012 年版，第 1 页。

③ 汪民安：《现代性》，南京大学出版社 2012 年版，第 208 页。

和极端的。浪漫主义作家在体裁风格上以对自然的向往反抗工业主义的发展，现代主义文学家们的反抗视角则更为宏大和本质，他们敏锐地感知到了技术本身对于人的存在方式，乃至文学的存在方式的深刻影响。因此，他们不再仅仅是从主题上对技术发起批判，更是对文学的形式与内容进行了天翻地覆的改造，这样的改造是一种存在论意义上的改造。

如果要从存在论的角度对影响了文学观念的技术进行追溯，始于文艺复兴时期的印刷技术是最为重要的。由这一技术，开启了一段漫长的具有以权威性、中心性、稳定性为其基本特征的文学传统。具体到文学作品中，则体现为叙事的有机统一、创作背后的意义指涉、作者中心主义等特征。南丹麦大学的学者托马斯·佩提特，借鉴同事索尔伯格提出的"谷腾堡括号"的说法，认为谷腾堡印刷技术带来了人类文化史的不同分期。这意味着，印刷技术构成了文学在存在意义上的框架与限制（括号），具有一套严苛的、稳定的、权威的传统规则。① 显然，以波德莱尔的《应和》为开端的现代主义文学则对这一的文学传统发起了猛烈的反叛：第一，《应和》中支离破碎的秩序与意象打破了传统文学创作中所追求的有机统一性。第二，《应和》中主体性的退位与物质性的凸显取消了传统文学创作中无形的人类中心主义的凝视。第三，《应和》中各类事物间的流动、交互也隐喻性地打开了谷腾堡括号带来的稳固界限，预示着一种彻底的文学观念的变革即将发生。自此，统治了西方文学传统几百年的印刷技术已行将就木，一种新的技术的统治与新的文学传统即将创生。

除了有意识地从存在论的层面发起文学改革之外，现代主义作家的创作同样也在无意识的层面深受技术的影响，而这一技术则是不同于印刷技术这种能够构成极强稳定性、权威性文化传统的蒸汽机技术。蒸汽机技术最具有代表性的作品是火车，火车的出现是现代性进程的要求，但也同时潜在地构成了现代性进程的危机。火车作为一种媒介，给人类社会所带来

---

① 黎杨全：《走向活文学观：中国网络文学与次生口语文化》，《探索与争鸣》2021年第10期，第158页。

的远不止于铁轨、车厢、车站等新生事物，更是带来了一种新的存在方式，将人类社会从传统农耕文明中那种具有稳定性的熟人社会转变为了具有流动性、开放性的陌生人社会。于是，城市、工厂、商品、流动人口如雨后春笋般大量涌现，解构了传统社会存在方式中的稳定性、秩序性，而走向了一种动态性、片段性与瞬间性。这样的社会存在给以波德莱尔为代表的现代主义作家所带来的感受是最为直接的，这在波德莱尔的《恶之花》中处处可见。汪民安在《现代性》中对波德莱尔为之神魂颠倒的 19 世纪的巴黎作了如下总结："19 世纪的巴黎断片——这些现代要素——织成了令人眼花缭乱的辩证意象，这些意象类似于蒙太奇式的星丛，它们并不被纳入一个整体中而彼此关联"①，这是火车出现之后，现代社会所呈现出的总体面貌。针对这样的现代社会，马克思说："生产的不断变革，一切社会状况不停的动荡，永远的不安定和变动……一切固定的僵化的关系以及与之相适应的素被尊崇的观念和见解都被消除了，一切新形成的关系等不到固定下来就陈旧了。"②针对此番结论，汪民安指出："在 19 世纪中期，马克思的抽象概括同波德莱尔的细节描绘相得益彰，现代生活在两人那里都呈现出前所未有的变动不居的断裂性。"③这便是蒸汽机技术给人类社会存在所带来的改变，这一改变深入到现代主义作家的创作无意识之中，并具象化为他们的具体文学创作内容。

但是，正如华兹华斯在创作时虽意识到了技术革命所带来的人类主体的狂妄自大，从而在诗歌的主题上对技术表示排斥，但其潜意识中依旧无法脱离主体哲学的框架，在创作实践中表现出了强烈的人类中心主义意识，波德莱尔也同样如此。在《应和》的落笔处，波德莱尔写道："龙涎香、麝香、安息香、乳香/那样歌唱精神与感觉的激昂"。在此，波德莱尔以自然的香气通过人类的身体感官达致精神境界作为结尾，是别有深意的。正

① 汪民安：《现代性》，南京大学出版社 2012 年版，第 34 页。
② 马克思、恩格斯：《马克思恩格斯选集：第一卷》，中共中央马克思恩格斯列宁斯大林著作编译局译，人民出版社 2012 年版，第 403 页。
③ 汪民安：《现代性》，第 36 页。

如这首诗歌表面上看似散乱无序，能指之下没有所指，实则只是真正的秩序与所指被现代主义作家们所精心藏匿罢了。波德莱尔以人类精神世界收尾，并非随性而为，而是意味着波德莱尔对由主体哲学所支配下的文学传统反叛的不彻底性，他在物的世界游荡一圈后还是回归到了人的世界。正如查德威克所提到的"垂直应和"，这是一种从自然至精神的运动，这种运动并非水平运动，而是内含了等级差异的垂直运动。波德莱尔基于自己的"应和论"也曾在一篇文章中谈道："我总是喜欢在可见的外部自然寻找例子和比喻来说明精神上的享受和印象。"①在此，自然事物又一次成了人类精神世界的注脚。无独有偶，后现代主义理论家鲍德里亚在对现代主义进行批判时表示，后现代主义是："要把意义也消解掉。在后现代，一切深层的东西都漂在表面上，所有的意义都如泡沫般埋灭了。"②这才是真正意义上的能指之下没有所指。而现代主义却是只是呈现出表面上那种看似破碎的、拼贴的形式，实则却"是一场破除表象、揭示意义的革命"③，因而在充满各种象征符号、梦呓话语、意识流动的现代主义文学形式之下，作家们依旧在寻求着某种确定意义，并未彻底走出主体哲学的庞大阴影。

汪民安在《现代性》中指出："波德莱尔在现代性的碎片的光亮面前绝不只是感受到了艺术之美，还感到'喉咙被歇斯底里的大手掐住了'。"④这只"歇斯底里的大手"正是导致波德莱尔无法打开谷腾堡括号的原因，那它究竟为何？其实，作为生产力之重要部分的技术是一个关键路径。正如马克思曾说的："社会的物质生产力发展到一定阶段，便同它们一直在其中活动的现存生产关系或财产关系发生矛盾。于是这些关系便由生产力的发

① 转引自刘波：《〈应和〉与"应和论"——论波德莱尔美学思想的基础》，《外国文学评论》2004 年第 3 期，第 8 页。
② 刘象愚、杨恒达、曾艳兵：《从现代主义到后现代主义》，高等教育出版社2002 年版，第 271 页。
③ 刘象愚、杨恒达、曾艳兵：《从现代主义到后现代主义》，第 271 页。
④ 汪民安：《现代性》，南京大学出版社 2012 年版，第 20 页。

展形式变成生产力的桎梏。"①波德莱尔之所以感到喉咙被掐住,现代主义作家之所以难以对传统文学进行彻底的反叛,最重要的原因就在于技术的桎梏。技术无法变革,则社会存在同样无法变革,而人的社会意识也只能在当时存在的局限中"戴着镣铐跳舞"。

不过,现代主义之后的后现代主义理论在初始阶段的遭遇也并不顺利。尽管后殖民主义、女性主义、酷儿理论等研究将过往基于白人男性中心主义的视点转移至少数、边缘群体,但由于无法脱离主体哲学的二元对立框架,这些研究也不过是用一个中心替换了另一个中心,用一个群体替代了另一个群体。甚至,这类后现代主义研究由于过于强调少数群体的声音,而导致人类整体性的分裂,并且将革命的任务转移至力量微弱的群体身上。尽管之后哈贝马斯提出了交往理论以试图缓解这种分裂以加强群体的力量,但哈贝马斯的理论却也存在着一个难以解决的问题,即"在进入到对话之前,还有一个可以参与对话的承认问题……既然存在着被承认的主体间性,那么也必然存在着被排斥在外的生命体"②。可以发现,后现代主义理论家们面临的最大问题还是在于基于二元对立的认识论难以发生变革。

始于20世纪中期的控制论浪潮带来的技术革命则为后现代主义理论家们提供了一个理论契机。控制论之父诺伯特·维纳起初创立控制论的初心在于制造能像人一样思考的机器,以使机器能为人类的利益目的而服务。"在维纳眼里,控制论应该作为扩展自由人本主义的手段……要证明机器能够像人一样工作。"③然而,随着控制论研究工作的深入,研究者们在理论上发现人与动物、机器并无本质不同,都可以转化为无差别的信息和二进制代码,人机结合的赛博格的出现更是在现实层面给了人类重头一击。

---

① 马克思·恩格斯:《马克思恩格斯选集:第二卷》,中共中央马克思恩格斯列宁斯大林著作编译局译,人民出版社2012年版,第2~3页。

② 蓝江:《从物化批判到数字资本:西方马克思主义的演变历程》,《学术界》2021年第4期,第31页。

③ 凯瑟琳·海勒:《我们何以成为后人类:文学、信息科学和控制论中的虚拟身体》,刘宇清译,北京大学出版社2017年版,第10页。

至此，主体与客体间坚固的界限消解了，主体哲学正面向一种基于一元论的哲学思想转化。女性主义研究者唐娜·哈拉维以赛博格为切入点，有力地通过主体与客体之间界限的消解彻底打破了男性与女性之间的区隔。接着，互联网技术、数字技术、人工智能技术的飞速发展更是紧跟其后地呼应着这场浩浩荡荡的认识论变革。扼住波德莱尔喉咙的那只大手松开了，文学从存在论层面已经开始发生天翻地覆的变化。

总言之，在经济需求的驱动下，人类不断发动着技术革命，而技术则构成了人的社会存在，并进一步影响其社会意识。农耕时代，人类生活于一种秩序井然、稳定统一的状态之中。及至工业时代，技术的发展使得人类逐渐对自我与外部有了更多的掌控感，主体意识不断增强，形成了一种强大的二元对立、中心主义的主体哲学观念。但在这种权威与稳定秩序之下，却又潜藏着一股寻求不断进步、创新的暗流。这二者之间的冲突在现代主义文学出现前期达至顶点，便引发了以波德莱尔为开端的现代主义文学的美学知识型转向。一方面，现代主义文学家们从文学形式与具体内容上有意识地对印刷技术支配下的传统文学观念发起反抗。与此同时，现代主义文学家们的创作也无意识地受到了现代工业技术的影响而呈现出破碎的、流动的特征。这是现代主义文学美学知识型发生转向的重要原因。另一方面，由于现代主义文学始终无法摆脱印刷技术的统治，因而无法从存在意义上真正地走出主体哲学的逻辑框架，而呈现出了批判的不彻底性，甚至还有某种隐匿地向传统文学观念回归的状态。这是现代主义文学美学知识型的局囿之处。直至 20 世纪中后期，随着控制论技术、互联网技术、数字技术、人工智能技术等的发展彻底改变了人类的社会存在，一种新的认识论变革得以发生，文学才走出了现代主义文学曾面临的困境，呼唤着新的美学知识型的创生。

结　　语

所谓技术是人的存在方式，人类社会每一次的认识论变革都与技术的发展息息相关。在波德莱尔《应和》出现的时期，工业革命发展得如火如荼。一方面，这是对主体哲学的延续与加强；另一方面，这也造成了人们对于主体性的反抗情绪。除此之外，人们的社会存在也从传统的稳定性、封闭性，走向了流动性与开放性，这都对现代主义文学家们产生了潜移默化的影响。因此，《应和》这首诗集中呈现了现代主义文学美学知识型的矛盾性。它有意识地从存在论层面对主体哲学进行批判，也无意识地展现了当时的技术发展导致的人的社会存在之部分变化。但是，囿于其发生媒介依旧在印刷技术的统治之下，因此只引发了一定程度的美学知识型转向，而非彻底变革。可以发现，现代主义文学处于时代巨变的中心，因技术的发展而实现了统治西方文学长达几百年的美学知识型转向，但也因技术的限制而无法彻底挣脱传统美学知识型的桎梏。唯有之后的控制论技术、互联网技术、数字技术、人工智能技术等新技术的到来，文学的美学知识型才发生了根本性变革。

校订：刘佳韵　刘方圆

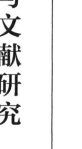

语言与文献研究

广宁粤语动词后置成分"倒"
——从"行""知""言"三域加以分析

陈灵梓 *

摘 要："倒"是南方方言中常见的动词后置成分，广宁粤语中"倒"的用法有介词、趋向补语、动相补语、假位能可义补语、能可义补语、完成体标记、持续体标记、进行体标记、补语标记九种。本文用"行""知""言"三域理论对广宁粤语中的虚词"倒"进行分析。行域的"倒"表示动作的完成或事态已经变化，或修饰动作，与行为、行状相关，如动相补语；知域的"倒"与人的主观认知有关，表示主观感受，如补语标记；言域的"倒"主要出现在句末，后不接宾语，表示祈使语气。本文在总结广宁粤语虚词"倒"用法的基础上，尝试从"行""知""言"三域出发，从新的角度分析虚词"倒"，以期详尽描写广宁粤语"倒"的用法，揭示广宁粤语"倒"的复杂性。

关键词：动词后置成分；倒；广宁粤语；三域理论；同形歧域

引 言

广宁县位于广东省中西部、肇庆市中西部，境内主要流行的方言有广

---

* 陈灵梓，武汉大学文学院 2021 级语言学及应用语言学专业硕士研究生。本文系武汉大学文学院第三届研究生学术论坛"语言与文献"分会场发言论文。

宁粤语和广宁客家话，其中使用广宁粤语的人数最多。广宁粤语为罗广片得到代表方言之一，在《中国语言地图集》（1987：B13）①中，广宁被划归勾漏片，在语音、语法上都与广州白话存在差异。在对粤语进行分析研究的时候，我们发现，有时单纯依靠句法描写并不足以解释清楚其中的语法现象，需要找寻其他方式从另外角度进一步地分析。

"倒"是南方方言（如粤语、客家话、西南官话、江淮官话等）中常见的动词后置成分，具有多种功能。吴福祥（2002）②将其归纳为七大类：①趋向补语；②动相补语；③假位可能补语；④完成体标记；⑤持续体标记；⑥进行体标记；⑦补语标记。而广宁粤语中的"倒"有九种用法：介词、趋向补语、动相补语、假位能可义补语、能可义补语、完成体标记、持续体标记、进行体标记、补语标记。"倒"做介词时，一般出现在动词后，与背后表示处所方位的名词构成补语，如"我好好地行倒条路上，突然间部车冲过来（我好好地走在路上，忽然间有一辆车朝我冲过来）"。也可以用在可能补语背后做假位可能补语，构成"V得倒"的形式，如"哩支笔仲写得倒字（这支笔还能写得了字）"。假位可能补语没有特别的意义，只是为了方便构成能性语式虚设的。③ 其他用法在下文中详细分析，在此不赘述。

本文尝试从"行""知""言"三域出发，从新的角度分析广宁粤语的虚词"倒"的句法语义特点，以期详尽描写广宁粤语"倒"的用法，揭示广宁粤语"倒"的复杂性。

---

① 中国社会科学院和澳大利亚人文科学院合编：《中国语言地图集》，朗文出版（远东）有限公司1987年版，B13。

② 见吴福祥：《南方方言虚词"到（倒）"的用法及其来源》，《中国语文研究》2002年第2期，第28~46页。

③ 见吴福祥：《南方方言虚词"到（倒）"的用法及其来源》，第29页。

一、"倒"与行、知、言"三域"理论

沈家煊(2003)①借鉴 Sweetser(2002)②将"三域"理论按照汉语的实际情况划分为"行域""知域""言域"。"行域"是"三域"中最基本的,指"行为"或"行状",与人的行动有关;"知域"即"知识"或"认知"的领域,与人的主观认识和直觉有关;"言"指的是"言语"或"言说",一般是指人们想要达到某个目的所采用的言语行为,如请求、劝说、命令等。"行域"是基本的,"知域"和"言域"都是从"行域"中通过"隐喻"引申而来的。

沈家煊(2003)③最初将"三域"理论运用在现代汉语复句关系研究上,肖治野、沈家煊(2009)④后来又将"三域"应用到汉语副词和助词上,认为"三域"理论是"刻画汉语各类虚词的语义和用法时""一个很实用的框架"。"三域"理论后又被扩展到方言虚词领域,用来发掘和分析方言虚词"一词多义"等复杂的语义现象。⑤

参照肖治野在分析"了"的三域时的分类,我们可以这样划分广宁粤语虚词"倒"的"行""知""言"三域:

行域:表示动作的完成或者事态已经发生的变化;或修饰动作,与动作直接相关。

知域:表示说话人或者听话人的主观感受。知域的"倒"可以出现在

---

① 见沈家煊:《复句三域"行、知、言"》,《中国语文》2003 年第 3 期,第 195~204 页。

② 见[美]斯威彻尔:《从语源学到语用学:语义结构的隐喻和文化内涵-From Etymology to Pragmatics:Metaphorical and Cultural Aspects of Semantics Structure》,北京大学出版社 2002 年版,第 18~22 页。

③ 见沈家煊:《复句三域"行、知、言"》,第 195~204 页。

④ 见肖治野、沈家煊:《"了₂"的行、知、言三域》,《中国语文》2009 年第 6 期,第 518~527 页。

⑤ 见刘丹青:《粤语"先""添"虚实两用的跨域投射视角》,《语言暨语言学》2013 年专刊 50 号,第 951~970 页。邓思颖:《再谈"了₂"的行、知、言三域——以粤语为例》,《中国语文》2013 年第 3 期,第 195 页。

"我觉得[P]"的句式中。

言域：表示事态即将发生变化，表示指令、请求、宣告、许诺、劝告。言域的"倒"可以出现在"我说[P]"的句式中。

(一)属于行域的"倒"

1. 趋向补语(表示对象、位置移动的终点或者是时间的终点)

一般用作动词后，"V倒"表示物体移动后的终点、时间持续的终点、动作关涉的对象，或者是到达的程度，用法与现代汉语中的趋向补语"到"基本一致，如：

(1)佢将我送倒学校就走了。(他将我送到学校就走了。)

(2)前日我加班加倒晚黑十二点。(前天我加班加到晚上十二点。)

(3)楼顶嗰屋人吵架，影响倒成栋楼瞓觉。(楼顶那屋子的人吵架，影响到整栋楼的人睡觉。)

当趋向补语表示对象、位置移动的终点、时间终点时，"倒"表示的是行为的终点，与行域有关。

如例句(1)(2)(3)。例句(1)"送倒学校"是行为导致的物体移动的终点。例句(2)"前日我加班加倒晚黑十二点。"中的"倒"是"加班"这一行为结束的时间终点。例句(3)"影响倒成栋楼瞓觉"中的"倒"是指向"影响"波及的范围与对象，是"影响"这一动作作用的终点。这三个例句中的动作都是已完成或者是事情已发生，所以属于行域。

行域的趋向补语"倒"也可以出现在祈使句，或者知域"倒"能出现的"我觉得[P]"句式中，如：

(4)你将嘞快递送倒我屋楼下。(你将那些快递送到我家楼下。)

(5)我觉得写倒300字唔喺问题。(我觉得写到300字不是问题。)

(6)你同我行倒门口。(你给我走到门口。)

虽然祈使句应属言域,"我觉得[P]"的句式与知域挂钩,但是趋向补语"倒"并不直接导致句中的祈使语气和表现出来的主观色彩。动词后的"倒"换成其他近义词一样能够表示祈使义与主观义:

(7)你将嘞快递送去我屋楼下。(你将那些快递送去我家楼下。)
(8)我觉得写够300字唔喺问题。(我觉得写够300字不是问题。)

无论是祈使句中还是"我觉得"的句式中,"倒"表示的都是动作或事情结束的终点,与行为、行状直接相关。无论所处的句式如何变化,趋向补语"倒"始终限定的是前面的动词,表示的是动作终点所在,所以出现在祈使句中的趋向补语"倒"也属行域。

2. 动相补语

一般为"V倒□[ɛ51]"的格式,表示动作实现了,或者已经有了结果,相当于普通话中的"着""到"等。

(9)我揾倒□[ɛ51]工作。(我找到了工作。/我找着了工作。)
(10)我前日□[tsiu51]街上遇倒□[ɛ51]朋友。(我昨天在街上遇见了朋友。)
(11)唔管黑猫白猫,抓倒老鼠就係好猫。(不管黑猫白猫,抓到老鼠就是好猫。)

动相补语表示动作已发生或事情已有结果。如例句(9)(10)(11),无论是"我找到了工作""昨天我遇到了朋友",还是"抓到老鼠就是好猫",都是已经完成的动作,或者交代产生的结果。

动相补语"倒"常常与表完成的[ɛ51]共现。广宁粤语□[ɛ51]与普通话的"了 1"一致，普通话的"了 1"也属行域(肖治野、沈家煊，2009①)。

(12)我揾倒□[ε51]工作。(我找到了工作。/我找着了工作。)

(13)我前日□[tsiu51]街上遇倒□[ε51]朋友。(我昨天在街上遇见了朋友。)

(14)唔管黑猫白猫，抓倒□[ε51]老鼠就係好猫。(不管黑猫白猫，抓到了老鼠就是好猫。)

3. 能可义补语

作为能可义补语的"倒"出现在动词后，表示动作发生的可能性，有"能/可以 V 得到"的意思。

(15)哩只字佢写唔倒。(这个字他写不了。)

(16)黑板我睇倒。(黑板我看得到。)

能可义补语"倒"表示动作发生的可能性，与行域的"能"类似。沈家煊举例说明"三域"时用情态动词"能"做例子：

A. 小王能说法语吗？

B. 我能骗你吗？

C. 能把笔记借我看一看吗？

例句 A 中的"能"表示的是一种能力，即小王说法语的能力，与行为有关，故而属行域。能可义补语"倒"，可以翻译为"能 V 得到"。例句(10)

---

① 见肖治野、沈家煊:《"了₂"的行、知、言三域》,《中国语文》2009 年第 6 期,第 523 页。

(11)中，"写得了这个字""看得见黑板"都是动作发出者完成这个动作的"能力"，与行为、行状有关，故而属于"行域"。

4. 持续体标记

持续体的"倒"用在动词后，表示状态的持续，与现代汉语中的"着"用法类似。

(17)张台放倒一本书。（这张台上放着一本书。）

(18)前面张凳上瞓倒个人。（前面那张椅子上睡着一个人。）

(19)坐倒咪总喺比企倒咪要好。（坐着吃总是比站着吃要好。）

(20)屋入边□[ŋɛn55]灯仲开倒。（房子里面的灯还开着。）

现代汉语普通话中的持续体标记"着"，"V着"表示动作的持续，"V着"可重叠为"V着V着"，表示背后的内容为动作持续进行的过程中发生的情况，如"不知道怎的，他们说着说着就打起来了。"在广宁粤语中，"V倒"也能够重叠为"V倒V倒"的形式，可以强调事情是在动作进行过程中发生的。如：

(21)我行倒行倒，突然间就有一部车向我冲过来。（我走着走着，忽然间就有一辆车向我冲过来。）

(22)佢睇倒睇倒书，感觉有滴肚饥。（他看着看着书，觉得有一点肚子饿。）

(23)你站倒站倒，甭又坐落来啊？（你站着站着，怎么又坐下来了？）

持续体"倒"表示动作或状态的持续。例句(19)表示"坐着""站着"的静态状态，与英语中的动名词的用法类似。除了例句(19)以外，例句(17)(18)(20)都是表示动作从过去一直持续到现在，书放在桌子上、一个人睡在椅子上，屋里的灯开着，这些动作都是从过去一直延续到现在的状态。持续体的"倒"能用来强调这一状态从过去一直稳定存在，这既是过去的"旧"信息，也是接下来将继续存在的"新"信息。

"提示旧信息，引出新信息"是重叠表持续往复的"V 倒 V 倒"形式的特点。例句(21)(22)(23)中都是一个动作与另一个动作的接续，"V 倒 V 倒"一般表示在某个动作持续时事态即将发生变化，"行倒行倒(走着走着)""睇倒睇倒(看着看着)""站倒站倒(站着站着)"这些都是从过去一直持续的动作，为旧信息；"突然间就有一部车向我冲过来""感觉有滴肚饥""又坐落来"表示一直持续的动作发生了变化，事态改变，引出了新的动作、新的信息。"V 倒 V 倒"句式背后必定会有新动作的出现。

持续体的"倒"表示动作与状态的持续，既可以用来表示动作一直稳定持续到将来，也可以用来提示旧信息，引出新信息，提示动作与事态的变化。当"倒"出现在重叠形式"V 倒 V 倒"中时，一般引出新动作。持续体"倒"与动作及事态的变化有关，属于"行域"。

5. 完成体标记

用在动词后，如 V 倒，表示动作的完成，相当于普通话中的"了"。

(24)煮倒饭，你记得哧。（煮了饭，你记得吃。）
(25)我写回信倒。（我写好了回信了。）

完成体"倒"一定程度上相当于普通话中的"了$_1$"，常与表示"了$_2$"的"喇"共现出现：

(26)我画倒两幅画喇。（我画了 1 两幅画了 2）
(27)作业佢已经写倒喇。（作业他已经写完了 1+2）

但是相比普通话中的"了$_1$"，广宁粤语中的"倒"更强调结果的实现与产出，有时如果动作没有导致结果产出，"倒"将不能使用：

　　(28) A. 我看了一部电影。

　　　　B. *我睇倒一部电影。

　　(29) A. 这只蚊子死了。

　　　　B. *哩只蚊死倒。

6. 进行体标记

进行体的"倒"一般出现在动词后，构成"NP（施事）+V 倒+NP"的句式，表示动作正在进行的状态。

　　(30) 我哧倒饭嘅时候，听到有人来敲门。（我正吃着饭的时候，听到有人来敲门。）

　　(31) 我好好地写倒作业，佢走过来将我拉出去。（我好好地写着作业，他跑过来把我拉出去。）

　　(32) 打倒球突然间下暴雨。（正在打球的时候忽然间下起了暴雨。）

与持续体不同，进行体"倒"将重点放在现在，强调的是这一动作在作者提到的这一时间的"当时"正在进行中，而不涉及过去将来。当使用进行体"倒"的时候，情形与"V 倒 V 倒"一样，表示事态即将发生变化，用来提示旧信息，引出新信息、新变化。

如例句(30)(31)(32)，"哧倒饭""写倒作业""打倒球"都是指说话人所说的那个时间的当时正在做的事情，为旧信息，引出后来"听到有人来敲门""佢走过来将我拉出去""突然间下暴雨"的新信息、新变化。进行体的"倒"与持续体的"倒"一样，与动作状态，以及事态的变化，与动作直接相关，属于"行域"。

(二)属于知域的"倒"

1. 补语标记

"倒"可以用在动词后作补语标记，引导表状态、程度的补语成分，与现代汉语中的"得"作用类似。

(33)我支日累倒黐床就瞓。(我昨天累得沾床就睡。)

(34)阿昌唱歌唱倒好难听，但喺佢自己唔觉。(阿昌唱歌唱得很难听，但是他自己并不觉得。)

(35)今日同大家倾计倾倒好开心，下次我哋再约。(今天和大家聊天聊得很开心，下次我们再约。)

2. 表程度的趋向补语

趋向补语"倒"用在动词后表示物体移动后的终点、时间持续的终点、动作关涉的对象，或者是到达的程度的"倒"，当表示到达的程度时，属于知域范畴：

(36)嗰个人坏倒极点。(那个人坏到极点。)

(三)属于言域的"倒"

当动词后的"倒"不接宾语、处于句末时可以表示祈使语气，相当于广州话中的用动词后置词"住"。如：

(37)广宁话：你徛倒！
广州话：你企住！(你站着！/你站住！)

（38）广宁话：我来做示范，你睇倒！

广州话：我来做示范，你睇住！（我来做示范，你看着！）

（39）广宁话：杯水你拿倒！

广州话：杯水你拿住！（这杯水你拿着！）

例句（37）（38）（39）都是祈使句，表示命令或者请求。动词后不接宾语的"倒"实际上是特殊的持续体"倒"，不过与持续体表示动作由过去持续到现在与将来不同，"你徛住""你睇住""你拿住"这些都是说话人期望未来发生的变化。过去和现在这些状态并未出现，"站着""看着""拿着"这些持续状态出现在未来。

二、"倒"在广州话对应情况

广宁粤语"倒"在广州话中对应情况如下表所示：

表1   **"倒"与广州话对应情况**

三域	功　　能	广宁话	广州话
行域	动相补语	倒	倒
	趋向补语（表示状态、对象、时间终点）	倒	到
	能可义补语	倒	倒
	持续体	倒	住
	完成体	倒	咗
	进行体	倒/紧	紧
知域	补语标记	倒	倒
	趋向补语（表到达程度）	倒	到
言域	持续体（祈使句句末）	倒	住

(一)"倒"与"咗"

肖治野、沈家煊(2009)①将"了₁"标记为"了_{行1}",认为"了₁"在行域,"表示动作的完成",位于动词后;"了₂"按照三域理论分为三类,在行域的"了₂""表示事态出现了变化",位于句末。两者既有差别又有密切联系。

在广州话中,"了₁""了₂"有"咗""喇"两个语气词与之对应。

(40)我写咗作业喇。(我写了_{行1}作业了_{行2})

(41)佢已经来咗喇。(他已经来了_{行1+2})

(42)我哋已经煮好咗喇。(我们已经煮好了_{行1+2})

而在广宁粤语中,在动词后表"动作完成"的"咗_{了行1}"可以用"倒"来替代:

(43)我写倒作业喇。(我写了作业了)

(44)佢已经来倒喇。(他已经来了)

(45)我哋已经煮倒喇。(我们已经煮好了)

从上面的例句中我们可以看到,同样表示动作的完成,"倒"比"咗"在语义上更强调结果的实现。例(42)(45)中,广州话需要在动词后加补语"好"表示结果的实现,如果是"饭已经煮咗喇",一般可以理解为饭已经在煮了,但是饭还没好,结果尚未实现,但当在广宁粤语中用"倒"时,就不需要加上其他补语表示结果的实现。

完成体"倒"与"咗"都能表示"了₁",部分情况能表示"了_{1+2}",但在"了_{行1+2}"情况下却略有不同。"咗"需紧随动词后,出现"了_{1+2}"一般句子动

---

① 见肖治野、沈家煊:《"了₂"的行、知、言三域》,《中国语文》2009年第6期,第523页。

词为不带宾语的不及物动词,而广宁粤语"倒"却可以在动宾之后。如:

(46)A. 佢已经来咗,唔使打电话。(广州话)

　　B. 佢已经来倒,唔使打电话。(广宁话)

(47)A. *我煮饭咗。(广州话)

　　B. 我煮饭倒。(广宁话)

(二)"倒"与"紧"

在广州话中,表动作进行状态最常用的动词后置词应该是"紧",如:

(48)今朝你来揾我嗰阵时,我仲上紧课。(今天早上你来找我的时候,我还在上着课。)

(49)出便仲落紧雨,出咩嘢街啊?(外面还下着雨,上什么街。)

(50)老师行紧入来,唔好讲嘢啦!(老师正在走进来,不要说话啦!)

而在广宁粤语中也有表动作进行状态的虚词"紧"。"倒"和"紧"在一定情况下可以互相替换,如:

(51)我写倒/紧字,旁边嗰个人突然间一撞撞过来。(我正在写字,旁边这个人突然间一撞撞过来。)

(52)我掉倒/紧眼瞓嘅时候,老师突然间喊我起身回答问题。(我打着瞌睡的时候,老师忽然间叫我起来回答问题。)

(53)我哧倒/紧饭,阿珍就来喊我。(我吃着饭的时候,阿珍就来叫我。)

虽然"紧"与"倒"都出现在动词后,也都能表示动作正在进行,但是这两个词并不是完全等同的，有些时候不能互相替换，如：

  (54) A. 佢做紧作业。

   * B. 佢做倒作业。(他正在做作业。)

  (55) A. 我入去嘅时候，佢哋打紧球。

   * B. 我入去嘅时候，佢哋打倒球。(我进去的时候，他们正在打球。)

  (56) A. 佢当红嗰时，你仲玩紧沙叻。

   * B. 佢当红嗰时，你仲玩倒沙叻。(他当红的时候，你还在玩沙子呢。)

  动词后置词"倒"和"紧"都能够表示动作正在进行的状态，但是"倒"需要事态与动作的变化，表示当某个动作进行中时，新的变化出现了。"倒"提示旧信息，当需要表示正在进行的动作为出现的"新信息"时，不能使用"倒"表示正在进行的状态。相比于"倒"，"紧"适用的范围更广，不需要新事态与新动作的出现，无论是新信息还是旧信息，在表示动作正在进行时，"紧"都适用。

  例句(54)，"做作业"的动作之后，没有新的动作的出现，事态也没有发生变化，因此"倒"不能在句子中使用，表示动作正在进行。例句(55)中"正打着球"的动作，是说话者"走进去"这一时间点后提供的"新信息"，因此"倒"也不能在句子中使用。例句(56)中在交代"他正当红时"的时间后，提出新信息"你正玩着沙子"。旧信息"我入去嘅时候""佢当红嗰时"可以理解为"新信息"出现的条件，与语序无关，如下面(57B)(58B)还是不能说：

  (57) A. 佢哋打紧球，我入去嘅时候。

   * B. 佢哋打倒球，我入去嘅时候。(他们正在打球，我进去的时候。)

(58) A. 你仲玩紧沙叻，佢当红嗰时。

　*B. 你仲玩倒沙叻，佢当红嗰时。（你还在玩沙子呢，他当红的时候。）

　　从"行""知""言"三域的角度来对表进行体的"倒"和"紧"进行分析，我们可以认为，在句中提供新信息是一种声称，一种说话人对自己所知的陈述。例句(54)"佢做紧作业"，是说话人根据自己所知信息而做出的一种声称。例句(56)"你仲玩紧沙叻"，是说话人对句子中的时间内听话人的猜想与评价。它们都能进入"我说[P]"的句式中，如：

(59) A：你讲乜野？（你说什么？）

　B：我讲[佢写紧作业。]/*我讲[佢写倒作业。]（我说他正在写作业。）

(60) A：你话你入去嗰时咩话？（你说你进去的时候什么？）

　B：我话[我入去嘅时候，佢哋打紧球。]/*我话[我入去嘅时候，佢哋打倒球。]（我说我进去的时候，他们正在打球。）

(61) A：你讲我乜野？（你说我什么？）

　B：我讲[佢当红嗰时，你仲玩紧沙叻。]/*我讲[佢当红嗰时，你仲玩倒沙叻。]（我说他正当红的时候，你还正玩着沙子呢！）

　　由此可见，表动作进行状态的"紧"在引出新信息同时，兼具声称、评价的功能。进行体"紧"既能出现在行域，也能出现在言域，而"倒"只属于行域，这也解释了为什么"倒"与"紧"在某些句子中不能自由替换。

四、同形歧域及其区分

　　按照"三域"理论，"行域"是基础，"知域"和"言域"是依据隐喻从"行域"引申而来。行、知、言三域并不是截然分开的,"三域"中具有模糊地带。比如同一个句子,按照不同上下文、不同的语境理解,可以理解为不同的域,这种情况被称为"同形歧域"。

(62) A. 哩只字你写倒_行。

　　B. 哩只字你写倒_言!

　　C. 哩只字你写倒_知(嘅)。

(63) A. 饭你煮倒_行,仲有咩嘢要我做㖞。(饭你做好了,还有什么是需要我做的啊!)

　　B. 饭你煮倒_言!我今晚黑翻来哧。(饭你[先]做着!我今天晚上回来吃。)

(64) A. 佢写倒_行作业,我打电话俾佢。(他写着作业,我打电话给他。)

　　B. 作业叫你写倒_言,你又唔写,开学都冇得交。(作业叫你写着,你又没写,开学都没得交。)

　　从例句(62)我们可以看到,(62A)中"写倒"是一种能力的拥有,表示"能够写,可以写"。表能力、可能义的"倒"与行为、行状有关,属于行域。但是(62B)是说话人对听话人的命令,"这个字你写着",说话人"命令"听话人来写这个字、记下这个字,"倒"在这里属于"言域"。(62C)语境中,"这个字是你写的"是说话人基于自己所知所做的陈述,代表的是说话人的主观态度与认知,所以这里的"倒"属知域。例句(63A)中的"煮倒"意为"已经煮好",表示"煮"这个动作行为的重点和结果,所以属于行域;例句(63B)中的"饭你煮倒"是祈使句,是说话人对听话人发出的指令,句中的"倒"属于言域。比较上面例句中 A、B、C 句,我们可以轻易看出在不同语境中,动词后的"倒"属于不同的"域"。

　　行域是最基础的。在没有语境影响的情况下,人们理解句子基本按照"行域"来理解。比如在上面的这些例句中,在没有语境影响的情况下,

"哩只字你写倒"一般会被理解为"这个字你能写","倒"在句中表示能可义;"饭你煮倒"一般会被理解为"饭你已经做好了","佢写倒作业"一般会被理解为"你正在写作业",句子里面的"倒"都与行为、行状有关,都属于"行域"。

知域义和言域义都是由行域义引申出来的,这也是为什么会存在"同形歧域"。区分"同形歧域"的现象还可以用其他的方式来加以区分。

部分行域用法的"倒"能够在前面加上"已经",比如动相补语;有些可以在前面加能可义"可以""能"等情态动词,如能可义补语。知域与言域的"倒"不能与"已经""可以"等词搭配,如:

> (65) A. 饭你已经煮倒行,仲有咩嘢要我做喎。(饭你已经做好了,还有什么是需要我做的啊!)
>
> B. 饭你可以煮倒行嘅,我相信你嘅能力。(饭你可以煮好的,我相信你的能力。)
>
> C. *饭你已经/可以煮倒言!我今晚黑翻来哧。(饭你[先]做着!我今天晚上回来吃。)

而表示推测的副词如"大概""一定""应该"等,一般出现在知域的"倒"前,如:

> (66) 阿昌唱歌应该唱倒好难听,如果唔喺大家都唔会唔俾佢唱。(阿昌唱歌应该唱得很难听,如果不是大家也不会不让他唱。)
>
> (67) 今日同大家倾计一定倾倒好开心,所以佢先唔得闲理我。([他]今天和大家聊天一定聊得很开心,所以他才没有空理我。)

有时候行域的"倒"也能够加上"大概""一定""应该"等表推测义的副词,但是这里的倒行并不是单纯的行域,而是兼具行域与知域,如:

（68）饭你应该已经煮倒行+知，仲有咩嘢要我做喎。（饭你应该已经做好了，还有什么是需要我做的啊！）

（69）饭你一定可以煮倒行+知嘅，我相信你嘅能力。（饭你一定可以煮好的，我相信你的能力。）

结　论

广宁粤语中的"倒"与南方方言中的"倒"有相似的复杂特征，同时也具有其特点，如可做介词、能可义补语等。

从"行""知""言"三域出发对广宁粤语虚词"倒"进行分析我们可以知道，行域"倒"一般出现在动词后，表示动作的完成或者事态发生的变化；或修饰动作，与行为直接相关，如动相补语、能可义补语、趋向补语等，句子中可以使用"已经""可以"等副词。知域"倒"表示说话人或者听话人的主观感受，如补语标记、表到达程度的趋向补语。言域"倒"一般出现在动词后、句子末尾，表示祈使语气，有"命令、请求、宣告、许诺、劝告"的意思，"倒"在句末表示祈使义外还表示动作的持续，是特殊的持续体"倒"。在此基础上，我们得以了解"倒"与功能类似的"咗""紧"的异同，解释并区分带虚词"倒"句子的歧义情况。

按照三域理论，行域是基础，知域与言域都是行域引申而来。从对广宁粤语"倒"三域的分析我们可以看到从行域到知域再到言域语义逐渐虚化的过程，一定程度上也印证了吴福祥（2002）归纳的南方方言"倒"的来源发展轨迹。①

本文从"行""知""言"三域的全新角度对广宁粤语中的虚词"倒"进行分析，较为详尽的描写了广宁粤语中"倒"的用法，揭示了广宁粤语"倒"的

---

①　见吴福祥：《南方方言虚词"到（倒）"的用法及其来源》，《中国语文研究》2002年第2期，第42页。

复杂性，同时为后续虚词"倒"的研究增添更翔实的语料，对于分析"倒"诸用法的语义关系，探索周边南方方言"倒"的语义演变路径有参考作用。

校订：雷思雨　杨鸿宇

清华简(拾)一形多音义现象研究

傅月皓[*]

摘　要： 清华简(拾)所录文献种类多样，语言文字材料丰富，其中的一形多音义现象较为普遍。通过对所有的一形多音义现象进行研究分析和成因总结，可知此类现象主要由假借、词的分化、讹误等原因造成。一些较为复杂的情况，则是假借、语义引申、形借、随文类化等多种因素共同作用的结果。

关键词：清华简；字形；音义

《清华大学藏战国竹简(拾)》(以下简称"清华简(拾)")出版于 2020 年 11 月，共收录竹简文献五种八篇。《四告》为周公旦等四人的四篇告辞，具有书类文献特征；《四时》《司岁》《行称》三篇为数术类文献，内容涉及天文星象、历法时令、政事宜忌等多个方面；《病方》载病方三种，为方技类文献。这五种文献均为前所未见的佚文，语言文字材料丰富，特别是《四告》带有明显层累生成的印记，许多字与甲骨文、金文关系密切。① 在战国时期"言语异声，文字异形"的时代特征下，清华简(拾)中存在着较多一字形表示多词的情况，值得关注与探究。

　＊ 傅月皓，武汉大学文学院 2021 级中国古典文献学专业硕士研究生。本文系武汉大学文学院第三届研究生学术论坛"语言与文献"分会场发言论文。

　① 赵平安：《清华简〈四告〉的文本形态及其意义》，《文物》2020 年第 9 期，第 72~76 页。

作为记录语言的符号，字形与词之间的对应关系是由社会成员约定俗成的，同时，文字的发展往往滞后于语言。这两方面原因使得汉字字形与音义之间的关系错综复杂，一形多音义现象在汉字中大量存在。裘锡圭认为，造成一形多音义现象的原因主要有语义引申、假借、同义换读、异字同形等。① 具体到清华简(拾)中，又有几种不同情况。

一、由假借②造成的一形多音义现象

假借在汉字中极为常见。凭借"依声托事"的特点，假借极大地扩展了汉字记录词的范围，同时也加剧了字词关系的复杂化。裘锡圭指出："一个字的本义跟假借义，同一个字的不同假借义，通常都是不同的词，彼此的读音往往也并不完全相同。"③因此，假借是造成一形多音义的重要原因。清华简(拾)中由假借造成的一形多音义现象最为普遍。

例1. 獸——{守}④{獸}

"獸"字甲骨文作 𝌆、𝌆、𝌆、𝌆 等形体，从干(或从单)从犬。"干""单"均为作战或打猎用的工具⑤，故"獸"字会驱犬持干(单)狩猎之意，本义为狩猎。商周金文作 𝌆(宰甫卣)、𝌆(先兽鼎)、𝌆(兽作父庚尊)。甲骨文中"獸"字多表动词{狩}，用其本义；商周金文多作族氏名或人名，也有同于甲骨文的用法。⑥ 战国早期的曾侯乙钟铭文"单"下加"口"形装饰，而楚简中多未加"口"，如包山简作 𝌆。因此，"獸""獸"为一字之异体。清华简(拾)中"獸"作 𝌆、𝌆 等形，有如下几种使用情况：

(1)表示{獸}，义为野兽。例如：

---

① 裘锡圭：《文字学概要(修订本)》，商务印书馆2013年版，第242~243页。

② 本文对"假借"的定义主要依据裘锡圭《文字学概要(修订本)》，即"假借"包括本无其字的假借与本有其字的通假。

③ 裘锡圭：《文字学概要(修订本)》，第242页。

④ 为行文方便，本文借鉴裘锡圭《文字学概要(修订本)》，使用{ }来标明词。

⑤ 季旭昇：《说文新证》，福州：福建人民出版社2010年版，第103、144页。

⑥ 黄德宽主编：《古文字谱系疏证》，商务印书馆2007年版，第616页。

四时 28-29　十四日白帑昏章，北舍发迻，众戰(獸)以宾。①

四时 31　十四日白维昏章，雨，众戰(獸)藏。

四时 41　凡冬三月，月周天衡，征戰(獸)藏

(2)表示{守}，义为保持，维持。例如：

四告 29　好戰(守)足②不则，剥挞厥家

"獸"读为"守"，常见于出土文献。郭店简《老子》甲本："侯王如能獸(守)之，万物将自宾。"王弼本及帛书本作"侯王若能守之"。上博简《曹沫之陈》："吾欲与齐战，问陈奚如？獸(守)边城奚如？""獸""守"古音同为书母幽部③，同音通假。

例2. 灋——{法}{废}

"灋"字西周金文作𣲖(大盂鼎)、𣲖(蔡簋)，"从廌，从水，或说会廌触不直者决讼公平如水之意，盍省声"④。战国文字"廌"旁与"盍"旁多省简或讹变，如包山简作𣲖、𣲖，郭店简作𣲖。晋系玺印或省去"廌"旁作𣲖。《说文》云："灋，刑也。平之如水，从水；廌，所以触不直者；去之，从去。"其正篆沿袭金文形体，所录今文(即"法"字)当承袭于晋玺文字。故"灋""法"为一字之异体。清华简(拾)中"灋"作𣲖，有如下几种使用情况：

(1)表示{法}，义为刑法。例如：

---

① 为便于阅读，本文引用清华简(拾)及其他出土文献释文时，尽量采用宽式抄录。清华简(拾)简文句首标明篇名及简号，若简文跨两简则用"××-××"的形式标明。

② "守足"，整理者解释为"持满"。参看黄德宽主编、清华大学出土文献研究与保护中心：《清华大学藏战国竹简(拾)》，中西书局2020年版，第122页。

③ 本文所举古音参考郭锡良编著：《汉字古音手册(增订本)》，商务印书馆2010年版。

④ 黄德宽主编：《古文字谱系疏证》，第3980页。

四告08　周邦之无纲纪，畏闻丧文武所作周邦刑灋(法)律

(2)表示{废}，含旷废义。例如：

行称03　其余四日无可以为，是谓灋(废)日。

"灋"读为"废"在出土文献中较常见。"灋"古音为帮母叶部，"废"为帮母月部，双声，叶月通转，故可通假。大盂鼎："盂，若敬乃正，勿灋(废)朕令。"郭店简《缁衣》9号简："故心以体灋(废)，君以民亡。"裘锡圭按语云："疑当读为'废'。"①今本《缁衣》作"心以体全，亦以体伤"，伤、废义近。

例3. 川——{川}{顺}

"川"字甲骨文作川、川、川，象河流之形；西周金文作川(宜侯矢簋)；战国文字及《说文》小篆沿袭甲骨文第一类及金文形体。《说文》云："川，贯穿通流水也。《虞书》曰：'濬く巜，距川。'言深く巜之水会为川也。""川"在清华简(拾)中作川、川、川，有如下几种使用情况：

(1)表示{川}，义为河流。例如：

四告40　曰古禹降，敷土堕山，划川濬泉

(2)表示{顺}，义为安，安定。例如：

四告43　先公作宗大室之廷，不川(顺)不已

(3)表示{顺}，指风向或水流与行进方向相同。例如：

---

① 陈伟等著：《楚地出土战国简册(十四种)》，武汉大学出版社2016年版，第214页。

司岁 14　且视雨风之逆川（顺）少长以穆之

"顺"字金文作🔣(何尊)，从页，川声，本义当为顺从。① 《说文》云："顺，理也。从页从巛。"小徐本作"从页，川声"。段玉裁认为其从页、川会意，而取川声，是会意兼形声字。② 考二字古音，"川"为昌母文部，"顺"为船母文部，旁钮双声，叠韵，故可通假。"川"读为"顺"在出土文献中常见。郭店简《成之闻之》32 号简："是故小人乱天常以逆大道，君子治人伦以川（顺）天德。"清华简（壹）《保训》："乃易位设稽，测阴阳之物，咸川（顺）不逆。"借"川"为"顺"，可能是为了省简字形，方便书写。

例 4. 㲰——{肆}{失}

"㲰"字卯簋盖作🔣，多友鼎作🔣，隶作"㲮"，李学勤认为即三体石经古文"逸"字（字形作🔣），以音近假借为"肆"，作为一套编钟或编磬的单位词；大盂鼎作🔣，从"兔"从"匕"，李学勤认为也当读为"逸"，文献或作"佚"，解释为逸乐。③ 陈剑认为甲骨文、金文旧释为"肅"的字应该隶为"刵"，其字形从"刀"从"爿（俎）"从"肉"作"刪"，或加"鼎"繁化作"鼏"，又或加"兔"作"㲷"，该字"象以刀分割俎案上的肉之形，是古书'肆解牲体'之'肆'的表意本字"；金文表示铜器单位词的"㲮"，应分析为从"兔"从"刪"省声；战国竹简中的"㲰"形（如上博简《三德》作🔣），其右半部分是🔣形右半省去"肉"旁而作"🔣"类形体的"兔"在下部加饰笔而讹变成的；"逸"字是由"㲮"形逐步省变而成的，"兔"可能是省简的声符。④ "㲰"在清华简（拾）中作🔣，有如下使用情况：

---

① 黄德宽主编：《古文字谱系疏证》，第 3690 页。

② （汉）许慎撰，（清）段玉裁注：《说文解字注》，上海古籍出版社 1988 年版，第 418 页。

③ 李学勤：《论多友鼎的时代及意义》，《人文杂志》1981 年第 6 期，收入《新出青铜器研究（增订版）》，人民美术出版社 2016 年版，第 108 页。

④ 陈剑：《甲骨文旧释"肅"之字及相关诸字新释》，《出土文献与古文字研究》第二辑，2008 年，第 13~47 页。

(1)表示{肆}，义为肆解牲体以祭祀。例如：

四告01　者鲁天尹皋繇配享兹馨香，𢗶(肆)扰血盍

简文“𢗶覆血明”，整理者释为“逸俯血盟”。① 黄德宽释为“肆扰血盍”，他在上述陈剑观点的基础上，指出“𢗶”字可直接作为“肆解牲体”之“肆”的本字省形。② 今从黄说。那么“𢗶”表示{肆}就不属于音近假借，而是用其本义。

(2)表示{失}，义为失掉，丢失。例如：

四告02　有殷竞蠢不若，竭𢗶(失)天命，昏扰天下

四告03　廼朋淫𢗶(失)居，弗明厥服

“𢗶(肆)”古音为心母质部，“失”为书母质部，叠韵，心、书准双声，故二字可通假。“𢗶”读为“失”见于出土文献，如清华简《厚父》：“乱下民之慝王，廼竭𢗶(失)其令(命)。”

例5. 或——{國}{又}{或}

“或”字金文作(或作父丁鼎)、(曶鼎)、(保卣)、(禹鼎)等形，战国文字承袭第四种形体，小篆作。《说文》：“或，邦也。从口，从戈，以守一。一，地也。”段玉裁《说文解字注》认为“或”“國”周时为古今字，古文只有“或”字，后加“囗”成“國”，“域”为“或”之后起俗字。③ 其后多有学者持“或”为“域”“國”初文的观点。这种看法目前已被普遍接受。

① 黄德宽主编、清华大学出土文献研究与保护中心编：《清华大学藏战国竹简(拾)》，第111页。

② 黄德宽：《清华简〈四告〉疑难字词二考》，《出土文献》2020年第3期，第1~12页。

③ (汉)许慎撰，(清)段玉裁注：《说文解字注》，第631页。

然而，一些学者对"或"字的形义有不同看法。甲骨文有字形作⬚、⬚，学者多释为"或"，《金文形义通解》认为不确①。季旭昇认为"或"字从必，非从戈。② 谢明文进一步指出"或"字所从为"柲"之初文，甲骨文"或"字作⬚、⬚、⬚等形体，本是作⬚等形的兵器纳"柲"之后的象形字，当"柲"形与〇分离后就变为西周早期的⬚类形体，再在〇周围添加饰笔就变为⬚、⬚等形，到西周中、晚期又讹变为⬚形，成为战国文字和小篆所本之形。后人根据这类讹体以形索义，又误把疆域、国家等假借义当作"或"字本义或引申义，于是把"或"字解释成了会意字。③ 谢说可从。那么"或"字本义非邦国，其用来表示邦国之｛國｝亦属假借。清华简(拾)中"或"作⬚、⬚等形体，有如下几种使用情况：

(1)表示｛國｝，义为邦国。例如：

四告13　百尹庶师，俾助相我邦或（國）

四告13　以光周民，懋我王或（國）

(2)表示连词｛或｝，属假借义。例如：

四时35-36　月作于四关、四维，……或四目，或维、四辖。

(3)表示副词｛又｝，指重复或继续。例如：

四时35　凡妖作，复赤或（又）作

行称08　凡称之日将有得，将或（又）有得

①　张世超、孙凌安、金国泰、马如森：《金文形义通解》，中文出版社1996年版，第2950页。
②　季旭昇：《说文新证》，第901页。
③　谢明文：《"或"字补说》，《出土文献研究》第十五辑，2016年，第14~33页。

"或"古音为匣母职部，"又"古音为匣母之部，双声，之职阴入对转，故二字可通。"或"字被借用来表示｛又｝在传世与出土文献中常见，如马王堆帛书《战国纵横家书·公仲倗谓韩王章》"今或得韩之一名县具甲"，《战国策·韩策一》作"今又得韩之名都一而具甲"。上博简《曹沫之陈》："庄公或（又）问：'为和于敞如何？'"清华简（陆）《管仲》："桓公或（又）问于管仲曰。"

二、由词的分化造成的一形多音义现象

词汇是语言系统中最活跃易变的要素。词汇系统的快速发展往往道致一些字所承担的职务不断增多。虽然这种情况会促使文字系统分化出新字来分担母字的职能，但字的孳乳具有滞后性。在相当长的时间内，旧词与分化出的新词仍由同一个字记录，即使已经出现分化字，也没有完全划清各自的职能，于是造成了一形多音义现象。这类情况在清华简（拾）中也比较多见。

例1. 立——｛立｝｛位｝

"立"字甲骨文作 👤，金文作 👤（立徝父丁卣）、👤（吴方彝盖），字形象人立于地上。战国文字及小篆基本沿袭甲骨文字形。《说文》云："立，住也。从大立一之上。"徐铉注曰："大，人也；一，地也。"清华简（拾）中"立"作 👤，有如下使用情况：

（1）表示｛立｝，义为设置，建立。例如：

四告03　王所立大正、小子秉典，听任，处士

四告12-13　毋违朕言，聚余和协，惟作立政立事

（2）表示｛位｝，义为祭祀之神位。例如：

四告46　其用知在立（位），小子竦惧敬德曰，我毋坠先公之福

327

(3)表示{位}，义为位置，方位。例如：

四时 01　凡行，挨日月之立(位)，以定四维之极需

司岁 13　纯然其无厉、二闲不与易立(位)

人立于地上为立，所立之处为位，{位}是由{立}分化出来的词。战国时期{立}{位}二词皆用"立"形表示。该时期出土文献中虽已出现加"人"旁的"位"，但都不用于表示方位之{位}，如包山简"为位"义为设灵以祭，郭店简"则以哀悲位之"中的"位"读为"莅"。战国以后，"位"字才被用来表示方位之{位}。以"立"表示{位}在传世与出土文献中屡见。郭店简《尊德义》："爵立(位)，所以信其然也。"上博简《孔子诗论》："甚贵其人，必敬其立(位)；悦其人，必好其所为。"《周礼·春官·小宗伯》："小宗伯之职，掌建国之神位。"郑玄注曰："故书'位'作'立'。"

例 2. 少——{小}{少}

"小"字初文以三个或四个小点表示微小之意。甲骨卜辞中，"小雨""小臣""小牢"等词的"小"均有⺗、⺗两种写法，可见这两种字形同义通用，实为一字。西周金文中仅见作三点的"小"字，如小夫卣作⺗，散氏盘作八。春秋战国时期，作四点的形体逐渐演变为"少"形，但"少"与"小"两种字形通用的现象仍普遍存在。秦汉以后，"少""小"二字才逐渐分化。清华简(拾)中无"小"形，仅见"少"形，其字形作⺗、少，有如下几种使用情况：

(1)表示{小}，"小子"指宗亲中的男性晚辈，或指庶民。例如：

四告 34　余少(小)子未得德之行，余畏作文王羞

行称 06-07　如弗为，吝于少(小)子、徒卫、野里人。

(2)表示{少}，义为量少或势弱。例如：

司岁 14　且视雨风之逆顺少长以穆之

"少"表示{小}多见于出土文献。郭店简《老子》甲本："知止所以不殆，譬道之在天下也，犹少(小)谷之与江海。"上博简《曹沫之陈》："且臣闻之：少(小)邦处大邦之闲，敌邦交地，不可以先作怨。"清华简(壹)《皇门》："王邦用宕，少(小)民用格、能稼穑，咸祀天神，戎兵以能兴，军用多实。"

三、由讹误造成的一形多音义现象

讹误指两个或两个以上形体相近的字之间发生误用的现象。一个字既被用来表示其本身惯常记录的词，又被当作别的字使用而表示别的词，于是造成了一形多音义现象。讹误在汉字使用过程中普遍存在，清华简(拾)中也不乏此类例证。

例 1. 逡——{後}{退}

"后"字甲骨文早期作𣅀，从夂，幺声，第三期卜辞始见加"彳"旁的𣅀形。[1]《说文》云："夂，从后至也。""後"之本义当为时间较迟或较晚，与"先"相反。金文早期从"彳"作𣁋(作册矢令簋)，西周晚期开始出现从"辵"的字形。战国文字多从"辵"，又有加"口"繁化者。因此，"後""逡""逡"为一字之异体。清华简(拾)中"后"有𣅀、𣅀两种形体。其中加"口"的形体有如下使用情况：

(1)表示{後}，义为后代。例如：

四告 17　今皇辟天子图厥万亿之无逡(後)嗣孙

---

① 黄德宽主编：《古文字谱系疏证》，第 925 页。

（2）表示｛退｝，义为后退。例如：

四时 36-37　　凡作风雨，如未及日位而作于月位，乃遆（退）以从之

《四时》37 号简之"遆"字，整理者注曰："遆，与下文'进'字相对，疑为'退'字之讹。"①下文为"其过日位，乃进以从之"，与"乃遆以从之"相对成文。文献中多见"进""退"对言，未见"进""后"对言。从字形上来看，"退"字甲骨文作𝄇、𝄇、𝄇等形，从簋（或从尊、皿）从夊，会撤去祭品之意②；西周金文以下承袭从簋的写法，又加"彳"旁或"辵"旁；战国文字簋形省作𝄇，又多加"口"为饰，如郭店简《老子》甲本作𝄇，清华简《四告》作𝄇。通过对比可知，战国竹简中"后""退"二字形体的区别仅在于右上部作幺形还是𝄇形，而幺、𝄇二形也比较接近，故二字确有讹误的可能。从字音上看，"后"古音属匣母侯部，"退"属透母物部，二者读音相差甚远，文献中亦未见通假用例。因此，整理者之说可从。

例 2. 穆——｛秋｝｛穆｝

"穆"字甲骨文作𝄇、𝄇、𝄇，象禾穗下垂有芒颖之形。西周金文大多在左下方加二笔或三笔为饰，如㝬方鼎作𝄇，史墙盘作𝄇。春秋金文或加一竖笔将这些饰笔贯穿，如秦公簋作𝄇。战国文字承袭金文，且多有变化，如楚简作𝄇、𝄇、𝄇等形。《说文》云："穆，禾也。从禾，□声。""穆"在清华简（拾）中作𝄇，有如下几种使用情况：

（1）表示｛穆｝，义为敬。例如：

司岁 14　　为日丁，且视十日之刚柔以穆之

① 黄德宽主编、清华大学出土文献研究与保护中心编：《清华大学藏战国竹简（拾）》，第 141 页。

② 季旭昇：《说文新证》，第 127 页。

（2）表示秋天之｛秋｝。例如：

四时 20　孟穆（秋），日在蚩尤，白露降，蛰虫蛰。

四时 23　仲穆（秋），入月四日，中帝乃徙

第二种情况中的"穆"字，整理者认为是"秋"字之讹。"穆""秋"二字通假之例不见于文献，且"穆"字古音为明母觉部，"秋"字为清母幽部，二者古音相去甚远，故以"穆"表示｛秋｝不属于假借。"秋"字甲骨文象蟋蟀之形，或加"火"旁，西周春秋文字又加"禾"旁，《说文》所录籀文"穐"的右上部应是蟋蟀形的讹形。战国文字中的"秋"多加意符"日"，而省去蟋蟀形，有的还省去"火"旁，如晋系玺印作 ，包山竹牍作 ，包山简作 。可见战国简牍中的"秋"字与"穆"字形体已十分相近，确有讹误的可能。当然，二者的区别特征仍较明显，"穆"字左下部为两撇或三撇形，或加一竖笔将其贯穿，"秋"字左下部则为"火"形。因此，上引《四时》20、23 号简中确为"穆"字，表示｛秋｝应是讹误造成的。二字讹混的情况也见于郭店简，郭店简《语丛一》"春秋"之"秋"作 ，李零认为"原文作'穆'，乃误写"。①

四、由多种原因造成的一形多音义现象

有时造成一形多音义现象的原因是复杂的，可能是假借、语义引申、讹误、随文类化、形借等多种因素综合作用的结果。清华简（拾）中也存在此类情况。

例 1. 寺——｛之｝｛时｝

"寺"字西周金文作 （寺季故公簋），从又，之声，本义为持。侍、廷

---

① 李零：《郭店楚简校读记（增订本）》，中国人民大学出版社 2007 年版，第 219 页。

等义均为引申义，寺庙义则为假借义。① 战国文字或在"又"形的左下方加饰笔，如二年寺工戈作𦦨，侯马盟书作𦦬。小篆承袭此类形体，故讹变为从"寸"。《说文》云："寺，廷也。有法度者也。从寸，之声。"许慎依据小篆形体，误将引申义作为本义。"寺"在清华简(拾)中作𦦤、𦦦等形体，有如下使用情况：

(1)表示代词｜之｜，义为这、这个。例如：

四告38　有寺(之)二丁父犬，先吉玉宣璧

《四告》第一篇告辞中的"有之二元父羊、父豕"一句与此句类似，可证明此处"寺"确实应该读为"之"。"寺""之"通假的情况在文献中未见其他用例，且"寺"古音为邪母之部，"之"为章母之部，虽属叠韵，但声母差别较大，故借"寺"为"之"不属于假借。我们认为，这种情况是受语言环境影响而产生的随文类化现象。"之"字上邻的"有"字作𠃌，与"寺"字所从之"又"同形。受其影响，"之"也加"又"旁类化为"寺"。

(2)表示｜時｜，义为时令。例如：

四时05　七日四寺(時)，四弼皆极
四时09　二十七日九寺(時)，尾雨至。
司岁08　寅受序，申为上寺(時)，午为中寺(時)，辰为下寺(時)

"時"古音为禅母之部，与"寺"叠韵，邪、禅二纽准双声，故二字可通用。"寺"读为"時"在出土文献中常见。长沙子弹库战国楚帛书甲篇："四神相代，乃止以为岁，是惟四寺(時)。"上博简《尧王天下》："居寺(時)何先?"清华简《芮良夫》："邦其康宁，不逢庶难，年谷纷成，风雨寺

---

① 季旭昇：《说文新证》，第236页。

(時)至。”

综合两种情况来看，“寺”同时表示{之}和{時}是随文类化与假借共同造成的。

例 2. 會——{合}{答}

“合”字甲骨文作▢、▢、▢、▢，象二“口”相对之形，其中第三种形体下部所从之“口”省去一横，第四种形体上部所从之倒“口”作▲，均为甲骨文中常见的变化现象。从字形上看，“合”字会上下两口相对答之意，当是对答之“答”的本字。① 西周金文承袭甲骨文第四种形体。战国文字在下部加“口”形装饰，又繁化为“甘”，如包山楚简作▢。清华简(拾)中“合”作▢，有如下几种使用情况：

(1)表示{答}，义为问。例如：

四告 21 只于服御，亹亹會(答)话，节节宜持

整理者注曰：“答，问也。《书·牧誓》：‘今商王受惟妇言是用，昏弃厥肆祀弗答。’”②上引《牧誓》文，《史记·周本纪》引作：“今殷王纣维妇人言是用，自弃其先祖肆祀不答。”裴骃《集解》：“郑玄曰：‘肆，祭名；答，问也。’”问义当由对答义引申而来。

(2)表示{合}，义为会集，聚合。例如：

四时 07 季春朔，十又二岁乃會(合)，青云宾。
四时 13 仲夏，日月會(合)于三井
行称 01 凡行称之道，月六称，岁四會(合)。

---

① “合”字的释形与释义依从刘钊、季旭昇之说。参看刘钊：《古文字构形学(修订本)》，福建人民出版社 2011 年版，第 49 页；季旭昇《说文新证》，第 449 页。
② 黄德宽主编，清华大学出土文献研究与保护中心编：《清华大学藏战国竹简(拾)》，第 119 页。

　　"合"古音为匣母缉部，"答"为端母缉部，二字虽属叠韵，但声母差别较大。因此，以对答之"答"的本字"合"来表示闭合、聚合之{合}，应该不属于假借。我们认为这种情况可能属于"形借"。"形借"是不管一个字原来的音义，只借用其字形的一种比较特殊的借用。① "合"字的早期形体既象两口相对，又形似两物相合，过去多有学者将其误释为象器盖相合之形。人们在为闭合之{合}造字时，发现"合(答)"的字形恰好符合造字意图，于是借用了该字形。当然，"形借"应当发生在某一字形表示某个词较长时间之后。甲骨卜辞中出现"合"字的辞文多残损，仅从较完整者看，"合"有答、合祭等义，或用作人名、地名。由于文献不足，"合"字形体被借用的情况是否发生在其表示{答}较长时间后，尚不能准确判断。传世文献中也存在"合"字表示{答}的用例，如《左传·宣公二年》"既合而来奔"，杜预注曰"合，犹答也"。

　　综合两种情况来看，"合"同时表示{合}和{答}可能是语义引申与"形借"共同造成的。

五、结语

　　以上对清华简(拾)中存在的一形多音义现象进行了讨论。通过对简文中的案例进行分析，可知此类现象在清华简(拾)中较为普遍，是由假借、词的分化、讹误等多种原因造成的。因假借导致的一形多音义现象最多，某些假借字的使用受到求简心理等因素的影响。词的分化之所以会造成一形多音义现象，主要是因为字的孳乳滞后于词的分化，在特定的历史阶段，分化字与母字的职能还存在交叉。讹误现象的发生，主要是因为一些文字形体经过演变，在战国时期变得形体相似易混。一些情况较复杂的一形多音义现象成因是多重的，可能与假借、语义引申、随文类化、形借等因素都有关系。

---

　　① 裘锡圭:《文字学概要(修订本)》，第126页。

研究清华简(拾)中的一形多音义现象，有助于深化对汉字形音义关系的认识，厘清某些汉字演变的历史轨迹。简文中的一些辞例和用字现象，为今后释读出土文献提供了更多参照，对于出土文献的整理与研究有着重要意义。

校订：陈琛　彭馨雨

《广韵声系》曾族字声符示源试析

黄　倩[*]

摘　要： 依据现有的声符示源功能研究成果，将《广韵声系》中曾族字进行系统分类，分析得出声符词"曾"本义为蒸煮食物的炊具，后引申为"增加""高举"之义，以"曾"得声的形声字也多载加义、高义。《广韵声系》中列 32 个曾族字，其中源义素为声符词本义的有 2 个，源义素为声符词引申义之加义的有 4 个、引申义之高义的有 6 个，源义素为声符词语源义之短义的有 4 个、语源义之白义的有 2 个，源义素为声符假借义的有 2 个，声符只具有示音功能的有 13 个。

关键词： 声符示源；曾；曾族字；《广韵声系》

一般认为，形声字的声符表音，形符表义。实际上，形声字的声符除表音外，有的还可以表示意义，显示语源。早在《说文解字》《释名》等著作中就有形声字和声符字互训的例子。宋人的"右文说"对形声字声符的表义功能也有所揭示，沈括《梦溪笔谈》卷十四载："王圣美治字学，演其义为右文。……凡字，其类在左，其义在右。"即认为声符相同的形声字在意义上存在相同、相近的现象。此后，元明清时代的学者对此类现象多有考察和研讨。近现代学者在前人成果的基础上进行了更深入、更科学的探讨。

---

* 黄倩，华中师范大学文学院 2021 级汉语言文字学专业硕士研究生。本文系"2023 文言樱花会"暨武汉大学文学院第四届研究生学术论坛"语言与文献（一）"分会场发言论文。

如沈兼士先生提出："右文须综合一组同声母字，而抽绎其具有最大公约数性之意义，以为诸字之共训，即诸语含有一共同之主要概念。"①王宁、李国英先生明确指出声符具有示源功能，即"声符提示形声字所记录的词的源义素的作用"②；李国英先生还认为源义素即派生词的构词理据，它是在源词分化出派生词的过程中由源词带给派生词的一种"传承信息"。曾昭聪先生采用"声符示源功能"这一概念，并在此基础上将声符示源的类型分为源义素为声符词的本义、引申义、语源义、假借义四大类。陈晓强先生更是开辟性地提出应从"点"（"亦声"研究）、"线"（"右文"研究）、"面"（声符的互通）三个方面来全面、系统地探求声符系统，除此之外，还阐明了声符比较互证的研究方法。本文则根据以上研究成果浅析《广韵声系》中曾族字的声符示源情况，用实例来探索形声字声符的示源功能。

本文拟以沈兼士先生《广韵声系》中"曾"族字作为考察对象，探究形声字中声符"曾"的示源功能。

一、声符词"曾"

曾，《说文·八部》："词之舒也。从八、从曰，囧声。昨棱切。"许慎释"曾"为虚词，这并非其本义。考察发现"曾"的甲骨文字形为𘗻，《甲骨文字典》释曰："田本应为圆形作⊕，象釜鬲之箅，𡿨象蒸气之逸出，故𘗻象蒸熟食物之具，即甑之初文。"由此可知，"曾"的本义是蒸煮食物的炊具，即"甑"字，但是作为炊具的甑在日常生活中一般不能单用，必须架在釜上或鬲上才能使用，所以"曾"字还引申出增加、重叠之义。《孟子·告子下》："天将降大任于斯人也，必先苦其心志……曾益其所不能。"其中"曾"与"增"通；《离骚》："曾歔欷余郁邑兮"注："曾，累也。"又因为物体竖向叠加能使之增高，故"曾"字还有高举之义。《楚辞·九歌·东君》：

---

① 沈兼士著，葛信益、启功整理：《沈兼士学术论文集》，中华书局 1986 年版，第 82 页。

② 李国英著：《小篆形声字研究》，北京师范大学出版社 1996 年版，第 61 页。

"翾飞兮翠曾，展诗兮会舞。"王逸注："曾，举也。"《文选·贾谊〈吊屈原文〉》："见细德之险徵兮，遥曾击而去之。"李善注："曾，高高上飞意也。"

"曾"字又被假借表示虚词，常作副词，古训为"乃""则""是"之义，子登切。《说文解字注》："曾之言乃也。"《广韵·登韵》："曾，则也。"《广雅·释言》："曾，是也。"也作代词，多释为"何"。《方言》卷十："曾，何也。湘潭之原，荆之南鄙，谓何为曾。"后来又有"曾经"之义，才登切。唐元稹《离思五首》其四："曾经沧海难为水，除却巫山不是云。""曾"假借为虚词"曾"后，表本义炊具的字由"甑"来替代。

二、《广韵声系》"曾"族字声符示源分类

《广韵声系》中"曾"字下列37个被谐字，其中有四组多音字，"增""磳""增"和"榴"，还收录籀文"鬺"，即"甑"字。除开籀文，合并多音字，共有32个从"曾"得声的形声字，其中15个字（包括2个新附字）见于《说文解字》，称为前期形声字，剩下的17个字称其为后期形声字。根据上述研究成果，笔者先将32个形声字分为声符只表音的形声字和声符表音兼表义的形声字两大类，再根据形声字所承载的源义素与声符词"曾"词义的关系进行区别分类。

(一)源义素是声符词的本义

共有2个字，均为前期形声字，具体分析如下：

甑，《说文·瓦部》："甗也。从瓦，曾声。"段玉裁注："《考工记》：'陶人为甑。实二鬴。厚半寸。唇寸。七穿。按甑所以炊蒸米为饭者。'"《字汇·瓦部》："子孕切，增去声。炊饭者，黄帝始作甑。"按："甑"义为蒸饭煮食的炊具，是声符词"曾"的本义。

鬺，《说文·鬲部》："鬵属。从鬲，曾声。"段玉裁注："甗，甑也。……《尔雅音义》云：'鬺本或作甑。'"《玉篇·鬲部》："子孕切，鬵

属,亦作甑。"《正字通》:"侧并切,增去声。《说文》鬵属,或曰醋甑甗虪异名同实。"按:段认为古本《说文》鬲部和瓦部不分,所以"醋"本作"甑"。后世文献中也用"甑"来释"醋"。故"醋"也是声符词"曾"的本义。

(二)源义素是声符词的引申义

1. 源义素是声符词的引申义义素"加"

共有 4 个字,均为前期形声字,具体分析如下:

增,《说文·土部》:"益也。从土,曾声。"段玉裁注:"益者,饶也。'会'下曰:'曾,益也。'是可假曾为之。王筠句读认为'增即曾之分别文'。"《广雅·释诂二》:"增,加也。"《玉篇·土部》:"加也、重也。《尔雅》云:'益也。'"《广韵·嶝韵》:"增,剩也。子邓切。"《字汇·土部》:"又去声,子孕切,剩也。"按:《广韵声系》记录"增"字的两个读音,读作作滕切时,是"曾"的后起孳乳之字,为增加、增添之义,声符"曾"表示"加"义素;读去声时,表示剩余之义,声符只表音。

譄,《说文·言部》:"加也。从言,从曾声。"段玉裁注:"'加'下曰:语相譄加也。按'譄''加''诬'三字互训。"《广韵·登韵》:"譄,加言也。"《字汇·言部》:"作滕切,音增,加也。"按:"譄"字为言辞夸大之义,与"增"字音义互通,声符"曾"表示"加"这一义素。

層,《说文·尸部》:"重屋也。从尸,曾声。"段玉裁注:"曾之言重也。曾祖、曾孙皆是也。故从曾之層为重屋。《考工记》:'四阿重屋。'注曰:'重屋,复筜也。'后人因之作楼。《木部》曰:'楼,重屋也。'引申为凡重叠之称。"《玉篇·尸部》:"層,重也。累也。"按:"層"的本义为重屋,是谓加屋于屋。后引申为重叠之义,是谓加物于物。故声符"曾"表示"加"义素。

赠,《说文·貝部》:"玩好相送也。从貝,曾声。"《诗经·崧高》:"以赠申伯。"毛传:"赠,增也。"孔颖达疏:"凡赠遗者,所以增长前人:赠之财,使富增于本,赠之言,使行增于善,故云'赠,增也。'"徐锴《说文解字系传》卷十二："赠，增也。既辞，又以此赠益之。"按："赠"的本义是送某人某物，含"增长"之义，声符"曾"负载"加"义。

2. 源义素是声符词的引申义义素"高"

共有 6 个字，前 3 个为前期形声字，后 3 个为后期形声字，具体分析如下：

矰，《说文·矢部》："隿躲矢也。从矢，曾声。"《玉篇·矢部》："结缴于矢也。"《康熙字典》："《周礼·夏官》：'矰矢用诸弋射。'注：矰，高也，可以弋飞鸟。"按："矰"的本义是指射高飞之鸟用的系着丝绳的箭，故引申为高义，声符"曾"表示"高"义素。

竲，《说文·立部》："北地高楼无屋者。从立，曾声"。段玉裁注："北地郡也。高楼上不为覆曰竲。"《广韵·蒸韵》："竲，高貌。"《字汇·立部》："慈陵切，音情，高貌。"按："竲"本义指没有顶盖的楼台，即现在的月台或天台，因楼台一般较高，又引申为高峻貌，故声符"曾"表"高"义素。

層，《形声字声符示源功能述论》："层(層)，重屋。《说文·尸部》：'层，重屋也。'引申为高。"①《汉字源流字典》："又引申泛指高：翕然～举，背负太清。"《汉语大字典》："《水经注·漯水》：'山甚層峻，未有升其巅者。'"按："層"本义重屋，屋加于屋，引申为高。故声符"曾"也表示"高"义素。

翾，《广雅·释诂一》："翾，举也。"《广雅·释诂三》："翾，飞也。"《玉篇·羽部》："子登切，飞皃。"《广韵·登韵》："举也，又飞鸟皃。"按："翾"本义为高飞，声符"曾"表示"高"义素。

嶒，《玉篇·山部》："疾陵切。峻嶒。"《广韵·登韵》："峻嶒，山皃。"《正字通》："峻嶒，山貌。梁何逊诗：'悬崖抱奇崛，绝壁驾峻嶒。'"《汉语大字典》："峻，峻嶒，高峻重叠。"按："嶒"指山的高峻之貌，声符

---

① 曾昭聪：《形声字声符示源功能述论》，黄山书社 2002 年版，第 26 页。

"曾"表示"高"义素。

窨，《玉篇·穴部》："宏窨。"《广韵·耕韵》："窨，响也。"《集韵·耕韵》："宏，屋大。"又"窨，响也。"《正字通》："窨，响也。又高深貌。"按："窨"一为响义，二为屋大高深之貌，声符"曾"表示"高"义素。

(三) 源义素是声符词的语源义

1. 源义素是声符词的语源义"短小"

共有4个字，前一字为前期形声字，后三字为后期形声字，具体分析如下：

矰，《字汇·矢部》："一云矰，短矢也。"《康熙字典》："《吴越春秋》：'吴师中军素羽之矰，左军朱羽之矰，右军乌羽之矰。'注：矰，短矢。"《汉语大字典》："矰，短箭。"《汉语同源词大典》："矰，短箭。……曾声可载短义，则'侏'可证之。曾：从纽蒸部；侏：章纽侯部。从章(照)邻纽，蒸侯旁对转。'侏'，侏儒，短小之人。《广雅·释诂二》：'侏儒，短也。'《广韵·虞韵》：'侏，侏儒，短人。'"按："矰"字还有短箭之义。根据"音近义通"的原则，"曾"与"侏"声纽是邻纽，韵部旁对转，上古音相近，故两字意义可通。"侏"有短小之义，可证"曾"声载短小之义，所以"矰"的声符"曾"表示声符词的语源义，也是同声符反义同源词的体现。

襠，《方言》卷四："汗襦，江淮南楚之间谓之襠。"《玉篇·衣部》："子孕切。汗襦也。"《类篇》："慈陵切。汗襦。又徂棱切。楚谓襦曰襠。又子孕切。又子邓切。複也。"《说文·衣部》："襦，短衣也。"《释名·释衣服》："有裹曰複。"按："襠"义为短汗衫、夹衣，含短义，故声符"曾"表示语源短小之义。

瞥，《广韵·登韵》："目小作态，曹瞥也。"《类篇》："徂棱切。曹瞥，目不明。"《龙龛手鉴》："音曾。目小作态，曹瞥也。"按："瞥"为眼睛小、眼睛不明之义，声符"曾"载短小之义，是其语源义。

髻，《广韵·登韵》："髯髻，发短。"《龙龛手鉴》："髯髻，上音朋，下音僧。髯鬠，被发皃，亦发短皃。"《正字通》："髯鬠，发乱貌。"《康熙字典》："髯鬠，发短。《类篇》：'发乱。'"髯，《广韵·登韵》："髯鬠，被发。"按："鬠"本义为"髯鬠"，指披发散乱之义，《广韵》记载发短之义，声符"曾"表示语源短义。

2. 源义素是声符词的语源义"白"

共有 2 个字，均为后期形声字，具体分析如下：

騬，本义为膝下是白色的马，含白义。《尔雅·释畜》："四骹皆白，騬。"郭璞注云："骹，膝下也。"《玉篇·马部》："马四骹皆白，见《尔雅》。"《广韵·登韵》："马名，四骹皆白。"《汉语同源词大典》："曾声可载白义，'皙'可证之。曾：从纽蒸部；皙：心纽锡部。从心旁纽，蒸锡旁对转。'皙'，肤色白。《说文·白部》：'皙，人色白也。'"按："皙""曾"两字声纽是旁纽，韵部旁对转，音近则义通。"皙"字为肤白之义，"曾"字也可载白义，是其语源义，故声符"曾"表示其语源白义。

曽，《广韵·东韵》："曽，白皃。出《声谱》。"《类篇》："徂棱切，曹曽，日不明。"《字汇·日部》："息中切，音松。曽，白貌。又才登切，音層，日不明也。"《康熙字典》："《五音集韵》：'苏公切，音松。白貌。'按即曽字之伪。"按："曽"字读才登切时，为目不明之义；读息中切时，为白貌。《广韵声系》记载后一音，声符"曾"载其语源白义。

(四)源义素是声符词的假借义

共有 2 个字，均为前期形声字，具体分析如下：

鄫，《说文·邑部》："鄫，姒姓国，在东海。从邑，曾声。"段玉裁注："按国名之字。"《字汇·邑部》："姒姓，禹之后封于鄫。汉属东海郡，晋属琅邪。"《说文新证》："因为作为国名，所以在下部加'口'形。"①季旭昇先生认为"曾"被假借为国名后，字形由甲骨文的 𤰋 演变为金文的 𤰋。曾露

---

① 季旭昇：《说文新证》，福建人民出版社 2010 年版，第 78 页。

珠在《"曾"字意义源流考》中认为："'曾'一度作为作为地名，是'潧'、'鄫'、'缯'的本字，进而成为国号，最后演变为一个姓氏。"①按："曾"字在甲骨文中义为"饭甑"，在金文中假借为国名"曾"，字形在甲骨文的基础上下添"口"形，后表国之名写作"鄫"。故"鄫"的源义素是声符的假借义。

潧，《说文·水部》："水出郑国。从水，曾声。《诗》曰：'潧与洧，方涣涣兮。'"段玉裁注："《水经》曰：'潧水，出郑县西北平地。'郦云：'出鄫城西北鸡络隝下，东南流，左合泌水。又南、左会承云山水。又东南，经鄫城西，谓之柳泉水。又南、注于洧，世亦谓之为鄫水也。'"《字汇·水部》："水在郑。俗用溱，非溱，乃入淮水也。"《汉语大字典》："同'溱'。古水名。在今河南省新密市东北，东南流会洧水。……《集韵·臻韵》：'潧，通作溱。'"按："曾"字在金文中假借为国名"曾"，后表国之名写作"鄫"。潧水因流经鄫城而得名"潧"，故"潧"的源义素是声符的假借义。

以上共分析了从曾得声的形声字共18个，其声符"曾"不仅表音还兼表意义，具体情况如下表1所示。另外还有14个形声字，其中13个形声字的声符只具有示音功能，和声符词的意义联系不大，分别是：憎（憎恨）、罾（用竹竿或木棍做支架的方形鱼网，渔具）、缯（帛之总名）、蹭（失道难行）、僧（皈依佛教，出家修行的男性教徒）、磳（石危貌）、橧（猪圈，居处的巢穴）、蒈（香草的名称）、黵（面色有黑气）、劗（被刀割伤）、艐（神色不爽）、噌（钟鼓声）、鐳（金属或玉器碰撞发出的声音），前5个为前期形声字，后8个为后期形声字，声符均不具有示源功能。还有1字存疑：熷，《玉篇·火部》："置鱼筒中炙。"《广韵·登韵》："蜀人取生肉于竹中炙。"《正字通》："音增，《说文》，置鱼筒中炙也。"即爝，《说文·火部》："置鱼筒中炙也。从火，曾声。"段玉裁注："筒，断竹也。置鱼筒中

————————
① 曾露珠：《"曾"字意义源流考》，《现代语文》（语言研究版）2013年第1期，第62~63页。

而干炙之。事与蒸相类。"按："熷"是指蜀人取生肉于竹中炙，与蒸相类，故与"曾"的本义（蒸煮食物的炊具）有一定联系，但其源义素和声符词"曾"的联系还有待进一步探究。

表1

源义素和声符词的关系	本义	引申义		语源义		假借义
		加义	高义	短义	白义	
数量	2个	4个	6个	4个	2个	2个
例字	甑、醋	增、譄、層、贈	矰、嶒、層、飆、嶒、窬	矰、襻、瞪、鬶	驓、噌	鄫、潧

三、结语

以上分析，充分说明声符"曾"具有示源功能。关于《广韵声系》形声字声符的示源问题，我们有如下一些认识：

其一，承认形声字的声符具有示源功能，但并不是说所有的声符都具有示源功能。同一声符的字在意义上也并不是都有联系，也就是说，即使声符相同，也不是每一字的声符都表义。具有示源功能的声符只是一部分，还有一部分不具有这种功能，只有表音作用。"曾"是一个比较能产的声符，虽然声符"曾"具有示源功能，但在《广韵声系》所记录的32个字上，足有13个字的声符只表示读音。

其二，我们发现同一个字的声符可以显示不同的声符示源类型。词义在语言使用过程中是跟随交际需要不断发展变化的。由于声符具有示源功能，该词本义的源义素本身包含声符词的某一意义种类，于是由本义发展成引申义时，引申义的源义素也有可能和声符词具有其他关系。例如"矰"的本义是系丝绳的箭，本义与声符词无意义联系，声符只表音，引申为可以射高之义时，引申义的源义素显示声符词的"高"义。同一声符不仅可以显示同义的同源关系，还可以显示出反义的同源关系，即源义素不仅可以和声符词意义相同相近，还可以和声符词意义相反相对。声符词"曾"多表示"加"义、"高"义，但"矰""襠""矰""矰"四字承载的"短"义却和"高"义相反。反义同源词确实是汉语中存在的语言现象，目前学界一般认为和训诂学的"反训"现象有关，但其中原因和相关问题还需进一步探究。

其三，有关声符示源功能的研究，也有很多可以继续探讨的方向。很多声符都具有示源功能，每一个具有示源功能的声符词都有自己的主要义素，有些不同的声符词显示出的主要义素相同相通。例如声符词"曾"的主要义素是"加"义、"高"义，声符词"乔"也有"高"之义。凡从乔(喬)取义的字皆与踩高跷之舞的高起、壮美、装扮等义有关。① 可以把核心义素相通的声符词结合起来，即陈晓强先生提出的"声符的互通"，形成全面、系统的研究。

其四，在探究声符词的语源义时，可以利用"声符互证法"科学探究和其他声符词之间语音、语义的关联。上文提到声符词"朱"和声符词"曾"上古语音相近，以"朱"为声符的字多有"短小"之义(如"侏儒")，故可证声符词"曾"也可载"短小"之义。以一个声符词为中心，纵向可探析以此得声的同族字，横向可研究该声符词与其他声符词的关系，两者互相印证，相得益彰。

校订：刘方圆　刘佳韵

---

① 谷衍奎编：《汉字源流字典》，语文出版社 2008 年版，第 276 页。

粘合式偏正结构"N_1VN_2"转化为主谓宾结构"N_2VN_1"的制约条件

金世明[*]

摘　要：文章研究讨论粘合式偏正结构"N_1VN_2"中"N_1与N_2"调换位置后能否转化为主谓宾格式的问题，即"食品加工工人"之类的粘合式偏正结构能否转化成"工人加工食品"这种主谓宾结构，研究发现，这种转化不仅受音节因素的制约，还受名词的语义角色和生命度条件制约，N_1生命度越低，N_2生命度越高，越容易实现转化，并对动词对本结构转化影响不大的原因进行说明。

关键词：粘合式偏正结构；结构转化；音节；语义特征；生命度

　　粘合式偏正格式①是体词性偏正结构的一种，是针对组合式偏正结构而言的，总的来说就是没有"的"的偏正结构，这种格式在现代汉语中使用范围很广，在这个格式中包含动词的有两种基本形式，第一种为当动词是

---

　　* 金世明，华中师范大学文学院 2021 级汉语言文字学专业硕士研究生。本文系"2023 文言樱花会"暨武汉大学文学院第四届研究生学术论坛"语言与文献（一）"分会场发言论文。

　　① 朱德熙（1982 年）在《语法讲义》中将体词性偏正结构分为粘合式和组合式两大类，粘合式偏正结构指名词、区别词和性质形容词直接（即不带"的"字）作定语的格式。粘合式偏正结构的功能相当于一个单个的名词，凡是单个名词能出现的地方，它也能出现。参见朱德熙：《语法讲义》，商务印书馆 2017 年版，第 148~149 页。

单音节动词时，是由动词加名词粘合而成的动宾格式作定语，加上另一个作为中心的名词组成，如"消毒器""鼓风机""排水管"等。第二种为当动词是双音节动词时，是由名词加动词粘合而成的主谓格式作定语，加上另一个作为中心语的名词组合而成①，如"食品加工工人""小说创作名家"等。最终这两种情况都呈现为一个名词性短语的形式。通过以上介绍可知，本文讨论的粘合式偏正结构"N_1VN_2"顺序，V 一定为双音动词，与单音节动词在粘合式偏正结构中的"VN_1N_2"格式的顺序不同，且二者在其他方面仍存在很大区别，不能一概而论，所以本文讨论的粘合式偏正结构只限于包含动词的且顺序为"NVN"的格式，在本格式中 V 限定为不带补语和后缀的单独的双音节及物动词，名词为不带定语和数量短语的单独的名词。题目中的主谓宾结构的构成成分为主语-谓语-宾语，是现代汉语的基本语序，如"我吃饭"老师讲解难题"等，本文所讨论的是由粘合式偏正格式"N_1VN_2"转化后的典型的主谓宾格式。

粘合式偏正格式"N_1VN_2"在现代汉语中也很常见，如"食品加工工人""古迹临摹画家""食品制造机器""文物鉴定专家""维生素缺乏病""产品推销员""英语学习能力""环境保护问题"等。以上所举出的这些例子中前四者可以转化为相应的主谓宾结构"工人加工食品""画家临摹古迹""机器制造食品""专家鉴定文物"，但后四者却无法转化为"病缺乏维生素""员推销产品""能力学习英语""问题保护环境"。本文拟讨论的问题就是分析粘合式偏正结构 N_1VN_2 中 N_1 与 N_2 调换位置后转化为主谓宾格式的制约条件。以下将粘合式偏正结构"N_1VN_2"格式简称为"N_1VN_2"格式，将主谓宾结构"N_2VN_1"格式简称为"N_2VN_1"格式。

---

① 邢福义(1994 年)对这种粘合式造名结构及其简省形式进行了全面研究，将这种结构称为"对象 N＋V＋管界 N"造名结构。本文基于此进行研究。参见邢福义：《NVN造名结构及其 NV丨VN 简省形式》，《语言研究》1994 年第 2 期，第 1 页。

一、音节因素

本文根据"N_1VN_2"格式中动词和名词的音节数量将其划分为双音节模式、多音节模式和缩略音节模式共三种音节组合模式①。

第一种是最基本最常见的双音节模式，在这种模式中 N_1 的音节为 2，V 的音节为 2，N_2 的音节也为 2，这三者加在一起组成一个 2+2+2 形式的 6 字格式的粘合式偏正短语。如前文提到的"食品加工工人""古迹临摹画家""食品制造机器""英语学习能力"等。

> 食品加工工人→工人加工食品
>
> 古迹临摹画家→画家临摹古迹
>
> 食品制造机器→机器制造食品
>
> 英语学习能力→能力学习英语 *

在这种模式中，前中后音节均为 2，整体配置非常平衡，前三者都可以实现转化，只有最后一个"英语学习能力"不能转化为"能力学习英语"，但在这里其音节配置仍然可以达到平衡，究其原因并不是受音节影响而无法实现转化，具体不能转化的原因见下文分析。由此可以看出，在音节因素影响中如果"N_1VN_2"格式如果是双音节模式，则不影响转化的实现。

第二种是多音节模式，在这种模式中两个名词中 N_1 或 N_2 任意一个的音节为 3 或 4 个，其他两个结构的音节为 2 个，即 N_1 音节为 3 或 4，V 音节为 2，N_2 音节为 2，组成 3+2+2 的音节模式，或者是 4+2+2 的音节模式，如"化妆品开发公司""野生动物保护专家""日用品销售商店"等。或者是

---

① 邢福义（1994）将"对象 N+V+管界 N"的音节组合模式划分为四种：2+2+2 模式；2+2+3（4）模式；4+2+2 模式；2+2+1 模式。对本文有很大的借鉴意义。参见邢福义：《NVN 造名结构及其 NV︱VN 简省形式》，《语言研究》1994 年第 2 期，第 3~4 页。

N_2音节为3或4，V音节为2，N_1音节为2，组成2+2+3的音节模式，或者是2+2+4的音节模式，如"疫情防治专家组""产品供应有限公司"等。

化妆品开发公司→公司开发化妆品

野生动物保护专家→专家保护野生动物

日用品销售商店→商店销售日用品

疫情防治专家组→专家组防治疫情

产品供应有限公司→有限公司供应产品

我们可以看到，这5个多音节模式的格式都可以实现转化，由此我们可知，多音节模式并不影响转化的实现。

缩略音节模式指将 N_1、N_2 和 V 其中至少一者由原本的双音节或多音节进行缩略，多缩略为单音节，其中最主要最常见的有的两种缩略形式。第一种是将 N_1 和 V 都缩略为一个音节，N_2 保留 2 个音节，构成 1+1+2 的音节模式，如将"身体检查报告"缩略为"体检报告"，将"环境保护工人"缩略为"环保工人"。第二种是将 N_2 缩略为一个音节，N_1 和 V 保留两个音节，构成 2+2+1 的音节模式，如将"产品供应商家"缩略为"产品供应商"，将"产品介绍人员"缩略为"产品介绍员"。

体检报告→报告检体＊   身体检查报告→报告检查身体＊

环保工人→工人保环＊   环境保护工人→工人保护环境

产品供应商→商供应产品＊   产品供应商家→商家供应产品

产品介绍员→员介绍产品＊   产品介绍人员→人员介绍产品

在这四个例子中，转化全都不能实现。第一个例子是没有缩略前本身就不能转化，后三个例子是在缩略前本身可以转化，但在缩略后就不可实现转化了，将"环境保护工人""产品供应商家""产品介绍人员"与"环保工人""产品供应商""产品介绍员"的转化进行对比，我们可以说"工人保护环境""商家供应产品""人员介绍产品"，但是不能说"工人保环""商供应产品""员介绍产品"，后面这样的词语结构不完整，音节结构不平衡，在缩略前是可以进行转化的格式，但是在缩略之后不能再实现转化。所以我们可以看到，无论本身是否可以转化，在缩略之后，都是不能转化的。由此可见，"N_1VN_2"格式如果是缩略音节模式，则不能实现转化。

通过上述分析，我们可以得出"N_1VN_2"格式是双音节模式或多音节模式是"N_1VN_2"格式转化为"N_2VN_1"格式得以实现的必要不充分条件，即如果想要实现转化，"N_1VN_2"格式一定双音节模式或多音节模式，但即使作为这两种模式，转化也有可能受其他因素影响而不能实现，但将"N_1VN_2"格式中的词进行缩略的缩略音节模式则一定不能实现转化。

二、名词的语义角色和生命度因素

(一) 名词的语义角色

名词的语义角色有很多种，主语的语义角色有施事、工具、受事、处所、时间等，宾语的语义角色有受事、对象、施事、处所、时间、终点等。根据原型范畴理论，人类有选择自控力强的施事格充当主语而选择自控能力弱的受事格充当宾语的强烈倾向①，也就是说，最典型的主语是施事，最典型的宾语是受事，在本文讨论的"N_1VN_2"格式向"N_2VN_1"格式转化的问题中，"N_2VN_1"格式就是典型的主谓宾格式，所以名词 N_1 和 N_2 的语义角色的影响是很大的，而如果二者比较的话，N_2语义角色的影响大于 N_1。

首先看 N_2 的语义角色，N_2 在"N_1VN_2"格式中起的是限定 N_1 和语境范围的作用，在转化为"N_2VN_1"格式后要作为主语出现。试比较，"食品加工工人"和"食品加工说明"，"药材收购店铺"和"药材收购策略"。

---

① ［美］伯纳德·科姆里：《语言共性和语言类型》，沈家煊译，华夏出版社 1989年版，转引自刘云、李晋霞：《"V 双 N1 的 N2"格式转化为粘合式偏正结构的制约因素》，《世界汉语教学》2002 年第 2 期，第 24 页。

食品加工工人→工人加工食品　食品加工说明→说明加工食品*

药材收购店铺→店铺收购药材　药材收购策略→策略收购药材*

在 N1 和 V 都相同的情况下，两组对比中"食品加工工人"可以转化为"工人加工食品"，"药材收购店铺"可以转化为"店铺收购药材"，而"食品加工说明"和"药材收购策略"则无法转化为"说明加工食品"和"策略收购药材"，我们不难发现，使转化结果不同的原因就是 N_2 的语义角色不同，"工人"和"店铺"都是具有施事性的词，是以施事的语义角色成为主语的，像这样的词还有文中已经举出的可实现转化例子中的"画家""专家""推销员""公司"等，这些都是自控能力很强的施事格，依照原型范畴理论，具有强烈的倾向成为主语，所以可以实现转化，成为转化后的主谓宾格式中的主语。

还有一种特殊的形式，看下面两个例子。

路灯维修电话→电话维修路灯

食品制造机器→机器制造食品

在第一个例子中，"路灯维修电话"可以转化为"电话维修路灯"这种近似主谓宾的格式，这里的含义就是可以通过电话让人来维修路灯[1]，第二例子中"食品制造机器"也可以转化为"机器制造食品"，这里面的"电话""机器"都有工具性，是以工具的语义角色成为主语的。

再看 N_1 的语义角色，N_1 语义角色的影响对于两种格式的转化没有 N_2 的语义角色的影响大，在转化之后的"N_2VN_1"格式中 N_1 占据的是主谓宾结构的宾语的位置，上文提到，本文所讨论的是由"N_1VN_2"格式转化来的典

---

[1]　邢福义：《NVN 造名结构及其 NV｜VN 简省形式》，《语言研究》1994 年第 2 期，第 2 页。

型的主谓宾格式，所以作为宾语的 N_1 的自控能力应该较弱，应具有充当宾语的倾向，其可以是受事、对象、处所、时间、终点等，但要求转化后的 N_1 作为宾语的语义角色不可以是具体强烈成为主语倾向的施事。

综上所述，想要实现"N_1VN_2"格式向"N_2VN_1"格式的转化，N_2 的语义角色要求是施事或者工具，N_1 的语义角色不可以是施事。

(二) 名词的生命度

语言学中的生命度是对实体按照有生命的程度排列的连续体。对于"N_1VN_2"格式能否转化为"N_2VN_1"格式名词 N_1 和 N_2 的生命度是重要影响因素。根据张国宪(1997)的研究，名词的生命度等级序列为①：

指人转有名词>指物专有名词>指人具体名词>指物具体名词>无生具体名词>抽象名词。

首先看 N_1 的生命度。先看几个例子：

干部培养方案→方案培养干部 *

产品开发方案→方案开发产品 *

这两个例子中的转化都是不能实现的，现在把 N_2 换一下：

产品开发人员→人员开发产品

N_2 由方案换成了人员，这里"产品开发人员"是可以转化为"人员开发产品"的。

在这里的例子中，我们先看作为 N_1 的"干部"和"产品"的生命度，这里"产品"和"干部"作为 N_1 它们的生命度高于作为 N_2"方案"，导致转化不

---

① 关于名词生命度问题，可参看张国宪：《"V 双+N 双"短语的理解因素》，《中国语文》1997 年第 3 期，第 178 页。

能实现,其中尤其是"干部"一词已经处于最高生命度,无法选择合适的 N_2 来实现转化,所以在转化中非常困难,而在第三个例子中我们可以看到,"产品"一词的生命度是比较低的,所以可以选择比它生命度更高的"人员"一词作为 N_2,构成"N_1VN_2"结构,从而实现转化,我们不能说"方案开发产品",但是可以说"人员开发产品"。同样作为 N_1 的"干部"和"产品",由于"干部"的生命度太高,所以对于 N_2 的选择空间很小,很难选择到合适的 N_2 来实现转化。而"产品"的生命度较低,所以对于 N_2 的选择空间较大,可以选择到合适的 N_2 从而进行转化,由以上分析可知可以知道 N_1 的生命度越低,越容易实现转化,且一般来说,N_1 的生命度低于 N_2 时,转化更容易实现。

再看 N_2 的生命度。从上面的分析也可以看出,N_2 的生命度对转化的影响很大,下面再看几个例子:

食品加工工人(工厂、机器、公司、人员……)可以转化为工人(工厂、机器、公司、人员……)加工食品

食品加工技术(工艺、前景、流程、计划、过程……)不可以转化为技术(工艺、前景、流程、计划、过程……)加工食品

究其原因,可以看到,是因为第一组中 N_2 的生命度大于第二组中 N_2 的生命度。事实上,N_2 在"N_1VN_2"格式中作为被修饰的中心语成分,其生命度越低越容易进入"N_1VN_2"格式,但是 N_2 在转化后充当的是主谓宾格式中的主语成分,这就要求 N_2 的生命度越高越容易完成"N_1VN_2"格式向"N_2VN_1"格式的转化,所以对 N_2 的生命度的要求就变成了又低又高,也就是既不能太高也不能太低,这样一来 N_2 的生命度就被限制在了很小的范围内。据观察,可以进入到"N_1VN_2"格式中,并且生命度较高,表示人物、团体、机构、装备等意义的可以作为主语出现的这些名词作为 N_2 时更容易实现转化,如专家、人员、老师、工人、工厂、店铺、组织、委员会、公司、机器、系统等。

综上所述：N_2的生命度越高越容易实现转化，N_1的生命度越低越容易实现转化，N_1和N_2的生命度也会互相影响，一般来说转化得以实现时N_2的生命度要大于N_1的生命度。

三、对动词因素影响的说明

在"N_1VN_2"格式中，N_1与V构成的是述宾关系，V与N_2构成的则是偏正关系，在述宾关系中要求V的动性要比较强，因为如果V的动性太弱则无法与N_1构成述宾关系，但是在偏正关系中又要求V的动性不能太强，因为如果V的动性太强则无法与N2构成偏正关系，所以"N_1VN_2"中V的选择应该是既不太强也不太弱的动词。① 由于本文讨论的"N_1VN_2"格式向"N_2VN_1"格式的转化，已经存在"N_1VN_2"格式是既定前提，而既然动词V已经进入这个格式，说明这个动词是可以和N_1构成述宾结构的动词，在转化为"N_2VN_1"格式后V也可以顺利与N_1组合成述宾结构，所以动词对"N_1VN_2"这个格式向主谓宾格式转化是影响不大的。

结　语

粘合式偏正结构"N_1VN_2"转化为主谓宾结构"N_2VN_1"受到各种条件的制约。

从音节因素讲，"N_1VN_2"格式作为双音节模式或多音节模式是转化得以实现的必要不充分条件，而"N_1VN_2"格式如果是缩略音节模式则不能实现转化。

从组成成分上说讲，两个名词成分的语义角色和生命度对转化的影响很大，而动词成分的影响不大。

---

① 关于"N_1VN_2"中动词动性的问题，可参看刘云、李晋霞：《"V双N1的N2"格式转化为粘合式偏正结构的制约因素》，《世界汉语教学》2002年第2期，第22~23页。

相对而言，名词 N_2 语义角色对转化的影响大于 N_1，想要实现转化，N_2 的语义角色应为施事或工具，N_1 的语义角色不可以是施事。而就生命度而言，N_2 的生命度越高越容易实现转化，N_1 的生命度越低越容易实现转化，N_1 和 N_2 的生命度也会互相影响，一般来说转化得以实现时 N_2 的生命度大于 N_1。

校订：刘方圆　刘佳韵

互动交际视角下
四川方言话语标记"不存在"研究

凌艺桓[*]

摘 要：四川方言中的话语标记"不存在"，可以表示否定或缓化意味。在互动语言学观照下，基于方言口语自然会话语料，对"不存在"的话轮位置、会话序列组织形式、否定真性程度及互动功能进行考察。从话轮位置看，"不存在"可存在于话轮前端、中间、末尾，也可独立作话轮；从会话序列组织形式看，"不存在"可分布于"询问-回答""询问-否认""陈述-否定""评价-否定""道谢-弱化""道歉-宽慰"六类序列类型中；从否定真性程度上看，根据立足点的不同，可以将"不存在"的真性程度总结为立足客观事实>立足言者认识>立足礼貌客气>立足维护利益；"不存在"的互动功能可分为话语否定、话语修正、话轮转接、话轮延续四类。

关键词：四川方言；话语标记；不存在；互动语言学

一、引言

在四川方言中，"不存在"一语除具有普通话中的一系列用法外，还能

---

* 凌艺桓，华中师范大学文学院 2021 级汉语言文字学专业硕士研究生。本文系"2023 文言樱花会"暨武汉大学文学院第四届研究生学术论坛"语言与文献（一）"分会场发言论文。

在话语交际中表示否定或缓化意味,大致相当于现代汉语共同语中的"哪里""没关系",但不能完全等同。例如:

(1)语境:B 帮 A 捎带东西

01A:哎呀,大热天的你还亲自送过来,谢了哈,李姐。

→02B:不存在,几步路的事情。

王南冰①首次注意到了四川方言中"不存在"的词化倾向,并对其语用意义及形成动因进行了较为深入的探讨;王涛②指出"不存在"已经虚化为了一个话语标记,并基于语用学视角考察了"不存在"的语用意义、语用功能及其虚化的影响因素。

上述成果对本文有重大启发价值,但我们认为目前学界对四川方言"不存在"的研究和刻画尚不全面,存在较多挖掘空间:(1)位置分布方面,横向上对"不存在"语篇分布的探讨不足;纵向上对"不存在"所处的会话序列组织类型和序列位置的探讨不足;(2)语用意义方面,对"不存在"的否定真性程度研究不足;(3)语用功能方面,对"不存在"在动态层面的互动功能考察不足。

值得说明的是,由于地区间语言接触,"不存在"在重庆、云南、贵州、湖北等地的部分方言点均有分布,但受各方言片区语言习惯的影响,其语义特征、语用功能等并不完全一致。基于此,本文是以四川方言(以成渝片区为主)中的话语标记"不存在"为主要研究对象,将理论研究与田野调查相结合,重点考察"不存在"在会话中的话轮位置及所处的会话序列组织类型,并对不同序列语境中"不存在"的否定真性程度进行讨论,最后从互动语言学的视角出发,探讨"不存在"的多种互动功能。

---

① 王南冰:《四川方言中"不存在"的语用意义》,《西华师范大学学报(哲学社会科学版)》2005 年第 1 期,第 60~62 页。

② 王涛:《重庆方言中准话语标记"不存在"的语用研究》,《闽西职业技术学院学报》2018 年第 1 期,第 56~60 页。

二、"不存在"的位置分布

(一)"不存在"的话轮位置

"不存在"在会话中的话轮位置分布情况有四种：处于话轮开端(其后有同一说话人的其他话语)、位于话轮之中(其前后有同一说话人的其他话语)、位于话轮末尾(其前有同一说话人的其他话语)、独立充当话轮(其前后都没有同一说话人的其他话语)。

位置一：话轮之首

(2)语境：A 赴约迟到

01A：哎呀李姐，我怕要暗_晚点才来得到哦，我前面堵起了，不好意思哈。

→02B：不存在，那我得这里逛下，边逛边等到你。

03A：要得要得_{好的好的}，我拢了_{到了}跟你打电话嘛。

04B：好，慢当点_{慢点}，不慌。

位置二：话轮之中

(3)语境：母亲(A)与女儿(B)谈论衣服价格

01A：好多钱哦？怕有点贵哦？

→02B：哎，要不到好多钱的，不存在，穿到你身上好看就要得_{就行}。

03A：要得啥子要得，还是要看下价格噻。

位置三：话轮之尾

(4)语境：A 在 B 家暂住几天

01A：这几天要麻烦你们了哦。

→02B：哎呀，有啥子嘛，我们两个之间，不存在。

位置四：独立充当话轮

（5）语境：A 不慎碰掉了 B 的东西

01A：对不起哈，把你书碰落了。

→02B：不存在。

（二）"不存在"所处的会话序列组织类型

会话序列是指某一语法形式在一段会话中与前后话轮的关系，语法形式的序列位置从纵向上反映了其整个会话中所处的位置。会话序列中最基本的序列组织是一对"相邻对"①。如上文所举语例，在四川方言中，"不存在"一般是作为回应语使用。有时，在面对不意的状况或事件时，当事人也可以用一句"不存在"聊以自慰，但这种情况相对少见，本文暂不讨论。

我们考察后发现，当"不存在"处于回应序列时，其所分布的会话序列组织形式（相邻对形式）有"询问-回答""询问-否认""陈述-否定""评价-否定""道谢-弱化""道歉-宽慰"六类。为方便说明，我们根据句子功能类型的不同，将引发语分为疑问句和陈述句，在两种情况下分别探讨。

当引发语为疑问句时：

1. 询问-回答序列

"不存在"可用于对前一说话人的询问行为进行回应，与之构成"询问-

---

① 孙朝阳：《汉语口语会话中"好吧"的互动功能研究》，第十二届东亚汉语教学研究生论坛暨第十五届对外汉语教学研究生学术论坛，北京 2022 年 5 月 8 日，第 181 页。

回答"相邻对。此时，询问者在认识斜坡上处于[K-]状态(less knowledge)，回应者处于[K+]状态(more knowledge)，两者之间存在较大的信息差，说话人用"不存在"对询问者的疑问进行回答。这种情况相对少见，例如：

(6)语境：顾客砍价

01A：这三角钱的零头，就给我少了嘛，要得不嘛_{行吗}？

→02B：哎呀，几角钱，不存在。

例(6)为"询问-回答"相邻对，A就"价格能否优惠"向B发起提问，这时B并未对该问题作出正面回应，而是通过"不存在"表明自身态度，告知对方几角钱没有关系，可以优惠。

2. 询问-否认序列

相比于"询问-回答"序列，在"询问-否认"序列中，询问者的认识状态更高一些，多是根据眼前事实或社会公理进行的推测，有较强的依据。此时"不存在"处于"询问-否认"相邻对的后件位置，对询问者的推测进行否认。但要注意的是，这里的否认并不都符合客观事实，有相当一部分是说话人出于宽慰对方、保全颜面、维护利益等目的而编造的谎言。见下面两例：

(7)语境：顾客(A)与商家(B)谈论水管质量

01A：你们这个管管得不得脆_{变脆}哦？看到细根细根_{很细}的。

→02B：你说得哦，不存在，用个两三年都没得问题，老买主都晓得。

(8)语境：谈论中药味道

01A：这副药怕有点苦哦？

→02B：不存在，喝了吃点糖嘛。

03A：烦得很，不想喝。

04B：哎呀，几口就喝了嘛。

例(7)和例(8)的 1-2 行是"询问-否认"相邻对。例(7)中的"不存在"既可以理解为商家出于水管质量事实对买家观点的否认，也可以理解为商家为使交易顺利完成而编造出以弱化对方疑虑的谎言；而在例(8)中，中药苦口是众所周知的普遍现象，加之其后存在说话人"喝了吃点糖"的补充说明，可以得知这里的"不存在"更多是为了让对方宽心，起着弱化对方担忧和疑虑的作用。

当引发语为陈述句时：

1. 陈述-否定序列

当"不存在"位于"陈述-否定"序列中时，其语气功能可分为"表达说者看法"和"表示礼貌语气"两种情况：

1)陈述-否定序列(表达说者看法)

在会话中，有些话题事件并不具备客观评判的标准，说话人通过"哪有"表达出自己的看法与对方不一致，以达到既定的话语目的，此时的"不存在"属于一种主观上的否定。例如：

(9)语境：谈论打车费
　　01A：我二天$_{以后}$再也不得跟她一路出去了，这么点路她硬要打
　　　　　车，路上又堵起，最后多花了我二十多。
→02B：不存在，几十块钱不要紧到一直想。
　　03A：这种人习惯就不得行，一个字"懒"。

上例中的 1~2 行是表达说者看法的"陈述-否定"相邻对，在该会话中，A 陈述了自己与朋友外出的经历，认为打车费花得不值当，B 用"不存在"表明了自己"几十元算不上什么"的看法，并借此劝说对方不必因此挂怀，伤了朋友和气。

2) 陈述-否定序列(表示礼貌语气)

(10) 语境：谈论护理老人

01A：哎呀，这段时间你太不容易了，都是你跑前跑后的。

→02B：哪里哦，不存在。

例(10)为表示礼貌语气的"陈述-否定"相邻对，说话人用"不存在"回应对方对自己的关怀，是一种礼貌的客气回应。

2. 评价-回应序列

当位于"评价-回应"序列中时，"不存在"所处的序列组织形式可具体分为"评价-否定""赞美-自谦"和"自贬-宽慰"三小类，其中"评价-否定"序列又分为"说明客观事实"和"表达说者看法"两类语气：

1) 评价-否定序列(说明客观事实)

当说话人认为对方根据眼前事实推测而形成的评价并不真实时，用"不存在"进行否定，并告知真实信息。例如：

(11) 语境：谈论孩子个性

01A：你们圆圆好文静啊，坐到这里都不啷们开腔_{不怎么说话}。

→02B：不存在，得我们自己屋头的时候天天猴跳舞跳_{活蹦乱跳}的，她得_在外头不好意思。

03A：哦哟，圆圆，你得外头还矜持嗦？

例(11)1~2行是说明客观事实的"评价-否定"相邻对，A评价B的孩子性格文静，B通过"不存在"实施回应，否认对方的观点，并作出附加说明道出实情。

2) 评价-否定序列(表达说者看法)

当两者对同一事件有不同看法时，一方发表评价之后，另一方就可以用"不存在"表明自己主观上的不认同。例如：

（12）语境：谈论某品牌鞋子质量

　　01A：那个牌子的鞋子好穿。

→02B：嗯_{方言叹词,表示不屑}，不存在，上回我买的挤脚得很，走了半天把我脚磨出血了。

　　03A：不得哦，你怕是买小了哦。

例（12）的1~2行是表达说者看法的"评价-否定"相邻对。A评价某品牌鞋子舒适，B用"不存在"表示出自己主观上的不认同。

3）赞美-自谦序列

当交际的一方对另一方作出种种正面评价时，被赞美者往往会通过"不存在"回应对方以表示自谦，这种礼貌客气的用法符合 leech（1993）提出的"谦逊原则"。这里的"不存在"属于推动会话顺利进行的交际策略，例如：

（13）语境：谈论新房

　　01A：吪，小陈，房子都买起两套了，混得好哎。

→02B：你说些来笑哦，不存在，你不晓得，我妈老汉儿_{爸妈}帮到出了一大笔钱的。

上例为"赞美-自谦"相邻对，在该会话中，B通过"不存在"对A的赞扬予以回应，既体现出自己的谦虚，又巧妙保持了良好的人际关系。

值得说明的是，"不存在"用于自谦语境中时往往可以重叠，以强化情感的表达。来看例（14）。

（14）语境：谈论孩子

01A：黄姐，你们把果果教育得好哦，回回子_{每次}考试都是第一名。

→02B：哪里哦，不存在不存在，你们屋头娃娃样的_{一样的}优秀。

上例中 B 通过"不存在"叠用的形式对 A 的赞扬行为进行回应，使其语气和情感态度更加强烈，以缩小 A 与自己之间的心理差距。

4）自贬-宽慰序列

当引发语的评价内容指向自身，也即说话人对自己作出评价时，该评价大多数情况下都会带有贬抑色彩，这时另一方用"不存在"进行回应，对对方进行宽慰或赞美，希望对方不必过分贬抑自己。例如：

（15）语境：谈论拼图

01A：哦嘎，又没拼起，我还是不得行。

→02B：小事情，你是哪个嘛？不存在。再拼就是了。

例（15）为"自贬-宽慰"相邻对。在该会话中，A 由于多次拼图失败而有沮丧之意，B 通过"不存在"安抚鼓励对方，使得谈话氛围一跃而洒脱松弛。

3. 道谢-弱化序列

交际一方由于接受了他人的帮助而向对方道谢，说话人通过"不存在"予以回应，表示此事乃举手之劳，不值一提，对方没必要为此道谢。例如：

（16）语境：谈论还钱

01A：小吴，上回借的两千块钱还给你，谢谢了哈，太感谢了。

→02B：不存在，小事情。

在该"道谢-弱化"相邻对中，A将借款还给B并表示感激，B通过"不存在"来回应，缓解弱化了对方的亏欠心理。

4. 道歉-宽慰序列

交际一方由于做事未能达到预期标准或在一定程度上损害了他人利益而向对方道歉，说话人用"不存在"进行回应，以减轻对方的心理负担。此时，"不存在"否定的并非客观事实，而是说话人主观上认为某事不要紧、不足挂怀，以宽慰道歉者不必为此愧疚。例如：

> （17）语境：A不慎踩到B的脚
>
> 01A：哎，不好意思。
>
> →02B：没得事，不存在。
>
> 03A：太挤了，没看到。
>
> 04B：莫来头莫来头。

例（17）中的1~2行是"道歉-宽慰"序列，B用"不存在"与"没得事"共现来回应A的道歉，"不存在"位于回应序列的话轮之尾。

三、"不存在"的否定功能真性程度分析

从否定立足的基准出发，根据后续句内容可以判断出"不存在"在否定的真性程度上存在差异，按照由真到假的程度排序，我们建立如图1所示的连续统：

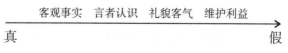

图1　应答语"不存在"表示否定的"真性程度"

(一)立足客观事实

当话语意义与客观世界情况完全一致，也即"不存在"所否定的内容完全符合客观事实时，"不存在"的真性程度最高，但在会话交流中这种情况的出现频率不高，如例(11)。

(二)立足言者认识

当说话人主要是基于自己的已有经验和主观认识作出回应时，"不存在"所否定的内容就可能符合客观事实，也可能不符合。此时"不存在"用于维护自身的认识和态度，其后一般会有后续句进行解释或补充说明，以遵循"足量"的会话准则。如例(12)。

要注意的是，当"不存在"反映的是言者认识时，属于"升级性的否定回应"，除了表示否定意味之外，通常还传递出说话人的立场及主观态度，因此，这时的"不存在"在某种程度上还发挥着"提示语"的作用，预示后续语句即将对言者观点作出说明。

(三)立足礼貌客气

当用于回应赞扬、道歉、自贬等具有明显主观倾向的言语行为时，无论说话人是否认同对方的观点或评价，都可以用"不存在"进行回应。此时的"不存在"不关涉说话人真实的心理感受和客观存在的事件，其主要的作用是调节交际双方的情绪和状态，制造良好的沟通氛围，因此否定的真性程度较低。如例(16)、(17)。

(四)立足维护利益

有时，为了维护利益或实现某种目的，说话人虽已知实际情况，但仍对话题事件进行否定，这种语境下的"不存在"一般是违反客观事实和真实感受的，是说话人为了保全自身在会话中的主动地位或较高地位而采取的"伪装手段"。在对话中，若反驳申辩的感情色彩较强，"不存在"还可以与其他表否定的形式共现。如例(8)。

四、"不存在"的互动功能与形式特征

四川方言话语标记"不存在"的独立性很强，可以在句中作独立成分或单独成句。因此，除了从语句层面研究"不存在"的分布外，还要从话语交际层面考察"不存在"的语用功能。作为典型的口头习用话语标记，叹词在自然会话中发挥了组织话语的程序性功能及互动功能，主要体现为：话语否定、话语修正、话轮转接、话轮延续。

(一)话语否定

在会话中，话语标记"不存在"最基本的互动功能即话语否定，这与其否定性概念意义直接相关。一般来说，"不存在"之前的疑问或陈述句均在一定程度上带有说话人的主观倾向和意愿，回应者的"不存在"是针对发语者观点作出的否定性反应或评价，同时能传达出回应者自身的立场和态度。因此，"不存在"除具有否定性回应功能之外，有时还因语境特点而带上各种复杂的情绪。例如：

(18)语境：谈论考证失利

01A：有科没过，又要等半年，哎呀。

→02B：不存在，莫想那么多。

(19)语境：谈论他人性格

01A：别个还多乐于助人。

→02B：切，不存在，他做啥子事情没得目的？

(20)语境：A劝说B与大人同行。

01A：你伙到_{跟着}你们妈老汉儿他们一起走嘛，等下你一个人啷们_{怎么}回去？

→02B：哎呀，不存在，先走嘛你们。

例(18)~(20)中，说话人除了用"不存在"表示对对方某观点的否定外，还分别伴随着轻松、不屑、不耐烦等情绪。

此功能下的"不存在"具有以下几个方面的形式特点：(1)其话轮位置较为灵活，位于回应序列之首、中间、末尾或独立作话轮均可，但通常用于回应序列的话轮之首或话轮中间。(2)其前的疑问序列或陈述评价序列均带有说话人一定的倾向性。(3)在表示否定立场之外通常还附带多种复杂情绪。

(二)话语修正

在会话交际中，"不存在"可以起到对他人话语进行修正的作用，这也是由其否定性话语功能所引发的。此时在"不存在"之后往往会出现具体的修正内容，因此可以说"不存在"是一个修正标记语，与后面的话语内容组合成了"先破后立"的话语表达。值得注意的是，"不存在"后的修正内容并不一定符合客观事实或说话人的真实想法，有时，出于自谦、宽慰目的或维护面子、利益等需求，说话人也会选择用"不存在"来纠正对方话语信息。例如：

(21)语境：谈论邻居小孩

01A：说老吴那个儿都归正了，前几天都说看到他得跑外卖哒。

→02B：嗯_{方言叹词,表示不屑}，不存在，(和从前)样的_{一样}天天晚上跑出去打架，把老吴整得伤心。

03A：先人哎，啷们_{怎么}得了这个娃娃。

(22)语境：谈论C心动的男生

01A：我跟你说，她天天盯到别个看。

02B：是不是哦？哎呀，讲一下嘛。

→03C：啥子哦，不存在，我不喜欢他那种类型哈。

(23)语境：AB两人相撞，A将水洒在B衣服上

01A：哎呀，对不起对不起。

→02B：不存在，不是你的问题，我没看到路。

例(21)中，针对 A 对老吴儿子"改邪归正"的评价，B 用"不存在"表示否定，然后以"跟从前一样天天跑出去打架"进行具体修正，也对自己的否定立场作出解释；例(22)中的"不存在"是说话人出于羞怯的下意识否定，其后的话语修正内容并不符合其内心真实想法；例(23)中，A 进行道歉，B 用"不存在"进行修正，指出是自己的问题，这里的"不存在"符合礼貌原则或合作原则。

此功能下的"不存在"具有以下几个方面的形式特点：(1)位于回应序列的话轮之首或话轮中间。(2)修正标记，标志否定立场，且后接对对方观点的修正内容。(3)在表示否定立场之外通常还附带多种复杂情绪。

(三)话轮转接

"不存在"除了表明否定立场之外，往往还会对后续话语产生一定的指示或暗示作用，或者标志序列结束，话题终结。在这种情况下，"不存在"便起着话轮转接的功能。在一段会话中，"不存在"既可以用于终结或转换话题，实现会话回避，也可以继续解释话题，实现会话纠偏。"不存在"的会话回避功能，如上文例(2)，说话人在"不存在"之后引出新的话题，在实行回应的同时实现话轮转接，即自己打算如何消磨等待时间，巧妙实现了会话回避。"不存在"用于会话纠偏的情况，见下例：

(24)语境：谈论吹头发

01A：快去把头发吹了嘛，得这里晃啥子晃，想感冒嗦？

→02B：不存在，这么热和一下就干了的，哪里得会感冒嘛。

例(24)中的"不存在"起着话轮转接的作用，同时说话人还进一步阐发话题，以目前的天气情况反驳了对方的观点，从而实现会话纠偏。

此功能下的"不存在"具有以下几个方面的形式特点：（1）通常位于回应序列的话轮之首、话轮中间、话轮之尾或独立充当话轮；（2）回应标记，标志否定立场，且有后续解释句或新话题；（3）在表示否定立场之外通常还附带多种复杂情绪。

(四) 话轮延续

当"不存在"位于话轮中间，且前项为表否定意义或负向情绪的成分时，"不存在"主要起着延续话轮的作用，作为"黏合剂"将前后的内容加以衔接。这里的前项既可以是有标记的，如"不""没有"等否定句式，也可以是无标记的，如语气词、反问句等。例如：

(25)语境：谈论朋友经商开了分店
　01A：哦哟，小罗，能干哦，唉？
→02B：没有没有，不存在，这几年运气好。
　03C：你看别个好谦虚。

(26)语境：谈论打麻将
　01A：欸，你又得这里嗦，不害怕遭你们屋头那个逮到啊？
→02B：哎呀，不存在，我又不虚。
　03A：呃，嘴巴还硬嘞。

(27)语境：B 帮 A 将大米扛回家
　01A：谢谢你了，谢谢你。
→02B：说些啥子哦，不存在，这个有啥子嘛。

例(25)的前项是"没有"，例(26) 前项是方言叹词"哎呀"，表示"埋怨、不耐烦"，例(27)的前项是反问句"啥子哦"。三例的"不存在"均位于表否定或负面情绪的应答前项之后，阐述了说话人的主观立场和情感态度，接着又围绕现行话题进一步阐发，表达出说话人的看法。

在这样一个话轮中，若删掉中间的"不存在"，虽不损害前后语句表意的完整，但会对话语连贯性和说者主观态度的明晰程度造成影响，换言之，会对听者能否省力地理解语句造成影响。因此，此处"不存在"除了凸显说话人立场态度，还能给听者提供"情感线索"，协助其准确解码，快速理解说者表达意图。

此功能下的"不存在"具有以下几个方面的形式特点：（1）位于回应序列的话轮中间；（2）通常情况下，在表示否定立场之外通常还附带多种复杂情绪。

五、结语

在互动语言学的观照下，基于方言口语自然会话语料，考察了四川方言话语标记"不存在"的话轮位置、会话序列组织形式、否定真性程度及互动功能。结论为：（1）横向观测话轮位置可知，"不存在"可居于话轮前端、中间、末尾，也可独立作话轮；纵向考察会话序列组织形式可知，"不存在"可分布于"询问-回答""询问-否认""陈述-否定""评价-否定""道谢-弱化""道歉-宽慰"六类序列类型中。（2）根据立足点不同，"不存在"的否定功能真性程度可总结为立足客观事实>立足言者认识>立足礼貌客气>立足维护利益。（3）"不存在"的互动功能可分为话语否定、话语修正、话轮转接、话轮延续四种。

校订：敬知玉　陈景月

安大简《卷耳》考释

王子仪 *

摘　要：安大简《卷耳》与今行毛诗版本有多处异文，可以从中择选出"采采"与"菜菜"、"怀人"与"褱人"、"陟彼砠矣"与"陟彼泜矣"、"维以不永伤/怀"与"维以永伤/怀"等具有代表性的异文进行比较与考释。从异文入手，还可以对诗歌不同版本第二三章顺序变化的辨析与优本探讨，同时结合《孔子诗论》"不知人"的评述，比较探析"思妇说"与"求贤说"两条说诗路径，从而进一步体会《卷耳》其诗的深刻意义内核。

关键词：安大简；《卷耳》异文；章序；不知人

在有关《诗经》的系列出土文献资料中，于2019年8月出版的《安徽大学藏战国楚简(一)》收录了众多《诗经》篇目，因其在文字、训诂、音韵、版本流传等方面的价值颇受学界关注，具有深入挖掘探讨的学术价值。

本文选择以安大简《诗经》中的《卷耳》一篇为切入点，重点放在讨论《卷耳》在安大简、毛诗、三家诗中的异文，并将涉及对文意理解的异文异释着重进行对比分析。从上述异文比较与词义考释入手，进一步探讨章序变化、诗旨辨析等内容。并结合孔子说诗的特点，分析《孔子诗论》中"不知人"的内涵特点，从而对《卷耳》的诗歌内涵主旨有更为深刻的把握。

---

　* 王子仪，武汉大学文学院中国古典文献学专业2021级硕士研究生。本文系"2023文言樱花会"暨武汉大学文学院第四届研究生学术论坛"语言与文献(二)"分会场发言论文。

　　为方便将安大简与现行版本进行对比阅读，下附《卷耳》篇相关简文与释读。

　　安大简《卷耳》简文内容如下：

①

　　简文释读如下：

　　菜=(采采)蘨(卷)耳，不湓(盈)魁(倾)匡(筐)。差(嗟)我裹(怀)人，寊(寘)皮(彼)周行。

　　陟皮(彼)高阮(冈)，我马玄黄【六】，我古(姑)勺(酌)皮(彼)兜衡(觥)，隹(维)昌(以)羕(永)騞(伤)。

　　陟皮(彼)嵸(崔)嵬(嵬)，我马讥(虺)遗(隤)，我古(姑)勺(酌)金罍(罍)，隹(维)昌(以)羕(永)裹(怀)。

①　安徽大学汉字发展与应用研究中心编：《安徽大学藏战国竹简》(一)，中西书局 2019 年版，第 7~8 页。

陟【七】皮(彼)汦(砠)矣，我马徒(瘏)矣，我儓(仆)夫(痡)矣，员(云)可(何)无(吁)矣。①

毛诗版本如下：(《毛诗正义》李学勤整理本，北京大学出版社)

采采卷耳，不盈顷筐。嗟我怀人，寘彼周行。

陟彼崔嵬，我马虺隤。我姑酌彼金罍，维以不永怀。

陟彼高冈，我马玄黄。我姑酌彼兕觥，维以不永伤。

陟彼砠矣，我马瘏矣。我仆痡矣，云何吁矣。②

一、异文比较与词义考释

在安大简简文与今传毛诗版本的对读中，可以发现多处异文。通过对异文现象的比较和对重点辞句意义的考释，能够对古文字构型字义进行较为深入的理解，进而对诗经原文内容进行更好的把握。以下择选了《卷耳》篇中部分比较有辨析价值的异文词句进行比较与考释。

(一)"采采"与"𦬖(菜)𦬖(菜)"

安大简作"菜菜"，《毛诗》作"采采卷耳"。安大简整理者认为"菜"从"采"声，故二字可以通用，同时认同了毛诗将"采"释作"事采之也"的判断。③有说法认为"菜菜"是繁盛貌，而"采采"是连续性动词。关于此处

---

① 安徽大学汉字发展与应用研究中心编：《安徽大学藏战国竹简》(一)，第7~8页。

② 李学勤主编：《十三经注疏》标点本三《毛诗正义》，北京大学出版社1999年版，第36~41页。

③ 安徽大学汉字发展与应用研究中心编：《安徽大学藏战国竹简》(一)，第74页。

"采采"究竟是"采了又采"还是"盛多貌"，需要进一步辨析。

"菜"从"采"声，二字可通用。王先谦《诗三家义集疏》："《芣苢》薛君说云'采采而不已'，此'采采'诗义当同。采而又采，是不已也"①，毛传解为采摘，朱熹解为"非一采也"②，均是将"采采"释作连续性动词，而依照《传笺通释》和骆珍伊等学者的观点，则应该将"采采"释作卷耳繁盛的样子——马瑞辰言此处形容伏野之草"盛多之貌"③，学者骆珍伊则进一步指出这里的"菜菜"由于以"艸"作为义符，因而"此处并非用作动词'采'义"④。"采采"释作盛多义的现象在《诗经》的其他篇目中亦有出现，如毛传在《曹风·蜉蝣》"采采衣服"下亦有将"采采"释为"众多也"的情况，孔颖达亦解其为"众多"之貌⑤。笔者更倾向于"盛多之貌"的观点，上下文诗义可以释读为：遍地繁茂的卷耳，采不满浅浅的小筐。

此外，学者郝士宏认为"当动词'采摘'用的都写作'采'。而重叠使用的，有作'菜菜'，也有作'采采'的"，并推测此处是抄写者为了与作动词的"采采"以示区别，故意写作"菜菜"⑥。这样的推测有一定道理，然要判断"菜菜"与"采采"究竟是抄写者的失误所致，还是出于主观意愿的刻意所为，仍需参考更多实证。比较特殊的是安大简《芣苢》一篇，其中有"菜=(采采)茊(芣)目(苢)"和"采=茊(芣)目(苢)"两种情况同时出现，郝士宏将此处认为是抄写者的失误所致，并有"在安大简的这个抄本中，重言词的'菜菜'与作动词用的'采'在写法上有了固定的区别"⑦的推测。然"菜

① （清）王先谦：《十三经清人注疏·诗三家义集疏》，中华书局1987年版，第24页。

② （宋）朱熹：《诗集传》，中华书局1958年版，第3页。

③ （清）马瑞辰：《十三经清人注疏·毛诗传笺通释》，中华书局1988年版，第41页。

④ 骆珍伊：《安徽大学藏战国竹简〈诗经〉研究》，台湾大学2022年博士学位论文，第34页。

⑤ 李学勤主编：《毛诗正义》，第470~471页。

⑥ 郝士宏：《从安大简看〈诗经〉"采采"一词的训释》，《战国文字研究》2019年第1期，第66~74页。

⑦ 郝士宏：《从安大简看〈诗经〉"采采"一词的训释》，第66~74页。

菜""采采"二词同时出现在同一篇目，且此处两者的意义应当较为一致，或不当出现如此明显的误抄，骆珍伊结合简文书手的抄写习惯，认为此处应当是省略意符"艸"的省写①，而并非是误抄所致。由于能在简文中找到多处省写意符的书写现象进行佐证，骆珍伊的判断或许更为可从。"菜菜"因为有了意符"艸"的加入，相对的词性也发生了变化，不再用以动词之"采摘"义，而成为形容繁多繁盛之貌的形容词。

(二)"怀人"与"靟(褭)ㄟ(人)"

安大简作"褭人"。《说文》："（褭）目组带马也。"②即用绳索控制马匹之义，与诗意显然不合。安大简整理者认为："以'褭'为'褱'，或为楚人书写习惯，与《说文》训为'以组带马也'的'褭'当非一字（李家浩说），"③其说可从。此外，还有学者将"褭"释作"马衣"（披在马身上的蓑衣），即用马衣怀马，认为"褭"与"褱"之怀藏义通④，该说法值得讨论辨析。

"褭"，《说文解字注》："目组带马也。《百官志》注曰：'秦爵二十等，三曰簪褭。'御驷马者，按于本义引申之，因以为马名……从衣，从马。衣马，以组带马之意也。"⑤"衣马""以组带马"，即以绳索控制马匹。"褱"，《说文解字注》："侠也。侠当作夹，转写之误。亦部曰：夹，盗窃褱物也，从亦，有所持。俗谓蔽人俾夹是也。腋有所持，褱藏之义也。在衣曰褱，在手曰握。今人用怀挟字，古作褱夹。"⑥"褱""怀"二字可互通，训怀藏之义。

"褭""褱"二字字义显然难以互通，依整理者观点，简文中的"褭"与

---

① 骆珍伊：《安徽大学藏战国竹简〈诗经〉研究》，第75~76页。
② （清）段玉裁：《说文解字注》，上海古籍出版社1981年版，第397页。
③ 安徽大学汉字发展与应用研究中心编：《安徽大学藏战国竹简》（一），第75页。
④ 李鹏辉：《谈安大简〈诗经〉中的"褭"及其相关字》，《战国文字研究》2019年第1期，第83~93页。
⑤ （清）段玉裁：《说文解字注》，第397页。
⑥ （清）段玉裁：《说文解字注》，第392页。

训"以组带马"之"裹"实非一字，而是楚人习惯将"襄"写作"裹"的书写习惯所致。对于会意字"裹"，说文段注释"衣马"为"以组带马"，学者李鹏辉释作"马衣"，即用马衣怀马，并在考释中指出"裹"有可能是"襄"字的古文，"裹"与"襄"之怀藏义通，战国时期"裹""襄"为一词用多字表现的现象①。李鹏辉的观点有其合理性，但作为猜测缺乏一定实证（如出现可以释作"马衣"而非"以组带马"的"裹"之文献实证），未必可从，笔者更倾向于认同整理者认为"裹""襄"并非一字，而是楚人抄写习惯所致的观点。下附二字在《古文字类编》中的字形表。

表1　　　　　　　　　　《古文字类编》②

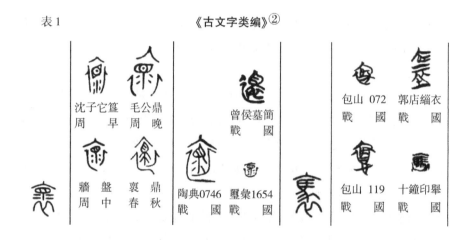

（三）"陟彼砠矣"与"![矣]"

安大简作"陟皮（彼）沮（砠）矣"。三家诗中，齐韩诗"砠"作"岨"，鲁诗同毛作"砠"。三字的字义可以进行区分辨析。

"沮"，生母鱼部，"岨"，庄母鱼部，二字声钮母皆为正齿音，韵部相同，可通。《说文》："岨，土戴石也。"《释山》："石戴土谓之崔嵬，土戴

---

① 李鹏辉：《谈安大简〈诗经〉中的"裹"及其相关字》，第83~93页。
② 高明、涂白奎编：《古文字类编》，上海古籍出版2008年版，第970、977页。

石为岨。”①毛传：“崔嵬，土山之戴石者。石山戴土曰砠。”②《说文解字注》：“石在上则高不平，故曰崔嵬。土在上则雨水沮洳，故曰岨。”故而“砠”即有土的石山，或谓山中险阻之地。关于“砠”“岨”之别，段注亦有解释：“《诗》《尔雅》作砠，许作岨。主谓山，故字从山。重土，故不从石。”③二字之别主要在于对于具体物象中“山”与“土”的比例，何者居多则从之，故二虽有细微差别，但均用于形容类似物象，可以通用。

(四)“维以不永伤/怀”与“𰯀(维)𰳱(以)𰝅(永)𰷉(伤)/𰜣(怀)”

安大简作“隹(维)㠯(以)羕(永)𦨲(伤)/裹(怀)”，安大简整理者认为“简本此句没有‘不’字，意思与《毛诗》截然相反”。关于“不”字取舍问题需要进一步探讨。

关于此处“不”字的取舍，学界多有讨论。学者王波涛认为诗中“永伤”“永怀”两处均少“不”字，故“当不是抄写缺漏”，作出“简本在这一点上可能比毛诗为‘近古’”之判断，并将简本体现的诗歌感情阐释为借酒寄托长久的怀思和忧伤。④ 学者李鹏辉进一步考证“伤怀”二字当为同义复词，缺少“不”字后这两句可以理解为：“诗中主人公饮酒只是因为这悠长不断的伤怀。‘伤怀’同义连用，义皆伤心。”⑤学者张翰文同样肯定这里省去“不”字当是有意为之，并从诗歌主人公的视角出发对全诗进行审美体会，认为删减以后，诗歌内容“同样为女子想像丈夫思念自己，却不是一味希求丈夫不再悲伤、不再思念，而是实实在在地表达相思之苦”，从而更体现对

---

① （清）段玉裁：《说文解字注》，第439页。
② 李学勤主编：《毛诗正义》，第40页。
③ （清）段玉裁：《说文解字注》，第439页。
④ 王波涛：《据安大简谈〈周南·卷耳〉中的“我”》http://www.bsm.org.cn/show_article.php? id=3436. 2019-10-13。
⑤ 李鹏辉：《谈安大简〈诗经〉中的“裹”及其相关字》，《战国文字研究》2019年第1期，第83~93页。

女性的认可与关注。①

整理者认为有无"不"字会道致文义的截然相反,笔者认为实则不然。学者张一方关注到了"不"字的词性问题,认为"《毛诗》'不'非表否定,而是用作助词,无实意;或作'丕',做副词。'以'用来"表原因",意为'因为,由于'",因而可以把该二句大致理解为"我酌酒,是因为长久的忧思"②,笔者以为该观点或可从。"不"充当的应当是表强调的助词,而非否定词。

"不"字这样的用法在《诗经》中并非孤例,比如《车攻》有"徒御不惊,大庖不盈"一句,《传》:"不惊,惊也;不盈,盈也。"③,又如《生民》"上帝不宁,不康禋祀",《传》"不宁,宁也。不康,康也"④;《桑扈》"不戢不难,受福不那",《传》"不戢,戢也。不难,难也"⑤等。以上案例中"不"均有类似的用法,即将"不"用作无实意的助词,起到强调作用。

当然,如果依照上述学者观点,认为"不"之删除是有意为之,那么此句的内容将变为思妇借酒来消解内心的愁思,文意亦通。

二、章序变化与优本辨析

简文第二三章内容如下:

> 陟皮(彼)高阮(冈),我马玄黄,我古(姑)勺(酌)皮(彼)兕衡(觥),隹(维)吕(以)羕(永)膓(伤)。

---

① 张瀚文:《"维以永伤"的凤愿——安大简〈诗经·卷耳〉中的女性本位意识》,《鸭绿江(下半月)》2020年第18期,第62页。

② 张一方:《安大简〈诗经〉"维以永伤"解》,《古籍研究》2020年第2期,第217~218页。

③ 李学勤主编:《毛诗正义》,第653~654页。

④ 李学勤主编:《毛诗正义》,第1061~1062页。

⑤ 李学勤主编:《毛诗正义》,第863页。

陟皮（彼）嵯（崔）𡵉（嵬），我马圯（虺）遗（隤），我古（姑）勺（酌）
金鑘（罍），隹（维）㠯（以）羕（永）裹（怀）。①

毛诗第二三章内容如下：

> 陟彼崔嵬，我马虺隤。我姑酌彼金罍，维以不永怀。
> 陟彼高冈，我马玄黄。我姑酌彼兕觥，维以不永伤。②

可以发现，与毛诗等今通行版本进行对比，简文的二、三章的顺序进
行了对调，出现了诗歌递进顺序上的差异。两种不同的顺序版本究竟何者
更优，需要结合诗歌中的意象内涵与情感递进走向进行综合判断。

此二章在字词成分、内容描写上均构成明显的对照关系，且有大量重
复性文字，因而可以针对造成差异的"崔嵬""高冈"等词语进行比较。

关于"崔嵬"与"高冈"，可参考清人姚际恒《诗经通论》对于"崔嵬""高
冈""砠"的辨析："砠，《毛传》云：'石山戴土，是。'二章，言山高，马难
行。三章，言山脊，马益难行。四章，言石山，马更难行。"③是以"高冈"
较之"崔嵬"更难攀爬行走。

关于"虺隤"与"玄黄"。毛传："虺隤，病也"；"玄马病则黄"④，朱
熹："玄马而黄，病极而变色也"。⑤ 马瑞辰按："《尔雅·释诂》：'玄黄，
病也'二字并列，与虺隤同义。"⑥陈奂："虺隤，叠韵。玄黄，双声。皆二
字成义。'玄黄'之不可分释，犹'虺隤'之不可分释，黄本马之正色，黄而

---

① 安徽大学汉字发展与应用研究中心编：《安徽大学藏战国竹简》，第7~8页。
② 李学勤主编：《毛诗正义》，第38~39页。
③ （清）姚际恒：《诗经通论》，中华书局1958年版，第21页。
④ 李学勤主编：《毛诗正义》，第38页。
⑤ （宋）朱熹：《诗集传》，第4页。
⑥ （清）马瑞辰：《十三经清人注疏·毛诗传笺通释》，第46页。

玄为马之病色，若以玄为马色而黄为马病，则不通矣"①，王先谦按："陈说是"②。"虺隤"当为叠韵而叠用，不应分释，故此出可以释为疲惫而生病之态；"玄黄"亦如是，描述黑毛与黄毛交杂而生，双声合用以形容马之病重。前者疲而生病，后者病症已经显现与毛发更见其病重。

关于"金罍"与"兕觥"。《释文》："罍，卢回反，酒罇也。《韩诗》云：'天子以玉饰，诸侯、大夫皆以黄金饰，士以梓。'《礼记》云：'夏曰山罍，其形似壶，容一斛，刻而画之，为云雷之形。'"③故金罍即饰金的酒器。安大简"觥"作"衡"，"衡"古文多与"横"通，"横""觵"皆从"黄"声，"觵""觥"实为一字，故"衡"可以释作"觥"。《说文》"觵"下有言："兕牛角可以饮者也。其状觵觵，故谓之觵。"④兕觥即用牛角制成的酒器。"金罍"与"兕觥"为用不同材料制成的酒器，此处无明显递进含义。

关于"怀"与"伤"，前文在考释"何以不永怀/伤"中"不"字有无时，已经有引用学者对于"怀"和"伤"含义的理解，李鹏辉先生判断二字为同义替换关系，认为二字同义连用，此二字连用现象颇为多见，如《史记·高祖本纪》："高祖乃起舞，慷慨伤怀，泣数行下"，汉武帝《悼李夫人赋》："惨郁郁其芜秽兮，隐处幽而怀伤"等用例⑤，均表达伤心的含义，传递感伤的情感氛围。

学者杨玲、尚小雨指出："今本《卷耳》二、三章中有三组词语的顺序自有其内在逻辑，且符合通过递进表达感情逐渐加强之需要。如按简本把第二、三章互换，一方面违背逻辑，另一方面不符合诗歌表达的需要，所

① 北京大学《儒藏》编撰中心：《儒藏》(精华编三十三《诗毛氏传疏》)，北京大学出版社2009年版，第44页。
② (清)王先谦：《十三经清人注疏·诗三家义集疏》，第28页。
③ 李学勤主编：《毛诗正义》，第38页。
④ (清)段玉裁：《说文解字注》，第186页。
⑤ 李鹏辉：《谈安大简〈诗经〉中的"裹"及其相关字》，《战国文字研究》2019年第1期，第83~93页。

以今本优于简本。"①参考对于上述对于简文字词的具体释读，从"陟彼崔嵬"至"陟彼高冈"，马的状态、人的情绪皆有一定递进关系，今本顺序应该更佳，或应依从今本进行理解。

当然，以上理解主要基于针对篇章中具体意象在字词意义上的训诂理解与比较分析，而这些均在一定程度上受到后世文人对篇目内容的主观判断之影响，具有一定的主观性，或有牵强附会之嫌。因而利用后世文人对于《诗经》的释读来对版本优劣进行比较未必合理，故而这里也只是进行一些探索与尝试，具体的优本判断仍需谨慎，难成绝对。

三、《卷耳》诗旨辨析即"不知人"之理解

讨论《卷耳》的诗旨内涵，学界已有多家观点，分类而言可以概括为以毛传、三家诗、《孔子诗论》等为代表的"后妃之志"或"求贤"说；与现代学者普遍比较支持的思妇征夫说。"后妃之志"或"求贤"说认为诗歌主要反映了作为统治阶级的君王(后妃)渴求贤才，愿得贤人以陈列于列周之位("置彼周行")的胸怀与抱负。而思妇征夫说则认为诗歌的抒情主题主要是采集卷耳的妇女和她在外饱受征役之苦的丈夫，诗歌在二人真挚情感和困顿现实的铺陈中体现哀思的抒情氛围。

若论原创该诗的真正面貌，笔者认为应当是依后者所言，采集卷耳的思妇在劳作的过程中对远行的丈夫的征役生活进行了想象，征夫在远行的过程中经历了一系列的劳苦与困顿，二人的内心独白在不同时空产生了交互，应而形成了这首充满哀思的抒情诗作，这也是目前比较通行的对诗《卷耳》的审美赏析思路。

思妇征夫说或许更能反映具体时期的民风民貌，体现的是诗歌所反映的原生场景和该时代背景下的底层民众生活状态。而"后妃之志"与"求贤"

---

① 杨玲、尚小雨：《比较视域下的安大简〈诗经〉章次互易异文产生原因和价值探析》，《渭南师范学院学报》2020 年第 10 期，第 65~73 页。

说，则体现出古人读诗"言诗之外"的意义，反映了一定社会背景下的政教于民的作用风貌，强调的是诗歌写作传递的社会教化意义，故而两种诗旨都应该被读者所把握理解。

要进一步把握《卷耳》一篇的诗歌意义内核，还可以比较《孔子诗论》的阐释进行对读分析。《孔子诗论》："《卷耳》，不智（知）人。"（《上博一·孔》简二十九）①上博简整理者马承源先生将简文释作："《惓（卷）而（耳）》，不智（知）人"，认为"惓而"与"卷耳"字音相通。② 李学勤先生认为此处"惓"应读若"患"，认为当与上简（第二十八简）一同读作："《青蝇》知惓（患）而不知人。"③该通假之说固然有一定的合理性，但考虑到上下简的具体论述情况，一般认为此处仍应该评说的是《卷耳》一诗。比如晁福林先生便认为这里的"惓"依原字读已经通达，无需通假为"患"。④ 且依照之后第二十九简精简评说五诗的文势，以及与上博简、安大简等出土文献的简文对照（安大简有"𦬊（菜）=（采采）蘲（蘲，卷）𦥑（耳）"⑤；上博简《孔子诗论》简十七有"𦬊（菜）蘲蘲"⑥；简二十九有"𦥼而"⑦），此处仍应视为对《卷耳》篇的评说。

如果将此处"不知人"确认为孔丘对于《卷耳》的评说，那么还需要对"不知人"的含义进行进一步探究。有学者将"不知人"理解为思妇征夫的不相知，即思妇与征夫处在不同的时空地域难以相知。然而，如果从思妇征夫表达相思之情的思路理解该诗的主旨，那么《卷耳》一诗阐发的应该是思

---

① 马承源主编：《上海博物馆藏战国楚竹书》（一），上海古籍出版社2001年版，第41页。

② 马承源主编：《上海博物馆藏战国楚竹书》（一），第159页。

③ 李学勤：《〈诗论〉简的编联与复原》，《中国哲学史》2002年第1期，第5~8页；2020年第18期，第62页。

④ 晁福林：《〈诗经·卷耳〉再认识——上博简〈诗论〉第29简的一个启示》，《文史哲》2011年第3期，第122~131页。

⑤ 安徽大学汉字发展与应用研究中心编：《安徽大学藏战国竹简》（一），第7页。

⑥ 马承源主编：《上海博物馆藏战国楚竹书》（一），第29页。

⑦ 马承源主编：《上海博物馆藏战国楚竹书》（一），第41页。

妇与征夫虽然处在不同的时空，但因为浓郁的思念之情使得二者的时空得以交融，在这样的诗歌文势和情感道向下，以"不相知"作为评说或许有失妥当，想要理解"不知人"之评，需要结合孔子论诗的目的和价值标准。

释读《孔子诗论》应遵循孔子师徒读诗的目的和情境，也即"以周礼说诗、以王政说诗"，故而此处的"知人"也就是儒家视域下的"知人"，即孔子所谓的"举直"（任用贤能），"不知人"即无法真正辨明贤能。这里的理解不应当拘泥于原创之诗的真正面貌与含义，而是需要回到孔子论诗的具体历史情境，再结合儒家有关"知人"的相关论说，进行更为合理的推断。

笔者在参阅学者晁福林先生的相关阐释时启发颇丰，然而在他论说中，将"不知人"解释为后妃虽有求贤之志，所求之人却因没有在朝为官（"置彼周行"）就饮酒寥落，并非真正贤才，故而后妃"不知人"。① 但结合对于"置彼周行"的释读，笔者认为这里的叙事主体应当仍是选求贤才的君王/后妃，"置彼周行"表达的应当是主体希望贤才置于周之列位的渴望，"不知人"也应当是为国忧劳求贤然但始终苦无贤才的哀叹，这里的哀思又或许可以与"采采卷耳，不盈顷筐"构成一种对照，贤才终究"不盈顷筐"，因而形成"不知人"的无奈现状。因而对于"不知人"的理解，也可以对"求贤"说的丰富内涵进行进一步的补充与深化。

校订：陈琛　彭馨雨

---

① 晁福林：《〈诗经·卷耳〉再认识——上博简〈诗论〉第 29 简的一个启示》，《文史哲》2011 年第 3 期，第 122~131 页。

基于历史比较的
三五壮语单元音音变声学研究

韦力尔*

摘　要：以广西壮族自治区来宾市三五镇的壮语为研究对象，通过对不同年龄、不同性别的 18 位壮语发音人进行语音材料采录，使用实验语音学方法对三五壮语单元音的声学特点进行描绘，考察不同发音人壮语单元音格局的分布特点。基于历史比较方法，通过对壮傣语支不同语言之间的韵类语音词汇作对比，揭示一些具有规律性的语音演变趋势，进一步论证关于元音央化和前化等音变现象的观点，并科学合理地分析造成三五壮语单元音语音演变的诱因。

关键词：三五壮语；单元音；声学实验；历史比较；语音演变

一、引言

音变是一种常见的历史语音演变现象，语音转化规律不是孤立地影响某一个词或某一形式，而是影响整个语音系统。不同的条件下的音变现象，需要不同的音变理论去解释，新的语料被发掘，新的链移路径被提出

---

* 韦力尔，华中科技大学人文学院 2021 级语言学及应用语言学专业硕士研究生。本文系"2023 文言樱花会"暨武汉大学文学院第四届研究生学术论坛主会场发言论文。

以及旧的链移路径被修补，对后续研究是大有裨益的。目前众多学者根据元音音系空间、元音圆展唇、发音特征等方面归纳了许多音变类型，初略统计有：高化、低化、前化、擦化、舌尖化、边擦化、鼻音化、央化、裂化、齿化、单化、圆唇化、鼻尾化等十多种类型。虽然三五壮语单元音音变没有超出上述范围的音变类型，但是三五壮语元音音变条件，即音节配合的情况却是独特的，因此有深入描写的必要。

三五镇地处广西壮族自治区来宾市兴宾区南部，主要居住民族为汉族和壮族，境内通用语言有壮语、客家话、桂柳话和普通话。根据《壮语方言土语音系》划分，三五壮语归属北部方言红水河土语区壮语。① 本文以三五镇的壮语单元音音变现象作为研究对象，分析壮语单元音语音演变过程中造成的内部影响，具体内容包括：(1)分析不同年龄、不同性别之间的元音格局差异，找出历时演变形成的语音差异现象；(2)通过比较亲属语言之间语音对应关系归纳壮语元音的对应规律，寻找音变发生的诱因；(3)利用发声机制理论和语音系统内部调整来分析三五壮语元音音变的动因，进一步论证三五壮语语音现状情况，以期客观真实地反映三五壮语语音变化趋势。

二、三五壮语单元音声学实验分析

实验根据陶寰、陈楠对于样品选择的建议②，确定以 60 岁为界限划分为中年组和老年组，每组各 9 人，男女比例 1：1，一共 18 位发音人。录音材料为壮语一级元音[a、o、e、ə、i、u、ɯ]，选取《现代汉壮词汇》③中的常用字作为例字，且保证所选例字涵盖大部分声韵调的组合类型。为了保证取样的准确性，每个元音随机选取 10 个基频点，记录 3 个共振锋 F1、F2、F3 的值，然后取各自平均值。表 1 为三五壮语单元音调查字表。

---

① 见广西壮族自治区少数民族语言文字工作委员会研究室：《壮语方言土语音系》，广西民族出版社 1994 年版，第 1 页。

② 见陶寰、陈楠：《新派乐山方言单字阳平、上升调的实验研究》，《中国语言学报》2018 年第 18 期，第 117 页。

③ 中国民族语文翻译局编：《现代汉壮词汇》，广西民族出版社 2014 年版。

表1   三五壮语单元音调查字表

元音	例　字
[a]	胸口、肩膀、北、砍、腿、五、学、杀、抓、下、暗、回
[o]	骨头、路、六、掉、出、鸟、哥、苦、吹、福、肉、熟
[u]	衣服、月份、豆、肝、做、聋、棵、只、货、骗、船、锁
[i]	妈妈、鸭、撕、接、铁、一、年、十、写、地、还、个
[e]	百、肺、八、塞、老、割、夹、羊、姐、偷、七、划
[ɯ]	发霉、耳朵、石头、女、血、子、饿、别、手、你、吃、上
[ə]	叶子、哪里、毛、张、街、拿、买、近、书、看、在、煮

(一)单元音声学格局分析

为了更好地观察散点分布情况，本文将18位发音人分为中年组和老年组进行对比展示，目的是使元音基频信息更准确地呈现出来。图1为两组基频均值处理后的总体散点图，在此图中可以观察出中年组和老年组元音分布的区别。为了方便观察各元音的差异性，将相对位置较为接近的元音用实线圈出，相对位置具有差异的元音用虚线圈出。

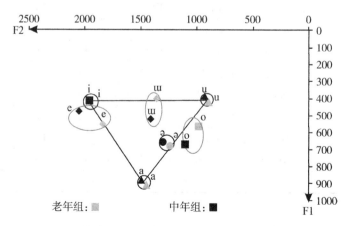

图1　中老年组单元音总体散点图(单位：Hz)

对比中年组和老年组各别元音具体的位置发现以下特点：①两组发音人[a]、[i]、[u]和[ə]四个元音比较接近甚至重合。这四个元音中，老年组的 F1 和 F2 值均略微低于中年组，中年组的发音情况稍微靠前靠上。②中年组的[e]相较于老年组，发音位置明显更加靠前，甚至比元音[i]的F2 数值更大，说明舌位前后位置更前。而老年组的元音[e]比较符合平时所熟悉的国际音标元音舌位图，发音舌位应比[i]靠后一些。③从发音前后位置来看，所有发音人的元音[ɯ]都处于中间位置，说明高元音出现"央化"现象。在不同年龄层次中，中年组的元音[ɯ]比老年组更低，更加靠近央中元音的位置，说明年龄越低，元音[ɯ]的"央化"现象越明显。④两组元音[o]的位置情况与元音[ɯ]相似，中年组的元音[o]比老年组更低且更靠前，接近于央中元音[ə]的位置，进一步说明年龄越低，壮语部分元音的"前化"现象越明显。为了探究元音发音情况是否与语言接触有关，下面将通过对比普通话单元音数据作进一步论证。本文普通话的一级元音数据取自中国社科院语言研究所的数据结果。①

表2　　　老、中年组与普通话单元音共振峰均值表(单位：Hz)

共振峰 单元音	老年组		中年组		普通话	
	F1	F2	F1	F2	F1	F2
[a]	910.00	1447.46	881.12	1495.19	1140	1255
[o]	562.81	987.05	670.04	1105.33	625	800
[e]	553.50	1834.72	476.83	2051.98	——	——
[ə]	680.54	1239.13	658.39	1300.10	——	——
[i]	435.79	1936.17	413.10	1957.30	305	2580
[u]	414.81	898.78	391.31	929.56	400	545
[ɯ]	403.09	1354.06	524.75	1408.49	——	——
[ɤ]	——	——	——	——	645	1130

---

①　见林焘、王理嘉：《语音学教程(增订版)》，北京大学出版社 2013 年版，第52 页。

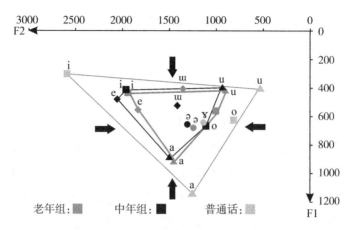

图2 老、中年组与普通话单元音总体散点范围图（单位：Hz）

1. 元音［a］

普通话和壮语元音［a］的发音部位描述是相同的。老年组和中年组的壮语［a］元音舌位高低前后几乎重合，与普通话相比较，壮语［a］元音发音位置更偏上，并且略微靠前。由此可知，虽然在听感上不会造成歧义与误解，但是它们在发音时舌位具有一定差异性。

2. 元音［i］

普通话和壮语的元音［i］的声学特征基本相同。由于声学特征相同，语言接触造成的影响因素较少，老、中年组之间的元音［i］位置基本重合。

3. 元音［u］

普通话与壮语的元音［u］的声学特征基本相同，属于相同元音。发音人在接触时比较容易习得，基本不会遇到因难。由于声学特征相同，语言接触造成的影响因素较少，老、中年组之间的元音［u］位置基本重合。

4. 元音［ə］

普通话单元音中没有元音［ə］，但复元音中有［ər］，其发音特征与［ə］

相似，发音部位也相同，且央中元音自然容易发出，因此中老年的元音[ə]没有产生明显差异。

5. 元音[o]

根据元音格局图，可以发现壮语[o]元音舌位虽然仍在后元音区域，但是更接近与央元音区域。普通话与壮语的元音[o]的声学特征基本相同，属于相同元音。对比汉壮元音格局[o]的位置关系，从高低位置(F1)来看，老年组>普通话>中年组，且中年组的元音[o]与普通话的元音[ɤ]重合，说明中年组的元音可能受到普通话的影响，逐渐与老年组的语音产生偏离，往普通话发音特征方向发展。

6. 元音[e]

普通话单元音中没有元音[e]。普通话元音[i]与壮语元音[e]的声学特征有许多相似性，均为不圆唇前元音，区别仅构成了高与半高位置对立。但在普通话中没有相对应的音素，构成了一定的差异性，使得壮语母语人在学习使用普通话时，语音产生相互影响。中年组的元音[e]，逐渐靠前，发音前后位置超过壮语元音[i]，更接近普通话元音[i]的位置。

7. 元音[ɯ]

普通话单元音中没有元音[ɯ]，且壮语的元音[ɯ]与国际音标中的舌面后、高、不圆唇元音的位置有所差异。该元音在所有发音人的发音情况中都出现明显的"央化"现象，老年组仅出现前后位置的"央化"，中年组在前后和上下位置都出现"央化"，更加偏向央中元音。

综上，可以发现一个规律：当两种语言接触时，两组声学特征相同的元音不会产生语言迁移或语音变异现象，即不会发生发音位置相互靠拢。若两组声学特征相似且具有一定区别，找不到对应音素的元音就有可能发生语音迁移或语音变异现象，两组音素会逐渐相互靠拢。

（二）单元音离散率分析

在语音分析中，元音的音质主要决定于第一共振峰（F1）和第二共振峰（F2）的数据。由于两性的生理差异会造成同龄的男女性发音人在发同一元音时，共振峰的数值存在很大的差别，从而导致离散率数据无法反映元音发音位置离散程度的真实情况。为了避免这种影响，在这里先分别求出9个男性发音人和9个女性发音人各元音的离散率，再进行平均，从高低和前后两个方面综合考察他们各元音离散程度的整体情况。进而通过比较离散率的大小，分析各元音的建构次序。

表3　　　　　　　三五壮语男女性组元音在 F1 维度上的离散率

	［i］	［e］	［a］	［ə］	［u］	［ɯ］	［o］
男性组	0.1083	0.1105	0.0382	0.0895	0.0795	0.1724	0.1727
女性组	0.1614	0.1129	0.1098	0.0617	0.0446	0.2468	0.0840
均值	0.1348	0.1117	0.0740	0.0756	0.0621	0.2096	0.1284

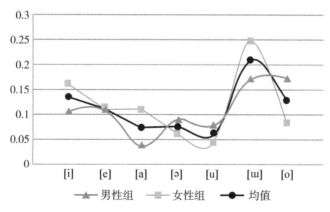

图3　三五壮语男女性组元音在 F1 维度上的离散率曲线图

表3是男女性发音人的7个壮语单元音 F1 的离散率，图3则是对应的曲线图。元音的第一共振峰 F1 与舌位的高低有关。从图3中我们可以看

到，男女性发音人对于元音舌位前后的掌握程度相对一致，说明不同性别之间的差异对于元音舌位前后的影响较小。

表4　　　　　　　　**三五壮语男女性组元音在F2维度上的离散率**

	［i］	［e］	［a］	［ə］	［u］	［ɯ］	［o］
男性组	0.0698	0.0751	0.0688	0.0681	0.0899	0.092	0.1456
女性组	0.1022	0.1994	0.0403	0.0257	0.0155	0.0276	0.046
均值	0.086	0.1372	0.0546	0.0469	0.0527	0.0598	0.0958

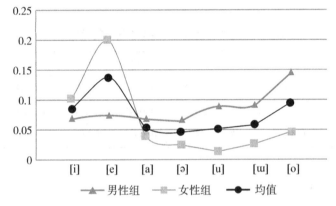

图4　三五壮语男女性组元音在F2维度上的离散率曲线图

表4是男女性发音人的7个壮语单元音F2的离散率，图4则是对应的曲线图。元音的第二共振峰F2与舌位的前后有关。除了大部分语言都具有的元音［i］、［a］、［u］和央元音［ə］之外，其他几个元音都有比较明显的差异性。对于［e］而言，女性的离散程度十分明显，而男性的离散程度相对较好，推测女性的前元音［e］在未来有可能出现音变现象。男性的后元音［ɯ］和［o］相对女性而言离散程度较大，根据9位男性发音人的元音格局图，可以发现［ɯ］和［o］都出现了央化现象，发音部位靠央中位置。

通过对男性和女性发音人的离散率进行平均，然后从小到大进行排

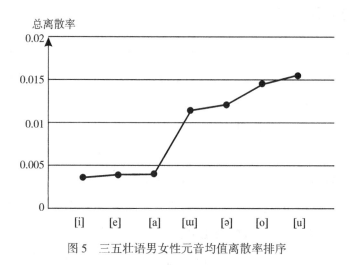

图5 三五壮语男女性元音均值离散率排序

序，得出三五壮语男女性元音均值离散率排序，如图5。首先，可以发现前元音[i、e、a]的离散率较低，说明三五壮语的前元音发音情况较为一致，不易发生变异。而后元音[u、ɯ、o]的离散程度比较明显，离散率分别是0.0154、0.0113和0.0145，是[i、e、a]离散率的3倍左右。从数值角度考虑，可以将三五壮语单元音离散数值分为两组：[i、e、a]为一组，数值处于较低水平，基本在0.004之下；而[ə、u、ɯ、o]为一组，数值处于较高水平，基本都在0.012以上水平。由[i、e、a]组成的折线表现为平直缓和的横线，而[ə、u、ɯ、o]组成的折线则是上升斜率较大、倾角陡峭的曲线。进一步说明，三五壮语的差异性主要表现在后元音的发音情况，由于后元音出现不同程度的央化或前化，使得不同性别的后元音离散率随之增加。

三、三五壮语单元音历史比较分析

根据前文实验结果得出三五壮语元音音变有"央化"和"前化"两种类型，下面将分类讨论。

（一）元音央化音变比较分析

江荻指出"元音在封闭系统状态内移（央化）"①。"单元音央化是在壮语局部地区中长短不分后的变化途径，主要出现在邕南、桂东和德靖等壮语中"。② 据调研观察，三五壮语元音央化更为常见的现象，音变的条件丰富，音变的目的和指向性明确。

在三五壮语中，高元音如[i]、[u]、[ɯ]和半高元音[o]在不同的音变条件下都倾向于央化，可以出现在所有的鼻辅音和塞辅音韵尾环境中。假设以顶点[i]和[u]为起点，在元音音系空间中，[i]和[u]可选择的演变路径有低化、央化或者复化（裂化出链）。从元音空间上看，央化也是由高向低移动，到达中央位置，可以说央化是低化的一种，但因为它不位于元音三角链上，所以需要单独列出来讨论，下面以三五壮语央元音[ə]为出发点，根据不同的音节配合来对比其他"台语"的元音情况。为了方便观察声调调类对应，本文所有词汇的声调均标调类。

发生于韵尾为[-m]的韵母中的央化，涉及[i]、[u]、[o]元音，具体如下表：

表5 [-m]韵尾的壮傣语韵母词汇比较

义项	三五	贵港	武鸣	柳江	布依	邕南	龙州	版纳	泰语	老挝
满	ləm¹	rim¹	ɣiɯ¹	him¹	zim¹	thim¹	tim¹	tim¹	tem²	tem¹
饱	ʔjəm⁵	ʔn̩im⁵	im⁵	im⁵	im⁶	im⁶	im⁵	im⁵	im⁵	im⁵
陷	ləm⁵	—	lom⁵	lom⁵	lɔm⁵	lam⁵	lam⁵	lum⁵	lom⁵	—
酸	ɬəm¹	θam³	θam³	—	sɔm³	lum³	lum³	sum³	som³	som³
苋菜	ləm¹	raːm³	ɣoːm¹	hjom¹	zɔm¹	hləm¹	ham¹	hum¹	khom¹	khom¹

<hr>

① 江荻：《论汉藏语言演化的历史音变模型》，中国社会科学元研究生院2000年博士学位论文，第95页。

② 张均如、梁敏等：《壮语方言研究》，四川民族出版社1999年版，第214页。

义项	三五	贵港	武鸣	柳江	布依	邕南	龙州	版纳	泰语	老挝
翻置	həm³	—	kum³	—	fiɔm³	ham⁵	khum³	xɔm³	khwam³	khwam³
尖	ɬəm¹	θam¹	θam¹	lwiːm¹	sɔm¹	ɬim¹	ɬiːm³	tsɔm¹	lɛːm¹	lɛːm¹
盖	kəm⁵	kam⁵	kum⁵	hom⁵	kɔm⁶	ham⁶	hum⁵	hum⁵	hom⁵	hom⁵
风	ləm²	rum²	ɣum²	hjum²	zum²	hləm²	lum²	lum²	lom²	lom²
痒	həm²	hum²	hum²	hum²	fium²	həm²	—	xum²	—	—
煮	təm⁵	—	tum⁵	tum⁵	tum⁵	təm⁵	tam³	tum³	tom³	tom⁴
抱	əm³	ŋum³	um³	um³	um⁴	əm⁵	um³	um³	um³	um⁴

上表例子中，壮傣语中不论是 im、em、am、um、om、ɔm，还是 iːm、εːm，都对应为三五壮语的 əm，这是很明显的央化演变，而其中 im>em>am 和 um>om>ɔm>am 正是的元音音变链移路径。

发生于韵尾为[-n]的韵母中的央化，涉及[i]、[u]、[ɯ]、[o]元音，具体如下表：

表6　　　　　　　[-n]韵尾的壮傣语韵母词汇比较

义项	三五	贵港	武鸣	柳江	布依	邕南	龙州	版纳	泰语	老挝
筋	ȵən²	ȵin²	ŋin²	ȵin²	ȵin²	jən²	jin²	in¹	eːn²	eːn¹
石头	lən¹	rin¹	ɣin¹	hjin¹	zin¹	thən¹	hin¹	hin¹	hin¹	hin¹
舌头	lən⁴	lin⁴	lin⁴	lin⁴	lin⁴	lən⁴	lin⁴	lin⁴	lin⁴	liːn⁴
裙子	wən³	win³	vun³	—	vin³	phən⁵	—	sin³	siːn³	sin³
飞	bən³	bin¹	bin¹	bin¹	bin¹	mən¹	bin¹	bin¹	bin²	bin¹
脚	tən¹	tin¹	tin¹	tin¹	tin¹	tən¹	tin¹	tin¹	tiːn²	tiːn¹
黄蜂	tən²	tin¹	tin¹	tin¹	tin¹	tən²	pheːn⁵	tɛn¹	tɛːn²	tɛːn¹
短	kən¹	tin³	tin³	tin³	tin³	mən¹	mən¹	tɯn³	tɯːn³	tɯːn⁴
吃	kən⁶	kɯn¹	kɯ¹	kɯn¹	kɯn¹	kun¹	tən¹	kin¹	kin²	kin¹
粪肥	hən³	pun⁶	pɯn⁶	pun⁶	pɯn⁶	fan⁵	tən²	fun5	fun⁵	fun⁵

续表

义项	三五	贵港	武鸣	柳江	布依	邕南	龙州	版纳	泰语	老挝
上	fən²	huɯn³	huɯn³	huɯn³	fiɯn⁶	hun⁵	tən³	xɯn³	khɯn³	khɯn³
柴	hən³	fin²	fɯn²	fun²	fɯn²	—	fun¹	fɯn²	fɯːn²	fɯːn²
起床	dən¹	huɯn³	huɯn⁵	huɯn³	zun⁵	thən⁶	pɯn⁶	tin³	tɯːn⁵	tɯːn⁵
站	pən¹	—	dɯn¹	—	dun¹	nən¹	jin¹	jin¹	jɯːn²	jɯːn¹
毛	bən¹	pin¹	fɯn¹	pun¹	vun¹	phən¹	khun¹	khun¹	khon¹	khon¹
天	bən¹	bin¹	bɯn¹	bun¹	bɯn¹	mən¹	—	—	bon²	bon¹
人	wən¹	wun²	vun²	hun²	vɯn²	hun²	kən²	kən²	khon²	khon²
雨	wən¹	wun³	fɯn¹	hun¹	vɯn²	phən¹	phən¹	phən¹	fon¹	fon¹
软	wən¹	wun⁵	un⁵	un⁵	vɯn⁶	un⁶	oːn⁵	oːn⁵	ɔːn⁵	ɔːn⁵
睡	nən¹	nɯn²	nin²	nin²	nin²	nən²	noːn²	noːn²	nɔːn²	nɔːn²

根据上面的同源词汇，发现三五壮语的 ən 有 in、iːn、en、ɛn、ɛːn 和 un、on、ɔn、ɔːn、ɯn、ɯːn 多种对立形式，除了能推测三五壮语的央化演变，还能为壮傣语低化链移提供佐证，其中的几个长音韵母应是另有其他演变来源或原始形式，不影响音变的总体趋势。

发生于韵尾为[-ŋ]的韵母中的央化，只涉及[ɯ]元音，具体如下表：

表7　　　　　　　　[-ŋ]韵尾的壮傣语韵母词汇比较

义项	三五	贵港	武鸣	柳江	布依	邕南	龙州	版纳	泰语	老挝
你	məŋ²	mɯŋ²	mɯŋ²	mɯŋ²	mɯŋ²	mɯŋ²	mɯŋ²	mɯŋ²	mɯŋ²	mɯŋ²
手	fəŋ²	fɯŋ²	faɯ²	fɯŋ²	fɯŋ²	mei²	mɯ²	mɯ²	mɯ²	mɯ²

上述"你"一例在龙州，"手"一例在武鸣、邕南、龙州、版纳、泰语、老挝语多地都不带鼻音韵尾，本文主张从主元音[ɯ]>[ə]的对应关系将之视作为元音央化演变。

发生于韵尾为[-p]的韵母中的央化，涉及[i]、[u]、[o]元音，具体如下表：

表 8 　　　　　　　　　　[-p]韵尾的壮傣语韵母词汇比较

义项	三五	贵港	武鸣	柳江	布依	邕南	龙州	版纳	泰语	老挝
十	səp^8	θip^8	ɕip^8	θip^8	çep^8	tship^8	ɬip^7	sip^7	sip^7	sip^7
指甲	kləp^7	rat^8	ɣip^8	hip^7	zep^8	—	lip^7	lep7	lep^8	lep^8
捡	kəp^7	kip^7	kip^7	kip^7	tɕip^7	—	kip^7	kep^8	kep^8	kep^8
缝	nəp^7	ȵip^8	jip^8	ȵip^8	ȵep^8	jip^8	jap^8	jop^8	jep^8	ȵip^8
生	dəp^7	dip^7	dip^7	dip^7	dip^7	nip^7	dip^7	dip7	dip^7	dip^7
田鸡	kəp^7	kap^7	kop^7	kop^7	kɔp^7	kap^7	kap^7	kop^7	kop^7	kop^7
凹	bəp^7	bap^7	bop^7	bap^7	bup^7	map^7	bup^7	—	—	bup^7
盖	kəp^8	kap^8	kop^8	kjup^8	kɔp^8	khap^7	kup^7	—	khrɔːp^8	
关	həp^7	hap^7	hup^7	hup^7	fiaːp^7	hap^7	hap^7	hap^7	hap^7	hapv
闭	həp^7	hɯp^7	hap^7	hup^7	—	hap^7	hap^7	hap^7	hup^7	hup^7
砸	təp^8	tup^8	tup^8	tup^8	top^8	təp^8	tup^8	—	thup^8	thap^8
亲	tsəp^8	tsip^7	ɕup^8	tsup^7	ɕup^7	tsəp^7	tsup^7	tsup^8	tsuːp^8	tsuːp^8
抽	tsəp^7	—	ɕup^7	—	—	tsəp^7	ɕup^7	—	suːp^7	suːp^7
抚摸	ləp^8	—	—	hjup^8	zop^8	ləp^8	—	lup^8	luːp^8	luːp^8

以上众多例词，可以整理出三五壮语 əp 和其他壮傣语支语言 ip、ep、ap、up、uːp、op、ɔp、ɔːp 的韵母对应关系，尽管对应形式多样，但三五壮语都统统趋于央化，回归发音初始态，趋于省力原则。

发生于韵尾为[-t]的韵母中的央化，涉及[i]、[u]、[ɯ]、[o]元音，具体如下表：

表 9 　　　　　　　　　　[-t]韵尾的壮傣语韵母词汇比较

义项	三五	贵港	武鸣	柳江	布依	邕南	龙州	版纳	泰语	老挝
摘	bət^7	ʔmat^7	bit^7	bat^7	pɛt^7	mət^7	bit^7	bit^7	det^7	bit^7
鸭子	pət^7	pit^7	çit^7	pit^7	pit^7	pət^7	pit^7	pet^7	pet^7	pet^7

义项	三五	贵港	武鸣	柳江	布依	邕南	龙州	版纳	泰语	老挝
阳光	dət⁷	dɯt⁷	dit⁷	dit⁷	dit⁷	nət⁷	deːt⁷	dɛt⁷	dɛːt⁸	dɛːt⁸
谈	tsət⁷	tsɯt⁷	çit⁷	tsit⁷	tsit⁷	tsət⁷	—	tsɯːt⁸	tsɯːt⁸	tsɯːt⁸
蚂蚁	mət⁸	mot⁸	mat⁸	mat⁸	mat⁸	mot⁸	mət⁸	mot⁸	mot⁸	mot⁷
尾	lət⁷	rat⁷	ɣot⁷	hjvat⁷	hjvat⁷	thot⁷	tit⁷	tot⁷	tot⁷	tot⁷
烧	tsət⁷	—	çɯt⁷	—	—	tsət⁷	tɕoːt⁷	tsut⁷	tsut⁷	tsuːt⁸
蕨草	kwət⁷	kut⁷	kut⁷	kut⁷	kut⁷	kut⁷	kut⁷	kuːt⁸	kuːt⁸	kuːt⁸
弯	ŋwət⁷	ŋut⁷	ut⁷	—	—	ut⁷	khut⁷	khoːt⁸	khot⁸	khoːt⁸

上表三五壮语的 ət 可对应其他语言的 it、eːt、et、ɛːt、ɛt、ut、uːt、ot、ɯːt、ɯt，韵母有长有短，主要以短音为主，没有脱离央化的音变规律。三五壮语后两例采用前一节声母先唇化再央化的方法完成音变，与前一节短元音低化中提及的后接韵尾[-n]中两个例子交相呼应，因为尾辅音[n]和[t]都是舌尖音，而声母都是舌根音，发音过程中容易摩擦增加唇化成分。

发生于韵尾为[-k]的韵母中的央化，涉及[i]、[u]、[ɯ]、[o]元音，具体如下表：

表10 [-k]韵尾的壮傣语韵母词汇比较

义项	三五	贵港	武鸣	柳江	布依	邕南	龙州	版纳	泰语	老挝
着	tək⁸	tɯk⁸	tɯk⁸	tɯk⁸	—	tik⁸	tuk⁸	—	thuːk⁸	thɯːk⁸
捕	tək⁷	tɯk⁷	tɯk⁷	tɯk⁷	tɯk⁸	tik⁷	tik⁷	tok⁷	tok⁷	tɯk⁷
儿子	lək⁸	lɯk⁸	lɯk⁸	lak⁸	lə⁷	lik⁸	luk⁸	luk⁸	luːk⁸	luːk⁸
打嗝	ək⁷	ɯk⁷	ɯk⁷	ak⁷	ɯə⁸	ək⁷	ək⁷	ək⁷	ɯk⁷	ək⁷

上面的[i]、[u]、[ɯ]、[o]元音都趋于央化，三五壮语里的这三个元音在不同音变条件的制约下都倾向于央化，相对于发音部位相同的舌根辅音[ŋ]，波及央化的元音数目更多，也即后接尾辅音[k]时发生央化的音

变条件更加宽松。

本节探讨了三五壮语元音央化演变，包括发生音变的主要条件，但可以看见每类音变条件涉及的元音央化数量都不一致，证明某个主元音在某类音变条件中不发生央化，如三五壮语中 iŋ、ik 韵母还没有发生央化，而 ip、it 韵母有的例词存在两可读法，如此可以推测三五壮语的元音央化音变还处于语音渐变阶段，是一种过渡状态，即央化还没有全部完成，这也是三五壮语长短音分布不一致的原因之一。

（二）元音前化音变比较分析

三五壮语的高元音前化主要是指高长元音[ɯː]>[iː]的音变过程。壮语方言从整体上看，[ɯ]变[i]是个明显的趋势，[ɯ]牵涉到好多韵母的简化。三五壮语中有元音[ɯ]，但从与其他"台语"的对应关系中，可知三五壮语中长元音[ɯː]部分已经前化为[iː]，短元音[ɯ]也部分已央化为[ə]，短元音[ɯ]央化的情况在此不再赘述，下面我们逐步展开长元音[ɯː]>[iː]高化演变牵连的韵母简化情况的讨论。

首先是单元音[ɯ]>[i]的演变，单元音不加长音符号，如下表：

表11　　　　　　　　　[ɯ]韵类的壮傣语韵母词汇比较

义项	三五	贵港	武鸣	柳江	布依	邕南	龙州	版纳	泰语	老挝
茄子	ki²	kɯ²	kɯ²	kɯ²	kɯə²	ke²	khɯ¹	xə¹	khɯə¹	khɯə¹
烦闷	bi⁵	bɯ⁵	bɯ⁵	bɯ⁵	bɯə⁵	mə⁶	bɯ⁵	bə⁵	bɯə⁵	bɯə⁵
剩下	li¹	lɯ¹	lɯ¹	lɯ¹	lie¹	li¹	lɯ⁵	lə¹	lɯə¹	lɯə¹
肚脐	di¹	dɯ¹	dɯ¹	dɯ¹	die¹	li¹	di¹	bɯ¹	dɯ²	bɯ¹
云	fi³	fɯ³	fɯ³	hu³	vɯ³	phi⁵	pha³	fa³	fa³	fɯə³
药	i¹	ʔjɯ¹	ʔjɯ¹	jɯ¹	ie¹	i¹	ja¹	ja¹	ja¹	ja¹
草	ŋi¹	ŋ̩ɯ³	jɯ³	ŋ̩ɯ³	ŋaˀ¹	ŋi³	ja³	ja³	ja³	ŋaˀ³
耳朵	li²	rɯ²	ɣɯ²	hjɯ²	zie¹	hli¹	hu¹	hu¹	hu¹	hu¹
蛇	ŋi²	ŋɯ²	ŋɯ²	—	ŋɯə²	ŋi²	ŋu²	ŋu²	ŋu²	ŋu²

与三五壮语元音[i]对应的有 ɯ、ɯə、ə、a、u、ie 好几种形式，各地的演变结果不一样有可能是有不同的来源或者演变方向的差异。张均如指出“读为 u 的受舌根音声母 h、ŋ 的影响，读 a 的原来可能是 ɯə 或 ɯa，北部方言保留第一个元音，南部方言和傣、泰、老挝语保留第二个元音”①。他还探讨了壮语中 ɯ、əɯ、aɯ 三个韵类的四种变化类型，指出它们都有趋于简化的趋势，其中第一类是 ɯ≠əɯ≠aɯ，三五壮语来源于这三个韵类的音也确实不同，但均已音变为 i≠ə≠ai 的对立，来源于 aɯ 的韵类在受 ɯ>i 音变规律的统管制约下系统地进行高化音变，演变为 ai，举例如下表：

表 12　**[aɯ]韵类的壮傣语韵母词汇比较**

义项	三五	贵港	武鸣	柳江	布依	邕南	龙州	版纳	泰语	老挝
媳妇	pai^4	$paɯ^4$	$paɯ^4$	$pə^4$	$paɯ^4$	pai^4	—	pai^4	$phai^4$	$phai^4$
胗子	tai^1	$taɯ^1$	$taɯ^1$	$tə^1$	$taɯ^1$	tai^1	$taɯ^1$	tai^1	tai^2	tai^4
叶子	bai^1	$baɯ^1$	$baɯ^1$	$bə^1$	$baɯ^1$	mai^1	$baɯ^1$	bai^1	bai^2	bai^1
里面	dai^1	$daɯ^1$	$daɯ^1$	$də^1$	$daɯ^1$	nai^1	$daɯ^1$	nai^2	nai^2	—
近	$klai^3$	$kraɯ^3$	—	$kjə^3$	$tɕaɯ^1$	—-	$khjaɯ^3$	kai^3	$klai^3$	kai^4

上表除了三五壮语之外，邕南、版纳、泰语和老挝语 aɯ 韵类中的[ɯ]均已演变为[i]，泰文字母可为证。来源于 aɯ 的韵类在桂东林岩壮语中变化为央元音[ə]，韦名应“将之纳入央化范围的讨论，上表的柳江壮语也当如是解释”②。

三五壮语的[əɯ]>[ə]，音变不是由[ɯ]>[i]引起的，但在此我们也顺带说明，具体如下表：

① 张均如：《壮语中 ɯ、əɯ、aɯ 三个韵类的发展变化》，《民族语文》1986 年第 6 期，第 23 页。

② 韦名应：《桂东(林岩)壮语方言岛语音研究：范式综合》，中央民族大学 2018 年博士学位论文，第 149 页。

表 13 　　　　　　　　　[əɯ]韵类的壮傣语韵母词汇比较

义项	三五	贵港	武鸣	柳江	布依	邕南	龙州	版纳	泰语	老挝
书	ɬə¹	θəɯ¹	θaɯ¹	θɯ¹	sɯ¹	ɬei¹	ɬɯ¹	—	sɯ¹	sɯ¹
拿	tə²	təɯ²	taɯ²	tɯ²	tɯ²	thei²	thɯ¹	—	thɯ¹	thɯ¹
买	tsə⁴	tsəɯ⁴	çaɯ⁴	tsɯ⁴	çɯ⁴	tsei⁴	ɬɯ⁴	sɯ⁴	sɯ⁴	sɯ⁴
后天	lə²	təɯ²	ɣaɯ²	hjɯ²	zɯ²	hlei²	lɯ²	hɯ²	rɯːn²	hɯ²

综合上述三个表格，三五壮语的[ə]有 ɯ、əɯ、aɯ 三种形式的对应，但本文不认为这是一种央化音变，而更像是由[əɯ]保留了第一个元音，直接单元音化，三五壮语虽有[ɯ]>[ə]央化演变规律，但这类央化演变都发生于韵尾为鼻音或塞音的短音音节中，而 aɯ 韵类三五壮语读 ai，因此推断三五壮语经历了[əɯ]>[ə]后一音节脱落的演变。

三五壮语[ɯː]>[iː]演化还涉及一类特殊的单元音化音变，即由原本的复合元音韵母变成单元音韵母，如下表：

表 14 　　　　　　　　　[ɯː]韵类的壮傣语韵母词汇比较

义项	三五	贵港	武鸣	柳江	布依	邕南	龙州	版纳	泰语	老挝
左边	ɬi⁴	—	θɯəi⁴	sɯːi⁴	soːi⁴	ɬuːi⁴	ɬaːi⁴	saːi⁴	saːi⁴	saːi⁴
骑	ki⁶	kɯːi⁶	kɯəi⁶	kɯːi⁶	koːi⁶	ki⁶	khwi⁵	xi⁵	khi⁵	khi⁵
洗	ɬi⁵	θɯːi⁵	θɯəi⁵	θɯːi⁵	soi⁵	ɬuːi⁵	—	soi⁶	—	suəi⁵
女婿	ki²	kɯːi²	kɯəi²	—	koːi²	—	khuːi¹	xəi1	khəːi¹	khəːi¹

这几个例词，三五壮语都读单元音，其他语言有 ɯəi、ɯːi、oːi、uːi、aːi、əːi、uəi 几种复元音形式，推测三五壮语原来是 ɯːi，然后由[ɯː]>[iː]前移演变，结合两个相同的元音[iː]读作单元音。

主元音[ɯː]带韵尾时，三五壮语元音[ɯː]>[iː]前化在阳声韵和入声韵中都有体现，首先是韵尾为[-n]的韵母，涉及与 ɯːn、ɯən、əːn 的对应，如下表：

表 15　　　　　　　　[ɯːn]韵类的壮傣语韵母词汇比较

义项	三五	贵港	武鸣	柳江	布依	邕南	龙州	版纳	泰语	老挝
月亮	diːn¹	dɯn¹	dɯən¹	dɯn¹	diːn¹	mliːn¹	bən¹	dən¹	dɯən²	dɯən¹
蚯蚓	diːn¹	dɯn¹	dɯən¹	dɯn¹	diːn¹	diːn¹	dəːn¹	dən¹	dɯən²	dɯən¹
刺眼	liːn³	—	lɯən⁵	—	liːn³	liːn³	ləːn³	—	—	lɯən³
光滑	iːn³	—	ɯən⁵	ɯn³	—	liːn³	ləːn⁵	mɯn⁶	lɯn³	mɯːn³

其次是韵尾为[ŋ]的韵母，涉及与 ɯːŋ、ɯəŋ、iəŋ、uːŋ、aːŋ、əːŋ 等韵母的对应，如下表：

表 16　　　　　　　　[ɯːŋ]韵类的壮傣语韵母词汇比较

义项	三五	贵港	武鸣	柳江	布依	邕南	龙州	版纳	泰语	老挝
尾巴	liːŋ¹	rɯŋ¹	ɣiəŋ¹	hjɯːŋ¹	ziːŋ¹	thuːŋ¹	haːŋ¹	haːŋ¹	haːŋ¹	haːŋ¹
树浆	ʔjiːŋ¹	—	ʔjiəŋ¹	jɯːŋ¹	—	juːŋ¹	jaːŋ¹	jaːŋ¹	jaːŋ²	jaːŋ¹
涮	liːŋ⁴	—	ɣiəŋ⁴	hjɯːŋ⁴	ziːŋ⁴	kloːŋ⁴	laːŋ⁴	laːŋ⁴	laːŋ⁴	laːŋ⁴
样	jiːŋ⁶	jiːŋ⁶	jiəŋ⁶	jaːŋ⁶	jiaŋ⁴	jaːŋ⁶	jəːŋ⁶	jaːŋ⁵	jaːŋ⁵	jaːŋ⁵

最后是在入声韵中的体现，例词不多，将三个塞音尾一并列出，如下表：

表 17　　　　　　　　[ɯp][ɯt][ɯk]韵类的壮傣语韵母词汇比较

义项	三五	贵港	武鸣	柳江	布依	邕南	龙州	版纳	泰语	老挝
芋头	piːk⁸	prɯːk⁸	pliət⁸	pjɯːk⁷	pɯə⁵	phluːk⁸	phəːk⁷	phək⁸	phɯək⁸	phɯək⁸
血	liːt⁸	lɯːt⁸	lɯət⁸	lɯːt⁷	liːt⁸	liːt⁸	ləːt⁸	lət⁸	lɯət⁸	lɯət⁸
臭虫	liːt⁸	rɯːt⁸	ɣɯət⁸	hjɯːt⁸	ziːt⁸	hliːt⁸	ləːt⁸	hət⁸	rɯət⁸	hɯət⁸

其实，[ɯː]>[iː]前化还有几例，但由于在南部壮语和傣语、泰语、老挝语中没有同源对应，所以没有列入表中，如：翅膀 fiːt7（三五）、-fɯːt8（贵港）、-fɯət8（武鸣）、-rɯːt8（贵港）、-ɣɯət8（武鸣）等。

本节讨论了三五壮语高元音前化的情况，三五壮语[ɯː]>[iː]前化在阳声韵和入声韵中不涉及[m]和[p]这一对发音部位相同的辅音，因为在壮语的音节配合中，元音[ɯː]和[ɯ]都不与尾辅音[m]和[p]相拼。由于时间因素，没有收集到较为全面的[e]和[o]的半高元音壮傣语支语料，因此本文没有对次高元音的前化作分析。

四、三五壮语单元音音变原因

（一）发音动程的生理限制

高元音[ɯ]在壮语中不单独存在，往往搭配韵尾出现，其发音动程、口型和舌位变化较快，使其具有易变性的特点。高而短的元音[ɯ]难以长时间维持展唇和高压舌位的状态，处于一种发音长短不明显的过渡状态，这种演变未完成的过渡状态反映于三五壮语元音[ɯ]系列韵母只有带韵尾 m 和 p 时长短音对立才明显这一实例。三五壮语中最容易发且区别度最大的元音就是[ə]，朱晓农把发音初始态定义为"发音初始状态是指声带处于常态、较松弛的状态。调音初始状态指嘴唇微开或微闭、舌位适中，发出的音为混元音[ə]"[1]。三五壮语央化演变的目的就是在辨义的基础上趋于省力原则，使较难发的元音回归滑向初始态。

（二）语音系统平衡性调整

陈保亚认为"自然语言为了维持系统自身的平衡性，或者说协合程度，

---

① 朱晓农：《汉语元音的高顶出位》，《中国语文》2004 年第 5 期，第 449 页。

内部因素会不断整合"①。叶蜚声、徐通锵认为"语音演变受音系平行对称性规律制约，在语言演变过程中会表现出渐变性和不平衡性特点"②。语音结构有很强的系统性，前后元音系列呈对称平行的关系。语言系统空间中每一个要素都是有赖于其他要素的存在而存在的，一个要素的变化往往会引起其他要素的一系列变化。三五壮语元音[ɯ]演变一旦启动，其他音位随之调整。由于语音的变化，原来两个不同音的音类读音变得相同时，为了保持语音别义功能的平衡，必然要发生异化的现象，三五壮语元音链移变化正是由于保持别义功能的平衡发生的一种系列性和连续性的语音变化。从语音系统性来看，三五壮语元音[ɯ]央化，半高元音[e]和[o]也相应央化，相应变化调整之后，三五壮语保持音系的平衡。

校订：何思谕　孟令芳

---

① 陈保亚：《20世纪中国语言学方法论1898—1998》，山东教育出版社1999年版，第145页。
② 叶蜚声、徐通锵：《语言学纲要》，北京大学出版社2010年版，第246页。

基于互信息值看时间副词"整天"的评价表达

习琳哲[*]

摘　要："整天"作为时间副词最为常见的用法是表示"长时间""天天"等含义，同时有学者指出"整天"在句中发生了主观化，表达了言者对命题的负面评价。[①] 本文尝试以 CCL 语料库中的部分语料为基础样本，运用计算语言学中衡量词语搭配频率的互信息值为参照标准，利用 AntConc 软件，对时间副词"整天"存在的情感倾向进行数据的量化分析。结果显示，"整天"作为时间副词，确实与具有情感倾向的词目关系更为紧密，在这其中，以负面评价倾向的词目更为突出。

关键词：互信息值；"整天"；AntConc；负面评价

一、引言

"整天"一词就其字面意义和使用场合来看，一般有两种词语含义，一是表示时间单位，其意义为"一天""全天"，二是作为时间副词，表示"天

---

* 习琳哲，华中师范大学文学院 2021 级语言学及应用语言学专业硕士研究生。本文系"2023 文言樱花会"暨武汉大学文学院第四届研究生学术论坛"语言与文献(一)"分会场发言论文。

① 李宗江：《"整天"类时间副词的负面评价表达》，《汉语学报》2022 年第 4 期，第 2 页。

天""不止一天的""长时间的"的意义。"整天"一词并未被《现代汉语词典
(第七版)》收纳，但在词典中，"整天"出现在"成日""成天""竟日"等词
的解释义中。关于"整天"作为时间副词的用法，李宗江（2022）作过细致研
究和讨论，并在文章中指出："整天"类副词除了表示时间义外，还有一种
附加的主观义，即表示言者对命题的负面评价。但"整天"类时间副词所表
达的负面评价的语力较弱，大多隐含嗔怪、埋怨、同情、劝诫、无奈、遗
憾、不理解或"恨铁不成钢"等意味。①

在目前汉语研究中，对语言所蕴含的"主观性""主观量""主观化"等
常通过具体的语料，对相关语言现象进行定性描写以及分析，从而判定词
语当中所蕴含的情感倾向。本文尝试依据计算语言学中常用来衡量词语搭
配频率高低的互信息值（MI）算法，选取"整天"类时间副词中的最具代表
性的词汇"整天"，随机选择 CCL 语料库中的部分语料作为样本，通过定性
和定量相结合的方法，从更为直观的计算数据中来判断时间副词"整天"的
评价表达倾向，以期提供不同的研究视角和研究方法进行语言探索。

二、互信息值

词语搭配研究之父 Firth（1957）曾强调："You shall know a word by the
company it keeps."即词的意义从与它结伴同现的词中体现，② 而互信息值
可以体现两者之间的关系，因此计算词语之间的互信息值是研究词语搭配
的常用方法之一。两个词目之间的互信息值越大，说明两个词目之间的联
系更紧密。如要准确计算词目之间的互信息值，需要依托以下公式：

---

① 李宗江：《"整天"类时间副词的负面评价表达》，《汉语学报》2022 年第 4 期，
第 8 页。
② Firth, J. R. *Papers in Linguistic*. London：Oxford University Press. 1957.12，转引
自卫乃兴：《基于语料库和语料库驱动的词语搭配研究》，《当代语言学》2002 年第 2
期，第 101 页。

$$\mathrm{PMI}(a,\ b)=\log_2\frac{p(ab)}{p(a)p(b)}=\log_2\frac{\dfrac{f(ab)}{N}}{\dfrac{f(a)}{N}\times\dfrac{f(b)}{N}}=\log_2\frac{f(ab)\times N}{f(a)\times f(b)}\quad\text{公式 1}$$

互信息将两个被选定的观察词目的同现现象看成是一个随机事件，用 $p(ab)$ 来表示，$p(a)$、$p(b)$ 则表示两个词目分别出现的频率，经过推导可得到公式 1 所展示的最后的式子。

但在计算过程中，当语料库数据过大，数的乘积会相应翻倍增大，在结算过程中会出现数值溢出，导致无法计算的情况。鉴于此，余一骄①提出将公式作出以下的转化：

$$\mathrm{PMI}(a,\ b)=\log_2\frac{f(ab)\times N}{f(a)\times f(b)}\qquad\qquad\text{公式 2}$$

$$=(\log_2 f(ab)+\log_2 N)-(\log_2 f(a)+\log_2 f(b))$$

根据公式 2，N 为自建语料库的语料文本文字数，$f(ab)$ 为两个词目在语料库中同现的次数，$f(a)$、$f(b)$ 分别为 a、b 两个词目在语料库中出现的次数，再取相应的对数进行计算，得到的数值即为两个词目的互信息值。

代入两个词目的数据进行计算，得出的 PMI 值小于 0 或者接近 0，说明两个词目相互独立，一般不能搭配使用；若 PMI 值大于所规定的某个整数标准值，则说明这两个词目在该语料文本中经常搭配使用。

三、研究设计

(一)语料选取

本文选取了 CCL 语料库中的语料，在语料库中输入"整天"一词，共搜

---

① 该公式的转化由余一骄老师在讲授"中文信息处理"课程时提出，在此感谢余老师的指点。

集到了 5419 条相关语料。由于考虑到后续还需人工逐条进行语料筛选和语料情感分析，为了后续人工复核检查方便，本文随机抽取了其中的 1500 条语料作为样本构建小型语料库。

(二) 语料筛选

将 1500 条语料下载后，需要对这部分语料进行筛选。首先是人工筛选出不符合条件的语料，其中筛选条件包括：①"整天"在句子当中并非用作时间副词表"长时间的""天天"的意义，只是单纯表示"一天"的时间单位，这一部分语料并不具有参考意义，选择删除。②"整天"并不是出现在句子当中，是出现在词语的释义当中，无法体现其情感倾向，选择删除。③并不是以"整天"这个整体的词语形式出现在句子当中，而是各自作为另外两个词中的语素出现，如"调整天线""调整天然气"等短语，选择删除。

经对 1500 条语料进行人工筛选后，符合要求的语料剩下 1214 条，再将其导入到"Editplus"软件中，删除每一条语料中带有的语料出处、序号数字。删除与语料分析无关的额外信息后，导出到 Excel 表格当中，在 Excel 表格当中删除重复语料，共删除重复项 16 个。

经过筛选，最终得到可用语料 1198 条，将最终去重后的 1198 条语料导入到"SegmentAnt"分词软件当中对语料进行分词处理并对语料进行初步的筛查，"整天"作为一个词切分，符合要求，最终完成了语料筛选和小型语料库的建设。

(三) 数值标准

本文通过互信息值去考察"整天"作为时间副词的评价表达，就需要考虑将这个考察范围定义在多少个词目当中，即在多长的句子当中去观察"整天"这个词和它前后词之间的信息搭配关系。孙茂松(1997)在进行汉语搭配定量分析时，考虑到英语系统研究的相关内容，提出在"Xtract 系统"中，把英语中一个词的影响所及近似为该词的前后五个词，超出此范围不予考虑，在做汉语搭配时也做了同样的简化。① 本文考虑到在正常使用过程当中，对于一个句子的情感倾向判断需要在一个相对较长的句子当中才能够有所表现和突出，且根据心理学，人们的在较短时间内对信息的存储有限，一般是 5~9 个组块，因此笔者认为将跨距定为[-4, 5]是较为合适的距离。

关于互信息值的分界标准，通常情况下，学界将"3"作为互信息值的分界数值②，即两个词目之间的互信息值大于或等于 3 则表明两者之间是具有意义的、有一定联系的搭配，小于 3 则表明两个词目之间的搭配并不频繁。基于此，本文在计算"整天"的互信息值时，选择以数值"3"作为分界点。

四、实证结果

进行语料分析时，主要使用 AntConc3.5.8 软件对自建语料库进行检索分析，并选择其中的 collocate 功能栏，将"整天"设定为 Search Term(搜索单位)，将 Window Span(窗口跨距)选定为自己设定的参照标准，即[-4, 5]的跨距数值，将 Min. Collocate Frequency(最小搭配频率)设定为 3。如图 1 所显示：

图 1　使用 AntConc3.5.8 软件的检索页面

---

① 孙茂松、黄昌宁、方捷：《汉语搭配定量分析初探》，《中国语文》1997 年第 1 期，第 32 页。

② 张晨、祁坤钰：《基于互信息的词汇搭配研究方法》，《西北民族大学学报》(自然科学版)2009 年第 30 卷第 3 期，第 58 页。

需要补充强调的是，对于最小搭配频率设定的选择，可以根据公式进行解释。当两个词目之间，和"整天"进行搭配的词目本身出现的次数过低，且在低频次出现的次数中，基本上都和"整天"一起出现，那么就会导致对数函数中的分母 f(b) 数值很低，而 f(ab) 的数值相较而言较高，则得出的互信息值就会非常高，但根据这种低频次词测试出的高互信息值会对结果有一定的影响，因此笔者选择将最小搭配频率设定为"3"，其排序方式按照默认计算方式取值来排序。在本文中，我们选择根据 MI 值，由高到低来进行排序。

$$PMI(a, b) = \log_2 \frac{f(ab) * N}{f(a) * f(b)}$$
公式 3

笔者在 [-4, 5] 的跨距内共检索到 712 个搭配词，总频数达 7393 次。笔者按照参考标准，根据 MI（互信息值）进行排序，并选择其中互信息值 ≥3 的所有搭配词，共有 621 个相关词目。如图 2 所示：

Total No. of Collocate Types: 712				Total No. of Collocate Tokens: 7393	
Rank	Freq	Freq(L)	Freq(R)	Stat	Collocate
618	5	1	4	3.02043	啥
619	7	1	6	3.00835	找
620	7	4	3	3.00835	女儿
621	7	3	4	3.00835	下
622	4	2	2	2.97861	这里

图 2　AntConc3.5.8 中的结果显示页面

笔者将这 621 个词目全部提取出来，并按照其词性进行分类，具体分析与"整天"有高互信息值词目所蕴含的情感倾向，从而判断"整天"一词是否具有评价表达的倾向。详见表 1。

笔者将这 621 个词目分为了九类，即名词及名词短语、动词及动词短语、形容词及形容词短语、数量词及相关短语、副词、代词、语气类词、成语和虚词及其他。其中虚词及其他这一类中，词目在语句当中大多只承担了句法功能，语义色彩比较薄弱，无法从单个的词目当中探寻出相关的情感倾向，另外数量词及其相关短语、副词、代词虽然是实词，但是也无法进行相应的语义色彩评判，因此这四类词不纳入考察范围。而在"语气类词"这个类别的 4 条词目当中，笔者认为语气词在语言当中属于饱含说话者情感倾向的词类，是能够表达说话者的态度或评价的，但是单一来看表格中的这四个语气词，无法在没有上下文的情况下对其进行情感倾向判断。因此在剩下的名词及名词短语、动词及动词短语、形容词及形容词短语以及成语这四类词目中，笔者将逐个考察其所带有的语义倾向。

表 1   **621 个词目的分类情况**

名词及名词性短语	轮椅、越野车、村子、干警、顾客、青少年、门、锅台、街上、营养、自行车、脸色、脑子、田径、狱中、爷爷、气氛、整夜、指挥部、待遇、屋里、小伙子、夫妻、夫妇、地里、土地、嘴里、厂家、农场、兵、游戏机、节假日、应酬、工人、车间、屋子、上级、办公室、闲暇、街头、职员、经理、男子汉、电视台、电、生意、爸、游戏厅、比赛、村干部、材料、方式、招待所、弟子、年轻人、师傅、市长、宾馆、实验室、学业、地区、光、位置、习惯、观念、文件、国民党、邻居、街道、老人、妇女、会议、干部、工地、孩子、空气、科长、病人、环境、来回、机关、广播、少年、学生、大人、城里、同志、饭、家里、外面、个人、姓、厂长、北京、人员、妹妹、战士、床上、学校、女人、事业、领导、群众、父亲、青年、部门、英雄、老板、穿着、电视、爸爸、煤、活动、汽车、政府、报纸、心情、家长、家中、困难、姑娘、回忆、医院、元、心里、老师、时候、大家、点、小时、现在、项目、美国、单位、人民、专家、工作、妻子、精力、日子、方面、收入、弟弟、工程、头、产品、业务、身边、身体、精神、朋友、同学、人家、队伍、职工、眼睛、男人、现场、爱情、消息、思想、生活、村里、中国、记者、人、别人、农民、人们、妈妈、组织、教师、家、原因、企业、东西、母亲、时间、半年、万元、女儿、男

动词及动词性短语	瞎忙、沉湎、流泪、愁、乐呵呵、捣鼓、闲着、蹲、调、缠、穿梭、盯、炒、沉溺、搜集、抽烟、打架、扎、念叨、开会、宣传、失业、周游、周旋、吵闹、厮守、关、围着、忙碌、泡、守、埋头、想着、钻、应付、奔波、陷入、转悠、转、扑、忙活、闹、闲逛、造成、计算、肯定、替、拒绝、感觉、发财、以为、上课、读书、游荡、服务、面对、躺、混日子、换、上学、玩、休息、见到、革命、陪、躲、涌、汇报、检查、接待、挂、劳作、笑、望、找到、喊、包围、劳动、有人、研究、担心、琢磨、谁、生产、坐、过去、学习、搞、骂、问、过日子、讲、记录、训练、抱、戴、作为、觉得、叫、看到、吃、像、管、道、进行、离开、拿、回来、打、退休、练、死、改变、成为、写、感到、知道、怕、完、听到、见、没有、比、等、想、要、看见、外出、回到、回、决定、下来、读、认为、开、喝、发现、发展、开始、做、说、站、来、好、回家、会、去、能、成、听、住、是、作、靠、看看、可以、找、消磨、团团转、处于、甩包袱、闹情绪、打麻将、打交道、干活、施工、赚钱、不想、不停、不用、不像、不敢、不管、不同、不到、不好、不要、显得、变得、睡不着、跟着、背着、看着、奔忙、哼
形容词及形容词性短语	忧郁、差、年轻、长、内、疯、正常、快乐、吵、宽、认真、紧张、旧、开心、寂寞、低、苦、难得、安全、严重、小、干、许多、老、上、少、下、忙、饿、呆、很大、很少、不少、痛苦
数量词及相关短语	一间、一支、一日、一段、一群、一个、一种、一些、一身、一年、这位、两人、那个、那里、一段时间、那样、有时、第一、一帮、几个、一起、一样、个、有些、除了、那时、某些
副词	非、专门、更加、从此、更是、亲自、为此、似的、难道、必须、倘若、何必、到处、之后、逐渐、应该、如同、原来、不行、不断、这样、不能、未、以前、几乎、再、怎么、根本、好像、太、最近、如此、跑、不是、无、经常、很、已经、不、此时、才、可能、不愿、不再、就、都、将、便、一定、也、以后、依然

代词	你们、它们、她们、他们、你、我们、它、他、她、我、自己、哪里、那儿、这么、那些、这些、啥、多少、什么、这个、俺
语气类词	呀、吗、真的、阿弥陀佛
成语	神魂颠倒、手不释卷、闷闷不乐、郁郁寡欢、游手好闲、没日没夜、没完没了、沉默寡言、无精打采、担惊受怕、愁眉不展、忧心忡忡、忙忙碌碌、吃喝玩乐、以泪流面、东奔西跑、无所事事、愁眉苦脸、提心吊胆、无忧无虑、昏昏沉沉、唉声叹气、不能自拔、不亦乐乎、敲敲打打、哭哭啼啼
虚词及其他	同、及、如果、只、虽、如何、与、跟、由于、为、只能、并、但、最后、让、使、那、还是、和、而是、因为、于是、不过、因此、中、当、却、把、还、而、所以、不仅、然而、或、一旦、连、又、只是、即使、仍然、甚至、着、李、来说、在、里、地、儿、地说、则、就是、为了、得、有关、使得、地干、地去、图个、吃不下、出屋、再也、于、本、越来越、能够、名、可、前、些、的、话、之、后、过、岁、堆里、没个、各种、忙于、坐在、之中、在家、在外、是不是

经考察分析,笔者认为,表 2 所展示的词目是带有语义倾向的,但需要说明的是,并非这些词目所代表的事物本身含有某种感情色彩,而是长时间的使用过程当中,这些词目在日常语言当中已经普遍承载了使用者的某种情感倾向。

表 2 　　　　　　**621 个词目中具有情感倾向的词目**

名词及名词性短语	狱中、游戏机、游戏厅、病人、英雄、困难、医院
动词及动词性短语	瞎忙、流泪、愁、乐呵呵、抽烟、打架、失业、吵闹、应付、游荡、混日子、担心、骂、死、怕、甩包袱、闹情绪、打麻将

形容词及形容词性短语	忧郁、差、快乐、紧张、开心、寂寞、痛苦
成语	神魂颠倒、闷闷不乐、郁郁寡欢、游手好闲、没完没了、无精打采、担惊受怕、愁眉不展、忧心忡忡、以泪流面、无所事事、愁眉苦脸、提心吊胆、无忧无虑、昏昏沉沉、唉声叹气、不亦乐乎、哭哭啼啼

在"名词及名词性短语"这个类别的 7 条词目当中，笔者认为"狱中、游戏机、游戏厅、病人、困难、医院"这六条词目常被用在较为负面的语言情景中，负载的语言情感偏负面，"英雄"这个词目的情感倾向是偏正向的、赞赏的。

在"动词及动词性短语"这个类别的 18 条词目当中，笔者认为"瞎忙、流泪、愁、抽烟、打架、失业、吵闹、应付、游荡、混日子、担心、骂、死、怕、甩包袱、闹情绪、打麻将"这 17 个词目在多数语言环境中偏负向情感，尤其是这些动词及动词性短语和一个表示"长时间"语义的词联系在一起时，往往是引起说话者或评价者反感的；"乐呵呵"这个动词一般来说负载的语义情感是偏正向、积极的。

在"形容词及形容词性短语"这个类别的 7 条词目中，笔者认为"忧郁、差、紧张、寂寞、痛苦"这 5 条词目在语义上表达了说话者的负面情绪，"快乐、开心"表达了说话者较为正面的情绪或评价。

在"成语"这个类别的 18 条词目中，笔者认为"闷闷不乐、郁郁寡欢、游手好闲、没完没了、无精打采、担惊受怕、愁眉不展、忧心忡忡、吃喝玩乐、以泪流面、无所事事、愁眉苦脸、提心吊胆、昏昏沉沉、唉声叹气、哭哭啼啼"这 16 个词目往往更倾向于负面情绪的表达，"神魂颠倒""不亦乐乎"这两个词目常常被用来表达一种正面情绪的表达。

以上是通过软件计算得到的相关数据。

五、结论

从数据上看，在筛选出的符合互信息值条件的 621 个词目当中，其词目本身带有情感倾向的只有 50 个词目，占比仅有 8.1%，从数据本身来看，可以说占比是较少，如果仅从这个数据，似乎可以判断"整天"具有较为明显的中性语义属性，但是笔者将这 50 个词目放进 621 个高互信息词目当中，并按照互信息值的数值大小进行了排序，得到了以下名次表。具体排序情况见表 3：

表 3　　　　　　　　　50 个词目的互信息值排序情况

词语	排序名次	词语	排序名次	词语	排序名次
神魂颠倒	3	瞎忙	4	甩包袱	5
流泪	8	愁	10	乐呵呵	14
闷闷不乐	15	郁郁寡欢	24	狱中	37
游手好闲	40	没完没了	42	无精打采	48
担惊受怕	53	抽烟	54	打麻将	55
打架	56	愁眉不展	58	忧郁	60
忧心忡忡	61	失业	68	哭哭啼啼	79
吵闹	82	以泪洗面	91	无所事事	101
愁眉苦脸	102	提心吊胆	108	游戏机	112
闹情绪	113	应付	117	无忧无虑	124
差	126	游戏厅	166	昏昏沉沉	176
快乐	182	唉声叹气	193	游荡	210
痛苦	227	混日子	228	病人	265
不亦乐乎	292	担心	322	骂	345
英雄	354	紧张	357	开心	371
寂寞	372	困难	376	医院	378
死	441	怕	474		

排序结果显示，具有情感倾向的词目在互信息值的排序名次中都是相对靠前的，大部分都是在前200的名次位置，也就是说带有情感倾向的词目互信息值更高，也说明虽然数量不多，但是"整天"与具有情感倾向的词目之间的联系可能更为紧密，而在这50个词目当中，带有负面情感倾向的词目共有44个，占比达88%，占据了情感表达词目的绝大多数，具有比较明显的倾向性。

后续笔者结合具体的上下文语境对符合条件的1198个句子进行了逐句的情感评价分析，以期判断"整天"在整个句子当中是否确实具有负面评价表达。

在对句子判断的过程中，笔者对例句(1)判断为负面评价表达，对例句(2)判断为非负面评价表达。

(1)衣带渐宽终不悔，为伊消得人憔悴。衣带为什么会宽？得了相思病了，整天就只想着要实现自己的目标，别的东西都顾不上了，所以憔悴。(选自CCL语料库)

(2)对于真正炒股高手来说，根本不需要整天去打听什么消息，一切都在盘面上清楚反映了出来。(《股市宝典》)

基于此判断，得出在1198个句子当中，带有负面评价表达的句子有438句，非负面评价表达的句子有760句，负面评价表达占比达36.6%，中性评价表达和正面评价表达共计63.4%。在对句子进行分析判断的过程中发现，包含有时间副词"整天"的句子确实少有完全正面的评价表达，即使并非完全负面的评价，但整个句子也往往传达一种非正常的、负能量的语义。

综上，笔者认为，从互信息值的计算数据和人工分析两种方法得出的结果来看，"整天"作为时间副词，确实具有表达说话者主观评价的倾向，且这种主观感情倾向更显著于表达评价者的负面情绪。"整天"在语言当中，常用来表达说话者对长时间做某件事或长期处于某种状态的不满、埋怨，有时即使是在日常生活中是大众认为的好事，但如果与"整天"联系起来，也往往表达一种不赞同。

校订：雷思雨　杨鸿宇

流行语"小镇做题家"及搭配词分析

张晓越*

摘　要：以 2022 年十大网络流行语之一"小镇做题家"为节点词，爬取微博、知乎等社交平台，通过 Python、Segment Ant 等软件对数据进行清洗，并建立小型语料库。利用 AntConc 软件中的 Collocates 工具，通过计算 Mutual Information（交互信息值）、T-Score（T 值）筛选节点词的显著搭配，探讨网络视域下，节点词及搭配词语法、语义韵等方面的词汇特征，发现其受语境影响，呈现错综语义韵特征。

关键词：网络语言；语料库；Antconc；节点词；词语搭配

一、研究对象及方法

（一）小镇做题家

《语言文字周报》主办的 2022 年"十大网络流行语"①于 12 月公布结果，"小镇做题家"入选其中。"小镇做题家"源于豆瓣小组"985 废物引进

---

　*　张晓越，华中师范大学文学院 2021 级语言学及应用语言学专业硕士研究生。本文系"2023 文言樱花会"暨武汉大学文学院第四届研究生学术论坛"语言与文献（二）"分会场发言论文。

　①　腾讯新闻：《2022 年十大网络流行语发布》https：//new. qq. com/rain/a/2022 1209A07V0900. 2023-03-10。

计划"的网友发帖，2020 年 5 月，豆瓣用户"水果糖"在小组总结称，"小镇做题家指的是出身小城，埋头苦读，擅长应试，缺乏一定视野和资源的青年学子"①。后演变为出身于小城市或县城的学子用来自嘲的梗，这些人通常没有什么特别光亮的点，眼界不够开阔，不是很会社交，能拿得出手的，就是善于做题。

2020 年 6 月 3 日，微信公众号"真实故事计划"推出一篇名为《小镇做题家：一个 211 高校学生的命运陷阱》的文章引起热议；2022 年 7 月，随着明星"考编"事件不断发酵，"小镇做题家"一词也再度受到人们关注，其背后的社会问题也成为热点。

(二)数据驱动的研究方法

卫乃兴(2002)语料库证据支持的词语搭配研究有两种基本方法：基于数据的方法(data-based approach)和数据驱动的方法(data-driven approach)。具体的做法有三种：(1)利用索引证据、参照类联接，检查和概括词项的搭配情况；(2)计算搭配词，采用统计测量手段，靠数据驱动研究词语搭配模式(pattening)；(3)采用技术手段，从语料库提取并计算词丛。②

运用数据驱动的方法，通过 AntConc3.5.8 软件计算节点词"小镇做题家"的交互信息值、T 值，并对比不同语料库，根据词语搭配强度综合选择出"小镇做题家"的显著搭配词，基于定量分析，定性研究和定量研究相结合。

二、研究步骤

(一)构建小型语料库

首先是开发"小镇做题家"的小型语料库。"小镇做题家"作为新兴网络

① 水果糖：《预言贴"小镇做题家"必将大火》https：//www.douban.com/group/topic/176574082/? _i=4744053XGen09A.2023-03-10。

② 卫乃兴：基于语料库和语料库驱动的词语搭配研究，《当代语言学》2002 年第 2 期，第 101 页。

词汇，传统大型语料库还未收录，故需要自建小型语料库进行分析，利用爬虫工具"后裔采集器"，可依托各大社交平台进行数据的爬取。

爬取内容1：微博语料。由于实时微博内容质量不高，时间跨度较小，故对质量较高的微博精华话题进行爬取，爬取时间为2022年6月19日至2023年1月20日，共爬取到3192条原始语料。

爬取内容2：社交平台标题。由于微博发布成本低，导致其内容松散，质量层次不齐，而其他社交平台，如知乎、豆瓣、哔哩哔哩的标题较为简练，发布门槛较高，且语料质量较高，于是对这部分也进行了爬取。知乎平台"小镇做题家"话题下，浏览量9981万，讨论量8.3万，对话题下"讨论"部分进行爬取，共爬取了535条标题语料。在哔哩哔哩动画平台搜索"小镇做题家"，共出现1020条视频，共爬取1020条标题语料。豆瓣搜索"小镇做题家"，在日记专栏爬取42条标题。共计爬取1597条标题。

(二) 语料数据处理

第一步，语料预处理。在语料库中，此时得到的是未清洗的生语料。利用Python软件的re. compile、re. sub等正则表达式做批量处理，过滤生语料中的特殊字符、网址、转发、回复、表情、空行、无意义词语等。按照时间顺序，很多博文都有重复，对重复语料进行剔除；对带有话题标记"#小镇做题家#""#郝景芳谈小镇做题家落泪#"等语料进行剔除，保留句中的"小镇做题家"；对只包含"小镇做题家"的语料进行剔除，最后得到较为完整的语料。最后得到，微博语料库441条有效语料，共计92190个字符；标题语料库1155条有效语料，共计19327个字符。

第二步，中文自动分词。在Python中导入jieba分词包，对语料库进行中文自动分词，并人工对分词中不合理的地方进行剔除。例如"小镇做题家""易烊千玺"作为复合词，并未作为整体划分，而被分成了"小镇 做题 家""易烊 千玺"，因此人工对其进行完成词汇的替换。此时得到了较为规范的语料库。

第三步，利用语料库分析工具AntConc 3.5.8对自建语料库进行检索分析。通过"Word List""Collocates""Concordance"等功能对语料库进行了多项统计，获得与节点词"小镇做题家"的搭配词、高频词，并通过不同评价标准筛选合适的搭配词进行研究，进而考察其前后文语境、搭配关系等。

三、数据计算及筛选

（一）数值选取：MI 值、T 值

AntConc 3.5.8"Collocates"工具栏中，一共出现了四种统计量测方法：Mutual Information（MI 值）、T-Score（T 值）、Log Likelihood（LL 值）、MI + Log-Likelihood（MI+LL 值）。在 AntConc3.5.8 使用指南①中，MI 值和 T 值的计算方式都是引用 M. Stubbs（1995）的计算方法②。但在 Stubbs 论文中并未给出 MI 值得计算公式，其公式引用的是 Church（1990）给出的公式。③对 MI 值和 T 值标准进行计算，通过计算结果，综合合适的判断标准进行搭配词筛选。

使用 AntConc 计算数值，首先需要确定左右相关跨距。跨距（span）指由节点词左右词项构成的语境。与跨距相关的一个概念是距位（span position）指跨距内各个词项所占的位置。"所有落入跨距的词项都视作节点词的搭配词（collocates）。"④在微博语料库中，设置—5/+3 的跨距，在节点词左取 5 个词、右取 3 个词为其语境。在标题语料库中，人工筛查发现标

① 见 https：//www.laurenceanthony.net/software/antconc/releases/AntConc420/help.pdf。

② M Stubbs. Collocations and semantic profiles：On the cause of the trouble with quantitative studies. Functions of language：（1995）：11.

③ K Church，P Hanks. Word association norms，mutual information，and lexicography. Computational linguistics：（1990）：23.

④ 田宏梅：利用汉语语料库研究词语搭配——以"有点"为例，《暨南大学华文学院学报》第 2006 年第 3 期，第 70 页。

题节点词更靠近左边，与之相关的搭配词在右侧出现更多，采用—3/+5 的跨距，在节点词左取 3 个词、右取 5 个词为其语境。

1. MI 值

交互信息值（Mutual Information）（后简称 MI 值）原本是信息科学领域常用的一个测量手段，后指一个词在语料库中出现的频数所能提供的关于另一个词出现的概率信息，用来测量中心词（node word）和其搭配词（collocate）之间的相互关联程度（association strength）或搭配强弱（collocability）。一般而言，MI 值越大，说明中心词对搭配词出现的影响就越大。当 MI≥3 时，表明该词与节点词之间有较强的搭配力。AntConc 计算 MI 值结果如下：

表 1　　　　　　**按 MI 值降序排列的微博语料库搭配词词表**

排序	搭配词	MI 值	总共现次数	排序	搭配词	MI 值	总共现次数
1	预备	7.03999	2	6	没来	7.03999	2
2	腾腾	7.03999	2	7	提过	7.03999	2
3	甘拜下风	7.03999	2	8	挨骂	7.03999	4
4	玺气	7.03999	2	9	客户	7.03999	2
5	淄博	7.03999	2	10	心酸	6.62495	6

微博语料库中符合 MI 值≥3 搭配词有 1225 个。排序第一的搭配词"预备"，查找原文可知"看到这个视频的人中，至少一半是小镇做题家或者预备小镇做题家"，排序第二的搭配词"腾腾"原句则是"赵医生是城乡接合部走出来的小镇做题家，玺气腾腾小镇做题家不配去看太子爷的电影。""预备""腾腾"在语料库中的总频数较低，且在短间距内"小镇做题家"复现的次数较多，导致 MI 值较高。

MI 值对频次很低的搭配词有利，对频次很高的搭配词不利。节点词"小镇做题家"时间密度高，明星等娱乐话题粘度高，且微博发文门槛低，

MI 值较高的搭配词并不能准确反映真实情况。在这种情况下,"预备""腾腾"不能被看作是常用的、典型的词项搭配,但它可被看作是有较强的专业领域性的词项搭配①。

2. T 值

T 值(T-score)是假设检验中的 t 检验,用来检验两个母体有无差异的二阶统计值。表示的是搭配词与节点词共现的频数,用来测量在判断词项组合可搭配度时的置信度(confidence level)。共现的频数越高,T 值就越高。T-score 的阈值常设置为≥2,表示共现次数大于 4 的搭配词。AntConc 计算 T 值结果如下:

表2 **按 T 值降序排列的微博语料库搭配词词表**

排序	搭配词	T 值	总共现次数	排序	搭配词	T 值	总共现次数
1	的	15.98651	337	6	说	6.27263	47
2	是	9.79973	119	7	这个	6.16344	43
3	了	8.5187	97	8	没有	5.9262	39
4	我	8.18838	91	9	在	5.70898	46
5	郝景芳	6.65012	46	10	都	5.58023	42

微博语料库中符合 T 值≥2 搭配词有 190 个。挑选出的搭配词分为两类:一类为实义搭配词,另一类是语法搭配词。语法搭配词在 T 值筛选中出现较为频繁,排在值前十位的搭配词中,语法搭配词就占了 5 个。由此可见,挑选出来的搭配词本身都是出现频度非常高的词汇,比如像介词、代词、感叹词、冠词等,对于研究节点词作用不大。而实义搭配词中,排序第九的"在",T 值只有 2.77996,不符合 MI 值≥3 的条件;排序第二的

---

① 汪腊萍:《词项搭配的定量分析方法》,《上海师范大学学报(哲学社会科学版)》2006 年第 6 期,第 119 页。

"是"，T 值只有 3.50139，排序 1086，符合 MI 值≥3 的条件。T 值需要配合 MI 值挑选搭配词，才具有一定的覆盖性和可信度。

将微博语料库中的 MI 值和 T 值数据导入到 Beyond Compare 软件作搭配词语对比，发现在微博语料库中，同时符合 MI 值≥3 且 T 值≥2 的搭配词有 187 个，如果两种统计量都达到显著性水平的话，则可以判断为节点词的显著搭配词。综合考虑语料质量、等因素，对 187 个搭配词中的语法搭配词进行筛选，得出如下 94 个显著搭配词：

表 3　　　　　　　　　微博语料库显著搭配词分布情况

序列	搭配词	频次	搭配词	频次	搭配词	频次	搭配词	频次
1	说	47	节目	12	科幻	7	考上	6
2	郝景芳	46	积极	11	比较	7	看到	6
3	没有	39	热词	11	其实	7	群氓	5
4	落泪	26	作为	11	太子	7	红毯	5
5	看	25	动情	10	朋友	7	公主	5
6	去	24	不禁	10	明星	7	词	5
7	嘲讽	23	真正	10	感觉	7	凭	5
8	不配	23	事件	10	最	7	素材	5
9	不是	20	团长	9	心酸	6	算是	5
10	现在	18	属于	9	专家	6	只有	5
11	奚落	17	之前	9	不少	6	代表	5
12	微博	17	成为	9	考入	6	考编	5
13	视频	17	教育	9	作文	6	拿	5
14	谈及	16	多	9	最近	6	作家	5
15	应该	15	逆风	8	文章	6	真	5
16	一度	14	翻盘	8	评论	6	来自	5
17	出身	14	风波	8	变成	6	走	5
18	冤种	13	做客	8	考研	6	曾经	5
19	会谢	13	请	8	靠	6	选择	5
20	pua	13	时代	8	等	6	—	—

续表

序列	搭配词	频次	搭配词	频次	搭配词	频次	搭配词	频次
21	自称	13	只是	8	如何	6	—	—
22	叫	13	出来	8	网友	6	—	—
23	真的	13	称呼	7	粉丝	6	—	—
24	网络	13	看待	7	可能	6	—	—
25	意义	12	自嘲	7	故事	6	—	—

依据微博语料库的筛选标准和流程，对标题语料库的显著关键词进行整理，会发现重复词有以下 20 条：嘲讽、如何、凭、看待、考编、没有、成为、应该、看、来自、不配、自嘲、事件、故事、词、作文、叫、考研、看到、心酸。这些重复词也可作为研究对象。

四、数据结果分析

"高频出现的形式、意义和功能往往揭示了语言使用的核心和典型要素，揭示了交际过程中最经常使用的形式、最经常实现的意义和功能。"[1]故显著搭配词可以在一定程度上反映出文本的内容倾向和语言特点。对表 3 及标题语料库的显著关键词结果进行统计，可以视作较为准确的搭配词并进行后续分析。

(一) 搭配词的语法特征

基于跨距，对节点词进行搭配词分析。依据搭配词的词性，"小镇做题家"可用于与名词、动词、形容词等几类搭配词组合。以下是根据 NLPIR-ICTCLAS 分词标准，结合现代汉语词典(第七版)，对两个语料库进行词性分类的情况。

---

① 卫乃兴：《语料库语言学的方法论及相关理念》，《外语研究》2009 年第 5 期，第 36~37 页。

表4   **显著搭配词词性分类**

词性	词　语
动词	说、没有、落泪、看、去、嘲讽、奚落、谈及、应该、出身、自称、叫、作为、属于、成为、教育、翻盘、做客、请、出来、称呼、看待、自嘲、比较、考入、评论、变成、考研、靠、可能、考上、看到、凭、算是、考编、拿、来自、走、选择、是、不是、嘲笑、惹、到、谈、指责、学习、能、浅谈、记录、发声、招、值得、看不起、不要、输、献给、丢人、引进、还有、加油、考、病、毕业、需要、经视、侮辱、讽刺、考试、奋斗、真是、热议、正名、发言、分、上岸、填词、面试、坚持、在线、搜
名词	郝景芳、微博、视频、网络、意义、节目、热词、事件、团长、逆风、风波、时代、太子、朋友、明星、感觉、专家、作文、文章、网友、粉丝、故事、红毯、公主、词、素材、代表、作家、科幻、路、意思、出路、梗、背后、废物、湖北、清华、青年、雪峰、年、大家、型、未来、锐评、热点、岁、一封信、生活、资本、贬义词、火、错题、计划、范文、女、口中、体制、字、城市、夏天、含义、东西、高三、青春、感想、媒体、好样、地步、勇气、共青团中央
形容词	不配、积极、真的、多、动情、心酸、不少、真、对、日常、愤怒、错、破局、悲哀、骄傲、热、快乐、平凡、所有、奇、可耻
副词	不、一度、不禁、真正、只是、其实、最、只有、曾经、都、也、原来、为什么、就、又、不该、多少、再、多么、终究
时间词	之前、现在、最近
网络词	Pua、会谢、冤种、群氓、破防、逆袭

从表中可以看出，与"小镇做题家"搭配最多的是动词。"谈及""热议""评论""看待"等动词反映"小镇做题家"是社会关注的热点议题，抛出了大量的话题进行讨论；如"努力""奋斗""做题""逆袭""翻盘"等，可以看出"小镇做题家"的成长路径和状态，依靠个人努力，通过教育公平取得一定的成绩；"毕业""上岸""考编""选择""规划"则是在当今社会环境下，"小镇做题家"的未来发展。而另一类动词"嘲笑""指责""讽刺""奚落"则

带有一定的情感色彩，属于公众对"小镇做题家"这一议题的行为倾向和情感认知。

其次是名词。如"郝景芳""考编""微博""清华"，是与其有关的热点人物、事件、高校和新闻媒体，这些事件的发酵进一步扩大了"小镇做题家"的影响范围。一些名词也体现了对立色彩，或者极强的语义特征，例如"普通人"和"明星"就是两个身份的对立；"太子""资本"则是人们开始关注易烊千玺考编事件背后的资本介入和阶级冲突。最后是一类网络流行语，有"冤种""会谢""pua""逆袭""群氓"，也体现了互联网语境下新兴词汇的广泛运用。

形容词则代表了"小镇做题家"话题的火爆和引发的公众情绪。"不配""心酸""愤怒""悲哀""错"都是对于"小镇做题家"的消极情绪和存在状态的描述。但不乏一些正向的表示："积极""骄傲""快乐"。

代词也是"小镇做题家"中值得注意的一类词，虽然未在表中列举出来，但在筛选过程中，频繁出现相似语境的"我们""他们""你们"，则更加剧了不同群体的划分和社会阶级差距。助词、连词和介词作为虚词在句中多只承担语法功能，不作过多讨论。

(二) 搭配词的语义色彩

语义韵(semantic prosody)最早由 Sinclair 等学者提出，国内以卫乃兴等学者研究较为深入。关于语义韵的定义，参考卫乃兴(2002)的说法，关键词项的典型搭配词在其语境中营造起的语义氛围。① Stubbs(1996)语义韵大体可分为积极(positive)、中性(neutral)和消极(negative)三类。② 在语法研究的基础上，进一步考察节点词和显著搭配词之间的语义韵倾向。

基于情感词典和个人情感词判断，以人工标注的方式对 176 条显著关

---

① 卫乃兴：《语料库驱动的专业文本语义韵研究》，《现代外语》2002 年第 2 期，第 166 页。

② Stubbs, M. Text and corpus analysis：computer-assisted studies of language and culture. Oxford：Basil Blackwell Scientific Publications：(1996)：176.

键词进行了情感标注，最终得到 10 条正向情感词条，136 条中性情感词条，22 条负向情感词条。语义韵分类如下：

表 5　　　　　　　　　　显著搭配词语义韵分类

	情感	词　　语	个数	占比
情感词	积极	努力、逆袭、加油、火、骄傲、值得、正名、快乐、积极、翻盘	10	5.68%
	中性	小镇做题家、是、都、说、原来、惹、看待、考编、做题、成为、小镇、易烊千玺、谈、日常、中国、对、做、普通人、家、可以、意思、出路、梗、背后、学习、事件、人、一天、湖北、浅谈、去、来、当、记录、清华、发声、明星、青年、破局、只是、故事、词、信、锐评、献给、年、到底、真的、大家、作文、考、得治、热点、引进、未来、叫、真是、生活、事、资本、毕业、新闻周刊、给、想、需要、错题、计划、考研、经视、热议、平凡、说、郝景芳、看、现在、微博、视频、谈及、应该、一度、出身、自称、网络、意义、节目、热词、作为、动情、不禁、真正、团长、属于、之前、风波、做客、请、时代、出来、称呼、科幻、比较、其实、太子、朋友、明星、感觉、专家、考入、最近、文章、评论、变成、一步、靠、等、如何、网友、粉丝、可能、考上、看到、配看、群氓、红毯、公主、凭、素材、只有、代表、破防、拿、作家、真、来自、走、曾经、选择	136	77.27%
	消极	嘲讽、嘲笑、不配、愤怒、指责、错、自嘲、愤怒、看不起、悲哀、丢人、输、贬义词、侮辱、落泪、怨种、会谢、大怨种、pua、病、心酸、逆风、寒门	22	12.5%

	情感	词　　　　语	个数	占比
程度词	多少、最、多、不少		4	2.27%
否定词	没有、不是、不配、不要		4	2.27%

从以上语义韵分类可以看出，"小镇做题家"有较为明显的中性语义韵特征，但情感分析应该充分考虑搭配词的相关文本语境。回到文本去看包含词语的句子，可以看到很多中性词，甚至积极词语所在的语句，与其词汇本身承载的语义色彩不同。例如"来""去""走"等词语都与节点词共现频数较高，但在句中仅做关系词使用，对结果有一定干扰。下面对语料库中具有鲜明情感色彩倾向的搭配词进行具体分析，并随机选取带有代表性的句子作为例句。

1. 中性色彩搭配词分析

下面观察占比最多的中性色彩搭配词，筛选出一些较有特色的进行具体语境分析。

表6　　　　　　　　　　　　"凭"扩展语境分析

1	颜值稀缺？就这？别侮辱科学家和小镇做题家了！208w凭什么？	消极
2	努力从不可耻，凭什么要被你们嘲讽小镇做题家？	消极
3	凭什么看不起"小镇做题家"？	消极
4	"小镇做题家"很丢人吗，凭什么被讽刺？	消极
5	我吃了很多的苦，才将这份博士论文送到你面前，你凭什么拿小镇做题家指责我？	消极
6	感动很多人的博士论文致谢，"小镇做题家"凭什么被嘲笑！	消极
7	身边的阶层固化，小镇做题家路在何方，愿我们都有凭心而行后果自负的勇气。	积极

续表

8	"小镇做题家"是什么梗？官媒凭什么一句话，就抹杀了农村学子的艰辛？	消极
9	小镇做题家凭实力考进去的，这有什么不能说呢？	消极

表7　　　　　　　　　　　"明星"扩展语境分析

1	明星考编四字怎么了？不公平？走后门？面试流程？小镇做题家？	中性
2	明星考编，官媒点名"小镇做题家"，到出了怎样的悲凉？	消极
3	考编"小镇做题家"因明星破防？普通人的努力是珍贵的	积极
4	深度解读某媒关于明星考编和小镇做题家的言论？	中性
5	你可以去吹捧你喜欢的明星，但不要去嘲讽一个普通人的努力。或许你们平时是习惯了无所不在的特权，所以藐视普通人的用力奔赴追逐。	消极
6	小镇做题家和明星的鸿沟：你的起跑线是我的终点。	消极
7	坚决抵制和资本家明星共情，别再侮辱科学家和小镇做题家了。	消极
8	"考编明星"与"小镇做题家"，何以上升为两种主义的……	中性
9	是小镇做题家们的痴心妄想特权明星的专属。	消极

表8　　　　　　　　　　　"普通人"扩展语境分析

1	你一句"小镇做题家"寒了多少普通人的心。	消极
2	小镇做题家，不要和明星共情，普通人的努力真的一文不值吗？	消极
3	媒体一句小镇做题家，既否定了普通人的出身又否定了后天努力。	消极
4	你问我眼泪为什么哗啦啦地流下了，因为我也是小镇做题家，因为我只是一个普通人。	消极
5	明星抢占资源，普通人被批小镇做题家，该称呼是如何从自嘲变成阶级歧视的？	中性
7	普通人？小镇做题家？酸？我们需要的是公平权益得到更多重视！	消极
8	考编"小镇做题家"因明星破防？普通人的努力是珍贵的。	中性

续表

9	没有人天生就想成为小镇做题家,只是单纯的想走出去,走出去看看这个世界!普通人的努力不应该被否定。	中性
10	不是什么人都可以成为"小镇做题家",普通人的努力是非常珍贵的!	中性
11	小镇做题家的困境,其实也是大多数普通人的困境。	中性
12	小镇做题家?这个世界对我们普通人已经苛刻到这种程度了?	消极

在中性色彩中选取词语进行语境取样,例如"凭"在文本中多与"什么"连用,组成"凭什么",在分词的过程中被划分开来。在与"小镇做题家"有关的语境下,"凭"与"什么"连用有9句,均呈消极语境,这与日常语境中对"凭什么"的情感倾向一致;"凭"与其他词语连用时候。例如"凭心""凭努力"则会呈现不同的语义色彩。当"小镇做题家"与"明星"连用时,大部分呈现消极的语义韵特征,这与明星事件带来的负面影响也有关。

2. 积极色彩搭配词分析

下面对积极和消极色彩搭配词进行分析。

表9 **"努力"扩展语境分析**

1	小镇做题家怎么了?不过是一群想通过努力改变命运的人罢了。	消极
2	努力从不可耻,凭什么要被你们嘲讽小镇做题家?	消极
3	他们认为自己很努力,所以看不起小镇做题家。	消极
4	小镇做题家,不要和明星共情,普通人的努力真的一文不值吗?	消极
5	媒体一句小镇做题家,既否定了普通人的出身又否定了后天努力。	消极
6	小镇做题家又讽刺了多少人努力得不到回报又有多少人不劳而获呢?	消极
7	小镇做题家的努力,值得被每一个人尊重!	积极
8	三代人的努力凭什么比不过小镇做题家?	消极
9	小镇做题家持续努力的一天!	积极
10	小镇做题家,努不努力都要被嘲讽!	消极

表10   "逆袭"扩展语境分析

1	一个小镇做题家的八年逆袭路。	积极
2	过去逆袭是寒门贵子，现在逆袭是"小镇做题家"，我们到底是抢了他们多少东西？	中性
3	小镇做题家已经没有了，再无逆袭可能~	中性
4	寒门士子，小镇做题家难以逆袭，根本原因是什么？	积极
5	小镇做题家的逆袭之路！	中性

  "努力"在文本情感分类属于积极搭配词。在标题语料库中查找与"努力"有关的语境51条，通过语句进行判断，发现其经常与"卑微""凭什么""否定""一文不值""嘲讽"等消极词汇搭配，在整句中呈现贬义色彩，这与平时语境对"努力"的判断相反。"逆袭"本身具有极强的积极语义，当"逆袭"和"小镇做题家"同时出现时，积极倾向比平时语境较少，与中性倾向持平。以上的用例也体现了"小镇做题家"的错综性。

3. 消极色彩搭配词分析

  对于代表消极情感的"不配"进行文本取样，结合语境发现，有大量的句子是对于"嘲讽小镇做题家"这一话题的讨论和疑问，整体带有中性的情感色彩，带来大量关于社会、文化、阶级的讨论和思考。

表11   "嘲讽"消极语义韵分析

1	小镇做题家不应该被嘲讽。	中性
2	我从小就是班里第一名，可却被嘲讽为小镇做题家。	消极
3	"小镇做题家"被嘲讽的背后，本质是文化的倒退。	中性
4	嘲讽"小镇做题家"是一个危险信号。	中性
5	对"小镇做题家"的嘲讽，既否定了出身，也否认了努力。	中性
6	小镇做题家的自嘲却成了一些人的嘲讽，背后的逻辑是什么？	中性

续表

7	共青团中央评"嘲讽小镇做题家"：是病，得治！	消极
8	用"小镇做题家"这样的词语来嘲讽小地方出来的精英，属实没有必要。	消极
9	十年寒窗不该被嘲讽！小镇做题家也有丰富的另一面！	中性
10	小镇做题家不是梗，是特权阶级对普通人努力的嘲讽，充满了傲慢。	消极

"小镇做题家"与"嘲讽"这一消极词语共现时，其中性和消极倾向对半分。比起语义倾向，人们更关注在"嘲讽"背后对小镇做题家的话语意图和逻辑内涵。

整体来看，"小镇做题家"的显著搭配词呈现多种语义色彩，绝大多数搭配词是中性的语义韵特征，但结合句子语境，会呈现和搭配词本身语义韵不尽相同的语义特征。Stubbs(1995)在研究 create 一词时，提到了 Louw (1993)描述一种韵律混合的现象为"prosodically mixed or incomplete"①，卫乃兴(2002)则在分析 probability 时将这种现象解释为错综语义韵(mixed prosody)②，指既吸引中性搭配词，也吸引消极和积极语义特点的搭配词，语义错综复杂。由此可以看出，"小镇做题家"也属于错综语义韵的范围，与各种倾向的词语共现。

五、结论

(一) 语料库构建情况

"由于每个用户都可使用微博发布信息使得在微博网络中信息泛滥，

---

① M Stubbs, Collocations and semantic profiles：On the cause of the trouble with quantitative studies. Functions of language, 1995.40

② 卫乃兴：《语料库数据驱动的专业文本语义韵研究》，《现代外语》2002 年第 2 期，第 171 页。

最终导致信息的平均可靠度也随之下降。"①微博发文门槛低，受众群体多，热点更新快，导致短期在微博平台上有大量和话题相关的博文，信息碎片化程度高，有很多垃圾和重复语料。在最初寻找语料时，2023 年 1 月 2 日至 2023 年 1 月 4 日两天不到的时间，微博就有将近四千条语料，可见热门话题"小镇做题家"社会影响力之大、之广。其他平台如哔哩哔哩需要制作视频，知乎需要高质量文本输出，发布信息门槛较微博高，语料质量相对较高，但标题语料信息较少，正文信息较长。选择正确的语料也是语料库建立的重要基础之一。

随着微博政策的不断更迭，个人隐私的保障加强，微博等社交平台的爬虫愈加困难，加上网络平台语言多样化，增强了语料的丰富性，也加大了清理语料的难度。在未来的研究，需要更加持续的语料库构建和维护工作。

(二) 网络流行语反映社会现状

网络语言生活将成为语言生活中最重要的部分，也是网络语言生活图景的全面反映。

"小镇做题家"涉及的话题背后隐喻的教育公平、阶级流动、资源分配、就业形势是一直以来的社会热点，与之有关的搭配词则反映了这一现象。除了语义韵上显现的社会态度倾向，如嘲讽、丢人、侮辱、指责、凭什么；更多的是那些中性词背后蕴含的社会深层问题：阶级对立，如寒门、资本、普通人、明星；教育公平，如做题、努力；未来规划，如考研、毕业、规划、选择。

在互联网语境空间中，"小镇做题家"还调动了公众的情绪。在所收集的语料中还有一类积极的声音，还有一批"小镇做题家"想要通过努力去改变资源分配、社会阶级流动等问题，反思和优化如今的社会建构。在冲突

---

① 文坤梅：《微博及中文微博信息处理研究综述》，《中文信息学报》2012 年第 6 期，第 30 页。

和对立中，在网络和现实中，网络热词和词汇背后的群体会找到适宜的生存途径。

(三) 节点词语义倾向分析

对于搭配词的分析，可以看出"小镇做题家"呈现出错综语义韵特征。

首先，分析搭配词语义和语境不可分离。在语义韵研究中发现，在英文搭配词分析中经常出现的语义冲突，就是结合上下文发现其语义特征。其次，节点词"小镇做题家"作为新兴网络热词，本身具有相对活跃的用法和语义倾向，在数据中由中性语义向消极语义偏移。对于中文词汇研究，基于数据只是一种分析方法，结论仍要深入更为具体的语境探索，将词语内部含义与词语搭配的外部语境相结合。

研究对语料库的构建、数据的处理分析仍有不足，不同的软件工具和处理方法导致的结果也不尽相同，受限于个人能力和数据标准，此次研究还有很多不完善的地方。对于语料库检索网络词及搭配词研究，例如文本挖掘、语义依存分析、获取公众情感关联也是未来网络语言研究的热点，这些研究将有利于规范语言生活，对社会发展有着重要作用。

校订：何思谕　孟令芳

会议综述

武汉大学文学院第三届学术论坛会议综述

学术论坛会务组

一、会议概况

武汉大学文学院研究生学术论坛是由武汉大学文学院主办、以中国语言文学专业在读研究生为主要参与者的综合性学术活动。论坛以促进学术交流与创新为宗旨，努力为在校研究生们建立一个探讨学术问题、展示研究成果、交流科研心得的学术平台。

武汉大学文学院第三届研究生学术论坛于 2022 年 11 月 6 日在振华楼成功举办。本次论坛得到文学院领导和专家学者们的大力支持，硕博研究生们踊跃投稿参会，来自语言学及应用语言学、现当代文学、古代文学、比较文学与世界文学、文艺学、汉语国际教育、汉语言文字学等专业方向的 36 名硕博研究生进行了学术发言，与会学生达 90 余人次。

二、开幕式与大会发言

2022 年 11 月 6 日上午八点半，武汉大学文学院副院长高文强为论坛开幕式致辞。高文强副院长首先肯定了同学们积极参与学术论坛的热情，表达了对各位老师同学的感谢，期待大家借助这一学术培养平台有所收获；然后谈到了研究生的培养问题，对文学院近年来设计的帮助研究生学习的活动作了介绍，包括学术论坛、《文言》辑刊、各类读书会等。在预祝大会顺利进行的同时，高文强副院长还展望了2023年的文言樱花会，希望大家可以积极投身学术活动，在实践中成长。

上午九点，学术论坛主负责人陈溪老师主持大会发言。上午的主会场共有五位同学进行了学术发言。文艺学硕士生萧涵耀通过分析中国嘻哈乐圈内怪象丛生、圈外争议不绝的现状，对中国嘻哈乐面临的三个"本真性"难题进行了研究。文艺学硕士生韩彩琼对英语世界中中国民族电影研究的四种理论范式进行了阐释和分析，提出了在议题改换和方法反思方面的看法。古代文学硕士生杨暑桐梳理了古代曲学术语"务头"的多种解释，对不同观点分别进行了论证，并提出了自己的意见。现当代文学博士生徐鹏飞关注南国社第二期公演表现出的田汉民众戏剧观的两条实践道路，指出了田汉从梅耶荷德式的革命戏剧转向叶芝式的艺术戏剧再到革命戏剧和文化戏剧之综合的调整。比较文学与世界文学硕士生梅篮月通过对福楼拜《圣安东的诱惑》"笛卡儿妖"的出现为切入点，对作品和作者进行了现代性的分析。武汉大学文学院专家评议团的王怀义老师、刘春阳老师、戴红贤老师、樊星老师、艾士薇老师、韩小荆老师从选题、论文结构、内容立意、题目摘要等方面分别对每位同学进行了细致和深入的评议。

上午十一点，大会发言进入第二部分——主题学术分享会。来自武汉大学文学院的三位老师分别就研究生最感兴趣的学术主题展开经验分享。樊星老师结合不同的学术成长案例生动地说明了"怎样找到一个合适的选题"，提出了从新角度去研究、寻找学术空白、在细读比较中发现问题等实用的指导。王怀义老师首先分享了自己的论文投稿经历，然后结合自身经验为同学们提供了具体的建议，如要有读者意识、注意引用、要有学科意识和当代意识等。艾士薇老师同样结合自身经历回答了考博和读博准备相关的问题，从语言能力、学科基础、学科前沿、写作能力几个方面进行了细致的分享。老师们的分享结束后，同学们就自己学术研究中的困惑进行了积极踊跃的自由提问，三位老师对同学们的问题分别给予了更多的学术建议与针对性的指导，老师和同学们友好交流，现场气氛轻松活跃。

三、分会场发言

本届学术论坛共设"现当代文学""古代文学与古代文论""语言与文献""比较文学与外国文论"四个分会场。分会场的发言和讨论于下午两点同步开始。

(一)现当代文学

第一分会场"现当代文学"共有七位发言人,张园老师、荣光启老师、叶李老师对每位同学的发言进行了细致的点评。

现当代文学硕士生刘诗琦分别分析了萧红和张爱玲的对女性的丑怪身体书写,透视"五四"以来女作家作品中表现的生理性痛苦和精神性内闷,阐述了中国人对现代性理解与体验的开始和现代时期女性真实的存在处境。哲学院博士生孙凤玲从自然荒野中的物、自然荒野中的人和工业文明的入侵带来的未来歧途三个方面对迟子建《额尔古纳河右岸》的荒野写作进行了细致的述评,用荒野写作的视野看当代中国小说,表现了作品的鲜明特点。现当代文学硕士生尹雪关注了胡绍轩在武汉进行的三次办刊活动,对《轮底文艺》《文艺(武昌)》和《文艺战线(武昌)》三种刊物的编刊特点进行了详细的分析,以此为缩影展现了 20 世纪三十年代武汉地区文艺刊物的发展。现当代文学硕士生刘雅芳对郁达夫、老舍、林语堂的异域题材小说创作进行了分别分析,展现了西方体验下现代留学知识分子的文化心理,对文化交错前沿文学实践的价值和问题有新的认识。现当代文学硕士生陈琛以张贵兴小说中的"中国性"文化想象为研究对象,对在台马华作家的原乡认识进行了分析和阐述,也指出了这种"中国性"和此前批评者认识的不同。现当代文学硕士生张雯考察了汪曾祺《受戒》中的空间书写,把"空间书写"概念与作者接续乡土抒情小说传统的"桃花源"建构联系起来,并融入对时代语境和文学思潮的思考。现当代文学硕士生董颢宾对双雪涛、郑执的青春书写进行了比较研究，从沉浸体验的青春印记、叙事视角的代际审视、青春暴力的人物三个方面进行共性探讨，提出了关于青春写作的总体认识。

自由讨论环节，老师和同学们进行了热烈的交流，老师们在强调学术问题意识的同时更指出，形成研究思路与问题意识需要研究动机。

（二）古代文学

第二分会场"古代文学与文论"共有七位发言人，袁劲老师、汪超老师、葛刚岩老师对每位同学的发言进行了细致的点评。

文艺学硕士生卢心语分别从语义方面、认知方面和文化方面对中国文论元关键词"兼"进行了三重考察，兼顾了宏观建构和具体文本两个要素。古代文学硕士生左卉婧选取"沉郁"一词作为关注对象，研究其在中国古代文学批评中的演进与流变，结合具体的作品批评作了历时性的梳理。文艺学硕士生李珍贞对"水中宝镜"的故事生成过程进行了历时性的研究，并对其宗教内涵的发展演变给予了详细的解读。古代文学硕士生刘雨欣关注的是传统语境中的谐讔与小说，从起源、相似性、后世的发展轨迹等方面对它们的互动关系进行了详细分析。文艺学硕士生向诗蕾选择《红楼梦》中的薛宝琴作为考察对象，以其"符号化的看客"身份为切入点，分析其人物建构和功能性的边缘书写。文艺学硕士生胡殊佳对朱良志的石涛研究方法进行了系统研究，从生平活动考证、思想渊源追溯、艺术风格归纳等几个方面归纳，并对其研究方法作出了批判性的评价。写作学硕士生董笑关注旅生《痴人说梦记》中的乌托邦想象，采用文本细读的方式解读文中镇仙城的乌托邦建构，呈现了作者在近代转折中的乌托邦想象。古代文学博士生成天骄以钱幕文人集团为研究对象，以其交游和诗文革新引发的问题为背景，考察仕宦分野下钱幕文人集团的诗风选择与群体建构。

自由讨论环节，老师们特别指出，论文应集中而深入地针对某一点探讨问题，而不求面面俱到。

（三）语言与文献

第三分会场"语言与文献"共有八位发言人，王统尚老师、郭婷婷老师、梁静老师对每位同学的发言进行了细致的点评。

汉语国际教育硕士生刘宇欣以"该不该称优秀女性为'先生'"的热点话题为切入口，从性别语言学视角论述了"小姐"与"先生"两个称谓语的不对称性。语言学及应用语言学硕士生于晓琳对疫情背景下的网络谣言文本特征进行了详细的分析，并提出了相应的网络谣言治理对策。语言学及应用语言学硕士生陈灵梓使用"行""知""言"三域理论对广宁粤语中的后置成分"倒"的具体用法进行了分析，并将其与另一个虚词"紧"相比较。中国古典文献学硕士生傅月皓考察了清华简（十）中的一形多音义现象，详细介绍了自己分为五步的研究过程和分为五方面的研究成果。语言学及应用语言学硕士生万杰灵从三个方面分析了大学生网络汉语字母词使用情况的性别差异，并进一步探究了其中情感倾向的性别差异和出现这种现象的原因。汉语国际教育硕士生宁静以俄罗斯统考中文科目为研究对象，在进行介绍的同时归纳出了统考中文科目变化趋势的三个特点。汉语言文字学硕士生尹伊就"等于"一词的语义发展和语法化研究进行了阐发，从词义的历时性变化、词汇化、语法功能等方面展开介绍。汉语言文字学硕士生刘思佳解释了"鎏""镀"二字的字义，对其在表"鎏金"义上的历时替换作了分时期的梳理和分析。

自由讨论环节，老师们针对同学们论文中容易体现的"理念先行"的问题做了提醒，建议大家做学术研究一定要以材料为本。

（四）比较文学与外国文论

第四分会场"比较文学与外国文论"共有八位发言人，艾士薇老师、张晶老师、刘春阳老师对每位同学的发言进行了细致的点评。

比较文学与世界文学硕士生王淼以《狗儿爷涅槃》与《欲望号街车》两部作品为比较和考察对象，进行重新回到《诗学》度量衡之下的戏剧对读。比较文学与世界文学硕士生王梦潇从欲望与毁灭、警示与感化、从相融到敬畏三个方面讨论安房直子作品中的生态意识。比较文学与世界文学硕士生陈景月关注的是笛卡儿式的普遍怀疑，思考其与奥利维拉的"中心探索"的相似性和互动关系。文艺学硕士生王杰以从二元论到超越论的转向为切入点，分本质现象学阶段、超越论阶段、转向阶段对胡塞尔意向性理论进行探析。现当代文学硕士生龚雪莲选择《东欧女豪杰》和《黄绣球》两部作品为代表，对晚清小说中西方女豪杰形象的构建和特点进行了详细的分析。文艺学硕士生刘文翰关注阿瑟·丹托的艺术本体论，对"'寻常物'如何变容"的问题进行了深入的思考和探究。文艺学硕士生董薇考察剧本杀游戏机制中的神话原型，将剧本杀游戏机制、"救赎"原型和玩家的"癔症化"联系起来进行挖掘。文艺学硕士生田佳璐以数字媒介为关注点，思考媒介和人的关系以及去数字媒介化生存的必要性和可能性。

自由讨论环节，在回答同学们关于论文撰写的提问后，老师们还分享了一些与学术有关的趣事和经历，鼓励大家发现自由学术的乐趣。

四、闭幕式

学术论坛负责人陈溪老师主持本次学术论坛的闭幕式。张雯、成天骄、宁静和董薇同学作为分会场代表，依次对分会场的交流情况和个人收获作总结。

随后，陈溪老师对本次学术论坛发言情况作出总结。她首先将本次学术论坛的情况总结为四个"更"：更具当前性和前瞻性的选题、更有跨界阐释性的研究视域、更富有挑战难度的学术份量的理论反思与运用、更重于研究对象的历史价值的畸变和知识动态结构。其次，她指出此次的学术论坛活动能切实表现出大家的学术成长、思维进步、治学理论和方法的日趋成熟，以及不断进取和挑战的学术高远志向，过往可喜可贺，来日可望可期。此外，陈溪老师还总结了此次论坛活动的组织情况，在对会务组工作表示认可的同时也指出了问题的存在，欢迎老师同学们的批评建议，以便组委会以及文言公众号更好更高质地为广大研究生服务，最后，就所有专家老师对研究生学术论坛和《文言》辑刊的支持表示感谢。

"2023 文言樱花会"
暨武汉大学文学院第四届研究生
学术论坛会议综述

学术论坛会务组

一、会议概况

　　武汉大学文学院研究生学术论坛是由武汉大学文学院主办的、以中国语言文学专业在读研究生为主要参与者的综合性学术活动。论坛以促进学术交流与创新为宗旨，努力为在校研究生们建立一个探讨学术问题、展示研究成果、交流科研心得的学术平台。论坛每年举办两次，其中在春季举办的"文言樱花会"邀请全国乃至海外各高校人文学科的硕、博士研究生，于武大珞樱缤纷之时共研文学之隽永和语言之深意，以跨界、交融的视野和胸怀，实现学生和学者间高质量的学术互动，推动研究生学术成长。

　　2023 文言樱花会暨武汉大学文学院第四届研究生学术论坛于 2023 年 3月 19 日在武汉大学振华楼文学院成功举办。本次论坛邀请了华中科技大学人文学院、华中师范大学文学院、湖北大学文学院、中南民族大学文学与新闻传播学院的硕博士研究生参与，共计 95 位来自文艺学、现当代文学、古代文学、比较文学与世界文学、语言学及应用语言学、汉语言文字学、古典文献学、汉语国际教育等专业方向的硕博士研究生进行学术发言，与会同学达 100 余人。

二、开幕式与大会发言

3月19日上午八点半，武汉大学文学院副院长高文强为论坛开幕式致辞，他肯定了五校学子积极参与学术论坛的热情，期待大家在学术论坛这一学术交流平台有所收获，并预祝大会顺利进行。

大会在学术论坛主负责人陈溪老师的主持下有序进行。首先是学术报告环节，文学院的两位教师结合自身科研经历，就学生感兴趣的话题展开分享。王怀义教授从论文写作"如何选择一个好的题目"出发，指出"题目"即"选题"，来自研究者对研究对象的深入把握和提炼，并无好坏之分，而在于研究者本身挖掘的程度。王怀义教授又从中西学语关系角度切入，以奥尔巴赫"figure/figura""意象/意境"概念的不同定义为例，分享了论文的选题思路及对选题的把握。萧映教授以"在论文写作中展现科研能力"为主题，分析了论文写作存在的问题以及应对的方法。萧映教授从学位论文抽检中"不合格论文"的问题说起，分析了论文写作过程中易犯的几点问题，主要为论文规范性欠缺、文献综述质量较低、选题创新性不够等，并从明确学术立场、减少表述武断以及避免混用术语三个方面提示如何在写作过程中充分展现自己的想法表达与科研能力。

随后，本届学术论坛采取学生主讲、教师点评、师生互动探讨的模式进入大会发言阶段。三组发言同学依据自己的论文主题进行了问题源起、论证思路、结论与反思等方面的阐述，老师们对于论文的闪光点与不足展开认真细致的点评，同时也肯定了青年学子们的学术潜力。

在第一组发言中，来自湖北大学的程艺然以"《华西汉语初级课程》并列连词'给'成因"为主题进行发言。程怡然同学从晚清民国四川方言并列连词"和""与""给"的使用情况、语法化路径形成原因几个方面介绍论文的基本内容。来自华中科技大学的韦力尔以"基于历史比较的三五镇壮语单元音音变声学研究"为主题进行发言。他以广西来宾市三五镇壮语为研究对象，通过对壮傣语支不同语言之间的韵类语音词汇作对比，进一步论证了关于元音央化和前化等音变现象的观点。来自武汉大学的肖鸿哉以"从俄藏惠氏《说文》批校本看《惠氏读说文记》的成书"为主题进行发言。他先后介绍了惠批《说文》残本的基本情况、从惠氏批校到《惠氏读说文记》的过程以及对惠氏稿抄本研究的反思。萧红教授对第一组同学的发言作简要点评，她认为三位同学的选题富有价值，视角十分敏锐，同时也对三篇论文的潜在论证材料与发散角度进行了补充。

在第二组发言中，来自华中师范大学的计敏以"楚国政治神话中的华夏文化认同"为主题进行发言。通过对地理背景、神话信仰等方面的分析，计敏同学认为楚国神话在政治发展过程中提供了强大的文化内动力，也表现出对华夏文化的强烈认同。来自华中师范大学的周艳和以"论叶燮《原诗》的整体唐诗观——兼谈'诗必盛唐'说的消解"为主题进行发言。周艳和同学认为，唐人本色论、唐有古诗论与唐诗诗法论是叶燮从不同层面为增强《原诗》诗学理论而提出的见解，在消解"诗必盛唐"说的诗学发展中产生了意想不到的效果。来自武汉大学的朱静宜以"艺术终结之后：论博伊斯艺术实践的哲学化历程"为主题进行发言。她整体性地梳理了博伊斯艺术实践转向哲学的思想路径，"社会雕塑"是博伊斯实践转向的终极探求，将哲学内部的能动性嵌入审美对象中，向乌托邦式的政治理想迈进。李松教授对三位同学的发言进行了精彩点评，他认为三篇论文选题精准，论述清晰，但是存在着挖掘深度与批判空间不足的问题，并针对三篇论文的改进方向提供了宝贵而具体的建议。

在第三组发言中，来自武汉大学的钱雅露就"《一只狗的故事》中的疼痛语言与言语问题"主题进行了阐发。钱雅露同学从拉斯·古斯塔夫松的作品出发，对疼痛的巴别塔问题、疼痛的承认与承认的不完备、疼痛的言语与表达现象学等维度展开了相关论述。来自华中师范大学的邱敏娜以"从'歌功记'到'畅想曲'——论《十三陵水库畅想曲》的跨媒介实践"为主题进行发言。她认为，从文本生成角度看，《十三陵水库畅想曲》的向度不止是一个植根时代的文本，而拥有古今之变，田汉在创作中呈现了自己的先锋形式与象征表达，与此同时从剧本到电影的跨媒介实践也拥有自身的方法与限度。来自华中师范大学的王希以"从'物我相通'到传统回归：印刷技术语境下《应和》的'物转向'困境"为主题进行发言。她以波德莱尔的《应和》一诗出发，从西方文学创作中"物转向"的萌芽及其主体性的高扬，诗中的物我相通景象及其困境等角度进行阐发。萧映教授对第三组发言展开细致的点评，她肯定了三位同学在问题提出和理论表述上的努力，并对论文的格式规范、结构调整、语言精简、错漏讹误等方面提出了具体的修改建议。

三、分会场发言

分会场的发言和讨论于下午两点同步开始。根据投稿论文的专业方向，本次学术论坛本届学术论坛共设八个分会场，分会场的发言讨论包括发言与点评、自由讨论两个环节。

分会场 1：语言与文献分会场（一）

语言与文献分会场（一）在陈琛同学的主持下进行。在报告环节，共有 11 位发言代表就论文主题进行阐述。萧圣中老师、王统尚老师和李昱老师分别作点评。

赵球同学（湖北大学）就"'X 不说，还 Y'的构式化与'不说'的词汇化互动"主题进行了阐发。由"不说"的词性判定、语义功能及其相关句式群描写，具体到"X 不说，还 Y"结构的考察，并借此探讨词汇化和构式化的互动。萧圣中老师首先肯定论文写得很细致，展开点很多。之后指出论文在溯源演化考察方面存在一些问题。李昱老师补充提问：有没有"不说 X 还 Y"的现象发生？会不会这些形式数量分布不均衡？第二位同学刘兰清（中南民族大学）就"荔浦话中的'倒'"这一主题进行了展示。刘兰清从荔浦方言"倒"的用法、动态助词"倒 1"、语气词"倒 2"、动相补语"倒 3"等方面进行论文阐释。王统尚老师认为这篇文章写得很扎实、细致。之后就方言音和字的对应关系问题、语音问题、论文写作独特性和规范性方面、展示方式等提出了一些不足之处。第三名同学黄倩（华中师范大学）就"《广韵声系》曾族字声符示源试析"主题进行了阐发。黄倩依据现有的声符示源功能研究成果，以沈兼士先生《广韵声系》中"曾"族字作为考察对象，探究形声字中声符"曾"的示源功能。肖圣中老师认为论文非常扎实，几乎穷尽了所有含有"曾"的字，对字义等多方面的总结没有太大的问题。老师在新材料挖掘、字源问题和图式展示等方面提出了一些建议。第四位同学金世明(华中师范大学)就"粘合式偏正结构'N1VN2'转化为主谓宾结构'N2VN1'的制约条件分析"主题进行阐发。金世明从音节因素、名词的语义角色、名词的生命度三个方面具体展开阐释。王统尚老师认为论文结构清晰、层次分明；论证过程令人信服，思辨性很强。另外在"生命度的问题"、要不要分析深层语义结构和论文写作方面给出了一些建议。第五位同学易亚欣(武汉大学)就"新冠疫情背景下新兴称谓词'小阳(羊)人'的产生及流行机制分析"主题进行阐发。易亚欣从理论背景、现实背景、"小阳(羊)人"的产生及流行机制、产生路径、产生原本、产生机制、感情色彩及语用功能等方面展开阐释。李昱老师认为论文选题敏锐，紧抓热点；同时结合理论，能感受到对语言现象的高度敏锐性。"动源称谓语"这个词的理论也抓取得很好，但论文的问题是只是个案分析。并在"小"称问题、数据选取问题上给出建议。第六位同学甘桂贤(湖北大学)就"基于词义类型学的核心温度词研究"主题进行阐发。甘桂贤从选题背景、从类型学角度看核心温度词、词义演变的特点等方面展开阐释。李昱老师认为文章选题非常好，很有意义和价值；论文的梳理和归纳非常清晰。老师也认为，论文的有些写作顺序可以调整；在考察词义演变的过程中，除了词典的例子，还要考虑真实语料。

第七位同学于晓琳(武汉大学)就"改革开放以来中国社会话语体系变迁研究"主题进行阐发。于晓琳从研究现状、问题与不足、研究框架、高频词分析、重点词分析、表层语层的特点、语词概念分析等角度展开分析。李昱老师肯定了文章的学术价值、现实意义、技术路线，并在话语体系的概念问题、对现象的关注、研究思路如何呈现等方面给予建议。第八位同学凌艺桓(华中师范大学)就"互动交际视角下四川方言话语标记'不存在'研究"主题进行阐发。凌艺桓从理论意义、现实意义、语料来源、"不存在"的位置分布、"不存在"的否定真性程度、"不存在"的互动功能等方面展开阐释。王统尚老师认为论文朴实、扎实;理论应用比较贴合;用词通顺严谨。在组织类型、论文前后一致性、用词表达、关键词和摘要写作问题上给予建议。第九位同学张婷婷(武汉大学)就"商城话'搞'字被动句研究"主题进行阐发。张婷婷从句式的结构分析、搭配情况、语义和语用、被动标记的来源及形成条件等方面展开分析。肖圣中老师肯定了论文清晰的层次性,在上古字语音问题、方言词研究问题上提出一些建议。王统尚老师在 PPT 展示、理论思考、语言表达问题上提出建议。第十位同学赵玮涵(湖北大学)就"概括评价性构式'老+N+了'"主题进行阐发。赵玮涵从词项解析、语用分析、构式的承继发展等方面展开分析。李昱老师认为论文有比较高的理论水平,语言表达非常精准。在对具体语言的分析、具体例子的分析等方面给出了一些建议。王统尚老师认为哪些名词可以进入这个句式,哪些名词不能进入需要进一步细化。第十一位同学习琳哲(华中师范大学)就"基于互信息值看时间副词'整天'的评价表达"主题进行阐发。习琳哲从互信息值、研究设计、实证结果等方面展开阐释。王统尚老师认为论文写得很扎实,很有说服力。在研究对象扩展、用此表达、参考文献规范性问题上给出建议。

分会场 2:语言与文献分会场(二)

语言与文献分会场(二)在刘利文同学的主持下进行。在报告环节,共有 10 位发言代表就论文主题进行阐述。阮桂君老师、梁静老师和赵昱老师作点评。

第一位同学戴汐葳(武汉大学)就"北宋言谏传统与《诗》学阐释——以王安石《诗经新义》、苏辙《诗集传》为中心"主题进行了阐发。戴汐葳从《诗经》学史、言谏传统、谏议制度的衰落、谏官进言之两难等方面进行分析。赵昱老师认为论文选题妥当,完成度高,叙述成熟,选点精准,关注了政治形势变化下的诗经学术传统。但对北宋时期诗经解说的转向缺乏充足的阐述,写法有待商榷。第二位同学向紫钰(华中师范大学)就"立场标记'说是'的互动功能与浮现动因"主题进行了阐发。向紫钰从"说是"的立场标记、话轮位置与互动序列、互动性、浮现动因等方面展开分析。阮桂君老师认为论文现象思考与理论分析结合得很好，思路也很清晰。之后指出论文注意部分句中比较松散和轻读的部分；可以适当结合汉语学界注重分析语料的研究思路；注意语料库与选题的关联性。第三位同学王子仪（武汉大学）就"安大简《卷耳》考释"主题进行了阐发。王子仪从研究目的、异文比较与词义考释、诗序变化与优本辨析、诗旨辨析等方面展开分析。梁静老师认为论文从具体诗句含义的探讨来到古今章句的比较，结构清晰，层层递进，资料全面而完整。老师在学者观点呈现、引述以及全面考虑《孔子诗论》问题上给予意见。第四位同学袁咏婕（华中师范大学）就"形态类型学视野下孤立语语法特征再探"主题进行了阐发。袁咏婕从选题缘由、论文方法、问题探讨、现象分析等方面展开阐释。阮桂君老师认为论文材料运用特别恰当，但如果可以从零开始，将纯粹的思考与外在的讨论相结合会更有收获；在钻研理论的前提下，以语言现象为依托，会取得更大的收获。第五位同学刘子轩（湖北大学）就"'副文本'视角下明代易经注本序跋的价值探析"主题进行了阐发。刘子轩从"副文本"概念、易经注本序跋的史料价值、阐释导向、思想价值等方面展开阐释。赵昱老师认为论文对明代易学的研究很有价值。但不足之处在于过分局限于强调副文本的理论，更多需要探究的不仅在于正副文本之间的联系，还在于正文如何解读。另外，政治动荡所带来的学风改变缺少阐述。

第六位同学洪镐男（武汉大学）就"试论许瀚对《说文义证》的校勘"主题进行了阐发。洪镐男从《说文义证》及其刊刻、许瀚的校勘情况、许瀚的校改意见、许瀚校勘的得失等方面展开阐释。梁静老师认为论文行文成熟，从校勘出发，论证校勘目的、兼顾学理又涉及学者个人的心理，写作十分成熟。但是表述需要斟酌；论证时不应只举个例，需要考虑穷举，以展现全貌。第七位同学王唐梦影（湖北大学）就"论《四库全书总目》的诗歌情志批评观"主题进行了阐发。王唐梦影从选题简介、风人之旨及具体方式、诗歌情志批评中渗透的乾隆意志等方面展开分析。赵昱老师认为该同学的努力值得认可，同时指出，论文对风人之旨与乾隆诗教观两者关系的阐述不够清晰，摘要的表述也不够清晰。建议作者可以扩大参考书目的版本范围。第八位同学张晓越(湖北大学)就"流行语'小镇做题家'的搭配词分析"主题进行了阐发。张晓越从基本情况、数值计算分析、语法分析和语法搭配、语义色彩等角度展开阐释。阮桂君老师认为，论文利用现代的数据处理方式，是有益的探索，如果能建立个人语料库，则是一个更为良好的方向。老师在题目是否存在歧义、结论深入程度等问题上提出了建议。第九位同学邓诗钰(湖北大学)就"从王士禛诗文集序跋看其'诗以人重'观"主题进行了阐发。邓诗钰从问题提出、王士禛诗以人重观的矛盾、清初诗教观的盛行、王士禛对于书籍流传的看法等方面展开分析。赵昱老师肯定了作者选题，但文章略显单薄，没有涉及他人的观点和历史上相似观点的流传；缺少对序跋与其他问题在承载批评意义上的差别的分析，建议作者可以在不同的诗歌用场合进行更为立体的考察。第十位同学李昱(湖北大学)就"明清固始吴氏家族著述存佚辑考"主题进行了阐发。李昱从吴氏家族著述存佚考略、吴氏家族成员作品辑佚等角度展开阐释。梁静老师认为作者的准备工作扎实，资料收集广泛，体现作者在论文写作中所花费的精力。在表达体例、内容前后一致性、家族与个人关系、辑佚的篇目与家族源流考证的关系等方面给出建议。

分会场3：现当代文学分会场(一)

现当代文学分会场(一)在雷思雨同学的主持下进行。在报告环节，共有10位发言代表就论文主题进行阐述。严靖老师、余蔷薇老师和孙大坤老师分别作点评。

第一位同学曹艺(华中科技大学)就"有限的'个人'——从《刘巧团圆》看延安说书改造运动中的民间意识改造"主题进行了阐发。曹艺同学就劳动与爱情的主题、"个人"的产生与有限性、民间意识的显现与改造等方面展开论述。严靖老师赞许了论文突出的问题意识，指出了文章的两个亮点：一是文章讨论的是流动的延安文艺，二是对劳动的理解较为深入，回到了历史现场。老师建议论文更加突出主题以及多一些理论性，描述民间

和政府的关系不要过于平面化。第二位同学程胜（湖北大学）就"苏俄体验
与首部中国无产阶级革命诗集的创生"主题进行了阐发。文章聚焦于《新
梦》的暴力美学倾向，认为对蒋光慈艺术性不足的理解是一种误解。余蔷
薇老师首先肯定文章选题较有亮点，同学将蒋光慈的诗歌和小说联系在了
一起，具备问题意识。同时老师指出题目与内容有游离，可以再就第一部
分和第二部分进行补充，突出问题；关于文艺批判的问题应当放置在引言
当中，应当开门见山。第三位同学骆羽芯（中南民族大学）就"从续作与时
代的裂隙出发——对《上海的早晨》后两部的创作考察"主题进行了阐发。
骆羽芯同学围绕续作的创作动因、续作的文本分析、对续作的价值进行重
估三个方面展开论述。严靖老师认为同学选题较为得当，不窄不宽，具备
问题意识，但是选题与内容有所游离，即时代缝隙意义不明，在文章中被
讨论得较少。老师认为参考文献中缺少一些同时代的作家对比，建议阅读
周而复的相关研究，对问题的探讨更加深入。第四位同学董颢宾（武汉大
学）就"版本流变视野下《昨日之歌》的寂寞与沉思"主题进行了阐发。董颢
宾同学从"变"的维度，对诗歌进行了分类：爱情、寂寞空虚、社会关照与
反思、希望与喜悦。在分类的基础上逐个进行分析并对"变"的原因进行了
推论——变的原因为读者接受和个人感情、文学见解。余蔷薇老师肯定选
题从梳理版本流变着眼，具有问题意识。老师指出同学对版本流变的梳理
在论文中呈现得不够清晰，对版本的论述较为模糊，缺少考辨。第五位同
学杨宗霖（华中师范大学）就"熊召政《张居正》中的空间叙事与地理书写"
主题进行了阐发。杨宗霖同学讨论了《张居正》中的空间叙事：《张居正》具
体采用了聚焦的写作技法，将家宅设定为重要的叙事空间。文章集中聚焦
了《张居正》中的地理书写，指出其与荆楚文化具有较强的关联性。孙大坤
老师肯定了选题的问题意识，认为题目较为明确，结构非常清楚。老师指
出文章引言部分缺少引用的例子，后面引用的部分没有对"叙事空间"加以
展开。对"话语空间"缺少论述；"楚狂"一词的运用不太精确。

　　第六位同学周秀英（武汉大学）就"'胡杨'意象与原型：红色文化在当
代新疆诗歌的传承"主题进行了阐发。周秀英同学论述了"胡杨"原型的构

建和红色文化传承，从心理维度、生理维度和文化维度进行解析。余蔷薇老师肯定文章写作较为成熟老练，结构完整、逻辑清晰。老师指出文章对新疆诗歌的界定存在疑惑，强调了对发表平台确立新疆诗歌定义的疑问。另外老师认为文章第二部分的论述较为淡薄，对立统一的维度并没有就六类意象进行总结，分类的概念存在交叉且太多了。第七位同学李婉珊（中南民族大学）就"流浪与迷失——《尘埃落定》中阿来的文化身份寻踪"主题进行了阐发。李婉珊同学指出阿来的文化混杂与文本中主人公的双重身份相互映射，因此产生了不确定的双重身份，在文化身份认同方面，主人公不断寻找着族群文化中的认同，投射了作何对多元文化混合的宽容。孙大坤老师认为文章观点较为清晰，修辞较为得体，具有时代性。老师指出小说作者与主人公本身并不完全同一，应该进一步论述两者之间的距离。另外文章的理论背景太大，建议放置在作者阿来个人的写作空间和经历中进行考察。第八位同学雷思雨（武汉大学）就"'始原创伤'的重述——精神分析视域下对张爱玲《怨女》的解读"进行了阐发。雷思雨同学围绕文本《金锁记》和《怨女》讨论了张爱玲反复书写的创伤心理。从"自卑与复仇"的角度讨论了《金锁记》和《怨女》中的女性心理，即自我卑贱和放纵复仇。严靖老师认为论文标题和副标题比较恰当，题目较具有挑战性，批评方法较不容易操作，结构合理，能够自圆其说。老师指出文学研究应该具有虚实交织的特征，有逻辑又有想象力，文章过于实了。老师认为文章忽略了小说产生的语境即作者是美国时期的张爱玲，建议与精神分析相互联系，产生更大的张力。第九位同学窦承慧（武汉大学）就"以梦为真：论徐訏四十年代的小说创作"话题进行了阐发。窦承慧同学围绕文本中敞开的叙事空间讨论了话鬼和话梦，文本时空的交换。从作者的经历入手探讨了"流亡人"的家国情怀，指出作者对山河家国的眷恋融入笔下人物的平凡人生，并内化为个体精神的追求。严靖老师认为整篇文章四个部分设置合理，篇幅相当，讨论切题。老师指出写作缺少析出的具体文献，格式具有一些问题。文章的题目过大，介绍性语言较多，需要使用更多具体的词汇进行讨论。第十位同学曾诗怡（中南民族大学）就"别样的江湖世界——宋世明小说集

《打马过江湖》简评"话题进行了阐发。文章从宋世明所书写的故事对时空界限的跨越、作品的江湖气、宋世明作品中的乡村等方面展开论述。孙大坤老师认为文章整体论述清晰，结构体量适中。老师指出论文缺少注释，某些地方缺少解释，如其中的"江湖气"没有具体的指涉对象。

分会场4：现当代文学分会场(二)

现当代文学分会场(二)在刘方圆同学的主持下进行。在报告环节，共有8位发言代表就论文主题进行阐述。朴婕老师、荣光启老师和吴海洋老师分别作点评。

第一位同学张琪(中南民族大学)就"平等对话的设想——谈《潮汐图》的西方他者与中国自我"主题进行了阐发。论文围绕《潮汐图》的中西方形象对比探讨中西方文明差异及发现多种文明平等对话的可能。朴婕老师认为论文探讨了中西方各自概念中的套话，关于东西方文明的刻板印象，通过林棹的思考，提出超越二元对立的可能。可以感受到张琪对这种悖论、割裂的反思，思考深入。论文完整，研究目的、东西方问题展开、材料梳理等，结构也基本合理。老师指出文本细读要更细致，不要让观点跑在文本细读前面；把东方作为自我，有点先入为主，建议超越东西方的概念，把问题说得更清楚。第二位同学艾乐(中南民族大学)就"史诗重构·文化寻根·为毕摩代言——论英布草心长篇小说的毕摩书写"主题进行了阐发。文章从史诗的重构、文化寻根、从读者角度揣测作家重构史诗的意图三个部分探讨中华民族共同体的文学建构。荣光启老师首先肯定文章长篇综述做得比较全面，建议文章需要从独特的材料和个人观点入手。老师指出把所有的材料纳入整个国家权力话语都在宣传的观念中，而没有个人的观点，那么无法体现个人研究的价值。第三位同学李汀滢(武汉大学)就"论施蛰存城市书写的"流动性"——以小说集《上元灯》《梅雨之夕》为例"对主题进行了阐发。文章从时空变化、爱欲表达、虚实相生三个方面讨论了施蛰存城市书写的"流动性"。吴海洋老师认为论文文笔简洁，格式规范。老师指出"流动性"是很有说服力的，但如果换一个对象，比如穆时英，他的小说更具有流动性，施蛰存是不太典型的，建议把城乡二元关系和动静结合这两个点结合起来。第四位同学王菲(华中师范大学)就"无路可走的'娜拉'——论苏青的女性写作"主题进行了阐发。文章主要讨论了苏青新旧掺杂的女性观,并分析了娜拉走后女性面临的三种困境:职业困境、爱情困境和身份困境。朴婕老师认为同学有女性研究的意识、女性主义的关照是很好的,作为论文的习作没有问题,如果从事真正意义上的女性主义研究,还要继续问这个研究的目的何在。老师认为文章提到苏青的市民文化对女性写作的影响这一点很有意思,但市民文化使得女性问题更真实,是一个值得商榷的观点,建议具体论述。

第五位同学刘方圆(武汉大学)就"论《流俗地》书写地方的空间向度"主题进行了阐发。刘方圆同学围绕空间性的感官、身体性的感官、文化空间的感官三个方面展开作品分析。朴婕老师认为章节设置的内在是合理的,但再往下又是一个探讨性的意见,无论是身体问题、空间问题、情感问题,都形成一系列的研究领域,看上去单纯的概念其实很复杂,比如说空间和地方的区别,但在使用的时候又把它们混在一起用了。所以建议在使用的时候自己先想清楚,另外老师建议从感官方向考虑问题。第六位同学王特尼格尔(华中科技大学)就"灵魂的栖所——论昌耀《慈航》"主题进行了阐发。王特尼格尔从回忆者与经历者、异质性的构成与形成两个方面解读了昌耀的《慈航》。荣光启老师认为选题不容易,文章试图对经典作品进行重新阐述,有说明新发现的问题意识,对作品读得也很细致。老师指出,为了论证自己的观点,文章有很多彻底否定的话,这样有些绝对了。叶鲁、李万庆等人对昌耀的理解是不同的,也需要注意。第七位同学杨鸿宇(武汉大学)就"通往'晚郁'之路——论李锐21世纪以来小说创作转变"主题进行了阐发。杨鸿宇同学从晚期"或"晚郁"的风格界定、"晚期"走向"晚郁":一种回到文本的尝试等方面展开论述。吴海洋老师认为作家进入中年写作带来的一种风格,这种风格带来了一种沉郁、圆熟、平稳的风格,这不一定是太准确的,因为像刘震云、贾平凹等人的是晚年写作而不是晚期风格,要对晚期风格的历史语境进行把握。老师建议把李锐个人的精神史和生活经历结合起来,经历的反思、总结要写出来,否则仅仅讲小说是如何的,是有点欠缺的。第八位同学张紫薇(武汉大学)就"贾平凹与中国古典叙事传统"主题进行了阐发。张紫薇同学从贾平凹与"笔记体"小说传统、贾平凹与"志怪体"小说传统、贾平凹与明清世情小说传统、贾平凹与古代小说的时空叙事传统等方面展开论述。吴海洋老师认为文章对儒、释、道的区别不够清晰,关于"笔记""民间"等概念也不够明确。如果能够往深入一点写,会比仅仅这样讨论情节、抓住比较有意思的地方要更好。

分会场5:古代文学分会场(一)

古代文学分会场(一)在彭馨雨同学的主持下进行。在报告环节,共有10位发言代表就论文主题进行阐述。安生老师、孟国栋老师和葛刚岩老师分别作点评。

第一位同学宫健男(华中科技大学)就"晚明河南士人吕坤女教书成书特色与传播探析"主题进行阐发。宫健男就吕坤其人、学术主张及主要著作、《闺范》的刊刻及流传情况、吕坤女教书在清代乃至民国仍然受推崇的原因展开叙述。安生老师赞许了论文题目很好地归纳、概括了文章的结构,从知人论世角度,研究了吕坤的三部女教书《女小儿语》《闺范》《闺诫》的内容、特点和影响。老师建议论文将《闺范》作为题目中心,加强一些语言表述的逻辑性,并提出了标点问题、繁简问题和注释问题等。第二位同学覃若涵(华中师范大学)就"单行奏议集的出版、传播与宋人政治表达——以奏议集序跋为中心的考察"主题进行阐发。文章介绍何为单行奏议集,并提出"从目录学角度可以认为,编纂并出版单行奏议集自宋代始成为一种普遍现象"的观点。孟国栋老师评价,能够注意到宋代奏议集单行出版现象已经非常值得称道,而且注意到了跟宋人政治表达之间的关系,体现了以小见大的写作模式。同时老师建议在考察唐代奏议之外,也将元明的情况考察进去,以凸显宋代的特殊性,且个别地方需要更条理化。第三位同学田丽萍(中南民族大学)就"从晚清战事看《申报》报章体的文体变化"主题进行阐发。田丽萍围绕研究目的与背景展开介绍,并提出《申报》的政论文是报章体的前奏和序曲的观点。安生老师认为该同学实例选取略显单薄，论述不那么充分，需要丰富例证。同时老师建议政论文文体史的梳理可以简单带过，集中讨论某些问题时不必面面俱到。第四位同学韦敏珠（湖北大学）就"景观与追忆：玉山草堂的诗意书写及其文化内涵"从主题进行阐发。韦敏珠同学提出玉山草堂为雅集提供了物质依托，为诗酒惆怅提供了具体的场所，为玉山人的情志提供了辐射之物，为文学文艺提供了再现之景。孟国栋老师肯定了从玉山草堂的建立讲到消亡，文笔很棒，但文学性的文笔对文章的学术性有所损减，需要考虑一下如何平衡文章的文学性与学术性。第五位同学赵润哲（华中科技大学）就"徐灿与明清易代之际女性文学的重构"主题进行阐发。赵润哲同学围绕徐灿其人的当代影响及历史地位介绍了作为重构文化语境的明清易代与女性文学创作、作为表征的性别话语权力与徐灿创作的交互影响。安生老师肯定了论文中以西方理论研探讨了明清易代之际女性文学的重构，论文话术、理论表述相当老道，能够自圆其说。老师指出第二部分提到的次韵本质上属于内闺私语，是女性意识觉醒想要突破男性压力，或者仅仅只是人伦常情，还存疑，建议徐灿反抗性别权利的部分加上例证会更有说服力。

第六位同学孙亚男（华中师范大学）就"北宋前中期寺院碑记的形成及其意义——以北宋前中期的寺院碑记文为中心"主题进行阐发。孙亚男同学围绕僧众求记、碑记叙事新变，讨论了出现以僧人为中心的叙述结构的原因以及寺院碑记的意义。孟国栋老师肯定了该论文改过题目以后更加清晰，整体很棒。同时指出碑记的生成包括很多方面，论文主要讲作者和求记者之间的关系，不能涵盖"生成"的各个方面，同时"记的发生发展"部分稍显枝蔓。第七位同学宋岷沛（中南民族大学）就"跨文化视域下杨宪益戴乃迭唐传奇英译研究"主题进行阐发。宋岷沛同学提出跨文化视域下的译介内涵："跨文化"指的是本民族与非本民族之间的语言交流，其中文学作品是很好的交流方式等观点。安生老师肯定了该论文没有局限在介绍和梳理上，而是在思考中表现出了思辨精神，没有过分拔高研究对象的成就和价值。第八位同学余倩（华中师范大学）就"他乡游走与精神漫游——中国古典文学作品中流浪文化探析"主题进行阐发。余倩围绕中国先民的流浪基因、流浪行为的特点以及心理上分析展开讨论。葛刚岩老师肯定了论文的选题，但是指出流浪的定义和分类问题，材料的解读问题等；并说明论文中常用术语"范式"，但这里的"范式"不属于范式，也不属于模式，而更像是"方式"，"模式"是已经形成了规模的方式，而"范式"已经上升到理论的高度。第九位同学王逸飞（武汉大学）就"诗经"兴"义发微"主题进行阐发。王逸飞同学就《论语》中的"兴"、《周礼》之"兴"、《论语》"兴观群怨"以及《诗序》六义之"兴"展开叙述。葛刚岩老师肯定了选题难度很大，很有魄力，材料采集比较全面，对材料的使用梳理很好。老师指出前期工作条理清晰完备，但个人观点没出来，期望未能实现，比如解读六艺、六诗之间的关系，给出自己关于"兴"的解读。第十位同学胡彩霞（华中科技大学）就"《楚辞》中的空间构建与悲剧内核"主题进行阐发。胡彩霞同学围绕《楚辞》中以《离骚》为首的，屈原所作篇目为研究对象，探究其中地点词和方位词的构建逻辑，时空之间的关系，以及屈原在空间构建中所表达出的情志。葛刚岩老师认为能够理解作者的学术预想，语言非常优美，充满思辨的逻辑美。但是老师也指出题目会使读者觉得是以《离骚》，或者说屈原作品为对象，但题目中却是《楚辞》，需要再考虑。

分会场 6：古代文学分会场（二）

古代文学分会场（二）在潘灏同学的主持下进行。在报告环节，共有 12 位发言代表就论文主题进行阐述。程磊老师、汪超老师和钟志辉老师分别作点评。

第一位同学张子康（武汉大学）就"试说陆游公文创作：以表笺用《诗》为例"主题进行阐述。张子康同学主要讨论了以下内容：（1）陆游诗名>词名>文名；（2）陆游格外重视公文；（3）陆游是南宋士大夫的典型观点。程磊老师肯定了该论文的选题亮眼。同时，老师提出是否可以从宋人研读称引《诗经》的潮流中适度地延展开来，深入地思考宋人这样普遍地称引诗书、崇尚经典，去思考背后更深远的意义。第二位同学陈宫慧（武汉大学）就"宋代'犯调'释义的论争与嬗变"主题进行阐述。陈宫慧同学就"犯调"技术内涵作梳理与定性、史料考证与具体谱例分析、现代音乐学理论的概念作辅助展开叙述。汪超老师肯定了现在词学研究偏文学，对音乐了解较少，但在文学文献处理的内容上又有一定的问题。老师指出"学科问题"实际上不是现在应该解决的问题。建议回到历史语境，看这个问题究竟是在什么时候提出来的，梳理清楚时间线索，就不会出现前后互相冲突的现象。第三位同学张悦（中南民族大学）就"宋词对《莺莺传》的引用及影响"主题进行阐述。张悦同学提出宋人对《莺莺传》结局、情感的改写，为董解元、王实甫等后人的创作提供了流变的桥梁等观点。钟志辉老师赞许了该论文分析得比较细致，提出的观点合理。同时老师建议讨论其他不一样的地方，适当地讨论一下宋诗等对于《莺莺传》的引用改造，这样能够提升文章的学术价值。第四位同学洪超（湖北大学）就"浅析纳兰词前后期词风变化"主题进行阐述。洪超同学围绕以纳兰性德原配卢氏逝世为界，纳兰性德前后词风可分为婉丽缠绵与哀感顽艳两大特征展开讨论。汪超老师认为纳兰性德也是我们熟悉的词人，这篇文章用来作为习作未尝不可。同时老师指出前后的主题对比前人已经讲了比较多，作者想从政治、社会分析，但在文章中没有体现。总结概念的过程中举例要恰当，举例有失当之处，并没有体现论点。第五位同学陈红艳（湖北大学）就"明传奇水浒戏的'华丽转身'——兼谈明传奇水浒戏与元杂剧水浒戏以及《水浒传》之异同"主题进行阐述。陈红艳同学就演员与剧中人的媒介，围绕《水浒传》中的角色转变展开叙述。程磊老师肯定了论文从文本阅读中发现问题、举例恰当丰富、解读非常仔细。同时老师建议可以沿着这个道路做拓展研究，不要局限于水浒戏，发掘可能存在的更普遍的现象。第六位同学李艺萌（华中科技大学）就"刘伶的三重形象刍议"主题展开阐述。李艺萌同学围绕"酒客"形象、草民形象、失意士人形象展开叙述。钟志辉老师认为论文文笔非常成熟、老练，具有问题意识。同时老师指出引用的材料和诗歌可能有一些主观分析之处。诗歌分析像传统的诗论家，有政治比附，但是要有更令人信服的证据。《晋书》中记载的"对策"不是一个讨论问题的行为，并非"与沉默的性格不符"，而是文章取士。

第七位同学丑送（华中科技大学）就"浅论陆游二次宦赣诗歌中的地理

空间书写——兼与其初次宦赣诗歌比较"主题进行阐述。丑送同学围绕陆游二次宦赣诗歌中的地理空间书写,探究两者之间的差异特征,并思考二次宦赣诗歌中地理空间书写的独特价值。程磊老师认为该论文通过对比凸显特点、体现书写背后展示的情感与文学价值。同时老师提出论述比较平,应该要往上推进。文学地理空间应该是以客观的地理空间为基础,加入文学手段塑造,江西是否是能形成一个完整的地理空间,边界应该要清晰,还要比较江西和陆游生活过的其他地域,体现差异性。第八位同学肖钰娇珑(华中师范大学)就"白居易眼疾诗论析"主题展开叙述。肖钰娇珑同学就白诗中有大量涉及眼疾的诗篇,涵盖了对眼疾病态病情的书写、个人的患病体验和对病理的讨论引申等重要内容展开叙述。钟志辉老师认为文本细读,但完成度并不是很高。分析到位,但是写得有点平。老师建议同学可以阅读白居易其他的疾病诗中有没有类似的形象,能否套用,并考虑眼疾诗与时间意识、宗教等有没有完整封闭的关系,有无特殊性。第九位同学颜乐(湖北大学)就"岭南词人陈洵《海绡说词》成书过程及其学术价值"主题展开讨论。颜乐同学围绕陈洵个人生平、受到朱祖谋的推荐,其品题使陈洵身价倍增、朱祖谋推荐陈洵任教、朱祖谋促进《海绡说词》的成书等内容展开叙述。汪超老师肯定了论文选的点、用的材料非常好;大标题和每一个小标题都存在偏差。老师建议标题可以从二人的交游来谈陈洵的词学,讨论更集中一些,常识性的个人生平内容可以省却。第十位同学彭诗雅(华中师范大学)就"层累而成的经典——'绣囊记'故事题材的嬗变"主题展开讨论。彭诗雅同学围绕层累发展、文本不同表现、人物姓名设置与情节之丰赡等方面展开叙述。程磊老师肯定了论文的细致对比,但指出虽然前代有可以改造的基础,但更重要的是剧本创作者他自身的观念想法。老师建议同学可以对当时学界外围的研究进行分析,向前进一步推进,立足于作家与作家所处时代。第十一位同学郑腾尧(中南民族大学)就"新世纪前二十年《世说新语》研究定量分析"主题展开讨论。郑腾尧同学运用定量分析的方法,对21世纪以来《世说新语》的研究进行讨论,以考察其整体发展情况,及隐藏在数据背后的问题。钟志辉老师认为可以再进一步研究这些现象背后的原因。老师还指出，过于沉迷数据实际上背离了常识，或常识和数据分析没有区别，数据只会显示出数量，难以推出有分量的学术成果。第十二位同学杨暑桐（武汉大学）就"宋元时期的词曲递变现象——以《元刊杂剧三十种》中的词牌为例"主题展开讨论。杨暑桐同学围绕词牌、曲牌探源、曲牌对民间词的吸收与发展、北杂剧等展开叙述。汪超老师认为可以用数字人文的办法，对《元刊杂剧三十种》中的曲牌数字化再比对，现在的处理方式略为简单，需要更细致、更清晰地考虑。

分会场 7：文艺学分会场

文艺学分会场在何思谕同学的主持下进行。在报告环节，共有 12 位发言代表就论文主题进行阐述。刘春阳老师、袁劲老师和李佳奇老师分别作点评。

第一位同学王子铭（华中师范大学）就"'抹去痕迹'：本雅明论玻璃文化"主题进行了阐发。王子铭同学结合爱伦·坡等人的作品，介绍了本雅明"抹去痕迹"思想的具体内涵与现代社会"玻璃文化"的特征和本质。刘春阳老师肯定了论文的完整性和论述的深入性，同时建议说明本雅明如何界定、阐释"玻璃文化"，并且对这一概念进行一定的批判理解。另外，应该补充介绍分析现代文化的历史成因。第二位同学陈玥颖（中南民族大学）就"中日美学辞典的知识体系之比较与反思"主题进行了阐发。陈玥颖同学通过对"美"和"美学"的比较，说明了两本辞典在结构与内容上的得失，以及中日关于"美学与美"问题的差异与相通。袁劲老师肯定了论文选题的准确性，同时也指出存在题目太大的问题，建议对研究现状进行说明，对比较的原因和价值进行展开。另外，论文的摘要中应该写出重点的研究对象。第三位同学何芳敏（华中师范大学）就"文学危机下的中国文学批评本体探究刍议——希里斯·米勒和万时华批评观之比较"主题进行了阐发。何芳敏同学介绍了文学批评本体论研究的范式变化，并将米勒的文学批评本体论思想与万时华的诗经研究作了比较。袁劲老师肯定了论文广阔的视野和新颖的切入点，认为行文很流畅。老师建议论文标题取得更明确一些，重新布置篇幅，并且应对具体话题的研究背景和学界共识作简要说明。第四位同学汪一帆(武汉大学)就"'一重世界'的救赎之道——读刘小枫《拯救与逍遥》"主题进行了阐发。汪一帆同学介绍了刘小枫价值现象学的方法论,并且分两方面说明了刘小枫还原论的局限。刘春阳老师建议同学重新选取更加准确的关键词,修改篇章结构设置。另外,论文中个别存在讹误的注释与材料也应予以注意。第五位同学李佳妮(华中师范大学)就"'码字工厂'危机:数字资本主义下网文作者的异化劳动"主题进行了阐发。李佳妮同学分析梳理了数字资本主义下文学生产的新样态,并总结了网络文学作者的异化劳动,最终反思了数字资本主义时代的艺术生产。李佳奇老师建议同学确立研究目的来进行更充分的文献梳理,同时要对阐释技术与理论方法进行相应的辨析,不能直接使用。另外,网络参考文献的访问时间要注明并及时保存。第六位同学王啟泽(湖北大学)就"指向人本主义实践的'文本'理论——罗兰·巴特'文本'理论新解"主题进行了阐发。王啟泽同学从实践性、能产性、游戏性的三大维度,对巴特指向"人本"主义的"文本"理论进行了分析。刘春阳老师肯定论文的结构与观点链很完整,同时建议同学总结观点与专门论述要作区分,并且不一定要进行中西互证。

第七位同学艾云利(华中科技大学)就"平滑、他者、感知——论韩炳哲的免疫美学思想"主题进行了阐发。艾云利同学聚焦韩炳哲在当代批判理论语境下对"平滑美学"的批判,并说明了韩炳哲在免疫学和美学的共同核心逻辑上演绎出的"免疫美学"。李佳奇老师建议同学说明从美学角度切入研究的缘由,并对学界相关文献进行梳理,凸显介绍韩炳哲免疫美学的贡献与独特性。另外,最好补充国外对于韩炳哲免疫美学的评价。第八位同学李元庆(华中师范大学)就"情理:奇正通变的法度"主题进行了阐发。李元庆同学以中国古代文论中的"奇正"和"情理"两组范畴为研究对象,阐释两者间的联系和与地理文化因素间的联系,指出其内涵及历时演变规律。袁劲老师肯定了论文的立意,认为切中了范畴研究新潮即"词群"研究。老师同时指出论文题目难度过大,涉及四个元素,难以清楚辨析,建议汲取古典文论资源,跟已有命题形成对话,形成互补维度。第九位同学戴雨江(武汉大学)就"钱锺书'易象''诗喻'之辨探微"主题进行了阐发。

戴雨江同学介绍了钱锺书对易象和诗喻的辨析，指出钱锺书通过分析比喻之两柄多边，打破了易象与诗喻的界限，丰富了诗、比喻与意象三者关系的认识。袁劲老师肯定同学能够挖掘观点之间内在隐含的关系，以小见大，揭示语言观、修辞观背后的文学观。同时也指出论文体现了症候阅读的意识，可以进一步深入挖掘。第十位同学刘家言（华中师范大学）就"焦虑、危机与悲剧叙事：'赛博朋克'景观的生态马克思主义视角"主题进行了阐发。刘家言同学在生态马克思主义视域下，将赛博朋克与晚期资本主义相联系，分析和反思了赛博朋克景观的根源和悲剧底色。李佳奇老师肯定了论文趣味性强，视角新颖，逻辑清晰。老师建议同学做好文献综述，梳理前人研究赛博朋克的视角，说明以生态马克思角度切入的贡献与独特性，并且考虑小说与理论的契合度。第十一位同学萧涵耀（武汉大学）就"制造贝多芬：蒂娅·德诺拉音乐天才研究述评"主题进行了阐发。萧涵耀同学聚焦德诺拉的音乐天才论，阐释其如何还原贝多芬的声名，并指出其音乐天才建构论的贡献与不足。刘春阳老师肯定了同学的选题价值和发掘的深度，建议在框架基础上继续深入、完善。第十二位同学张璐（中南民族大学）就"双向循环：粉丝与养成系偶像的身体互塑模式"主题进行了阐发。张璐同学以"养成系偶像"为观照对象，阐述养成工程中粉丝对偶像身体的改塑和一定程度上完成对自我的建构。李佳奇老师肯定了论文话题的思辨性，认为可深入挖掘。同时建议同学比较日韩中"养成系"的不同，确定此概念移植进中国语境中后生产出的独特性，并且需要注意"身体"概念在前后文中的割裂。

分会场 8：比较文学与世界文学分会场

比较文学与世界文学分会场在程楚桐同学的主持下进行。在报告环节，共有 11 位发言代表就论文主题进行阐述。艾士薇老师、陈溪老师和张晶老师分别作点评。

第一位同学杨凌云（湖北大学）就"赫拉巴尔作品的悲剧性——解读《过于喧嚣的孤独》"主题进行了阐发。杨凌云同学从"悲剧"概念入手，就底层人物的悲剧性、《过于喧嚣的孤独》中的三重悲剧和赫拉巴尔"悲剧"的现实映照三个方面进行解读。艾士薇老师认为同学敢于质疑、思考，意识到了前人理论忽视的问题，这是非常宝贵的。同时老师指出论文对"悲剧"和"悲剧性"等概念的界定存在问题，应该更突出涉及赫尔巴尔现实悲剧的部分，展现作家作品的独特悲剧性。第二位同学刘晨茜（华中师范大学）就"《黑男孩》中的暴力书写与反话语策略"主题进行了阐发。刘晨茜同学运用福柯的权力-话语理论，剖析了小说中制度暴力、种族暴力同法律话语、种族话语下将黑人边缘化的运作机制，以及小说反话语策略的写作思路。陈溪老师肯定了同学研究的前瞻性，认为关注了小说中最核心的种族问题。老师建议进一步思考作品的独特性，与现实结合，并且跳出二元对立的论证眼光，思考小说中对黑人自身思维模式的表现。第三位同学董笑（武汉大学）就"民族故事的跨媒介叙述——以《中国奇谭》为例"主题进行了阐发。董笑同学从文本转码与故事新编、文化符号与建构机制、赓续创新与民族认同几个方面，分析了《中国奇谈》的跨媒介叙述。张晶老师肯定了同学选题的新颖性和时效性，并认为建立了理论的高度。老师建议追寻更早的媒介，并深入分析媒介之间的差异与融合关系，最后回到跨媒介艺术改编对其他文化产品的启发和促进作用。第四位同学苏永娟（华中师范大学）就"一场荒诞的梦生活：《恩主》中的身体叙事与虚幻梦境"主题进行了阐发。苏永娟同学对希波赖特精神探索之旅的分析分为三个部分：暴力与残缺、梦境与现实和受困的身体。陈溪老师认为论文内容过于拘谨，建议更深入地分析作品，将作品与《堂吉诃德》等经典和贝克特、狄德罗等人的作品对读，思考对作者、读者关系的重新定义，以及小说创造人物和描绘人物的颠倒。第五位同学郭玲（中南民族大学）就"无家可归的少年——以罗兰·巴特的符码理论分析《阿拉比》主题"进行了阐发。郭玲同学运用罗兰·巴特的符码理论，将全文分割为135个阅读单位、5个符码，进而归纳小说的主题。艾士薇老师认为同学细读工作非常完备，对符码理论理解很透彻，同时指出论文只使用了三种符码，认为这一与巴特的差异点正是论文的创新点，可以明确指出。第六位同学魏宇（华中师范大学）就"《罪与罚》中的空间书写与伦理选择"主题进行了阐发。魏宇同学结合作者的三种空间书写，分析了作品中个体因身处伦理困境而陷于伦理焦虑的苦闷最终做出理性的伦理选择的逻辑推演过程。陈溪老师肯定了同学论文结构的合理性，同时建议同学说明所使用的空间理论的来源，结合其他学者对"空间"问题的关注，重新思考用"空间"概念分析陀氏小说的必要性。

第七位同学马晓航（武汉大学）就"法国工人运动的情感逻辑分析——以左拉《萌芽》为例"主题进行了阐发。马晓航同学基于威廉·雷迪的"情感表达"理论，将视点凝聚在工人群体当中，结合深度的文本分析展示了小说情感的内在逻辑。陈溪老师肯定了论文整体结构的完整性、层次的丰富性和思考逻辑的清晰。老师同时指出论文应先思考情感的来源，以及工人的"愤怒"是否有另一种阐释，另外还应该关注情感显现方式的复杂性。第八位同学罗民（华中师范大学）就"一个反乌托邦的乌托邦——马克思主义阶级观下的《北京折叠》"主题进行了阐发。罗民同学分四个部分，从阶级意识、社会理想等方面分析了《北京折叠》作品中蕴含的反乌托邦思想。张晶老师肯定了同学文笔老道，拥有敢于质疑的独立批判意识，认为论文是将马克思主义阶级观与科幻作品放在一起的一次跨领域的尝试。同时建议同学加强对作品科幻性和科学价值的分析，并且增加论文各部分之间的过渡内容。第九位同学张茜（武汉大学）就"拉摩的侄儿的人格分裂及其内涵"主题进行了阐发。张茜同学运用黑格尔的辩证法分析狄德罗《拉摩的侄儿》中有二元分裂人格的人物形象，发掘其中自我批判和社会批判之后的真正动机和真实自我。艾士薇老师认为论文陷入了循环论证，把理论和文本混杂在一起。老师建议同学直接从文本入手去，摆脱理论的局限，或是从美学方面入手，在文本的基础上重新思考选题。陈溪老师补充建议做启蒙文学可以从观念史入手，找一个更深刻的角度。第十位同学李小玉（华中科技大学）就"精神分析视域下《白夜行》男女主角的人物形象构造"主题进行了阐发。李小玉同学采用精神分析的方法剖析人物形象，分析《白夜行》两位主人公的心路历程和发展过程。张晶老师肯定同学情思细腻，感受能力强，同时指出，进行比较文学和跨学科研究时应该让其他领域的内容服务于文学文本，并且要思考理论的科学性与文学文本的审美性之间的关系。

第十一位同学孙凤玲（武汉大学）就"论斯奈德生态宗教思想与《华严经》因陀罗网之喻"主题进行了阐发。孙凤玲同学以生态诗人斯奈德为研究对象，从三个方面分析其通过《华严经》因陀罗网之喻来阐述的生态宗教思想。艾士薇老师认为从这篇论文中学到了很多，同时建议同学明晰探讨的重点，分析斯奈德对因陀罗网之喻超越和运用了哪些，并且要注意文章逻辑能否自圆其说。张晶老师补充指出，作为跨学科研究，需要明确研究双方的关系是并列还是影响，斯奈德是否受到其他思想的影响。

四、闭幕式

学术论坛负责人陈溪老师主持了本次学术论坛的闭幕式。在闭幕式上，八位分会场代表分别做了分会场总结，分享各个分会场的交流状况和个人收获。随后，陈溪老师对"2023 文言樱花会"暨武汉大学文学院第四届研究生学术论坛作了精要的总结，并感谢所有专家老师对研究生学术论坛的支持。

最后，高文强副院长肯定了论坛的成功举办，赞许学者老师们专业的点评与细致的建议以及参会学生的巨大收获，并宣布此次学术论坛正式闭幕。